# 心随采动

——龚云峰政府采购文集

龚云峰 著

经济科学出版社

图书在版编目（CIP）数据

心随采动：龚云峰政府采购文集／龚云峰著．—北京：经济科学出版社，2015.8

ISBN 978-7-5141-5959-2

Ⅰ.①心… Ⅱ.①龚… Ⅲ.①政府采购－中国－文集 Ⅳ.①F812.45-53

中国版本图书馆 CIP 数据核字（2015）第 184861 号

责任编辑：王　洁
责任校对：靳玉环
版式设计：齐　杰
责任印制：王世伟

## 心随采动
### ——龚云峰政府采购文集
龚云峰　著
经济科学出版社出版、发行　新华书店经销
社址：北京市海淀区阜成路甲 28 号　邮编：100142
总编部电话：010-88191217　发行部电话：010-88191522
网址：www.esp.com.cn
电子邮件：esp@esp.com.cn
天猫网店：经济科学出版社旗舰店
网址：http://jjkxcbs.tmall.com
北京市季蜂印刷公司装订
710×1000　16 开　32 印张　600000 字
2015 年 8 月第 1 版　2015 年 8 月第 1 次印刷
ISBN 978-7-5141-5959-2　定价：55.00 元
（图书出现印装问题，本社负责调换。电话：010-88191502）
（版权所有　侵权必究　举报电话：010-88191586
电子邮箱：dbts@esp.com.cn）

# 序　言

龚云峰同志的这本政府采购文集，其中的各篇成文、结集前后经历了十余年时间，与我国政府采购改革历程基本相应。不同时期的文章体现了当时政府采购的状况，连缀着政府采购不断前行的方向。龚云峰同志用敏锐的眼光、冷静的思维，把政府采购实践工作与理论研究有机地结合在一起，从集中采购从业人员、评审专家、理论研究者等多个角度表达自己的观点。一篇篇文章连成思维跳跃的浪花，生动务实，言之有物，时而也显现出历史的沉重，特别是其中对三种非招标采购方式的论述、《从历史的角度辩证地看待采购中心的设立》、《十年政府采购工作的反思——关于定牌采购深层次原因分析及对策研究》等文章，值得深入探讨交流。当然，限于个人工作经历或当时的历史条件，文集中的某些论述也难免会有偏颇之处。

但读完龚云峰同志这本《心随采动》文集，我仿佛看到了一位长期在政府采购工作一线的从业人员不断探索、不断追求的执着脚步。龚云峰同志在政府采购一线工作十多年，发表文章数十万字，他对政府采购法规和理论的研究，对政府采购实践和探索的热情，是值得我们学习和赞赏的。

合抱之木，生于毫末；百尺之台，起于垒土。只有全国政府采购从业人员的不断努力，只有实践、理论文章的不断积累，才能推进政府采购事业的不断完善和健康发展。希望龚云峰同志和全国政府采购从业人员继续坚持对政府采购工作的关注和研究，不断取得新的成绩。

# 目 录

## 法规篇

《政府采购法》对集中采购机构的影响 ········································ 3
《政府采购法实施条例（征求意见稿）》尚未解决的几个问题 ············ 17
《政府采购法实施条例（征求意见稿）》对十八号令的影响 ··············· 26
钝化矛盾留空间　细化操作可借鉴
　　——谈《〈招标投标法〉实施条例》对政府采购工作的影响和借鉴 ··· 33
政府采购三种评标方法之评析 ·················································· 53
论竞争性谈判 ······································································ 67
论单一来源采购 ··································································· 90
论询价 ············································································· 117
浅议《非招标采购方式管理办法》 ············································ 130
政府采购基础规范性工作迈出重要一步
　　——解读《关于进一步规范政府采购评审工作有关问题的通知》 ···· 140

## 理论篇

从历史的角度辩证地看待采购中心的设立
　　——谨将此文献给自己从事政府采购工作十二年之际 ················· 149
打造集中采购机构诚信品牌 ···················································· 177
建立内部监督制衡机制
　　——关于集中采购机构内部机构设置的探讨 ···························· 179

分与合，孰重孰轻？
　　——关于江苏省省级集中采购机构并存现象的启示………………………… 189
关于集中采购机构在评审过程中相关权力的探讨 ………………………………… 198
推广集中采购是政府采购制度前行的基础 ………………………………………… 204
十年政府采购工作的反思
　　——关于定牌采购深层次原因分析及对策研究 ………………………… 207
协议供货并非终极采购方式 ………………………………………………………… 221
"七结合"推进批量集中采购 ………………………………………………………… 232
借鉴政府采购制度　加强国企采购管理 …………………………………………… 240
如何加强政府采购评审专家管理 …………………………………………………… 246

# 实战篇

以法律规定为依据　靠细节取胜
　　——关于招标文件发售和投标文件接收环节应注意的事项 ……………… 257
开标环节易发问题及处理方式 ……………………………………………………… 262
评审现场值得关注的几个细节问题 ………………………………………………… 267
没有厂家授权能参加政府采购吗？
　　——关于参加政府采购的代理商是否必须生产厂商授权问题的探讨 …… 275
完善联合体投标，促进中小企业参与政府采购
　　——关于联合体投标有关问题的探讨 …………………………………… 282
中标候选人：一个定义不明的缓冲区 ……………………………………………… 288
不完善法律法规，中标人可能永远拿不到通知书
　　——有感于《中标了　为何拿不到通知书》…………………………… 295
"习惯性流标"之会诊处方
　　——关于多次废标项目实施政府采购的探讨 …………………………… 301
督查让"阳光工程"更灿烂 ………………………………………………………… 312
采购人如何选择定点供应商 ………………………………………………………… 316
江苏省良种政府采购的启示 ………………………………………………………… 322
论专用设备的政府采购 ……………………………………………………………… 331
关于做好服务类政府采购项目的探讨 ……………………………………………… 339
换个角度看政采：7小时评审经历全记录 ………………………………………… 346

## 经验篇

因地制宜，适时推行批量集中采购
　　——江苏省级单位首次批量集中采购的实践与探索 ······ 353
集中采购让农民二次受益
　　——江苏省在全国率先对水稻良种补贴项目实施阳光操作 ······ 362
"政府采购阳光"再照"三农"
　　——江苏省政府采购中心对全省畜禽疫苗成功实施政府采购 ······ 364
江苏加速启动"民生采购服务专列"
　　——江苏对全省2008年小麦良种推广补贴项目组织实施政府采购 ······ 365
农机招标启动江苏"民生专列" ······ 367
江苏政府采购为新农村建设"添砖加瓦" ······ 369
服务财政大局　情注民生采购
　　——江苏省政府采购中心五年民生采购回顾 ······ 372
乐器采购奏出和谐音符
　　——江苏省政府采购中心首次进行乐器集中采购 ······ 381
出国买机票　五家可比选
　　——江苏因公出国定点采购国际机票项目一波三折后花落五家 ······ 384
一堂生动的招标采购课
　　——江苏省2004年省级公务用车定点维修暨全省政府采购招标观摩会 ······ 390
抓大放小　灵活运用各种采购模式
　　——江苏省政府采购中心2007年家具采购回顾 ······ 392
2009年江苏全省联动公务用车协议供货凸显政府采购宏观政策导向功能 ······ 396
江苏政府首购"龙芯"电脑 ······ 398
百尺竿头　更进一步
　　——江苏省政府采购中心连续四年采购规模高位增长 ······ 400
历史性的突破
　　——江苏省政府采购中心2004年采购规模首次突破10亿元大关 ······ 409
用先进性助服务专列飞驰
　　——江苏省政府采购中心上半年采购规模又创历史新高 ······ 418

扩大规模　开创新局面
　　——江苏省政府采购中心明确2007年六项工作重点 ········· 421

## 供应商技巧篇

供应商获取政府采购订单的"七种武器" ····················· 427

## 案例篇

解读家具采购投诉第一案（首例江苏省政府采购行政诉讼案）········ 451
创下五个"第一"的政府采购项目
　　——某单位办公家具项目采购案例评析 ················· 460
江苏省省级机关、事业单位因公出国定点采购国际机票项目案例解析 ··· 469
××省公共卫生体系建设项目疾病预防控制和应急医疗救治设备采购
　　项目案例分析 ································· 488

后记 ············································ 505

# 法规篇

本篇主要收集了作者自2002年6月29日《中华人民共和国政府采购法》颁布以来，对《政府采购法》、《政府采购法实施条例（征求意见稿）》、《招标投标法实施条例》、《非招标方式管理办法》等法规、制度的一些个人观点，多为近年所著。然积十余年之功，后有小成，跨度久远，往事依稀，循理而言，徨逞求是。

# 《政府采购法》对集中采购机构的影响

本文为笔者关于政府采购的开篇之作。时已在江苏省政府采购中心工作三年多，受时任采购中心副主任（主持工作）顾岳良同志影响，感《政府采购法》对集中采购机构之不公、对当时政府采购工作影响之大，搜肠刮肚，历时两月始得成文。当年九月进京培训，曾将本文稿亲手交于某期刊编辑，后答曰：文佳，然与改革方向不符，再议。至今仍为笔者唯一未被采用的文章。但文中一些预测，不幸而言中，其中一些内容被笔者引用到《从历史的角度辩证地看待集中采购机构的设定》（详见第二章首篇）一文。

随着近几年政府采购工作的不断探索和深入，政府采购对我国国民经济的影响力越来越大，政府采购的立法工作也受到越来越多的社会关注，尤其我国各级政府采购监督管理机构和执行机构对《政府采购法》的出台期盼已久。2002年6月29日，《政府采购法》的颁布结束了政府采购工作无法可依的现状，将政府采购活动纳入法律规定范围内运行，从事政府采购工作的监督管理机构、集中采购机构、监督机构、采购人、采购代理机构、供应商的行为都要受到法律的规范和约束，对建立适应我国国情的责权清晰、行为规范的政府采购管理体制和运行机制具有重大现实意义和深远历史意义。

通过对《政府采购法》的深入学习和研究分析，笔者认为该法对我国现行政府采购整个管理体系重新进行了调整，不仅对政府采购管理机构，尤其对集中采购机构（即该法定义的集中采购机构）带来根本性影响。《政府采购法》颁布后，具体对集中采购机构带来哪些影响，集中采购机构如何根据该法规定重新定位，认清面临困境，厘清工作思路，以适应《政府采购法》的要求呢？

## 一、

## 《政府采购法》对集中采购机构的影响

《政府采购法》对集中采购机构的影响，不仅体现在直接对集中采购机构的性质、机构设置、运行程序、参与采购的环节、发挥的作用，对政府采购合同性质和集中采购机构在政府采购合同中的主体地位产生了重大影响，而且对政府集中采购的效益性、公平性和权威性，以及集中采购机构的长远发展，都将带来间接的深远影响。

### （一）《政府采购法》对集中采购机构的直接影响

#### 1. 否定了集中采购机构的机关性质

《政府采购管理暂行办法》（以下简称《暂行办法》）中，集中采购机构作为一种采购机关，在政府采购活动中作为政府采购主体，统一组织纳入集中采购目录和由财政拨款的大型政府采购项目的采购，参与政府采购活动每个环节，在政府采购活动中直接代表采购人办理政府采购业务，机构性质类似美国、中国香港等地的政府采购机构，集中采购机构按照政府采购预算和采购人提出的具体要求负责所有采购事务。而《政府采购法》明确规定集中采购机构为采购代理机构，在政府采购活动中作为接受采购人委托办理采购事务的当事人，只能在委托范围内代理采购。综合分析《政府采购法》相关条款，可以理解这种当事人应是目前尚以一种特殊身份在政府采购活动中从事采购业务的中介代理机构，而不是以采购机关的政府采购主体身份参与政府采购活动。

#### 2. 影响了集中采购机构的设立

**(1) 明确了集中采购机构的合法设立**

按照财政部2002年年初统计，全国共设立了43个省级集中采购机构，其中24个设在财政部门。根据《政府采购法》第十六条规定："设区的市、自治州以上人民政府根据本级政府采购项目组织集中采购的需要设立集中采购机构"，明确可以依法设立集中采购机构。第十八条规定："采购人采购纳入集中采购目录的政府采购项目，必须委托集中采购机构"，可以理解为设区的市、自治州以上人民政府必须设立集中采购机构，否则采购人采购纳入集中采购目录的政府采购项目，将出现委托无门的现象，即使委托其他采购代理机构也违法。按照该法规定，设区的市、自治州以上人民政府目前尚未设立集中采购机构的，应抓紧时间尽快设立。

**（2）改变了集中采购机构的隶属关系**

按照《政府采购法》第十六条规定："集中采购机构为采购代理机构"，第六十条又规定："采购代理机构与行政机关不得存在隶属关系或者其他利益关系"。按照目前实际情况，集中采购机构无论设在财政部门、机关事务管理局，或其他行政机关，都因隶属行政机关而不合法。同时《政府采购法》第十六条明确规定："集中采购机构是非营利事业法人"，既然定性为非营利，将集中采购机构归类于企业化管理的事业单位，或将目前已成立的集中采购机构推向市场都不妥，至少应参照非营利性的医疗机构，定性为差额拨款的事业单位。按照《事业单位登记管理暂行条例》（中华人民共和国国务院令252号）第二条规定："事业单位……由国家机关举办或者其他组织利用国有资产举办的……"明确事业单位一定隶属某个国家机关或某级组织，不可能存在与任何国家机关或组织没有隶属关系、独立的事业单位。既不能隶属行政机关，又必须隶属某个国家机关或组织，集中采购机构究竟应设在什么地方才既不违法，又符合现行的事业单位管理体制呢？笔者推测：仅有的可能是集中采购机构由各级人民政府设立，成为政府垂直管理的事业单位，才能既不违背《政府采购法》，又符合现行的事业单位管理体制。如推测成立，目前已设立的集中采购机构将全部变更隶属关系。

**3. 改变了集中采购机构的采购程序**

目前我国多数省、市、自治区的政府采购监督管理机构和集中采购机构已根据财政部有关文件规定进行分设，按照财政部2000年制定的《政府采购运行规程暂行规定》（以下简称《运行规程》）中第四条规定："各级财政部门要建立健全政府采购计划管理体制，保证各项政府采购活动按计划进行"，同时第十三条规定："政府采购程序包括下列主要步骤：编制政府采购预算，汇编政府采购计划，确定并执行采购方式，订立及履行采购合同，验收，结算。"现行各省、市、自治区的政府采购程序一般已按照规定程序进行操作，即实行计划管理体制：采购人在编制下一财政年度部门预算时，同时编制该财政年度的政府采购预算，作为部门预算的组成部分；在该财政年度中，采购人可在政府采购预算内根据实际需要，向财政部门提出具体的政府采购计划和采购清单，财政部门对政府采购预算和采购清单审核无误后，将各采购人的采购计划汇总下达集中采购机构，集中采购机构按照采购计划具体负责组织实施采购。而《政府采购法》明确采购人有权直接委托采购代理机构办理采购事宜，采购代理机构在委托范围内代理采购，这种方式就是市场化的委托代理体制：采购人与集中采购机构一旦签订委托代理协议，集中采购机构应立即按照《政府采购法》规定程序办理采购，既无权过问该项采购是否纳入年度政府采购预算，也无法了解采购资金是否落实。两种管理体制反映在采购程序之间的差异如图1所示：

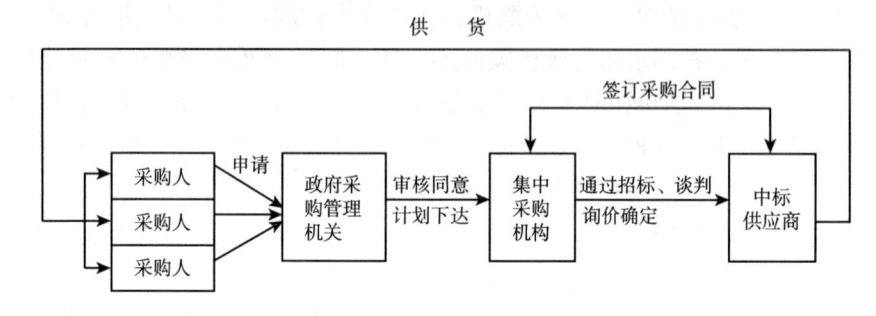

**现行政府采购程序**

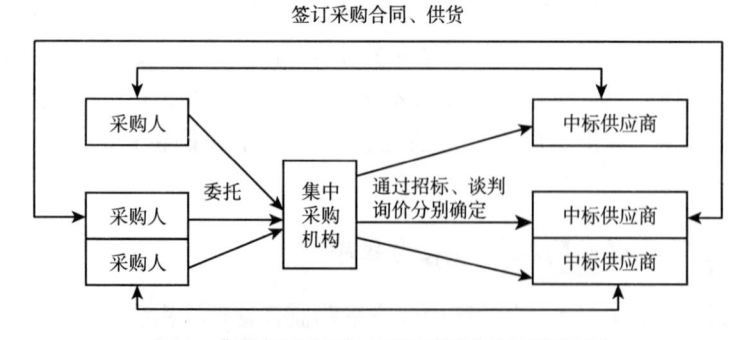

**图1 《政府采购法》实施后的政府采购程序**

### 4. 限制了集中采购机构的活动范围

《政府采购法》出台前，集中采购机构根据财政部制定的《暂行办法》、《政府采购招标投标管理暂行办法》、《政府采购合同监督暂行办法》、《政府采购运行规程暂行规定》（以下简称《运行规程》）有关规定，作为具体实施集中采购的采购机关，主要负责组织的政府采购活动有：

（1）按照采购项目的不同，向政府采购管理机关申请采取公开招标以外的其他采购方式进行采购；

（2）要求参与政府采购的供应商提供资质证明，并对其资格进行审查；

（3）拟定招标文件、谈判文件或询价单，招标、谈判、询价采购的现场组织，向中标人发出中标通知书；

（4）代表采购人签订政府采购合同；

（5）参与采购项目的验收；

（6）对实行财政统一集中支付的采购项目，向财政部门提出资金支付申请；

（7）对无法实施的政府采购项目，可再委托其他有资质的代理机构进行采购。

目前《政府采购法》已明确规定第（1）、（2）、（6）项活动由采购人负责，集中采购机构除可依法组织第（3）项活动外，如参与第（4）、（5）、（7）项活动，必须在签署委托代理协议时得到采购人的授权，否则无权参与相关政府采购活动，与普通的招标代理中介机构一样。

## 5. 剔除了政府采购合同的行政特征

《政府采购法》出台前，有关法学专家一般认为政府采购合同与民事合同有所不同，兼有民事性和行政性特征，即政府采购合同的订立、履行、变更或解除适用于《合同法》的一般规定，关键在政府采购合同履行过程中应当保证采购人行使主导性权利，具体体现在：（1）采购人对供应商履行合同时享有一定的监督干预权；（2）政府采购格式合同的使用权；（3）对违约供应商的制裁权。政府采购合同的行政性特征已经体现在一些已出台的地方性政府采购管理办法中。

《政府采购法》彻底否定了政府采购合同的行政性特征，第四十三条规定："政府采购合同适用合同法。采购人与供应商之间的权利和义务，应当按照平等、自愿的原则以合同方式约定"，明确了政府采购合同的民事性特征，对行政性特征并没有明示，具体体现在：（1）没有明确政府采购监督管理机构或采购人可以对中标供应商履行合同享有任何监督干预权；（2）政府采购合同必备条款由国务院政府采购监督管理部门会同国务院有关部门规定，即政府采购合同需以格式合同形式出现，但没有明确赋予政府采购监督管理部门对合同条款的解释权，在对合同条款存在不同理解时，将出现不利于采购人的解释；（3）《政府采购法》没有任何条款明确采购人或政府采购监督管理部门拥有对违约供应商的制裁权，在第八章法律责任中涉及对供应商的法律责任仅有第七十七条，但又没有明确处罚主体,仅能按照民事法或刑法进行处理。

### 6. 取消了集中采购机构的主体地位

《运行规程》第二十条规定:"集中采购项目的合同原则上由集中采购机关与中标供应商签订,也可以由集中采购机关会同采购单位(用户)与中标供应商签订"。目前集中采购机构在实际运行过程中,根据集中采购机构在政府采购合同地位的不同,一般采取以下三种方式订立政府采购合同:(1)对两个以上(含两个)采购人同批次采购同一种物品,由集中采购机构直接代表采购人作为合同甲方;(2)对单一采购人且采购资金由财政统一集中支付的采购项目,由集中采购机构与采购人共同作为合同甲方;(3)对于单一采购人且采购资金由采购人自行支付的采购项目,由采购人作为合同甲方,集中采购机构作为合同见证方。目前我国各省级集中采购机构签订政府采购合同时,在何种情况下以何种地位在合同中出现,可能与以上三种情况不尽相同,但有一点很明确,即集中采购机构按照财政部规定,在政府采购合同中以合同主体或合同监督的第三方出现,需要承担合同约定的权利和义务,或拥有对合同履行的监督职能,体现出集中采购机构在政府采购活动中的主体地位。

《政府采购法》的出台,改变了集中采购机构在政府采购合同中的主体地位,第四十三条规定:"采购人可以委托采购代理机构代表其与供应商签订政府采购合同",明确集中采购机构不能再以合同主体或合同监督的第三方名义出现。采购人可不委托集中采购机构,自行与供应商签订合同,也可委托集中采购机构代表其与供应商签订合同,无论以何种方式签订合同,集中采购机构都不能以合同主体,更无资格以合同监督的第三方出现,仅能依据委托协议,以代理人的身份签订合同,不承担合同约定的权利和义务,对合同履行既无权力也无义务进行监督管理。集中采购机构仅仅是个采购代理机构。

### 7. 降低了集中采购机构的桥梁作用

《政府采购法》出台后,由于集中采购机构在政府采购活动中的地位变化和参与政府采购活动程度的限制,目前集中采购机构除组织采购活动以外的沟通、协调、控制、监督作用也将大大降低。以笔者所在单位为例,几年来政府采购实际工作证明,集中采购机构的工作人员有相当一部分时间和精力用于协调采购人和供应商之间的供需矛盾。如采购人以不正当理由拒绝对采购项目及时组织验收、签署验收意见;供应商由于客观原因变化需要适当变更采购合同,而此变更对采购人有利,且采购人能够接受;采购人提出合同之外的服务要求,而供应商如满足要求需有一定成本,等等。这些矛盾发生时,集中采购机构可以第三方的名义出面进行沟通、协调,起到缓冲作用,避免供需矛盾进一步扩大,维护供需双方合法权益。在政府采购工作初期,集中采购机构在采购人与供应商之间的沟通、协调为政府采购工作深入发展起到了推动作用。

控制纳入政府采购预算项目资金的支出,按照《运行规程》规定,财政部门和采购人对采购机关按规定报送的拨款申请书及有关文件进行审核无误后,按合同约定向中标供应商付款。采购人如未通过集中采购机构擅自采购的,集中采购机构将拒绝办理资金拨款申请手续,财政部门不予支付采购资金,才能真正有效控制政府采购预算项目资金支出,维护政府采购预算的严肃性。

集中采购机构只有作为政府采购合同的主体,直接跟踪监督供应商的合同履行情况,对履约情况进行登记备案,并通过各级集中采购机构之间的信息交流,建立供应商在政府采购活动中的信用评价系统,才能将本地乃至全国供应商履约情况直接与政府采购活动联系起来,避免供应商之间重投标、轻履约的不正当竞争,督促供应商完整、及时履约,真正促进供应商讲求诚实信用。

《政府采购法》实施后,由于集中采购机构在政府采购合同中的地位发生变化,一旦供需双方发生矛盾,只能通过行政或法律手段解决,集中采购机构的沟通、协调、缓和矛盾作用将无法发挥,容易引起供需矛盾激化。政府采购预算资金支付由采购人自行向财政部门提出拨付申请,财政国库支付执行机构无法、也无义务去核实采购项目是否通过合法方式和程序进行采购,采购人存在规避政府集中采购,自行采购或委托非集中采购机构采购的可能,造成政府集中采购流于形式,政府采购预算资金的使用失去控制。同时由于集中采购机构无法直接参与政府采购合同履行的监督,对供应商的商业信誉和履行政府采购合同情况无法知晓,在政府采购活动过程中也无法考核供应商诚实信用状况。

### (二)《政府采购法》对集中采购机构的间接影响

1. 难以体现出集中采购的规模效应

政府采购目的之一是要提高政府采购资金使用效益,虽然采用公开招标作为政府采购的主要采购方式可节约一定的财政资金,但真正实现提高财政资金使用效益这一目的,关键应集中各采购人的相同需求,以大批量的规模采购引起相关供应商的关注,在降低供应商成本的基础上,引导其降低价格、提高服务,才能真正体现出政府采购的规模效应,维护采购人的利益,提高社会综合效益。以笔者所在单位为例,2001年度组织实施的政府采购计划中,交通工具和通用设备的项目预算金额合计为3.1亿元人民币,占全部货物项目预算金额的78.98%,而单个采购人交通工具的采购批量约95%少于5辆,通用设备的单批次采购预算金额约90%低于20万元。省级政府采购的规模尚且如此,市、县级的政府采购批量和单批次采购预算金额将更低。如果没有监督管理机构通过采购计划集中汇总,由采购人直接委托集中采购机构,集中采购机构为及时给采购人提供采购服务,只能采取委托一次、采购一次的办法来满足采购人的需要,难以将各采购人的采购需求集中采购,造成在实际采购过程中,约90%采购批次的采购数量或采购金额很小,达不到公开招标的要求,既增加了集中采购机构的采购成本,又无法体现出集中采购的规模效应,最终将影响采购人主动参与政府采购的积极性。

### 2. 影响了集中采购的公平性和权威性

政府集中采购的公平性一方面体现在政府采购过程中平等对待采购人和供应商的利益关系,既保护采购人的正常权益,也维护供应商的合法利益;另一方面体现在平等对待每一个愿意参与政府采购的供应商,从采购信息获得、采购资格认证、评标标准制定,到中标供应商确定,对每一个供应商都不得实行差别待遇或歧视待遇,也不应对某个供应商提出任何倾向性意见。集中采购机构在组织政府采购活动过程中最关键的问题,就是把握采购过程的公平原则。只有长期坚持这一原则,保证采购程序合法和采购结果合理,才能激发供应商参与政府采购活动的热情,赢得供应商对集中采购机构的支持和尊重,逐步塑造政府集中采购的诚信形象,树立集中采购机构组织采购活动的权威性。

《政府采购法》的出台,否定了集中采购机构的采购机关性质,集中采购机构不仅面临集中采购机构之间竞争的压力,还将与各种采购代理机构产生竞争。在目前买方市场和政府采购委托制的前提下,由于整个社会的诚信和监督机制尚不完善,集中采购机构想长期生存和发展,很难独善其身,必须尽量满足采购人的要求,以换取采购人尽可能多的委托,在采购过程中必然产生重采购人的权益、轻供应商合法利益;倾向采购人有意向性的供应商,对其他供应商设置歧视性条款等现象,只求尽量保证采购程序表面上合法,无法保证采购结果合理。根据目前我国政府采购监督管理机构的人员数量、专业技术和管理水平,将无法控制以上现象产生。招标市场上出现的一些违规、违法现象,在政府采购活动中出现的概率将越来越大,使政府采购逐步成为一种形式。集中采购机构将因采购过程中公平性的丧失,无法承担起塑造政府集中采购诚信形象的重任,同时也将失去供应商对政府集中采购的支持和尊重，完全丧失集中采购机构组织采购活动的权威性。

### 3. 给集中采购机构的长远发展带来诸多不确定因素

《政府采购法》颁布后，给集中采购机构带来以上直接影响和间接影响，使集中采购机构在政府采购活动中具体的组织、协调、控制、监督的作用大为削弱，集中采购机构组织采购活动的效益性、公平性和权威性逐步降低，社会各界将对集中采购机构存在的必要性产生怀疑。同时随着集中采购机构与财政部门的脱离，财政部门对集中采购机构支持力度减小，以及很有可能出现各种采购人以特殊采购为理由成立行业或系统内的专业采购代理机构，都将对集中采购机构的存在产生不利影响。随着社会各种采购代理机构对政府采购市场的逐步蚕食，集中采购机构的采购量将逐年减少，对政府采购工作的影响力也越来越小。若干年后对《政府采购法》进行修改时，完全有理由顺其自然地把集中采购机构实行中介化，就像原来各级财政部门下属的会计师事务所一样，终结集中采购机构所承担的集中采购使命。这个过程与各省现在的招标中心有着惊人的相似之处：招标中心在计划经济时期为我国控制机电设备的盲目进口，发挥过关键作用，一度也曾担负一定的行政职能工作，随着计划经济向市场经济的转化，招标中心也由行政职能部门变成企业化的中介机构。集中采购机构是否也将走向社会中介代理机构？此仅为笔者的第一种设想。

但不排除有这样的可能：随着集中采购机构在政府集中采购活动中的作用逐渐削弱，社会上从事政府采购代理工作的采购代理机构违规、违法采购现象越来越普遍，社会各界对政府采购工作越来越不满意，近几年各级采购部门不断努力积累起来的政府采购工作成果丧失殆尽时，可能有关领导发现：在我国的现实国情下，仅有一支优秀的政府采购监督管理队伍还不行，还要依靠一支独立、高素质的集中采购机构，才能共同将我国的政府采购事业发扬光大。集中采购机构有可能转变成参照公务员管理的事业单位，或随着我国法律制度的健全，政府采购监督管理机构和集中采购机构合而为一，全面负责政府采购的各项日常管理和具体采购工作，监督工作移交给专职的纪检或监察部门负责。这是笔者的第二种设想。

《政府采购法》实施后，短期内我国的政府采购模式有点像韩国模式，管理机构和集中采购机构分设，集中采购机构负责集中采购项目的采购。如按笔者第一种设想发展，将逐步过渡到澳大利亚模式，不设集中采购机构，由各采购人自行采购或委托代理采购；如按笔者第二种设想发展，将逐步过渡到美国或中国香港模式，政府采购管理机构和执行机构不分设，采购机关既负责管理，也负责直接采购。笔者可以大胆推测，目前《政府采购法》对集中采购机构的定性只是一种过渡，至于我国集中采购机构到底何去何从，只能等时间来确认了，但集中采购机构目前所面临的困境却是非常现实的。

## 二、

## 集中采购机构面临的困境

### 1. 失去财政部门支持，集中采购机构日子难过

政府采购工作在我国所以能得到迅速推广，国家有关领导对此工作非常重视、各部门积极配合是一方面，关键还在于各级财政部门的大力推动，财政部门推动政府采购工作的主要手段之一在于管住采购资金。笔者所在省级政府采购自1999年开始推行，2000年省级政府集中采购合同金额仅为20073.63万元，2001年开始对省级政府集中采购项目全部实行集中支付，所有采购资金不再拨到各采购单位，一律划入政府采购专户管理，由集中采购机构采购后提出支付申请，经政府采购监督管理部门审核同意后，财政部门直接支付给供应商。通过这种集中支付方式，当年我省省级集中采购合同金额就达到了44925.48万元，比上年同期增长123.8%，其中96.7%的采购任务由集中采购机构自行组织完成。一旦集中采购机构失去财政的支持，即使实行国库集中支付制度，只要采购资金直接由采购人提请支付，将很难保证采购人能自觉参加政府集中采购。政府采购监督管理机构也将把工作重点转移到对社会招标中介机构的政府采购代理资格认定，以及各采购人是否按照规定进行政府采购的检查监督上来，至于采购人是否委托集中采购机构组织采购，将因政府采购监督管理机构和集中采购机构两者之间的隶属和工作关系逐步疏远，而变得越来越不重要。

### 2. 部门间的权力划分，集中采购机构处境尴尬

根据《关于国务院有关部门实施招标投标活动行政监督的职责分工的意见》（国办发［2000］34号），国家发展计划委员会指导和协调全国的招投标工作，工业（含内贸）、水利、交通、铁道、民航、信息产业等行业和产业项目的招投标活动的监督执法，分别由经贸、水利、交通、铁道、民航、信息产业等行政主管部门负责。从事各类工程建设项目招标代理业务的招标代理机构的资格，由建

设行政主管部门认定；从事与工程建设有关的进口机电设备采购招标代理机构的资格，由外经贸行政主管部门认定；从事其他招标代理业务的招标代理机构的资格，按现行职责分工，分别由有关行政主管部门认定。《政府采购法》虽然对政府采购的适用范围进行了明确，但目前我国绝大多数的集中采购机构成立时间较短，都不具备以上文件所规定的专业招标资格，在具体实施过程中，由于涉及各部门间的利益再分配问题，相关部门将以各种招标资格认定为借口，想方设法阻止集中采购机构直接参与其主管招标的行业和产业项目，这几年工程类采购占整个政府采购规模的比例一直偏低，也客观印证了一些目前存在的问题。同时《政府采购法》本身对有些敏感性的问题表述含糊，如《政府采购法》第18条两款规定没有设定前提条件，前后矛盾，将使各省、市、自治区在对该法条款的理解上产生重大偏差。集中采购机构一旦失去了财政部门强有力的支持，将无法与上述部门在利益再分配时抗衡，最后的结果只能分到应有蛋糕的一小部分，成为利益再分配的牺牲品。

### 3. 集中采购机构内部人员素质不过硬

**（1）人员组成不合理**

根据我国政府采购工作开展的需要，各省、市集中采购机构成立的时间大多在1998~2000年间，这段时期正是各省、市机构改革期间，集中采购机构不可能被批准为公务员编制，基本以全额拨款或自收自支的事业单位为主，造成集中采购机构成立初期的人员组成大多以机关分流人员为主，这些人员一般在原单位以从事管理、财务工作居多，专业技术人员很少。由于国家公务员管理制度的改变，进国家公务员编制必须经过公开招考这一关，而各省市集中采购机构的全额拨款或自收自支事业单位性质，以及我国尚未开展政府采购从业资格认证制度，任何人都可以直接加入政府采购行业，造成后期进入集中采购机构的采购人员一般都是无法通过公开招考进机关而又有一定社会关系的人。

**（2）人员知识结构有缺陷**

由于像美国等地在企业和政府采购中实行的采购人或采购经理认证制度，在我国尚未推开，进入集中采购机构的工作人员，基本上未经过专业培训，许多人员的知识结构尚处于学校毕业时的知识层面，缺乏政府采购专业技术知识。财政部门组织的采购业务培训过于理论化，缺乏实际采购工作的专业系统培训，使培训工作流于形式，造成集中采购机构人员素质得不到进一步的提高，不利于采购工作的开展。同时政府采购工作在我国还处于起步阶段，没有现成的模式，许多工作需要在采购实践中靠工作人员摸索、创新，要求工作人员有一定的综合能力和悟性，由于目前工作人员的素质和知识面的限制，难以达到采购工作的要求。

**（3）人员采购经验不足**

除集中采购机构成立时间短、人员基本素质不高以外，一些制度上的原因也造成采购人员采购经验不足，达不到政府采购对专业化的要求：一是按照现在集中采购机构的采购模式，相当多集中采购机构把自己当成采购管理机构，在日常采购工作中过于依赖委托社会招标中介代理机构，尤其是对有一些技术难度的采购项目。不亲自组织具体的采购项目，就不能够掌握到制作相关采购项目招标文件的技巧，仅仅监督采购代理机构的采购程序是否合法，对采购人员采购经验的积累帮助很小。二是由于我国招投标行政监督条块划分的现状，造成集中采购机构在一些重大采购项目上无法自行组织采购活动，如建筑工程项目、重大进口设备采购项目，使采购人员得不到广泛的锻炼。三是由于廉政建设的需要，集中采购机构实行的轮岗制，也造成采购人员对所从事的采购项目熟悉时间过短，无法深入理解、钻研。现代社会知识日新月异，只有通过不断的学习和钻研，才能熟悉和了解最新的技术和市场行情变化，轮岗制使采购人员成为对多个采购项目只知皮毛的通才，而不能培养出对某个项目精通的专业人才。

财政部有关领导在 2000 年曾说过：集中采购机构的生存与否，就在于编制招标文件的水平的高低，以目前集中采购机构人员的素质、知识和经验，如何能制作出高水平的招标文件呢？

## 三、

## 集中采购机构如何适应《政府采购法》

**1. 理顺关系，划清职责，准确定位**

由于政府采购工作在我国开展时间较短，各级政府采购机构不断在实践中探索符合当地政府采购实际情况的管理模式和采购模式，有相当一部分地方集中采购机构在采购工作中行使了部分或全部政府采购管理职能，这种管理机构与集中采购机构并行的模式是好是坏，暂且不去讨论。但根据《政府采购法》的要求，管理机构与集中采购机构必须理顺关系、划清职责。集中采购机构应正确面对定位为采购代理机构的现实，做好计划采购体制向委托采购体制转变的准备，彻底将不应但实际拥有的管理职能划转到政府采购监督管理机构，不再承担任何的行政管理职能，对参加政府采购的供应商也不应具有监管职能和处罚权力，只能根据采购人的委托，在委托权限内从事政府采购活动。

2. 认真研究，深入理解，依法采购

尽管《政府采购法》的出台对集中采购机构的影响很大，在实施过程中打破了集中采购机构现行的采购模式，给集中采购机构组织实施政府采购带来了一定困难。但国家制定的法律毕竟有它的严肃性和强制性，作为承担具体组织实施政府采购活动任务的集中采购机构，必须带头学法、知法、守法，尽快组织所有采购人员对《政府采购法》认真研究、深入理解，比较现行做法与《政府采购法》的差异，在实际采购工作中不断改变与《政府采购法》不相符的程序和规定，把《政府采购法》贯彻到采购工作的每个环节，继续按照"公开、公平、公正、诚信"的原则，坚决依法开展政府采购工作。

3. 转变作风，面向市场，提高服务

《政府采购法》的出台，改变了集中采购机构的采购机关的主体身份，取消了集中采购机构的行政职能，各级集中采购机构应彻底转变行政机关的工作作风，按照市场经济的游戏规则办事，无论是内部机构设置、管理制度，还是工作方式方法、各种激励机制，都应向市场化、企业化靠拢，牢固树立忧患意识和风险意识，降低采购成本，提高采购效率，变"等计划、靠财政、要权利"的"等靠要"为"争夺市场、贴近用户、围绕服务"的"抢贴围"。在依法办事的前提下，提前做好委托采购的准备，一切工作中心应围绕采购人的需要开展，做采购人的好参谋，努力为采购人提供更优质的服务，赢得采购人的尊重和信赖。

同时要努力适应各行业招投标管理部门的管理模式，研究各专业招标的规定、程序，提高集中采购机构自身的素质和条件，力争尽快取得各行业招投标管理部门颁发的专业招标资格，如进口设备和建筑工程招标的资格等，摆脱目前在各专业招标项目上四处碰壁的窘境，提高集中采购机构在招投标市场上的竞争能力。

4. 引进人才，加强培训，优化结构

《政府采购法》对采购人员的基本素质已提出了要求，并规定将对采购人员的专业水平、工作实绩和职业道德状况定期进行考核。同时财政部项怀诚部长在

"贯彻落实党的十五届六中全会精神,进一步完善集中采购制度"一文中也明确指出:"要研究制定集中采购人员的从业标准和行为准则,加强对集中采购人员的管理和监督。努力创造条件,逐步建立集中采购人员从业资格制度,采购人员实行持证上岗,没有资格的人员,不得从事政府集中采购活动"。集中采购机构应未雨绸缪,按照《政府采购法》规定和财政部领导要求,加强对采购人员的业务知识和思想道德方面的教育,尽快培养出一批既熟悉相关政策、商品知识、合同管理、市场情况,又掌握招投标技能、采购技巧的专业人员;同时还应主动引进通晓招投标技巧、精通政府集中采购项目的专业人才,建立采购人员能上能下、能进能出的良性竞争机制,逐步优化集中采购机构人员的知识结构、专业结构和年龄结构,把集中采购机构建设成一支高素质的采购队伍,既保障我国政府采购事业的发展,也保证集中采购机构的长期生存。

(完稿于2002年8月30日)

# 《政府采购法实施条例（征求意见稿）》尚未解决的几个问题

2009年年底，《政府采购法实施条例（征求意见稿）》在经过多次修改后，首次以国家法制办的名义在社会公开征集修改意见。由于《政府采购法》自身存在较大的缺陷，许多矛盾并未能在《政府采购法实施条例（征求意见稿）》中得到解决，社会各界对此反响较大，议论纷纭，《中国财经报》为此专门在安徽召开了一次研讨会，与会代表也提出了很多观点和修改意见。笔者在给财政部提交修改意见后，尚未惬意，又罗列了一些个人觉得需要在制订《政府采购法实施条例》时解决的问题，希望能给当时的《政府采购法实施条例》制定者提供一点参考。2014年12月31日，终于闻知《政府采购法实施条例》在国务院常务会议通过，并于2015年3月1日起施行。

在《政府采购法》正式实施七年后，《政府采购法实施条例（征求意见稿）》（以下简称《实施条例》）终于露出了大致面容。《实施条例》在许多方面对《政府采购法》的相关内容进一步予以明确，相关规定更加合理、规范，必将有力地促进政府采购工作的有序、健康开展。但经笔者认真研读，对照《政府采购法》及相关规定，认为《实施条例》中有以下几个问题仍未得到真正解决，希望能引起条例起草者的关注。

## 一、集中采购定义的确定

《政府采购法》第七条规定：政府采购实行集中采购和分散采购相结合。纳入集中采购目录的政府采购项目，应当实行集中采购。据此，《实施条例》第七条对集中采购作出如下解释："政府采购第七条所称集中采购，是指采购人将集中采购目录以内的货物、工程和服务委托集中采购机构代理采购、实施部门集中采购或依法自行实施采购的行为"。笔者认为，《政府采购法》的立法宗旨，就是规范政府采购行为，提高政府采购资金的使用效益，维护国家利益和社会公共利益，保护政府采购当事人的合法权益，促进廉政建设。从本省对采购人实行政府采购的检查情况来看，采购人依法自行实施采购，很难做到行为规范；同时自行实施采购，难以体现集中采购的规模效应，无法提高政府采购资金的使用效益。因此，笔者认为集中采购的定义，应将自行采购排除在外，即集中采购，是指采购人将集中采购目录以内的货物、工程和服务委托集中采购机构代理采购或实施部门集中采购的行为。

## 二、集中采购机构的设置、职责

《政府采购法》第十六条对集中采购机构的性质、设立和主要职责作出了规定，第六十条进一步明确规定：政府采购监督管理部门不得设置集中采购机构，且采购代理机构与行政机关不得存在隶属关系或者其他利益关系。但对集中采购机构的具体设置并未作出规定，结果导致七年后，全国各级集中采购机构的设置五花八门，性质有企业、自收自支事业、全额拨款事业、参照公务员管理事业、公务员，级别高低不等，隶属关系有八九种之多，在我国行使相同职能的机构，有如此多设置情况，可能独此一家，当初立法参与者也始料不及。为了改变这种现状，《实施条例》第十九条规定：集中采购机构应当依法独立设置，隶属同级人民政府，不得与任何政府部门、法人或其他组织存在隶属关系或其他利益关系。但现实情况是，目前中央、省级的机构改革刚刚布置结束，集中采购的职能也已划归不同的部门，要求把机构性质、隶属关系不一的集中采购机构重新集中归属到同级人民政府，仅靠《实施条例》是否能解决，尚需时间来验证。

如果集中采购机构真如《实施条例》规定，统一隶属同级人民政府，作为政府的专职部门，其职能就不应仅限于根据采购人委托，组织实施集中采购目录中通用政府采购项目的采购，而应该是行使政府出资人的职能，机构的性质、职能应有所改变。同时，各级集中采购机构之间应形成有密切联系的上下级指导关系，统一内部机构设置、统一业务采购流程、统一采购文件格式、统一集中采购市场，并自然获得目前尚受限的工程招标、国际招标的资格。因此，笔者建议，对于集中采购机构的问题，应从全国的实际情况出发，重新定性，以利于发挥集中采购机构在政府采购工作中的中坚力量的作用。

## 三、

## 委托采购和集中采购的冲突

《政府采购法》和《实施条例》都明确规定：集中采购机构主要职责是根据采购人的委托办理采购事宜。虽然财政部曾经多次解释，对于集中采购目录内的通用类项目，实施的是强制委托，必须委托集中采购机构办理。但委托采购原本就建立在市场经济基础之上，是委托人和受托人本着相互自愿的原则建立的委托与受托关系，且以委托代理协议的方式明确委托代理采购的具体事项、权限和期限，约定采购人与采购代理机构双方的权利和义务，本质上就是签订了一份委托合同，其行为将受到《合同法》的约束。委托采购的存在，切断了部门预算与政府采购之间的联系，什么时间委托、委托什么采购项目、委托的权限有哪些，都主要由采购人确定。集中采购机构尚且只能被动地接受委托，更何况需努力营销才能获得委托业务的采购代理机构，结果将造成无法对采购人不合理的需求进行约束，且为实现《政府采购法》规定的采购效率更高的要求，及时为采购人提供优质服务，只能采取委托一次、采购一次的办法来满足采购人的需要，难以将各采购人相类似的采购需求集中采购。委托采购既增加了集中采购机构的采购成本，又无法体现出集中采购的规模效应，最终必将影响到集中采购机构存在的价值，危及集中采购的必要性。因此，笔者建议，对于集中采购应实行强制采购制度，即集中采购机构根据采购人批复的政府采购预算，统一标准、统一采购、统一配发。

## 四、

## 列入不良行为记录供应商的确定

供应商有《政府采购法》第七十七条规定的情形之一的，将列入不良行为记录，但这些供应商的名单，应在哪级媒体上公布，是否需有关部门审批？被禁止参加政府采购的范围怎样确定？如某供应商在某县被列入不良行为记录供应商名单,是否在全国范围内政府采购活动都不能参加?这些都涉及供应商的实际利益,影响到政府采购的具体执行。《实施条例》第二十八条只明确了:"县级以上人民政府财政部门应当在指定的媒体上公布列入不良行为记录名单的供应商的名称及禁止参加政府采购活动的期限。"这样的规定并不具有实际执行性。因此,笔者建议对该条应进一步细化,以便各级财政部门、采购代理机构执行,使其对不良行为记录的供应商更具有威慑力。另外,由于列入不良行为记录的供应商名单,将直接影响到采购代理机构的采购活动,因此,该名单不仅要公布,而且应在政府采购监管部门、集中采购机构、采购代理机构之间形成通报制度。

## 五、联合体参加政府采购的评审

《政府采购法》第二十四条规定:两个以上的自然人、法人或者其他组织可以组成一个联合体,以一个供应商的身份共同参加政府采购。《实施条例》第二十九条虽然对联合体投标进一步做出了规定,但对联合体投标如何评审仍未明确,缺乏可操作性。一方面,同一资质条件的供应商组成的联合体,按照资质等级较低的供应商确定联合体的资质等级,资质等级高的供应商就没必要与等级低的供应商组成联合体,将与即将颁布的《中小企业政府采购管理办法》中,促进中小企业参加政府采购的政策功能相左。另一方面,不是同一资质条件的供应商组成联合体,怎样确定联合体的资质等级,没有做出规定。同时,仅对联合体的资质等级进行了确定,但对联合体如何评审,至今仍是政府采购相关法律法规的空白,这也是实际采购中采购人或采购代理机构通常不接受联合体、供应商不愿组成联合体的主要原因。笔者认为,应把通过组成联合体当作促进中小企业参加政府采购的一种方式,而不是限制。笔者建议第二十九条第一款应增加:联合体成员有中小企业的,应当按照成员中非中小企业资质等级较低的供应商确定联合体的资质等级,按照非中小企业资质等级较低的供应商加上中小企业计算联合体的业绩及其他可累计的评审因素。联合体成员都是中小企业的,应当按照成员中资质等级较高的供应商确定联合体的资质等级,按照中小企业的合计数计算联合体的业绩及其他可累计的评审因素。

## 六、

## 政府采购政策性功能落实

《政府采购法》赋予了政府采购许多宏观调控功能，《实施条例》也明确了要通过优先或强制采购等措施，支持保护节能环保、自主创新产品，以及扶持中小企业、不发达地区和少数民族地区企业等，并要求采购人和采购代理机构应当严格执行政府采购产品清单，落实各项政策规定。但事实上，每个采购人都有自身的利益追求，许多政策功能很难在采购中落实。一方面有些政策功能没有明确的实施办法，如扶持不发达地区和少数民族地区企业，无法在采购时具体实施；另一方面即使有明确的实施办法，但在实际实施过程中没有明显成效，如环境保护产品，只是要求在同等条件下优先采购，但在采购时极少会遇到同等条件的情形。同时，采购代理机构是受采购人的委托进行采购，其落实政策规定的积极性将受到采购人意愿的影响，将很难保证落实的成效。因此，笔者建议，对所有需落实的政策规定，应借鉴自主创新产品政府采购的有关规定，量化优先或强制的标准，加强采购过程的监督，才能真正将政策规定落到实处。

## 七、

## 采购方式的变更

《政府采购法》第二十七条规定：达到公开招标数额标准，因特殊情况需要采用公开招标以外的采购方式的，应当在采购活动开始前获得设区的市、自治州以上人民政府采购监督管理部门的批准。由于立法时没考虑到县级政府采购的普及、开展，因此采购方式变更时，要求获得设区的市、自治州以上人民政府财政部门批准，给县级政府采购的监管带来很多不便。《实施条例》第三十一条规定：经县级以上人民政府财政部门批准，可以采用非公开招标采购方式。虽然适应了当前政府采购的实际情况，但这明显与《政府采购法》的规定相违背。因此，笔者建议在《政府采购法》修订后，再改成县级以上人民政府财政部门批准为宜。同时，鉴于采购方式变更申请的主体、程序，政府采购相关法律法规都没有明确，笔者建议可以在《实施条例》中进一步予以明确。

## 八、

## 竞争性谈判和询价采购方式的程序性

《政府采购法》规定，采用竞争性谈判和询价采购方式采购时，程序是先成立谈判或询价小组，制定谈判或询价文件，再由谈判或询价小组确定邀请参加谈判或询价的供应商名单，并向其提供谈判或询价文件，最后再谈判或询价，确定成交供应商。这种采购程序与实际执行有很大差异，也与相关政府采购配套规定有矛盾：一是《政府采购评审专家管理办法》规定：谈判或询价小组中的评审专家需在政府采购专家库中随机抽取，抽取时间原则上应当在评审前半天或前一天进行，特殊情况不得超过两天。而按照《政府采购法》的规定，成立谈判或询价小组的时间肯定在评审两天之前。二是目前谈判或询价文件基本是由采购人或采购代理机构制作，谈判或询价小组一般只负责评审，没有义务制作谈判或询价文件。《政府采购法》虽然没有明确谈判文件是否由谈判小组制作，但明确规定：询价小组应当对采购项目的价格构成和评定成交的标准等事项作出规定，实质上就明确了询价小组应当参与询价文件的制作。三是实际采购过程中，采购人或采购代理机构一般采取类似《实施条例》中邀请招标的方式，来确定邀请参加谈判或询价的供应商名单，即（一）发布资格预审公告，进行供应商资格预审，从符合相应资格条件的供应商中随机选择三家以上的供应商；（二）从省级以上人民政府财政部门设立的供应商库符合相应资格条件的供应商中随机选择三家以上的供应商。很少由谈判或询价小组来确定邀请参加谈判或询价的供应商名单。以上三点差异和矛盾，《实施条例》都予以回避，没有做出更合理的规定。

## 九、

## 两家供应商符合条件的适用采购方式

《政府采购法》规定的几种采购方式，公开招标、邀请招标、竞争性谈判、询价都要求符合相应资格条件的供应商不少于三家，单一来源方式只是一家供应商满足需要，因此，当实际采购时，遇到有两家供应商符合相应资格条件时，适用何种采购方式，一直是《政府采购法》存在的漏洞。虽然曾经在财政部拟颁布的《非招标方式政府采购管理办法（征求意见稿）》中，看到过两家供应商符合相应资格条件时，经财政部门批准，可以参照竞争性谈判或询价方式采购，但该管理办法一直没正式颁布。《实施条例》第四十六条也没明确在只有两家供应商符合资格条件时，适用何种采购方式。因此，笔者建议在第（一）项后增加：只有两家供应商符合条件时，采购人或采购代理机构应当按照竞争性谈判或询价采购方式规定的程序组织采购活动。以弥补《政府采购法》的漏洞，便于实际操作。

## 十、

## 电子化采购的合法性

《政府采购法》中没有关于电子化采购的相关规定。《实施条例》第三十三条规定：各种政府采购方式均可以采用电子化手段实施。这确实是对《政府采购法》的有益补充。但笔者却对后一句"网上竞价和电子反向拍卖适用于询价采购方式"持保留意见。网上竞价如果规定供应商一次性报价，最低价者成交，则可适用于询价采购方式，否则不能适用。但电子反向拍卖一般是指多个供应商通过在线方式，对同一标的物进行多次递减竞价，以最低价确定成交供应商的采购方式。虽然电子反向拍卖适用于标准化程度高，供应商数量较多，以价格作为主要评审因素的产品。但在采购程序上与《政府采购法》规定的询价采购方式有很大区别，最根本的一点是，询价方式要求被询价的供应商一次报出不得更改的价格，而电子反向拍卖则允许供应商不断向下调整报价。因此，电子反向拍卖不适用于询价采购方式。笔者建议修改为：各种政府采购方式均可以采用电子化手段实施，但应符合政府采购相关法律法规的规定。

## 十一、

## 关于评审专家的相关

《政府采购法》关于专家库的问题没有做出规定，《实施条例》却要求省级以上人民政府财政部门应当按国务院财政部门规定的专业分类组建政府采购评审专家库。目前，各地政府采购的开展情况差异很大，规模不一、进度不一、范围不一，以本省为例，如果按国务院财政部门规定的专业分类组建政府采购评审专家库，已远不能满足政府采购评审的需要。因此，笔者建议将第五十一条修改为：省级以上人民政府财政部门可以参照国务院财政部门规定的专业分类组建政府采购评审专家库。

《政府采购法》、《实施条例》和《政府采购货物和服务招标投标管理办法》对供应商资格预审的评审委员会的人数、组成、抽取时间都没有做出过规定，且参加过资格预审的评审专家是否可以参加最终项目的评审？都没有予以明确。因此，笔者建议第二十五条第四款后增加对评审委员会组成的有关规定，以便实际执行。

## 十二、

## 采购人不确认中标或成交结果的处理

《政府采购法》第四十六条规定：采购人与中标、成交供应商应当在中标、成交通知书发出之日起三十日内，按照采购文件确定的事项签订政府采购合同。中标、成交通知书对采购人和中标、成交供应商均具有法律效力。但发中标、成交通知书的前提是采购人必须对中标、成交结果确认。笔者在实际采购工作中，遇到过多起采购人无正当理由，只因中标或成交供应商不是其想要的供应商，而不确认中标、成交结果，造成一直无法向中标或成交供应商发出中标或成交通知书，最终导致供应商无法与采购人签订合同，采购项目不了了之，严重影响了政府采购的严肃性。《实施条例》和《政府采购货物和服务招标投标管理办法》都规定了采购人确认中标结果的时限，但对采购人不确认中标结果如何处理，目前还是个空白。为了维护政府采购工作的严肃性，笔者建议在《实施条例》第五十四条第一款增加：采购人未在五个工作日内按顺序确定中标、成交供应商的，且未提出正当理由的，视同默认。

## 十三、

## 供应商乱质疑的处理

《政府采购法》赋予了供应商质疑的权利，《实施条例》对供应商质疑的内容、提出质疑期限的计算、受理质疑的程序、对质疑如何处理进一步予以明确，对《政府采购法》确实起到了优化作用。但鉴于当前供应商的维权意识日益增强，而质疑的成本相对较低，实际采购过程中，就有个别供应商，只要没有中标或成交，都会向采购人或采购代理机构提出质疑，许多质疑内容属于对政府采购的程序不了解，或纯属无端猜疑。采购人或采购代理机构接到质疑后，处理质疑的成本却很高，特别是需要举证时，有时会花费大量的人力、物力、时间。而《实施条例》对供应商乱质疑的行为却没有任何的处理规定，鉴于质疑阶段质疑人与被质疑人的行为应属于民事纠纷范畴，根据《民法》规定，应对供应商实行"谁质疑，谁举证"，以有效减少供应商的乱质疑，或采取类似供应商投诉处理的有关规定，让质疑供应商也要承担一定的法律责任。因此，笔者建议在《实施条例》第六十八条前增加一条，内容为：供应商提出质疑时，除应说明依据和理由之外，还需提供相关证据，否则采购人或采购代理机构有权拒绝。第一百零七条修改为：供应商一年内三次以上质疑或投诉均查无实据的、提供虚假材料、虚构事实进行质疑或投诉，情节严重的，处以采购金额千分之五以上千分之十以下的罚款，列入不良行为记录名单，在一年至三年内禁止参加政府采购活动。

（本文刊登于2010年2月3日《中国财经报》第7版）

# 《政府采购法实施条例（征求意见稿）》对十八号令的影响

法规篇

  2009年年底，国务院法制办公开征集社会各界对《政府采购法实施条例（征求意见稿）》的意见后，笔者仔细研读，发现相关政府采购招标投标的条款明显比《政府采购法》多、细、实，但与已颁布的《政府采购货物与服务招标投标管理办法》（以下简称《十八号令》）中的内容不尽相同，甚至矛盾。由于《政府采购法实施条例》的法律层级较《十八号令》为高，一旦《政府采购法实施条例》按此征求意见稿施行，必将对已习惯于按《十八号令》操作的政府采购从业人员带来较大的影响，故提前将两者之间的矛盾处整理归纳，或谓未雨绸缪，或谓杞人忧天。

  《政府采购法》规定，公开招标应作为政府采购的主要采购方式。对招标方式做出最明确规定、招标采购单位也最熟悉的，莫过于《十八号令》。最近公布的《政府采购法实施条例（征求意见稿）》（以下简称《实施条例》）对招标方式也做出了比《政府采购法》更细致的规定，有些规定与已颁布实施的《十八号令》产生了一定的冲突，一旦《实施条例》按征求意见稿的内容正式实施，势必将影响到《十八号令》的执行，《十八号令》也将面临需要及时修订的问题。笔者认为，《实施条例》对《十八号令》的影响，主要体现在如下几个方面：

## 一、招标信息的发布媒体

《实施条例》第十二条第二款规定：政府采购信息应当在省级以上人民政府财政部门指定的媒体上发布。采购金额达到500万元以上的政府采购项目信息应当在国务院财政部门指定的媒体上发布。而《十八号令》第十四条规定：采用公开招标方式采购的，招标采购单位必须在财政部门指定的政府采购信息发布媒体上发布招标公告。《十八号令》并未明确招标公告必须在哪级财政部门指定的媒体发布，而《实施条例》明确规定必须是在省级以上人民政府财政部门指定的媒体。

## 二、资格预审公告的公告期限

《实施条例》第二十五条第一款规定：采购人或采购代理机构根据本条例规定或者采购项目的实际需要，对供应商进行资格预审的，资格预审公告应当在省级以上人民政府财政部门指定的媒体上公告，公告期限不得少于五个工作日。而《十八号令》第十五条第一款规定：采用邀请招标方式采购的，招标采购单位应当在省级以上人民政府财政部门指定的政府采购信息媒体发布资格预审公告，公布投标人资格条件，资格预审公告的期限不得少于七个工作日。公告期限明显有冲突。

## 三、供应商提交资格证明文件的时间

《实施条例》第二十五条第三款规定：供应商应当在公告规定的期限内，按照公告要求提交资格证明文件。而《十八号令》第十五条第二款规定：投标人应当在资格预审公告期结束之日起三个工作日前，按公告要求提交资格证明文件。两者有不一致之处，笔者认为，《实施条例》的规定更加合理。

## 四、供应商的资格预审

《实施条例》第二十五条第四款规定：采购人或采购代理机构应当组织评审委员会对供应商进行资格预审。而《十八号令》没有明确对供应商资格预审的主体。笔者认为，明确评审委员会为对供应商资格预审的主体，是可行的。但鉴于目前《政府采购法》、《实施条例》和《十八号令》对参与供应商资格预审的评审委员会的人数、组成、抽取时间都没有做出过规定，且参加过资格预审的评审专家是否可以参加最终项目的评审？都没有予以明确。因此，笔者建议第二十五条第四款后增加对评审委员会组成的有关规定，以便实际执行。

## 五、联合体投标的资质确定

《实施条例》第二十九条第一款规定：由同一资质条件的供应商组成的联合体，应当按照资质等级较低的供应商确定联合体的资质等级。这是政府采购相关法律法规目前对联合体参加政府采购，做出的关于评审方面的最详细的规定。《十八号令》未作如何评审方面的规定。

但笔者认为，《实施条例》对联合体投标的评审规定仍缺乏可操作性。一方面，同一资质条件的供应商组成的联合体，应当按照资质等级较低的供应商确定联合体的资质等级，资质等级高的供应商就没必要与等级低的供应商组成联合体；另一方面，不是同一资质条件的供应商组成联合体，怎样确定联合体的资质等级，没有做出规定。同时，仅对联合体的资质等级进行了确定，但对联合体如何评审，至今仍是政府采购相关法律法规的空白，这也是实际采购中采购人或采购代理机构通常不接受联合体、供应商不愿组成联合体的主要原因。因此，笔者建议《实施条例》第二十九条第一款应增加：联合体成员有中小企业的，应当按照成员中非中小企业资质等级较低的供应商确定联合体的资质等级，按照非中小企业资质等级较低的供应商加上中小企业计算联合体的业绩及其他可累计的评审因素。联合体成员都是中小企业的，应当按照成员中资质等级较高的供应商确定联合体的资质等级，按照中小企业的合计数计算联合体的业绩及其他可累计的评审因素。以利于扶持中小企业,鼓励组成联合体参加政府采购。

## 六、

## 采用非公开招标方式的批准部门

《实施条例》第三十一条规定:采购人采购公开招标数额标准以上的货物或者服务项目,经县级以上人民政府财政部门批准,可以采用非公开招标采购方式。而《十八号令》第四条规定:货物服务采购项目达到公开招标数额标准的,必须采用公开招标方式。因特殊情况需要采用公开招标以外方式的,应当在采购活动开始前获得设区的市、自治州以上人民政府财政部门的批准。批准部门发生了变化,权力下放到了县级财政部门。

## 七、

## 招标文件的公示期

《实施条例》第三十九条规定:符合四种情形之一的,自招标文件开始发出之日起至提交投标文件截止之日止的期限可以适当缩短,但最短不得少于十日。《十八号令》第十六条规定:采用招标方式采购的,自招标文件开始发出之日起至投标人提交投标文件截止之日止,不得少于二十日。没有任何的例外情形。

## 八、

## 邀请招标确定被邀请供应商的方式

《实施条例》第四十一条规定:采用邀请招标方式的,采购人应当按以下方式之一确定被邀请供应商:(一)按本条例第二十五条规定进行供应商资格预审,从符合相应资格条件的供应商中随机选择三家以上的供应商;(二)从省级以上人民政府财政部门设立的供应商库符合相应资格条件的供应商中随机选择三家以上的供应商。而《十八号令》只规定了第一种确定被邀请供应商的方式,没有第二种方式。

## 九、未缴纳投标保证金的处理

《实施条例》第四十三条第一款规定：招标文件可以规定投标人缴纳投标保证金。投标人未按照招标文件规定缴纳投标保证金的，应当认定其投标无效。而《十八号令》第三十六条第二款规定：投标人未按招标文件要求缴纳投标保证金的，招标采购单位应当拒绝接收投标人的投标文件。这两条规定看似相似，投标人最终都不可能中标，但实质上却区别明显，按照《实施条例》的规定，招标采购单位首先应接收投标人的投标文件，再由评标委员会来认定其投标无效，而《十八号令》是直接拒绝接收投标文件，程序不同。

## 十、投标保证金的金额

《实施条例》第四十三条规定：投标保证金金额不得超过采购项目预算的百分之一，且最高不得超过人民币十万元。不仅规定了比例，而且特别明确了最高限额，而《十八号令》第三十六条只规定了比例，没有明确最高限额。

## 十一、招标评审方法

《实施条例》第四十四条第一款规定：政府采购招标评审方法分为最低评标价法和综合评分法。而《十八号令》第五十条规定：货物服务招标采购的评标方法分为最低评标价法、综合评分法和性价比法。在方法上减少了性价比法。

《实施条例》第四十四条第二款规定：采购人或采购代理机构应当在招标文件中明确具体的评审方法、评审因素、评审细则和评审标准。招标文件中没有明确规定的内容，不得作为评审依据。而《十八号令》只在第十八条第八项规定，招标文件应包括评标方法、评标标准和废标条款。没有明确需公布评审细则，也没有明确招标文件中未明确规定的内容，不得作为评审依据。

## 十二、招标文件发售时间

《实施条例》第四十五条明确规定：招标文件公开发售时间不得少于五个工作日。而《十八号令》对此未作明确的规定。

## 十三、供应商不足三家变更采购方式的处理

《实施条例》第四十六条第一项规定：招标文件没有不合理条款且招标程序符合规定的，应当根据采购项目的实际情况，批准采取竞争性谈判、询价或者单一来源等方式采购。采取竞争性谈判、询价采购方式的，采购人或采购代理机构应当按照规定程序重新组织采购活动。而《十八号令》第四十三条第一项规定：招标文件没有不合理条款、招标公告时间及程序符合规定的，同意采取竞争性谈判、询价或者单一来源方式采购。在变更采购方式的审批主体上，《实施条例》要求向县级以上人民政府财政部门报告，而《十八号令》要求应当报告设区的市、自治州以上人民政府财政部门；变更采购方式后，《实施条例》要求按照规定程序重新组织采购活动，而《十八号令》未作明确的规定。

## 十四、供应商报价超预算的处理

《实施条例》第四十七条、第四十八条对《政府采购法》第三十六条第一款第三项"投标人的报价均超过了采购预算，采购人不能支付的"的情形进一步做出了明确的规定，尤其是第四十七条的"部分供应商报价超过采购预算，致使报价未超过采购预算的供应商不足三家的，视同投标人的报价均超过了采购预算"。第四十八条：在招标采购中，采购人或采购代理机构应当在开标前公布采购预算。未在开标前公布采购预算的，评标结束后，不能以供应商报价均超过了采购预算、采购人不能支付为由予以废标。对符合该情形的废标条件进行了规

范，以利于招标采购单位的实际操作。而《十八号令》对该情形未作进一步的规定。

## 十五、评标结果的重新评审和复核

《实施条例》第五十四条规定：在中标、成交通知书发出以前，采购代理机构、采购人或供应商对评标委员会或谈判、询价小组的评分结果有异议的，可以要求原评标委员会或谈判、询价小组进行一次重新评审或复核，重新评审或复核意见为最终评审意见。这在政府采购工作中有两个实际的指导意义：一是明确了对评分结果有异议的，可以重新评审或复核，且重新评审或复核意见为最终意见；二是重新评审或复核，仍然是由原评标委员会进行。而这些内容在《十八号令》中均未作出明确的规定。

笔者认为，制定一部重要法律的《实施条例》，不仅要立足于本法的基础，对本法起到补充、完善的作用，使本法在执行过程中更具合理性和可行性，而且要结合已颁布实施的规章制度，与相关规章制度能够有效衔接，避免出现《实施条例》一旦实施，相关规章制度就面临必须立即修订的局面。同时，由于《政府采购法》在颁布时，许多方面就存在天生的缺陷，《实施条例》不可能从根本上解决《政府采购法》存在的问题，因此，笔者认为，在加紧完善《实施条例》的同时，希望有关部门尽快将修订《政府采购法》纳入议事日程。

以上仅为笔者的一些个人意见，仅供决策者参考。

（本文先刊登于2010年4月30日《政府采购信息报》第4版，后发表于《新理财》杂志江苏专刊2010/06双月刊）

# 钝化矛盾留空间　细化操作可借鉴

——谈《〈招标投标法〉实施条例》对政府采购工作的影响和借鉴

据未认证的消息，《〈招标投标法〉实施条例》上报国务院常务会议讨论的时间晚于《〈招标投标法〉实施条例》，但通过时间却早了三年多。《〈招标投标法〉实施条例》颁布后，时任上海市财政局国库处王周欢副处长（也是业内专家、我的良师益友）从法理的角度撰写了长篇研究文章，读后收获颇丰，适《政府采购信息报》记者万玉涛来电话，谈及此事，也约我就《〈招标投标法〉实施条例》写点体会，感觉周欢兄已表述殆尽，无从下手，斟酌再三，只能换成实际操作的角度来谈点体会，以应小万之约。

《〈招标投标法〉实施条例》于2011年11月30日经国务院常务会议通过，2012年2月1日起施行。由于工作中运用《招标投标法》的次数不多，以前对该法研究也较少，但通过学习《〈招标投标法〉实施条例》，笔者却收获颇多，感触较深，虽有国内专家学者对该条例已做较深入的研究和分析，但愿以一个具体采购从业人员的身份，从实际操作的角度，也对该条例的学习谈一些肤浅的体会，供政府采购同行们参考。

总体而言，由于《招标投标法》的立法和颁布的时间比《政府采购法》都早，因此，《招标投标法》基本未考虑与《政府采购法》的衔接，造成两法在实际执行过程中存在冲突和矛盾。《〈招标投标法〉实施条例》在两法的衔接方面有了明显的进步，如第四条明确了："财政部门依法对实行招标投标的政府采购工程建设项目的预算执行情况和政府采购政策执行情况实施监督"，此前《招标投标法》及其配套办法中确定的具有招标投标监管职能的都是"七部委"，本次财政部属新增的监管部门；第八十四条规定："政府采购的法律、行政法规对政府采购货物、服务的招标投标另有规定的,从其规定"。与《〈招标投标法〉实施条例(征求意见稿)》第五条"政府采购工程进行招标投标的,适用招标投标法,但招标投标法没有规定的,应当适用政府采购法"进行了呼应。尽管《〈招标投标法〉实施条例》在两法的衔接上有所进步,但尚未能从根本上解决两法规定上存在的差异,只是钝化了矛盾,给两法在具体实施中留下了回旋空间,这对政府采购从业人员提出了更高的要求,不仅需要他们及时掌握《〈招标投标法〉实施条例》的最新规定,而且需辨清与当前政府采购相关规定的差异,合理运用,才能有效避免法律风险。同时,《〈招标投标法〉实施条例》对其上位法《招标投标法》而言,部分内容有所细化,更具有实际操作价值,需要在工作中消化、执行;还有部分内容则有所突破,值得相关立法部门在制订《〈招标投标法〉实施条例》时予以借鉴,并作出相应的规定。

## 一、分歧与交集

| 序号 | 分歧与交集的内容 | 《〈招标投标法〉实施条例》或已颁布的相关办法的规定 | 《〈招标投标法〉实施条例(征求意见稿)》或已颁布的相关办法的规定 | 比较与建议 |
|---|---|---|---|---|
| 1 | "与工程建设有关的货物"的法律适用 | 第二条规定:招标投标法第三条所称工程建设项目,是指工程以及与工程建设有关的货物、服务。其中所称与工程建设有关的货物,是指构成工程不可分割的组成部分,且为实现工程基本功能所必需的设备、材料等。 | 第四条规定:政府采购法第二条所称工程,是指建设构筑物和建筑物的工程,包括新建、改建、扩建、装修、拆除、修缮,以及与建设工程相关的勘察、设计、施工、监理等。采购项目中含不同采购对象的,以占项目资金比例最高的采购对象确定其项目属性。 | 《〈招标投标法〉实施条例》明确"与工程建设有关的货物",应适用《招标投标法》。《政府采购法》显然未将"与工程建设有关的货物"纳入工程的范畴,该类项目的采购应适用《政府采购法》。同时按照资金比例关系,"与工程建设有关的货物"也应适用《政府采购法》。此类货物包含的设备、材料,在整个政府采购规模中占比较大,目前有部分的地区已将其纳入政府采购范围,希望在制订《〈招标投标法〉实施条例》时应予以慎重考虑。 |

续表

| 序号 | 分歧与交集的内容 | 《〈招标投标法〉实施条例》或已颁布的相关办法的规定 | 《〈招标投标法〉实施条例（征求意见稿）》或已颁布的相关办法的规定 | 比较与建议 |
|---|---|---|---|---|
| 2 | 公开招标的程序 | 第十五条：公开招标的项目，……招标人采用资格预审办法对潜在投标人进行资格审查的，应当发布资格预审公告、编制资格预审文件。 | 《政府采购货物与服务招标投标管理办法》（以下简称《十八号令》）第十四条：采用公开招标方式采购的，招标采购单位必须在财政部门指定的政府采购信息发布媒体上发布招标公告。 | 按照《招标投标法》组织的公开招标，可以选择对投标人资格是预审，还是后审，如预审，则发布资格预审公告，如后审，则发招标公告。而按照《政府采购法》组织的公开招标实行的是资格后审，如实行资格预审，则属邀请招标方式，采购方式不同，性质和程序也随之变化，必须关注。 |
| 3 | 资格预审文件或者招标文件的发售期 | 第十六条：资格预审文件或者招标文件的发售期不得少于5日。 | 第二十五条：采购人或采购代理机构根据本条例规定或者采购项目的实际需要，对供应商进行资格预审的，资格预审公告应当在省级以上人民政府财政部门指定的媒体上公告，公告期限不得少于五个工作日。第四十五条：招标文件公开发售时间不得少于五个工作日。 | 五日和五个工作日，时间上有明显区别，操作过程中应注意区别。 |
| 4 | 发售资格预审文件、招标文件收取的费用标准 | 第十六条：招标人发售资格预审文件、招标文件收取的费用应当限于补偿印刷、邮寄的成本支出，不得以营利为目的。 | 《十八号令》第二十三条：招标文件售价应当按照弥补招标文件印制成本费用的原则确定，不得以营利为目的，不得以招标采购金额作为确定招标文件售价依据。 | 《〈招标投标法〉实施条例》增加了邮寄成本支出，更加符合实际。 |
| 5 | 提交资格预审申请文件的时间 | 第十七条：招标人应当合理确定提交资格预审申请文件的时间。依法必须进行招标的项目提交资格预审申请文件的时间，自资格预审文件停止发售之日起不得少于5日。 | 《十八号令》第十五条：投标人应当在资格预审公告结束之日起三个工作日前，按公告要求提交资格证明文件。 | 《〈招标投标法〉实施条例》的规定比《十八号令》更容易理解和操作，建议《十八号令》以后对此条进行修订。 |

续表

| 序号 | 分歧与交集的内容 | 《〈招标投标法〉实施条例》或已颁布的相关办法的规定 | 《〈招标投标法〉实施条例（征求意见稿）》或已颁布的相关办法的规定 | 比较与建议 |
|---|---|---|---|---|
| 6 | 对招标文件异议（质疑）的时效和处理 | 第二十二条：潜在投标人或者其他利害关系人对资格预审文件有异议的，应当在提交资格预审申请文件截止时间2日前提出；对招标文件有异议的，应当在投标截止时间10日前提出。招标人应当自收到异议之日起3日内作出答复；作出答复前，应当暂停招标投标活动。 | 第六十七条的规定：对采购文件提出质疑的，自供应商获得采购文件之日起七个工作日内，且应当在投标截止之日或递交谈判、询价响应性文件截止之日前提出。第六十八条规定：采购人或采购代理机构收到供应商的书面质疑后，应当签收回执，并在签收回执之日起七个工作日内做出书面答复。 | 两者规定的截止时间不同，答复时间也不同，政府采购也未规定：作出答复前，应当暂停采购活动。笔者认为对采购文件的质疑在截止之日前几天更合理，以利于采购人或采购代理机构对质疑内容进行分析，认定质疑内容是否成立，不成立则可继续进行，成立则决定是通过修改采购文件中不合理内容、顺延截止时间以便项目继续进行，还是终止本次采购活动，重新组织采购。 |
| 7 | 投标保证金的金额和形式 | 第二十六条：招标人在招标文件中要求投标人提交投标保证金的，投标保证金不得超过招标项目估算价的2%。投标保证金有效期应当与投标有效期一致。依法必须进行招标的项目的境内投标单位，以现金或者支票形式提交的投标保证金应当从其基本账户转出。招标人不得挪用投标保证金。 | 第四十三条：投标保证金可以采用支票、汇票、本票或担保保函等形式交纳，投标保证金金额不得超过采购项目预算的百分之一，且最高不得超过人民币十万元。 | 政府采购规定的保证金金额比招标投标低，且设定了最高限额，政府采购代理机构可以直接按照政府采购规定的执行，同时不会违反《招标投标法》的规定。 |
| 8 | 对终止招标的规定 | 第三十一条：招标人终止招标的，应当及时发布公告，或者以书面形式通知被邀请的或者已经获取资格预审文件、招标文件的潜在投标人。已经发售资格预审文件、招标文件或者已经收取投标保证金的，招标人应当及时退还所收取的资格预审文件、招标文件的费用，以及所收取的投标保证金及银行同期存款利息。 | 《十八号令》第二十四条：招标采购单位在发布招标公告、发出投标邀请书或者发出招标文件后，不得擅自终止招标。 | 擅自终止招标，是一种非常不严肃的行为，《〈招标投标法〉实施条例》对招标人终止招标，没有设定前置条件，对潜在投标人和采购代理机构均不公平，且补偿的仅为投标人投标成本的一小部分，建议还应增加投标人的招标文件制作成本，通过增加补偿的成本，减少终止招标的次数。同时，《十八号令》虽然规定了不得擅自终止招标，但在法律责任中，对于出现擅自终止招标的行为，却没有相应的处罚措施，也是个缺陷。 |

续表

| 序号 | 分歧与交集的内容 | 《〈招标投标法〉实施条例》或已颁布的相关办法的规定 | 《〈招标投标法〉实施条例（征求意见稿）》或已颁布的相关办法的规定 | 比较与建议 |
|---|---|---|---|---|
| 9 | 开标有异议的处理 | 第四十四条：投标人对开标有异议的，应当在开标现场提出，招标人应当当场作出答复，并制作记录。 | 无 | 政府采购没有针对开标有异议的情形作出专门规定。笔者认为，针对开标时出现的异议，应区分两种类型进行处理，如口头提出异议，则属于询问性质，可以在当场给予答复，如投标人对答复不满意，提出书面异议，则属于质疑性质，即认为采购程序违反规定，使自己权益受到损害，应按照政府采购相关质疑的规定处理，不应当场答复，而应在七个工作日内给予书面答复。 |
| 10 | 无效投标的情形 | 第五十一条：有下列情形之一，评标委员会应当否决其投标：（一）投标文件未经投标单位盖章和单位负责人签字；（二）投标联合体没有提交共同投标协议；（三）投标人不符合国家或者招标文件规定的资格条件；（四）同一投标人提交两个以上不同的投标文件或者投标报价，但招标文件要求提交备选投标的除外；（五）投标报价低于成本或者高于招标文件设定的最高投标限价；（六）投标文件没有对招标文件的实质性要求和条件作出响应；（七）投标人有串通投标、弄虚作假、行贿等违法行为。 | 《十八号令》第五十六条：投标文件属下列情况之一的，应当在资格性、符合性检查时按照无效投标处理：（一）应交未交投标保证金的；（二）未按照招标文件规定要求密封、签署、盖章的；（三）不具备招标文件中规定资格要求的；（四）不符合法律、法规和招标文件中规定的其他实质性要求的。 | 《〈招标投标法〉实施条例》对无效投标条款的规定更为详细，最大的区别在于：评标委员会没有审查投标保证金的义务，这点在采购工作中更符合实际。应缴未缴投标保证金的问题，应在开标前收取保证金时解决，而不应该留给评标委员会来决定。建议在制定《〈招标投标法〉实施条例》或修订《十八号令》时给予考虑。 |
| 11 | 中标候选人数量 | 第五十三条：评标完成后，评标委员会应当向招标人提交书面评标报告和中标候选人名单。中标候选人应当不超过3个，并标明排序。 | 《十八号令》第五十四条：中标候选供应商数量应当根据采购需要确定，但必须按顺序排列中标候选供应商。 | 两者都明确要求排序。政府采购没有规定中标候选人数量，是因为政府采购的范围很广，项目的类别差异大，不确定中标候选人的数量符合政府采购实际情况，而《招标投标法》管辖范围基本局限于工程建设项目，确定不超过3个中标候选人也符合工程建设招标的实际。 |

续表

| 序号 | 分歧与交集的内容 | 《〈招标投标法〉实施条例》或已颁布的相关办法的规定 | 《〈招标投标法〉实施条例（征求意见稿）》或已颁布的相关办法的规定 | 比较与建议 |
|---|---|---|---|---|
| 12 | 对招标结果的异议（质疑） | 第五十四条：依法必须进行招标的项目，招标人应当自收到评标报告之日起3日内公示中标候选人，公示期不得少于3日。投标人或者其他利害关系人对依法必须进行招标的项目的评标结果有异议的，应当在中标候选人公示期间提出。招标人应当自收到异议之日起3日内作出答复；作出答复前，应当暂停招标投标活动。 | 第六十七条：对中标、成交结果以及评标委员会、谈判小组、询价小组成员提出质疑的，自中标、成交结果公告之日起计算。即公告之日起七个工作日内，供应商均可提出质疑。第六十八条：采购人或采购代理机构收到供应商的书面质疑后，应当签收回执，并在签收回执之日起七个工作日内做出书面答复。 | 两者在形式、时间上均有明显区别，异议没有明确要书面形式，提出异议的可以是投标人，也可以是其他利害关系人，而政府采购要求质疑必须以书面形式，且《〈招标投标法〉实施条例（征求意见稿）》第六十六条明确规定：政府采购法第五十二条所称供应商，是指直接参加所质疑的政府采购项目采购活动的供应商。 |
| 13 | 投标保证金的退还 | 第五十七条：招标人最迟应当在书面合同签订后5日内向中标人和未中标的投标人退还投标保证金及银行同期存款利息。 | 第四十三条：采购人或采购代理机构应当在中标通知书发出后五个工作日内主动退还未中标供应商的投标保证金，在采购合同签订后五个工作日内主动退还中标供应商的投标保证金。 | 退还投标人的投标保证金利息，确实能维护投标人的权益，但却会给招标人和投标人带来麻烦：一是同期存款利息怎么算。例如保证金在招标人处存放了三个月，招标人是按照三个月定期存款利率，还是按照三个月通知存款利率，还是按照三个月活期存款利率来计算利息？二是该利息如何支出。应划在哪个支出科目下？支出后投标人应开具收据或发票，投标人能否开具？因此，笔者不建议将支付投标保证金利息的条款引入政府采购。《十八号令》第三十七条：招标采购单位逾期退还投标保证金的，除应当退还投标保证金本金外，还应当按商业银行同期贷款利率上浮20%后的利率支付资金占用费。笔者认为比较合适。 |

续表

| 序号 | 分歧与交集的内容 | 《〈招标投标法〉实施条例》或已颁布的相关办法的规定 | 《〈招标投标法〉实施条例（征求意见稿）》或已颁布的相关办法的规定 | 比较与建议 |
|---|---|---|---|---|
| 14 | 履约保证金 | 第五十八条：招标文件要求中标人提交履约保证金的，中标人应当按照招标文件的要求提交。履约保证金不得超过中标合同金额的10%。 | 第五十六条：采购人不得向供应商收取履约保证金，不得将中标、成交供应商交纳的投标保证金转为履约保证金。 | 履约保证金，是指大型招标项目、工程招标、政府采购项目或者拍卖，为了防止各种不确定性和风险以及考察中标单位有没有实力完成此采购项目的一种程序，属于一种特殊的督促中标人履行合同的措施，具有控制合同有效执行与风险防范的功能。在2011年新版的联合国《贸易法委员会公共采购示范法》（以下简称《示范法》）中，虽然未将履约保证金用专门条款表述，但在第十七条、第二十二条中，还是涉及了履约担保的内容，笔者理解为《示范法》并未禁止采购实体收取履约保证金，只要在采购文件中注明即可。实际采购活动中，采购人也不愿因供应商不能履约而为经济利益上法庭。因此，保留履约保证金更符合我国国情，可以降低采购人的风险。 |
| 15 | 投诉条件 | 第六十条：投标人或者其他利害关系人认为招标投标活动不符合法律、行政法规规定的，可以自知道或者应当知道之日起10日内向有关行政监督部门投诉。投诉应当有明确的请求和必要的证明材料。就本条例第二十二条、第四十四条、第五十四条规定事项投诉的，应当先向招标人提出异议，异议答复期间不计算在前款规定的期限内。 | 《政府采购法》第五十五条规定：质疑供应商对采购人、采购代理机构的答复不满意或者采购人、采购代理机构未在规定的时间内作出答复的，可以在答复期满后十五个工作日内向同级政府采购监督管理部门投诉。《〈招标投标法〉实施条例（征求意见稿）》第七十一条：供应商投诉的事项应当是经过质疑的事项。 | 除投诉的有效期不同外，对于投诉主体、投诉程序、投诉事项等，政府采购与招标投标的规定也不同，这对政府采购监管部门的从业人员提出了新的挑战，因为财政部门现在不仅是政府采购的监管部门，同时也是招标投标的监管部门，因此必须尽快掌握招标投标的相关规定，而不能仅局限于掌握政府采购方面的规定。 |

续表

| 序号 | 分歧与交集的内容 | 《〈招标投标法〉实施条例》或已颁布的相关办法的规定 | 《〈招标投标法〉实施条例（征求意见稿）》或已颁布的相关办法的规定 | 比较与建议 |
|---|---|---|---|---|
| 16 | 投诉处理 | 第六十一条：投诉人就同一事项向两个以上有权受理的行政监督部门投诉的，由最先收到投诉的行政监督部门负责处理。行政监督部门应当自收到投诉之日起3个工作日内决定是否受理投诉，并自受理投诉之日起30个工作日内作出书面处理决定；需要检验、检测、鉴定、专家评审的，所需时间不计算在内。 | 《政府采购法》第五十六条：政府采购监督管理部门应当在收到投诉后三十个工作日内，对投诉事项作出处理决定，并以书面形式通知投诉人和与投诉事项有关的当事人。《〈招标投标法〉实施条例（征求意见稿）》第七十二条：财政部门受理的投诉事项已被人民政府其他行政管理部门受理的，财政部门可以终止投诉处理程序。第七十五条：财政部门收到投诉书后，应当在五个工作日内进行审查，符合规定条件的，予以受理；不符合规定条件的，不予受理；不属于本财政部门管辖或应由其他行政管理部门先行查处的，告知投诉人转送有管辖权的部门。 | 除受理期限不同外，《〈招标投标法〉实施条例》关键是就同一事项向两个以上有权受理的行政监督部门投诉的情形作出了明确规定，即由最先收到投诉的行政监督部门负责处理。这就为两法涉及的交集部分处理，明确了监督部门的法律责任，钝化了部门之间的矛盾，回避了财政投资的重大项目的招标监督权的问题，避免了号称"中国政府采购第一案"的北京现代沃尔经贸有限公司诉财政部政府采购行政不作为案，财政一审被北京市第一中级人民法院判败诉，后财政部又上诉至北京市高级人民法院，至今二审仍未有结果的现象发生。 |

# 二、

# 突破与应对

《〈招标投标法〉实施条例》并不是对《招标投标法》简单地进行具体化，有些内容《招标投标法》并未涉及，有些则已突破了《招标投标法》的规定，需要重新认识和掌握，其中有些条款则应引起政府采购监管部门的重视。

## 1. 招标投标交易场所的合法化

《〈招标投标法〉实施条例》第四条：县级以上地方人民政府对其所属部门有关招标投标活动的监督职责分工另有规定的，从其规定。第五条：设区的市级以上地方人民政府可以根据实际需要，建立统一规范的招标投标交易场所，为招标投标活动提供服务。招标投标交易场所不得与行政监督部门存在隶属关系，不得以营利为目的。

这两条在《招标投标法》中均未提及，分开看，似乎是对《招标投标法》第七条"对招标投标活动的行政监督及有关部门的具体职权划分，由国务院规定"的细化，但结合起来看，笔者认为，却是给当前较流行的"四合一"公共资源交易平台的合法性提供了法律支撑。各地的"四合一"平台大多直属同级人民政府，既与行政监督部门不存在隶属关系，也不以营利为目的，同时，也有人民政府授予其招标投标活动的监督职责，完全符合《〈招标投标法〉实施条例》的规定。这将对政府采购是否进场交易带来重大影响，采购中心可以独立存在，但很可能会成为"四合一"平台的一个组成部分，关键是政府采购的监管职能也很可能会随之并入"四合一"平台的监管平台中，这将对政府采购系统的独立运行产生重大影响。因此，在制订《〈招标投标法〉实施条例》时，必须明确规定采购中心的机构性质、隶属关系和工作职责，只有保持采购中心的独立性，才能保证政府采购系统的完整性。

2. 明确了邀请招标的适用情形，变更了审批部门

《〈招标投标法〉实施条例》第八条：国有资金占控股或者主导地位的依法必须进行招标的项目，应当公开招标；但有下列情形之一的，可以邀请招标：（一）技术复杂、有特殊要求或者受自然环境限制，只有少量潜在投标人可供选择；（二）采用公开招标方式的费用占项目合同金额的比例过大。有前款第（二）项所列情形，属于本条例第七条规定的项目，由项目审批、核准部门在审批、核准项目时作出认定；其他项目由招标人申请有关行政监督部门作出认定。

《招标投标法》第十一条：国务院发展计划部门确定的国家重点项目和省、自治区、直辖市人民政府确定的地方重点项目不适宜公开招标的，经国务院发展计划部门或者省、自治区、直辖市人民政府批准，可以进行邀请招标。《〈招标投标法〉实施条例》参考了《政府采购法》第二十九条的规定，明确了邀请招标的适用情形，但行政审批主体由国务院发展计划部门或者省、自治区、直辖市人民政府变更成了项目审批、核准部门。

3. 扩大了可以不招标的情形

《〈招标投标法〉实施条例》第九条：除《招标投标法》第六十六条规定的可以不进行招标的特殊情况外，有下列情形之一的，可以不进行招标：（一）需要采用不可替代的专利或者专有技术；（二）采购人依法能够自行建设、生产或

者提供；（三）已通过招标方式选定的特许经营项目投资人依法能够自行建设、生产或者提供；（四）需要向原中标人采购工程、货物或者服务，否则将影响施工或者功能配套要求；（五）国家规定的其他特殊情形。招标人为适用前款规定弄虚作假的，属于《招标投标法》第四条规定的规避招标。

《招标投标法》第六十六条：涉及国家安全、国家秘密、抢险救灾或者属于利用扶贫资金实行以工代赈、需要使用农民工等特殊情况，不适宜进行招标的项目，按照国家有关规定可以不进行招标。《〈招标投标法〉实施条例》第九条是对《招标投标法》的一项重大突破，扩大了可以不招标的情形，也确实很有必要，但没有明确"可以不进行招标"的认定程序和部门，不够完整。

### 4. 不能提供咨询服务

《〈招标投标法〉实施条例》第十三条：招标代理机构不得在所代理的招标项目中投标或者代理投标，也不得为所代理的招标项目的投标人提供咨询。

前半句比较好理解，如允许代理，则存在招标人与投标人串标的嫌疑。后半句较难把握，因为投标人可能对招标文件中的内容有疑问，招标代理机构应有义务作出解答，但解答和咨询之间的尺度不好掌握，将给招标代理机构带来一定的法律风险，如修改为："也不得为所代理的招标项目的投标人提供影响公平的咨询。"笔者认为，将更为贴切。

### 5. 向谁收费

《〈招标投标法〉实施条例》第十四条：招标人应当与被委托的招标代理机构签订书面委托合同，合同约定的收费标准应当符合国家有关规定。

本条回避了招标代理机构是向招标人收费，还是向中标人收费的问题。目前招标投标代理市场的实际情况是招标代理机构向中标人收费。在国家计委、财政部《关于整顿和规范招标投标收费的通知》（计价格［2002］520号）曾规定：招标代理实行"谁委托，谁付费"的原则，招标代理收费由委托人承担，并限定从2004年1月1日起统一实行委托人付费。但在国家发改委办公厅《关于招标代理服务收费有关问题的通知》（发改办价格［2003］857号）中，又将"招标代理服务实行'谁委托，谁付费'"修改为"招标代理服务费用应由招标人支付，招标人、招标代理机构与投标人另有约定的，从其约定"，其实是放宽了收费要求。笔者认为，《〈招标投标法〉实施条例》应将"谁委托，谁付费"的原则吸纳进来，明确要求委托人付费，这样才符合《合同法》第二十一章的规定，而不仅仅重申收费标准应当符合国家有关规定。

## 6. 同样修改文件，处理结果不同

《〈招标投标法〉实施条例》第二十一条：招标人可以对已发出的资格预审文件或者招标文件进行必要的澄清或者修改。澄清或者修改的内容可能影响资格预审申请文件或者投标文件编制的，招标人应当在提交资格预审申请文件截止时间至少3日前，或者投标截止时间至少15日前，以书面形式通知所有获取资格预审文件或者招标文件的潜在投标人；不足3日或者15日的，招标人应当顺延提交资格预审申请文件或者投标文件的截止时间。第二十三条：招标人编制的资格预审文件、招标文件的内容违反法律、行政法规的强制性规定，违反公开、公平、公正和诚实信用原则，影响资格预审结果或者潜在投标人投标的，依法必须进行招标的项目的招标人应当在修改资格预审文件或者招标文件后重新招标。

对于违反法律、行政法规的强制性规定，重新组织招标，比较可行。但对于违反公开、公平、公正和诚实信用原则，影响资格预审结果或者潜在投标人投标的情形，则比较难把握，第二十一条中，已发出的资格预审文件或者招标文件如果没有影响资格预审结果或者潜在投标人投标，就没必要澄清或修改。一旦需要对资格预审文件或者招标文件进行修改，是根据第二十一条"顺延"，还是根据第二十三条"重新招标"，将容易在实际招标过程中引起矛盾和异议。如从谨慎性原则出发，只要涉及资格预审文件或者招标文件的修改，只能选择重新招标，笔者认为，第二十三条中"违反公开、公平、公正和诚实信用原则"最好删除。

## 7. 两次招标，两次收费

《〈招标投标法〉实施条例》第二十九条：招标人可以依法对工程以及与工程建设有关的货物、服务全部或者部分实行总承包招标。以暂估价形式包括在总承包范围内的工程、货物、服务属于依法必须进行招标的项目范围且达到国家规定规模标准的，应当依法进行招标。

《招标投标法》对此未有规定，《工程建设项目施工招标投标办法》也未有此规定。制定第二十九条的初衷，可能是希望达到应招尽招的目的，但关键是按照第二十九条的规定，招标人可能需要支付两次招标代理费用，增加了招标人的负担，同时，一个工程，两次招标，招标统计额会虚高。建议对符合第二十九条情形的招标代理收费与第十四条进行衔接，并作出明确的规定，以维护招标人的权益。

### 8. 确定评标时间没有意义

《〈招标投标法〉实施条例》第四十八条：招标人应当根据项目规模和技术复杂程度等因素合理确定评标时间。超过 1/3 的评标委员会成员认为评标时间不够的，招标人应当适当延长。

根据笔者的实践经验，评标时间一般与投标人的数量、项目的复杂程度、评标委员会成员的经验、评审现场的组织有较强的关系，而招标人应当事先无法确定评标时间才对。按照第四十八条规定，如果评标委员会成员不提出延长评标时间，是否评标活动就终止呢？因此，笔者认为，第四十八条规定没有实质性的意义。

### 9. 设定标底不再有意义

《〈招标投标法〉实施条例》第五十条：招标项目设有标底的，招标人应当在开标时公布。标底只能作为评标的参考，不得以投标报价是否接近标底作为中标条件，也不得以投标报价超过标底上下浮动范围作为否决投标的条件。

第五十条的规定，其实使招标人是否编制标底不再有实质性的意义，也是对《招标投标法》相关规定的否定。《招标投标法》第四十条：评标委员会应当按照招标文件确定的评标标准和方法，对投标文件进行评审和比较；设有标底的，应当参考标底。评标委员会完成评标后，应当向招标人提出书面评标报告，并推荐合格的中标候选人。笔者认为，《招标投标法》中的"参考标底"，与《〈招标投标法〉实施条例》中"两个不得"是对标底意义的两种截然不同的理解。"两个不得"杜绝了招标人通过控制标底达到控制招标结果的目的，将极大地降低与标底相关的违法犯罪行为，但同时也使得《〈招标投标法〉实施条例》中的第二十七条、第四十一条、第六十五条相关标底的规定失去了存在的价值。

### 10. 明确了如何确定中标人

《〈招标投标法〉实施条例》第五十五条：国有资金占控股或者主导地位的依法必须进行招标的项目，招标人应当确定排名第一的中标候选人为中标人。

第五十五条弥补了《招标投标法》未明确规定如何确定中标人的缺陷，限制了招标人的自由裁量权，但由于没有明确规定在什么期限内确定中标人，又给予了招标人钻法律漏洞的机会，使得《〈招标投标法〉实施条例》第七十三条第一种情形难以兑现。

## 11. 擅自扩大了招标人的权力

《〈招标投标法〉实施条例》第五十六条：中标候选人的经营、财务状况发生较大变化或者存在违法行为，招标人认为可能影响其履约能力的，应当在发出中标通知书前由原评标委员会按照招标文件规定的标准和方法审查确认。

第五十六条在《招标投标法》中没能找到相关的法律依据。明确了由原评标委员会审查确认，具有实际指导意义。但也会为招标人以此为理由，不与中标候选人签订合同找到了借口，造成现实中招标人和中标候选人之间权利义务关系的不对等。

## 12. 细化了可执行的投标人维权机制

对于招标投标过程中的供应商维权机制，《招标投标法》仅在附则第六十五条中规定：投标人和其他利害关系人认为招标投标活动不符合本法有关规定的，有权向招标人提出异议或者依法向有关行政监督部门投诉。这样的原则性规定，在实际执行过程中不具备可执行性，造成招标投标市场基本很少发生异议和投诉，进而衍生出一些不应该存在的潜规则。

《〈招标投标法〉实施条例》在供应商维权机制方面有了重大进步，细化了具体可执行的条款，明确了三种可异议的情形，第二十二条潜在投标人或者其他利害关系人对资格预审文件和招标文件有异议，第四十四条投标人对开标有异议，第五十四条投标人或者其他利害关系人对依法必须进行招标的项目的评标结果有异议，第七十七条对招标人不按照规定对异议作出答复，继续进行招标投标活动的情形，明确了需承担的法律责任，构成了较完整的供应商第一层次的维权机制。同时，《〈招标投标法〉实施条例》还将投诉与处理单独成章，凸显了投诉与处理的重要性，其中第六十条、第六十一条、第六十二条分别对投诉的内容、期限、责任部门、是否受理投诉的期限、做出处理决定的期限，以及行政监督部门的权限给予了明确的规定，第七十七条对投标人或者其他利害关系人恶意投诉、第八十条对行政监督部门不按照规定处理投诉也明确了法律责任，构成了供应商第二层次的维权机制。与政府采购质疑和投诉相比，《〈招标投标法〉实施条例》的供应商维权机制有其特点：一是维权人不限定为投标人，也可以是其他利害关系人；二是除对开标有异议外，其他两种情形的异议，在招标人作出答复前，应当暂停招标投标活动；三是异议不是投诉的必要前置条件。

## 三、

## 特色与借鉴

《〈招标投标法〉实施条例》无论是从制度层面,还是从操作层面,都对招投标工作的进一步规范作了规定,许多内容独具特色,有一定的开创性,值得政府采购学习和借鉴。

### 1. 引入了职业资格制度

《〈招标投标法〉实施条例》第十二条:招标代理机构应当拥有一定数量的取得招标职业资格的专业人员。

尽管《〈招标投标法〉实施条例(征求意见稿)》也准备引入职业资格制度,第八十七条:国家建立政府采购从业人员执业资格制度,按照执业资格的标准对政府采购从业人员进行认定、考核,实行持证上岗制度。但此资格却只对集中采购机构有约束。第二十条:集中采购机构应当具备下列条件:(二)具有一定数量的政府采购执业资格专业人员。对政府采购代理机构却没有相关规定。《政府采购代理机构资格认定办法》第十四条:有参加过规定的政府采购培训,熟悉政府采购法规和采购代理业务的法律、经济和技术方面的专职人员。参加培训和具有资格是截然不同的两种要求,因此,笔者建议,《〈招标投标法〉实施条例》应借鉴《〈招标投标法〉实施条例》,规定政府采购代理机构(包括集中采购机构)应当拥有一定数量的取得政府采购执业资格的专业人员。

### 2. 文本标准化

《〈招标投标法〉实施条例》第十五条:编制依法必须进行招标的项目的资格预审文件和招标文件,应当使用国务院发展改革部门会同有关行政监督部门制定的标准文本。

文本标准化是规范采购行为、提高采购效率、降低采购风险的重要手段。多年前,政府采购监管部门就提出要制定标准文本,但一直没有实际的成果。各采购代理机构都根据自身的实践经验制作文件,文件格式、内容均不相同,既造成重复研究的浪费,又带来由于文件不规范被供应商质疑的风险。因此,笔者认为,《〈招标投标法〉实施条例》也应对编制标准文本作出相关规定,以促进政府采购监管部门尽快启动该项能减轻全国政府采购代理机构负担的工作。

### 3. 明确资格预审主体

《〈招标投标法〉实施条例》第十八条：国有资金占控股或者主导地位的依法必须进行招标的项目，招标人应当组建资格审查委员会审查资格预审申请文件。资格审查委员会及其成员应当遵守《招标投标法》和本条例有关评标委员会及其成员的规定。

谁是资格预审的责任人，在《〈招标投标法〉实施条例》颁布之前，一直是采购代理机构面临的困惑，本条明确了资格预审的主体，明确了资格审查委员会及其成员也必须从库里随机抽取，人数和构成也应符合规定，解决了此前的困惑。《〈招标投标法〉实施条例》对评标委员会的人数和构成没有明确的规定，可遵照《招标投标法》第三十七条执行，即依法必须进行招标的项目，其评标委员会由招标人的代表和有关技术、经济等方面的专家组成，成员人数为五人以上单数，其中技术、经济等方面的专家不得少于成员总数的2/3。笔者认为，尽管政府采购评审专家大多为技术型专家，对资格预审并不在行，并非资格预审的最佳人选，但为遵循公开、公平、公正和诚实信用的原则，也只能选择评审专家作为资格预审的人选。因此，《〈招标投标法〉实施条例》应借鉴本条的规定，对实行资格预审的邀请招标、竞争性谈判、询价采购，明确规定：采购人应当组建资格审查委员会审查资格预审申请文件。资格审查委员会及其成员应当遵守《政府采购法》和本条例有关评标委员会、谈判小组、询价小组的规定。

### 4. 关于投标限价

《〈招标投标法〉实施条例》第二十七条：招标人设有最高投标限价的，应当在招标文件中明确最高投标限价或者最高投标限价的计算方法。招标人不得规定最低投标限价。

有关最高投标限价，在《〈招标投标法〉实施条例（征求意见稿）》第四十八条也有规定：在招标采购中，采购人或采购代理机构应当在开标前公布采购预算。未在开标前公布采购预算的，评标结束后，不能以供应商报价均超过了采购预算、采购人不能支付为由予以废标。本处的采购预算其实与最高投标限价性质一样，由于政府采购对是否在招标文件中公布采购预算一直存在争议，因此在"开标前公布采购预算"也算是一种折中、可行的办法。但招标人不得规定最低投标限价，却是《〈招标投标法〉实施条例》的创新之举，能有效抑制人为控制价格的不合理情形出现。但由于政府采购范围涉及面很广，一些项目可能被行业主管部门强行设定了最低收费标准，因此，笔者建议《〈招标投标法〉实施条例》

也应明确规定：招标人不得规定最低投标限价。但应增加附加条件：法律、行政法规对收费标准另有规定的，从其规定。

### 5. 两阶段招标

《〈招标投标法〉实施条例》第三十条：对技术复杂或者无法精确拟定技术规格的项目，招标人可以分两阶段进行招标。第一阶段，投标人按照招标公告或者投标邀请书的要求提交不带报价的技术建议，招标人根据投标人提交的技术建议确定技术标准和要求，编制招标文件。第二阶段，招标人向在第一阶段提交技术建议的投标人提供招标文件，投标人按照招标文件的要求提交包括最终技术方案和投标报价的投标文件。招标人要求投标人提交投标保证金的，应当在第二阶段提出。

两阶段招标在国内算是一种创新，但在国际上却早有先例。《示范法》第四十八条也规定了两阶段招标的具体做法：招标文件应当邀请供应商或承包商在两阶段招标程序的第一阶段递交初步投标书，在其中载明不包括投标价格的建议。供应商或承包商的初步投标书未根据本法规定被否决的，采购实体可以在第一阶段就其初步投标书的任何方面与其进行讨论。采购实体与任何供应商或承包商进行讨论时，应当给予所有供应商或承包商平等参加讨论的机会。在两阶段招标程序的第二阶段，采购实体应当邀请初步投标书未在第一阶段被否决的所有供应商或承包商根据一套经修订的采购条款和条件递交列明价格的最后投标书。世界银行《国际复兴开发银行贷款和国际开发协会信贷采购指南（2006年版）》（以下简称《采购指南》）中2.6也提到了两步法招标：对交钥匙合同或大型复杂的设施或特殊性质的工程，或复杂的信息和通信技术，事先准备好完整的技术规格是不符合需要或不现实的。在这种情况下，可采用两步法招标程序，即首先邀请提交根据概念设计或性能规格编制的不带报价的技术建议书。第二步，在对技术和商务进行澄清与调整的基础上，对招标文件作出修改并邀请提交最终的技术建议书和带报价的投标书。《示范法》、《采购指南》与《〈招标投标法〉实施条例》关于两阶段招标规定的最大区别在于，在从第一阶段过渡到第二阶段时，有个讨论［在《联合国国际贸易法委员会货物、工程和服务采购示范法（1994年版）》中为"谈判"］或调整的过程，招标人和投标人能够更好地沟通，以利于招标人合理明确自己的真实需求，其实更像是谈判和招标的组合，比招标更灵活，比谈判更规范。笔者建议：两阶段招标是一种非常实用的采购方式，在制订《〈招标投标法〉实施条例》时完全可以引入，借鉴《示范法》可能更符合政府采购工作的实际。

## 6. 明确了不合理条件

《〈招标投标法〉实施条例》第三十二条：招标人不得以不合理的条件限制、排斥潜在投标人或者投标人。招标人有下列行为之一的，属于以不合理条件限制、排斥潜在投标人或者投标人：（一）就同一招标项目向潜在投标人或者投标人提供有差别的项目信息；（二）设定的资格、技术、商务条件与招标项目的具体特点和实际需要不相适应或者与合同履行无关；（三）依法必须进行招标的项目以特定行政区域或者特定行业的业绩、奖项作为加分条件或者中标条件；（四）对潜在投标人或者投标人采取不同的资格审查或者评标标准；（五）限定或者指定特定的专利、商标、品牌、原产地或者供应商；（六）依法必须进行招标的项目非法限定潜在投标人或者投标人的所有制形式或者组织形式；（七）以其他不合理条件限制、排斥潜在投标人或者投标人。

《招标投标法》和《政府采购法》都明确规定了招标人或采购人不得以不合理的条件限制、排斥潜在投标人或者投标人，但具体哪些行为属于"不合理的条件"，在《〈招标投标法〉实施条例》颁布前，一直未明确，《〈招标投标法〉实施条例（征求意见稿）》中也未有相关条款的表述，但该条款在实际采购过程中具有较强的指导意义，建议《〈招标投标法〉实施条例》可以借鉴第三十二条做适当的增补。

## 7. 供应商不得参加投标的情形

《〈招标投标法〉实施条例》第三十四条：与招标人存在利害关系可能影响招标公正性的法人、其他组织或者个人，不得参加投标。单位负责人为同一人或者存在控股、管理关系的不同单位，不得参加同一标段投标或者未划分标段的同一招标项目投标。违反前两款规定的，相关投标均无效。

第三十四条的规定非常好，解决了招标过程中遇到的很多实际问题，杜绝了一些单位和部门打着公开招标的名义，将应实行社会化、市场化的采购项目，变相指定下属单位或有利益关系的供应商中标的情形发生。如果《〈招标投标法〉实施条例》更早施行，铁道部12306招投标"迷雾"将不会出现。笔者认为，第三十四条是整个《〈招标投标法〉实施条例》中的一大亮点，也是《〈招标投标法〉实施条例》应该积极吸纳的内容。但第二款应作适当修改，允许不同单位以联合体方式投标，不得以不同的投标人身份参加投标。

### 8. 明确了投标人相互串标、招标人与投标人串通投标情形

《〈招标投标法〉实施条例》第三十九条对投标人相互串标情形，第四十条对视同投标人相互串标情形，第四十一条对招标人与投标人串通投标情形作出了明确规定。

投标人相互串标、招标人与投标人相互串通投标在招标过程中屡见不鲜，但在《〈招标投标法〉实施条例》颁布前，对于相互串标具体情形的认定，却一直是法律上的空白，仅在《反不正当竞争法》第十五条做出了原则性的规定：投标者不得串通投标，抬高标价或者降低标价。投标者和招标者不得相互勾结，以排挤竞争对手的公平竞争。实际采购过程中，不仅招标方式存在相互串标行为，政府采购其他采购方式也存在类似的相互串标情形，《政府采购法》第七十二条第一款第（一）项、第七十七条第一款第（三）项分别对采购人、采购代理机构及其工作人员，以及供应商的恶意串通情形，明确了法律责任，但对如何认定恶意串通情形却没有相应的规定。《〈招标投标法〉实施条例（征求意见稿）》第一百〇六条明确了五种恶意串通的具体行为。笔者认为，恶意串通是当前政府采购面临的最大黑洞，只有堵住这个黑洞，才能让政府采购真正变成"阳光工程"，而《〈招标投标法〉实施条例（征求意见稿）》中对恶意串通具体行为的规定，远远满足不了堵住黑洞的需要，因此，笔者建议在《〈招标投标法〉实施条例》中应增补相关内容，以利于在具体采购活动中对照执行。

### 9. 五个"不得"有新意

《〈招标投标法〉实施条例》第四十九条对评标委员会作出了五个"不得"的规定，尤其是"评标委员会成员不得向招标人征询确定中标人的意向"有点新意。《〈招标投标法〉实施条例（征求意见稿）》第五十三条：采购人、采购代理机构及其工作人员不得在评审工作开始前或评审工作过程中，向评标委员会、竞争性谈判小组或询价小组进行任何有倾向性、误导性的解释或说明。只是对采购人、采购代理机构及其工作人员的行为作出了规定，但并未对评标委员会的类似行为进行规定。笔者认为，《〈招标投标法〉实施条例》应当借鉴该条例的五个"不得"，对评审专家的行为进行相应的规范，有利于促进政府采购更加公平、公正。

### 10. 澄清环节进一步细化

《〈招标投标法〉实施条例》第五十二条第二款：评标委员会不得暗示或者

诱导投标人作出澄清、说明，不得接受投标人主动提出的澄清、说明。对于投标人主动要求澄清或说明，笔者在评审现场确实遇到过，对于是否接受其澄清或说明，一直没能找到标准答案，只是把握一个原则，即其澄清或说明不能对投标文件进行实质性的更改，但有时投标人的澄清或说明还是会对评标委员会产生一定影响。明确不得接受其主动提出的澄清、说明，可以为投标人营造更加公平的竞争氛围，也促使其必须将更多的精力投入投标文件的制作环节。政府采购相关法律法规未对是否接受供应商主动提出的澄清、说明做出规定，笔者建议，可借鉴《〈招标投标法〉实施条例》的做法，对评审现场（包括评标、谈判、询价）的澄清、说明做出进一步明确的规定。

## 11. 对中标候选人公示

《〈招标投标法〉实施条例》第五十四条：依法必须进行招标的项目，招标人应当自收到评标报告之日起3日内公示中标候选人，公示期不得少于3日。投标人或者其他利害关系人对依法必须进行招标的项目的评标结果有异议的，应当在中标候选人公示期间提出。招标人应当自收到异议之日起3日内作出答复；作出答复前，应当暂停招标投标活动。

对中标候选人公示是个非常好的举措，通过公示，既可以让投标人或者其他利害关系人有维权的机会，又可以有效规避因直接确定中标人而带来的法律风险。《招标投标法》中没有相关中标候选人公示的规定，第五十四条是《〈招标投标法〉实施条例》对中标结果公示的一种完善措施。政府采购相关法律法规缺少对中标候选人公示的相关规定，仅在《十八号令》第六十二条规定：中标供应商确定后，中标结果应当在财政部门指定的政府采购信息发布媒体上公告。在发布公告的同时，招标采购单位应当向中标供应商发出中标通知书，中标通知书对采购人和中标供应商具有同等法律效力。这样的规定使招标采购单位没有缓冲的余地，一旦供应商在公告后质疑或投诉成立，可能导致中标无效，但此时从法理上采购人与中标供应商的合同已经订立，将使招标采购单位、采购人和中标供应商陷入非常尴尬的境地，至少有一方将承担赔偿的责任。而通过对中标候选人的公示，并要求投标人或者其他利害关系人必须在公示期内提出异议的请求，即使异议成立，中标候选人资格被取消，也不会影响后续中标候选人的选择，也不存在合同订立带来的各种风险。因此，笔者建议，从实际工作的角度出发，政府采购也应尽快建立中标或成交候选人的公示制度，相关规定可以借鉴《〈招标投标法〉实施条例》第五十四条。

## 12. 未按规定收退保证金的法律责任

《〈招标投标法〉实施条例》第六十六条：招标人超过本条例规定的比例收取投标保证金、履约保证金或者不按照规定退还投标保证金及银行同期存款利息的，由有关行政监督部门责令改正，可以处 5 万元以下的罚款；给他人造成损失的，依法承担赔偿责任。

对于违反规定收退保证金的行为，《〈招标投标法〉实施条例（征求意见稿）》无此方面的规定，《十八号令》中也未能查到，造成采购人和采购代理机构即使违反规定多收或不退保证金，也缺乏相应的处罚依据。笔者建议，应在《〈招标投标法〉实施条例》中参照《〈招标投标法〉实施条例》的规定，对政府采购活动中违反规定收退保证金的行为，明确相应的法律责任，以维护供应商的合法权益。

## 13. 协会终于有名有分

《〈招标投标法〉实施条例》第八十三条：招标投标协会按照依法制定的章程开展活动，加强行业自律和服务。

目前，我国有部分省市已经成立了政府采购协会，但同样是政府采购协会，协会与协会之间的组织架构、工作职责、会员组成等都不尽相同，且基本是各自为政，相互之间缺少联系，未能真正发挥出对行业进行自律和服务的职能。《〈招标投标法〉实施条例》明确了招标投标协会的地位，终于使协会可以依法独立开展活动，也为建立全国相对统一的行业自律组织奠定了基础。笔者认为，《〈招标投标法〉实施条例》也应借鉴此方面的规定，给予政府采购协会一定的名分，为今后建立全国性的政府采购行业自律组织提供法律依据。

（本文被编辑分为三个部分，分别于 2012 年 3 月 23 日、3 月 26 日、3 月 28 日以标题为《分歧与交集并存　两法互动有空间》、《有突破有不足　涉及政采内容须应对》和《诸多特色规定值得政采法规借鉴》刊登在《政府采购信息报》第 4 版）

# 政府采购三种评标方法之评析

《政府采购货物与服务招标投标管理办法》规定了三种评标方法，对每种评标方法的定义、适用范围和具体运用也做出了相应的规定，但在实际操作过程中，许多政府采购从业人员对三种评标方法理解并不透彻、运用并不灵活、效果并不理想，且遇到过供应商利用评标方法的漏洞，联手达到高价中标的情形。笔者曾多次与业内同志探讨过相关问题，然一直未能成文。2013年，笔者所在单位又出现了一起供应商联手高价中标、其他供应商质疑的案件，遂沉心凝神拟定此文。本文拟通过对三种评标方法的深入剖析，找出每种方法的关键点，探讨三种方法之间的内在联系，对如何灵活运用举例说明，并就防范评标方法中的漏洞提出了可行的方法，希望借此能对从事采购一线工作的同志有所裨益。

《政府采购货物和服务招标投标管理办法》（以下简称《十八号令》）规定了政府采购货物和服务招标采购的评标方法分别为最低评标价法、综合评分法和性价比法。查看近年来各采购代理机构网上发布的招标文件内容，采用的评标方法基本为最低评标价法或综合评分法，其中又以综合评分法占较大比例，性价比法较为鲜见。在最近公布的《政府采购法实施条例（征求意见稿）》中，已将政府采购招标评审方法缩小为最低评标价法和综合评分法两种。目前笔者尚未找到删除该评标方法的权威解释。笔者认为，《十八号令》中规定的三种评标方法，其实各有其用途，由于大多数人对其未作深入研究，不理解其中的真实含义，在实践中不敢大胆尝试，造成目前综合评分法占绝对主导地位的现状。笔者希望能够通过对三种评分方法的分析、比较和运用，让大家对其有更深入的理解，以便更好地服务政府采购工作。

# 一、

# 三种评标方法之初析

## 1. 最低评标价法定义不准确

《十八号令》第五十一条规定：最低评标价法是指以价格为主要因素确定中标候选供应商的评标方法，即在全部满足招标文件实质性要求前提下，依据统一的价格要素评定最低报价，以提出最低报价的投标人作为中标候选供应商或者中标供应商的评标方法。

关于最低报价的投标人作为中标人的做法，在相关政府采购国际规则中都有相近的表述，《世界贸易组织政府采购协议（2007年版）》（以下简称《政府采购协议》）第十五条表述为"应将合同授予符合在价格是唯一评标标准的情况下，报价最低的投标供应商"，《联合国贸易法委员会货物、工程和服务采购示范法》（以下简称《示范法》）第三十四条表述为"中选的投标应为：①投标价格最低的投标，但须计及根据本款（d）项适用的任何优惠幅度①"，《国际复兴开发银行贷款和国际开发协会信贷采购指南》（以下简称《采购指南》）第2.49条表述为"合同应该授予具有最低评标价的投标，而不一定是报价最低的投标"。

通过对比以上三个政府采购国际规则中的相关表述，不难发现，最低报价与最低评标价是两个完全不同的概念。在《采购指南》中，对最低评标价有较完整的表述："除价格因素之外，招标文件还应明确评标中需考虑的其他有关因素以及运用这些因素来确定最低评标价投标的方法。对于货物和设备，评标时可考虑的其他有关因素包括：付款时间表、交货期、运营成本、设备的效率和兼容性、零备件和服务的可获得性以及相关的培训、安全和环境效益。除价格以外，用以确定最低评标价投标的因素应在实际可能的范围内尽量货币化，或在招标文件的评标条款中给出相应的权重。"从其表述上看，最低评标价法其实是一种非常复杂的评标方法，不仅需要考虑除价格以外其他的评标因素，而且需要将这些

---

① （d）在采购条例许可的情况下，（并经＿＿＿＿＿（由颁布国指定的一个审批机关）批准后），在评审和比较投标书时，采购实体对于由国内承包商承办工程的投标，或拟在国内制造货物的投标，或由国内供应商提供服务的投标，可给予一个优惠幅度。此种优惠幅度应按照采购条例计算，并载入采购过程记录之中。

因素尽量货币化，在此基础上，对供应商的投标报价进行调整，得出最终可用于评标的价格，即评标价，评标价最低的供应商将获得合同。尽管在《十八号令》中，办法制定者试图也将最低评标价法定义成近似于《采购指南》中的表述，但最终未能成功，其定义还是更接近于最低报价法，即"以提出最低报价的投标人作为中标人"。为什么会出现这种情况，笔者主观推断，有两个原因：一是与其适用范围相关。《十八号令》规定：最低评标价法适用于标准定制商品及通用服务项目。既然是标准定制商品或通用服务项目，在考虑评标因素时就不可能太复杂，只需关注报价即可。二是与其自身定位相关。三种评标方法中，综合评分法和性价比法都相对复杂，如果将最低评标价法再定位成一种复杂的评标方法，政府采购的三种评标方法就比较雷同，缺乏各自的定位，没必要设定三种评标方法，因此，最低评标价法的定位一定是一种相对简单易操作的评标方法。

如何解决目前《十八号令》中最低评标价法定义不准确的问题呢？笔者建议，在制定《政府采购法实施条例》时，直接将最低评标价法修改为最低报价法，再在修订《十八号令》时，将最低报价法定义为："是指以价格为主要因素确定中标候选供应商的评标方法，即在全部满足招标文件实质性要求前提下，依据统一的评审因素对报价进行评审，以经评审后最低报价的投标人作为中标候选供应商或者中标供应商的评标方法。"即更接近于《示范法》中的表述。不建议采用《政府采购协议》中的表述，是因为我国的政府采购并不是以价格为唯一评标标准。为了保证本文与《十八号令》规定的一致性，下文中仍将统称为最低评标价法。

根据目前颁布的政府采购相关规定，已经明确的最低评标价法中需要考虑的评审因素有：（1）节能清单中所列的优先采购的节能产品；（2）环境标志产品；（3）对小型和微型企业，给予6%～10%的价格扣除；（4）联合协议中约定，小型、微型企业的协议合同金额占到联合体协议合同总金额30%以上的，可给予联合体2%～3%的价格扣除。有关自主创新产品的文件如果未停止执行，也应作为评审因素之一。

## 2. 综合评分法重点关注评分因素

《十八号令》第五十二条规定：综合评分法，是指在最大限度地满足招标文件实质性要求前提下，按照招标文件中规定的各项因素进行综合评审后，以评标总得分最高的投标人作为中标候选供应商或者中标供应商的评标方法。同时，明确规定了综合评分的主要因素是：价格、技术、财务状况、信誉、业绩、服务、对招标文件的响应程度，以及相应的比重或者权值等。并要求上述因素应当在招标文件中事先规定。

### （1）综合评分法应区分客观分和主观分

针对综合评分法定义中所涉及的评分因素，笔者认为，根据评标委员会在评审时的评审权限不同，可以将综合评分的主要因素所对应的比重或者权值分为客观分和主观分两大类。客观分是指评委在评审时没有自由裁量权的评分因素所对应的分值。在《财政部关于进一步规范政府采购评审工作有关问题的通知》（财库［2012］69号）中要求：对供应商的价格分等客观评分项的评分应当一致。即明确了对于客观分评委没有自由裁量权，统一的评分标准，统一的认定尺度，统一的得分结果。在《十八号令》所明确的评分因素中，价格分应当属于客观分，并规定采用综合评分法的，货物项目的价格分值占总分值的比重（即权值）为30%~60%；服务项目的价格分值占总分值的比重（即权值）为10%~30%。为了加强价格评审管理，规范评审行为，财政部印发了《关于加强政府采购货物和服务项目价格评审管理的通知》（财库［2007］2号），统一了价格分评审方法，规定综合评分法中的价格分统一采用低价优先法计算，即满足招标文件要求且投标价格最低的投标报价为评标基准价，其价格分为满分。其他投标人的价格分统一按照下列公式计算：

$$投标报价得分 = (评标基准价/投标报价) \times 价格权值 \times 100$$

各供应商只要通过了资格性和符合性检查，其相应的投标报价得分即可计算出，无须评委再对该项因素评分，因此价格属于客观分的范畴。

在实际采购过程中，笔者曾遇到投标报价得分并不是由单一的价格项组成，而是由多个价格项共同构成的情形，这种情形较多地出现在招标时无法确定采购数量，且采购品种不止一个，只能要求供应商对每个品种报单价，中标后按照每个品种的实际采购数量×中标单价执行的项目。此时设定的价格分值占总分值的比重还是应当符合《十八号令》的规定，即货物类项目30%~60%，服务类项目10%~30%，但在计算投标报价得分时，应当对投标报价得分=（评标基准价/投标报价）×价格权值×100 这一公式做小的调整：

投标报价得分 = $\sum P_{min}/P \times A \times 100$。其中：$P_{min}$ 为各价格分项的评标基准价，$P$ 为各价格分项的投标报价；$A$ 为各价格分项的价格权重，$\sum A$ 应在相应类别的权重范围内。

例：某单位购买一批没有固定数量的纸张，纸张品种分别为16K书写纸、A4双胶纸、A3双胶纸，项目采用综合评分法，价格分占30分，其中每个品种价格权重见表1：

表1　　　　　　　　　　　　价格权重表

| 纸张种类 | 价格权重 |
| --- | --- |
| 16K 书写纸 | 10% |
| A4 双胶纸 | 15% |
| A3 双胶纸 | 5% |

每个投标人的投标报价得分 = P1min/P1 × 10% × 100 + P2min/P2 × 15% × 100 + P3min/P3 × 5% × 100。其中：P1 为各投标人 16K 书写纸的投标报价；P2 为各投标人 A4 双胶纸的投标报价；P3 为各投标人 A3 双胶纸的投标报价。

与客观分相对应，主观分是指评委在评审时有一定自由裁量权的评分因素所对应的分值。除价格之外，其他评分因素既可以作为客观分，也可以作出主观分，关键是看评分标准中是否给评委留有自由裁量权。例如在设定技术指标因素的分值时，如果对技术指标予以细化，不同的技术指标对应了不同的具体分值，这些分值就属于客观分；如果技术指标没有细化，仅分成了若干档次，不同的档次对应的分值有一定的区间，如 4～8 分，这些分值则属于主观分。相同的评分因素，如技术、业绩等，在同一份招标文件的评分标准中，可能既有客观分，也有主观分。

由于主观分是由评委根据招标文件评标办法中的评分标准，在规定的分值范围内进行主观打分，各投标人得分的裁量权完全在于评委。为了防止评委滥用自由裁量权，在设定评分标准时，应适度控制主观分的分值，但也不能完全取消主观分，否则无法发挥评委的主观能动性。客观分是对投标人及其投标文件的客观、公正的认定，主观分是评标委员会对投标人及其投标文件主观、综合的评价。客观分应在评分因素中起到主导性的作用，主观分应对客观分起到补充和修正的作用。

（2）设定评分因素应重点注意的事项

一是投标人的资格条件不得列为评分因素。这种情形通常会以下方式出现：在设定投标人资格条件时设置了较低的门槛，如果投标人资格条件高于此门槛时，则给予一定的加分。例如，在资格条件中要求供应商必须有××乙级以上的资质，在评分标准中又规定，如果供应商是××甲级资质，则可以加2分。这种做法违反了《关于加强政府采购货物和服务项目价格评审管理的通知》精神。

二是不得将注册资本金、资产总额、营业收入、从业人员、利润、纳税额等供应商的规模条件作为评分因素。为了促进中小企业发展，《政府采购促进中小企业发展暂行办法》第三条规定：任何单位和个人不得阻挠和限制中小企业自由进入本地区和本行业的政府采购市场，政府采购活动不得以注册资本金、资产总额、营业收入、从业人员、利润、纳税额等供应商的规模条件对中小企业实行差别待遇或者歧视待遇。将规模条件作为资格条件，就是差别待遇，而作为评分因素，笔者认为，就是歧视待遇。

三是建议不要将特定行政区域或者特定行业的业绩、奖项作为加分因素。《政府采购法》第二十二条规定：采购人可以根据采购项目的特殊要求，规定供应商的特定条件，但不得以不合理的条件对供应商实行差别待遇或者歧视待遇。具体什么条件属于不合理的条件，《政府采购法》和《十八号令》虽未作出明确的规定，但《招标投标法实施条例》第三十二条第（三）项规定：依法必须进行招标的项目以特定行政区域或者特定行业的业绩、奖项作为加分条件或者中标条件，属于以不合理条件限制、排斥潜在投标人或者投标人。同时，该条例第八十四条规定：政府采购的法律、行政法规对政府采购货物、服务的招标投标另有规定的，从其规定。在政府采购未明确规定什么条件属于不合理的条件的情况下，应当按照《招标投标法实施条例》的有关规定执行。

四是积极落实政府采购有关政策功能。应当将节能清单中所列的优先采购的节能产品、环境标志产品作为评分因素；对小型企业和微型企业，在评审时应当按规定给予一定的价格扣除。

### （3）评分因素的分值设定不合理的判断标准

由于综合评分法价格分占一定的分值，因此，可以根据投标人可能给出的投标报价，计算出每单位分值对报价的影响，如某项评分因素设定的分值过大，远超出其对报价的影响，则可认定为设置不合理。例如，招标文件中价格因素的分值占30分，设定的业绩因素的分值为15分。而该项目预计供应商投标报价的合理区间在100万~150万元，假定甲供应商的报价最低为100万元，其价格得分为30分，而报价150万元的乙供应商的价格得分则为20分，可以大致计算出每一分对报价的影响是5万元。假定除价格和业绩外，其他评分因素甲乙两家供应商都相同，如果甲供应商没有业绩，而乙供应商的业绩可以得15分，则甲供应商的价格＋业绩的得分为30分，而乙供应商的价格＋业绩的得分为35分。在正常合理报价的基础上，甲供应商没有机会中标，除非其再降价25万元，即5万元/分×5分，此时甲供应商的价格＋业绩的得分还是30分，乙供应商的价格+业绩的得分降为30分，但此时甲乙供应商的报价相差了75万元，意味着采购人支出了75万元去购买乙供应商的业绩。笔者认为，这种分值的设定即为不合理。

### 3. 性价比法关键在于运用

《十八号令》第五十三条规定：性价比法，是指按照要求对投标文件进行评审后，计算出每个有效投标人除价格因素以外的其他各项评分因素（包括技术、财务状况、信誉、业绩、服务、对招标文件的响应程度等）的汇总得分，并除以该投标人的投标报价，以商数（评标总得分）最高的投标人为中标候选供应商或者中标供应商的评标方法。

从定义上看，性价比法与综合评分法看起来很相近，除价格因素不再作为评分因素外，其他的评分因素与综合评分法完全相同。可能就因为这个原因，有些专家认为性价比法没有单独存在的必要，因此在《政府采购法实施条例（征求意见稿）》中，删除了该评标办法。但仔细分析性价比法，发现价格因素不再作为评分因素，而是作为了其他评分因素的汇总得分的除数，这一变化，其实就决定了其存在的价值。

2012年12月17日，在"光荣与梦想·中国政府采购高峰论坛2012"上，财政部国库司（国库支付中心）副主任王绍双表示：随着政府采购实践的发展，需要在扩面增量的基础上，重点抓好采购质量和效益，同时将全生命周期、物有所值等先进理念引入政府采购工作中，构建起政府采购综合绩效评价体系，以彰显政府采购制度的先进性和蓬勃的生命力。笔者认为，最能体现物有所值理念的评标方法，就是性价比法。通过性价比法，既不鼓励很多采购人反对的低价者中标，也不支持供应商和社会各界反对的高价者中标，其追求的结果是各项评分因素的汇总得分，除以该投标人的投标报价，商数最大者中标，此结果意味着采购人的每单位货币支出获得的收益最大。因此，能够让多数政府采购当事人比较满意。

**（1）很少使用性价比法的原因分析**

为什么当前招标采购中，招标采购单位很少使用性价比法呢？笔者认为，主要原因有：一是许多招标采购单位认为性价比法和综合评分法没什么区别，综合评分法完全可以替代性价比法，没必要再使用性价比法；二是有些招标采购单位对性价比法没有研究，在实际招标采购时不知道如何运用，为了不犯错误，有时也不敢用；三是一些采购人更希望贴近采购预算把钱花完，不接受价格低、性比高的产品，不愿采用性价比法。

**（2）制定招标文件时采用性价比法的具体步骤**

招标采购单位如果对综合评分法比较熟悉，运用性价比法就不会太难。在制定招标文件时，具体步骤如下：

步骤一，告知供应商本次招标采用的评标办法是性价比法。

步骤二，将《十八号令》第五十三条关于性价比法的定义复制到招标文件中，并列明计算公式。

步骤三，确定需纳入评分的各项因素，包括技术、财务状况、信誉、业绩、服务、对招标文件的响应程度等。

步骤四，明确各项评分因素所对应的分值。目前大多招标文件已将各评分因素简化成百分制，其实《十八号令》中并未规定综合评分法和性价比法中的评分因素汇总得分一定是一百分，因此，对于评分因素的汇总得分可以根据项目的需要设定一定的分值，只要分值之间的比例相对合理即可。

需要注意的是，综合评分法中设定各评分因素的注意事项，在性价比法中同样适用。

**（3）性价比法的具体评审步骤**

采用性价比法时，评委在具体评审时，评审步骤如下：

步骤一，初审。由评委对投标人递交的投标文件进行资格性检查和符合性检查。

步骤二，澄清。评委对投标文件中含义不明确、同类问题表述不一致或者有明显文字和计算错误的内容，可以书面形式要求投标人作出必要的澄清、说明或者纠正。

步骤三，评分。评委按照招标文件中明确的评分因素和标准，对合格投标人评分。

步骤四，比较。评委将每个合格投标人的最终得分除以其投标报价，得出商数。根据《十八号令》中性价比法的计算公式，各投标人的评标总得分 = B/N，$B = F1 \times A1 + F2 \times A2 + \cdots + Fn \times An$，其中：F1、F2、$\cdots$、Fn 分别为除价格因素以外的其他各项评分因素的汇总得分；A1、A2、$\cdots$、An 分别为除价格因素以外的其他各项评分因素所占的权重（$A1 + A2 + \cdots + An = 1$）。

步骤五，推荐中标候选人。评委按商数得分由高到低顺序排列，向招标采购单位推荐中标候选人。商数得分相同的，按投标报价由低到高顺序排列。商数得分且投标报价相同的，按技术指标优劣顺序排列。

**（4）采用性价比法应注意的事项**

由于采用性价比法时，各投标人的评标总得分＝各投标人综合得分/投标报价，可能会出现投标人的综合得分较低，其投标报价极低，最终评标总得分相对较高而获得中标资格，但其技术性能可能不能满足采购人实际需求的情形。因此，在采用性价比法时，必须对项目要求的技术性能设定一定的底线，即将一些技术参数设定为实质性要求，只有满足这些实质性要求的投标人，才能作为合格投标人参加进一步的详细评审。这一特性也决定了性价比法更适用于能够以明确的技术标准区分产品不同档次的采购项目。

## 二、

## 三种评标方法之比较

### 1. 三种评标方法构成相对完整的评标体系

由于政府采购范围的不断拓展，作为政府采购主要方式的招标方式，也应当采用不同的评标方法以满足评审工作的需要。《十八号令》中规定的三种评标方法，从其适用项目的复杂程度和对价格的敏感程度这两个维度，共同构成了政府采购货物和服务相对完整的评标体系。项目越简单，对价格的敏感程度越高，即仅以供应商的投标报价确定中标候选人时，可以选用最低评标价法；项目比较复杂，对价格的敏感程度较高，即价格比较重要，不可以作为评分因素时，可以选择性价比法；项目越来越复杂，对价格的敏感程度越来越低时，即价格与其他评分因素都作为评分项时，则可以选择综合评分法。最低评标价法基本是以价格为唯一评分因素，是追求价格至上的极致；而综合评分法却将价格作为评分因素之一，且限定了一定的分值比例，在极端情况下，价格甚至可以不列为评分因素，是忽视价格因素的极致；在两种追求极致的评标方法之间，应当有第三种方法以解决追求极致所带来的缺陷，这种方法就是性价比法。因此，笔者认为，最低评标价法、综合评分法和性价比法三种方法共同构建了政府采购货物和服务的评标体系，缺少任何一种方法，都将破坏目前这一体系的完整性，强烈建议在《政府采购法实施条例》中继续保留性价比法。

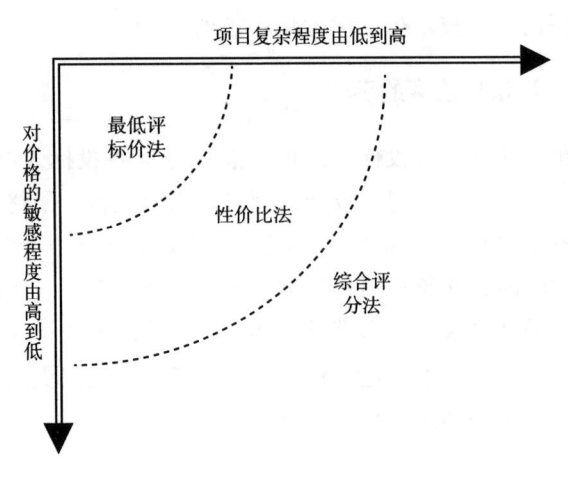

**图1 项目复杂程度图**

## 2. 三种评标方法各有其适用范围

《十八号令》明确规定了最低评标价法适用于标准定制商品及通用服务项目，因此，是否采用最低评标价法，并非取决于采购项目的预算金额大小，而完全取决于项目的复杂程度。在招标采购时，只要采购人能够非常明确地知道自身的采购需求，并且可以制定衡量合格供应商的统一标准，就可以采用最低评标价法。它是三种评标方法中最简单易行、招标采购单位最易于把握的方法，也是评审效率最高、供应商最不会提出质疑的方法。

综合评分法和性价比法都比最低评标价法复杂，主要体现在评分因素及其比重或者权值的设置上。不同采购项目的评分因素可能不同，相同采购项目的评分因素的比重或权值也可能不同，每个新的采购项目的评分因素及其比重或者权值的设定，对招标采购单位都是一次考验。因此，如果项目不复杂，或者项目预算金额较小，都没必要采用综合评分法或性价比法，只有在最低评标价法对投标人的评价结果不能满足采购人对中标候选人的要求时，才考虑采用综合评分法或性价比法。

尽管综合评分法和性价比法在评分因素设置上比较相近，但在适用范围上还是有较大区别：

（1）价格因素对评审结果的影响不同。在综合评分法中，价格因素的得分是通过不同的供应商报价之间比较得出的，最终结果更多的是建立在供应商相互比较基础上的，而性价比法是用供应商自己的综合得分除以自己的投标报价，最终结果则更多地决定于供应商自己。

（2）性价比法更注重价格因素。突出考虑供应商的投标报价，其他评审因素也要兼顾时，比较适用性价比法。尤其对于服务类项目，采用综合评分法时，价格因素的分值仅占总分值的10%~30%，如招标采购单位认为价格比较重要，综合评分法的价格因素的分值过低时，即可采用性价比法。

（3）性价比法的限制性规定更少。目前，由于综合评分法的广泛使用，政府采购监管部门制定了许多与其相关的规定，以防止其滥用。而政府采购法律法规相关性价比法的规定很少，限制相对也少，招标采购单位可以大胆地运用于各类货物或服务类项目中。

3. 三种评标方法在特定条件下可相互转换

一是综合评分法、性价比法转换为最低评标价法。在采用综合评分法或性价比法时，如果评分因素设定的都是客观分，且这些客观分设定的得分条件大多供应商都能满足，这时不论价格分的分值占总分值的10%或60%权值，或者不作为评分因素而作为除数，其评标结果都与最低评标价法相同，仅仅是评标方法的名称不同而已，这时的综合评分法或性价比法就可以转换为最低评标价法。目前，有些集中采购机构的招标文件中的评标方法，虽然名义上采用了综合评分法，但由于其评分因素的设置不尽合理，其评审结果与采用最低评标价法一样，最终都是最低报价的供应商中标。这种局面如果一直不改变，可能会引起部分供应商和采购人的不满。

二是综合评分法与性价比法的相互转换。对于采用综合评分法的执行统一价格标准的服务项目，由于其价格不列为评分因素，这时如果改用性价比法，两种评标办法的评审结果将完全一样。因为在此情形下，视同各供应商的投标报价相同，在评审时都是直接比较其他评分因素，因此评审结果也必然完全相同。

## 三、

## 三种评标方法之运用

任何评标方法都服务于采购需要，选择哪种评标方法最终取决于能否最大限度地满足采购人的合理需求，不同的评标方法将引导供应商选择不同的投标方案。

1. 评标方法对中标结果的影响

对于供应商同样的投标方案，采用不同的评标方法，结果将完全不同。

例1：假定甲、乙、丙三个供应商都是合格投标人。甲供应商的投标报价为500万元，乙供应商的投标报价为400万元，丙供应商的投标报价为300万元。除价格以外其他评分因素的可能得分情况为：甲供应商是60分，乙供应商是50分，丙供应商是30分。

如采用最低评标价法，三家供应商的中标候选人排序应为丙、乙、甲。

如采用综合评分法，假定价格分值为30分，则三家供应商的得分情况分别为：甲供应商 = 300/500 × 30 + 60 = 78 分；乙供应商 = 300/400 × 30 + 50 = 72.5 分；丙供应商 = 30 + 30 = 60 分；三家供应商的中标候选人排序应为甲、乙、丙。

如采用性价比法，三家供应商的得分情况分别为：甲供应商 = 60/500 = 0.12；乙供应商 = 50/400 = 0.125；丙供应商 = 30/300 = 0.1；三家供应商的中标候选人排序则为乙、甲、丙。

从上述举例来看，采用不同的评标方法，中标结果完全不同，因此，招标采购单位在制定招标文件时，应当根据自身的需要选择合适的评标方法。同时，只有在使用综合评分法时，投标报价高的供应商才有中标的机会，这也是为什么当前综合评分法使用频率较高的主要原因。

2. 评标方法对供应商投标方案的影响

对于供应商而言，在参加政府采购活动时，针对不同的评标方法，也应选择不同的投标方案，才能提高中标概率。

例2：某供应商有三种产品都能够满足采购人的需要，A产品的价格为50万元，B产品的价格为30万元，C产品的价格为20万元。在采用综合评分法或性价比法时，除价格以外其他评分因素的可能得分情况为：A产品是20 + 30分，B产品是20 + 20分，C产品是20 + 5分。

如招标文件中采用的是最低评标价法，该供应商应当选择C产品投标，中标概率最大。

如采用综合评分法，价格分值为30分，其他供应商最低投标报价可能为20万元，则选择A产品的得分 = 20/50 × 30 + 50 = 62 分；选择B产品的得分 = 20/30 × 30 + 40 = 60 分；选择C产品的得分 = 20/20 × 30 + 25 = 55 分，该供应商应当选择A产品投标，中标概率最大。

如采用性价比法，选择A产品的得分 = 50/50 = 1 分；选择B产品的得分 =

40/30＝1.33 分；选择 C 产品的得分＝25/20＝1.25 分，该供应商应当选择 B 产品投标，中标概率最大。

### 3. 合理运用不同评标方法，防范制度缺陷

为了规范综合评分法中价格分的计算方法，《关于加强政府采购货物和服务项目价格评审管理的通知》规定了价格分统一按照下列公式计算：投标报价得分＝（投标基准价/投标报价）×价格权值×100。按照该公式，在投标基准价不变的情况下，供应商如果想获得较高的价格得分，只能降低报价，没有其他办法。但再仔细分析该公式，不难发现，其他投标人的价格分并不仅仅与自身的投标报价有关，其实与投标基准价密切相关。在其他投标人的报价不变的情况下，其得分与投标基准价呈正相关，且与投标基准价的偏离度越大，其他投标人的报价得分的差距越小。在实际招标过程中，就出现了个别供应商以极低的报价参加投标，"钝化"其他投标人的报价得分差距，以达到掩护投标报价高的供应商中标的目的，这是综合评分法目前存在的一大制度缺陷。相关案例可以参考 2012 年 8 月 29 日中国财经报刊登的扬州市政府采购中心高德东主任撰写的《报价的"诡计"》，以及 2013 年 3 月政府采购信息报刊登的江苏省政府采购中心许滢编写的《结合案例组织辩论　探讨评标标准如何定》。

由于本文主要探讨的是政府采购的评标方法，因此，对于报价中存在的"诡计"，笔者认为，除了以上两文中所提到的防范措施可以借鉴外，改变评标方法也能达到防范"诡计"的目的。如以《报价的"诡计"》一文中的案例为例，原案例中的报价和评分见表 2：

| 表2 | | | 报价评分表 | | |
|---|---|---|---|---|---|
| | 单位 | 报价（万元） | 价格分 | 综合分 | 总得分 |
| | A 公司 | 65 | 30 | 29.1 | 59.1 |
| | B 公司 | 260 | 8.7 | 57.98 | 66.68 |
| | C 公司 | 319 | 7.3 | 60.6 | 67.9 |
| | D 公司 | 383 | 5.09 | 48.6 | 53.69 |
| 结论：C 公司总得分最高 | | | | | |

如果改用性价比法，除价格不作评分因素外，在其他评分因素和分值与综合评分法保持一致的情况下，其结果见表 3：

表 3　　　　　　　　　　　报价评分表

| 单位 | 报价（万元） | 综合分 | 商数 |
|---|---|---|---|
| A 公司 | 65 | 29.1 | 0.45 |
| B 公司 | 260 | 57.98 | 0.22 |
| C 公司 | 319 | 60.6 | 0.19 |
| D 公司 | 383 | 48.6 | 0.13 |

结论：A 公司商数最高

这样的结果将使 A 公司掩护 C 公司中标的愿望落空，迫使其要么以超低价中标，做一笔亏本的买卖；要么放弃中标资格，接受相关部门的处罚。

（本文分两期于 2013 年 5 月 13 日、5 月 15 日刊登在《政府采购信息报》第 4 版）

# 论竞争性谈判

2012年3月，笔者有幸受财政部邀请，在镇江碧榆园宾馆封闭一周，共同起草《非招标采购方式管理办法》和《关于进一步规范政府采购评审工作有关问题的通知》（即财库〔2012〕69号），主要参与者有国库司政府采购管理一处杜强处长、现采购一处王奇璋副处长、江苏省财政厅政府采购管理处吴小明处长、现上海市政府采购中心徐舟副主任。我负责《办法》、徐舟负责《通知》的统稿工作。起草过程中，花费时间最长、理解分歧最大、实际需要最急的内容莫过于竞争性谈判采购方式，期间甚至不惜面红耳赤，然对笔者深入理解竞争性谈判采购方式的本质帮助尤大。完成部里任务后，笔者又先后对三种非招标采购方式进一步做了些理论研究，此文为第一部，观点、内容和结论与现已颁布的《非招标采购方式管理办法》都不尽相同，谨供有兴趣对非招标采购方式研究的同行们参考。在此特别鸣谢杜强处长对笔者的帮助。

## 一、竞争性谈判的定义

辞海中谈判一词的解释为："有关方面就有待解决的重要问题进行会谈"；国际贸易中心编著的采购与供应链管理国际资格认证系列教材中将谈判定义为："谈判是一个过程，借此最初持有不同观点的双方或多方通过选择使用不同的说服方式而在共同的目标上达成协议"。谈判可以分成两种形式：一种是协商性谈判，如单一来源采购时进行的谈判就属于协商性谈判，就共同的目标达成协议；另一种就是竞争性谈判。辞海中竞争一词的解释有两种：①相互争胜。《庄子·

齐物论》："有竞有争。"郭象注："并逐曰竞，对辩曰争。"②商品生产者为争取有利的产销条件而进行的角逐。综合以上解释，《政府采购法》中所述竞争性谈判，首先应当有两个以上供应商通过递交响应文件或其他对辩的方式参加角逐，其次是就采购事宜进行会谈，最后采购人应当与一个或多个供应商达成协议，即确定其为成交供应商。

1999年财政部颁布的《政府采购管理暂行办法》中，将竞争性谈判定义为："是指采购机关直接邀请三家以上的供应商就采购事宜进行谈判的采购方式。" 2005年财政部制定的《政府采购非招标方式管理办法（第一次征求意见稿）》中将竞争性谈判定义为："是指采购机构按照规定的程序，通过与符合项目资格的供应商就采购事宜进行谈判，最终确定成交供应商的采购方式。"《政府采购法》和《实施条例》对竞争性谈判都没有定义。

根据《政府采购法》对竞争性谈判已做出的相关规定，以及竞争性谈判在实践中的运用情况，笔者认为，竞争性谈判应定义为：是指采购机构按照规定的程序，通过与两家以上合格供应商就采购事宜进行会谈，并按经评审报价最低的原则确定成交供应商的采购方式。这里所称采购机构，应包括采购人和采购代理机构。为什么按照规定的程序，而不是按照"法定"的程序，因为《政府采购法》第三十八条规定的采购程序对一些简单的竞争性谈判项目不具备可操作性，今后对《政府采购法》进行修订时，相关竞争性谈判采购程序的规定应当做相应修改。目前有些地方已对竞争性谈判的采购程序重新做出了规定，尽管不合法，但在实际采购过程中具有可操作性，因此确定为"按照规定的程序"更合适。《政府采购法》要求确定不少于三家的供应商参加谈判，存在法律漏洞，因为不论按照招标方式，还是竞争性谈判或询价，供应商都不少于三家，而单一来源采购方式只能是唯一供应商，但实际采购过程中确实存在只有两家供应商满足采购需求的情形，在现有《政府采购法》规定下，此情形属于无解。因此，对于只有两家供应商满足采购需求的情形，必须有相应的解决方案。对于招标方式而言，无论《政府采购法》，还是《招标投标法》，都已经明确投标供应商不得少于三家；询价方式的适用情形为"采购的货物规格、标准统一、现货货源充足且价格变化幅度小的政府采购项目"，满足项目需求的供应商应当不少于三家；而竞争性谈判的适用情形则相对复杂，意味着采用竞争性谈判方式采购时，参与谈判的供应商的情况也最为复杂。同时，竞争性谈判相对于招标方式和询价，采购过程更灵活，在供应商少的情况下，采购机构更容易掌握主动，因此，最适于将只有两家供应商满足采购需求的情形归类于竞争性谈判采购方式。

## 二、竞争性谈判采购方式的适用情形

根据《政府采购法》第三十条的规定，竞争性谈判采购方式的适用情形为：
1. 招标后没有供应商投标或者没有合格标的或者重新招标未能成立；
2. 技术复杂或者性质特殊，不能确定详细规格或者具体要求；
3. 采用招标所需时间不能满足用户紧急需要；
4. 不能事先计算出价格总额。

### （一）招标后没有供应商投标或者没有合格标的或者重新招标未能成立的

这种情形可以分成三种类型：一是招标后没有供应商参加投标；二是虽然有供应商投标，但经评标委员会评审，没有供应商能够实质性响应招标文件的要求；三是第一次招标失败后，重新组织招标，参加投标的供应商或对招标文件作出实质性响应的供应商仍然少于三家。结合这三种类型分析，第一次招标如果参加投标的供应商或者实质性响应招标文件要求的供应商是一家或两家，就不能适用竞争性谈判，应该重新组织招标；重新招标时，如果参加投标的供应商或者实质性响应招标文件要求的供应商有两家时，可以适用竞争性谈判，只有一家时则可以适用单一来源采购方式。只有在招标后没有供应商参加投标或者没有供应商能够实质性响应招标文件的要求时，才适用竞争性谈判。但在招标时没有供应商参加投标或者没有供应商能够实质性响应招标文件的要求，而采用竞争性谈判时，为什么就会有供应商响应或能够实质性响应招标文件的要求呢？笔者认为，在此情形下，说明招标文件中存在不合理的条款，所有供应商都无法满足招标文件的要求，应当对招标文件中的内容进行修改，但招标采购单位又无法把握自己的合理需求，需要与供应商进行谈判，进一步明确需求，才能达到既满足自己的需求、供应商又能响应的目标。竞争性谈判允许在谈判过程中对谈判文件进行实质性修改，有利于实现其目标。

## （二）技术复杂或者性质特殊，不能确定详细规格或者具体要求的

这种情形也可以分成两种类型：一是采购项目的技术要求太复杂，采购人无法在招标文件中详细明确自己的实际采购需求；二是由于某种客观原因，采购人的需求一直存在不确定的因素，或者存在多种可选择的需求方案，但不同的方案之间存在着排他性。

因为制定招标文件的前提必须是采购人的需求明确，即采购人知道自己想要什么。在采购人无法明确需求时，需要通过与供应商进行谈判，借助供应商的专业知识，才能真正明白自己的需求。就如史蒂夫·乔布斯所言：因为人们不知道他们想要什么，直到你把它摆在他们面前。但笔者并不希望采购人总是采用这种情形，因为需求是否能够明确，与前期的市场调研密切相关，对于大多数采购项目而言，技术并没有复杂到不能确定具体要求的程度，尤其在当今信息化水平如此发达的情况下。只有针对一些专业性很强、工程浩大、涉及高端技术的采购项目，才能称得上技术复杂或者性质特殊。

## （三）采用招标所需时间不能满足用户紧急需要的

这种情形不仅适用于不可预见的突发性采购需求，而且对一些采购金额未达到公开招标数额标准，没必要采用招标方式的货物或服务类项目，也非常适用。由于采用招标方式至少有 20 天的等标期，加上编制招标文件的时间和中标结果公示期，正常情况下，整个招标过程需要 40 天左右的时间，这显然不能满足一些紧急采购项目的需要。同时，招标方式对招标文件的制定、招标程序的组织、评标委员会的组成都有严格的规定，普通小项目也完全没有必要严格按照招标方式执行。对于大多金额小、需求明确的项目，采用竞争性谈判是比较合适的一种采购方式。但笔者同样反对采购人利用委托制的缺陷，人为造成采购时间紧张、刻意规避公开招标的情形。原则上年度政府采购预算已经安排的项目，不应出现此种情形，政府采购监管部门在审批以此为理由申请竞争性谈判的采购项目时，应重点审查其时间安排的合理性。

## （四）不能事先计算出价格总额的

笔者认为，这种情形与第二种情形相似，存在着一定的因果关系。正因为需

求的不确定性，才造成价格总额的不确定性；同时也存在因为价格的不确定，如采购人无法确定采购项目是否突破预算，才造成需求的不确定。适用此情形的竞争性谈判，很容易造成采购人以用完预算为标准，而不是以满足实际需求为标准，决定最终的成交供应商，不仅不能节约财政资金，反而使社会公众对政府采购产生"只买贵的，不买对的"这样的不良影响。因此，政府采购监管部门在审批以此为理由申请竞争性谈判的采购项目时，应重点审查不能事先计算出价格总额的原因。

## 三、

## 需探讨的几个现实问题

根据法律规定，竞争性谈判的程序应该是成立谈判小组→制定谈判文件→确定供应商名单→谈判→确定成交供应商。这里存在几个现实问题需要探讨，否则在实际采购过程中将面临法律风险。

### （一）谈判小组何时成立？

一种理解是：按照《政府采购法》规定，谈判小组在制定谈判文件前就应当成立。成立谈判小组后，由谈判小组制定谈判文件、从符合相应资格条件的供应商名单中确定不少于三家的供应商参加谈判，直至确定成交供应商。如果按照这种理解，整个采购过程其实都是由谈判小组负责。但从成立谈判小组到确定成交供应商，不是一两天就能结束的，而是一个耗时比较长的过程，由于当前我国政府采购评审专家属于松散型的业余工作人员，长期在一个谈判小组工作不符合现实情况；对于一些预算金额较小的采购项目，按照此程序进行，评审所需支出的费用比节约的资金将超出许多，也违背了政府采购节约财政资金的立法宗旨。同时，根据《政府采购评审专家管理办法》第二条规定，评审专家从事和参加政府采购招标、竞争性谈判、询价、单一来源等采购活动评审，以及相关咨询活动适用本办法。第二十二条规定，评审专家的抽取时间原则上应当在开标前半天或前一天进行，特殊情况不得超过两天。与谈判小组在制定谈判文件前就应当成立相互矛盾。另一种理解是：法律并未明确规定谈判小组何时成立，应当按照《政府采购评审专家管理办法》的规定，在谈判开始前半天或前一天抽取成立，既未明显违背《政府采购法》的规定，也与当前各地普遍做法相一致。

笔者认为，谈判小组何时成立，应与竞争性谈判的适用情形相关联。对于技术复杂或者性质特殊，不能确定详细规格或者具体要求的项目，采购人需要依靠评审专家的专业知识，对自己的需求有深入的了解，帮助自己编制采购文件，确定邀请的供应商名单，并在谈判过程中能代表自己与供应商产生技术上的互动，以最大限度地满足自己的要求。在此情形下，应当首先成立谈判小组，由谈判小组参与整个采购过程。但前提是，这样的项目在技术方面必须足够复杂，需要评审专家的全程帮助，资金方面必须预算足够大，节约的资金足以支付与评审有关的各项费用。如果采购项目不能同时满足这两个前提条件，则谈判小组应当在谈判开始前半天或前一天抽取成立。

## （二）谈判文件由谁制定？

《政府采购法》并未明确谈判文件是由谈判小组，还是由采购机构负责制定。笔者认为，由谁负责制定谈判文件，也与不同的采购项目相关。对于技术复杂或者性质特殊，不能确定详细规格或者具体要求的项目，采购人必须依靠评审专家，通过与评审专家的深入沟通，才能尽可能地确定自己的需求。在此情形下，谈判小组参与谈判文件的制定，全程跟踪采购项目的每个环节，有助于对采购项目的深入理解，有利于在谈判时对供应商提交的响应文件做出更适宜的评价。对于预算金额较小、采购人能够确定具体需求的采购项目，则完全没有必要由谈判小组参与制定采购文件，应由采购机构直接负责制定。由于评审专家大多为技术型专家，对于谈判文件的整体结构和商务部分的内容，不可能完全替代采购机构的专业人员，因此，不论谈判小组是否参与，谈判文件最终都应由采购机构负责制定。有谈判小组参与制定的项目，谈判文件正式发布前应当由谈判小组签字确认，无谈判小组参与制定的项目，在当前法律并未明确的情况下，最好在谈判正式开始前，由谈判小组对谈判文件进行确认，认可谈判文件的内容符合法律法规的规定，不存在歧视性或排他性内容，以避免不必要的法律风险。

## （三）如何确定供应商名单？

根据《政府采购法》的规定，确定邀请参加谈判的供应商名单，是由谈判小组从符合相应资格条件的供应商名单中确定不少于三家的供应商参加谈判，并向其提供谈判文件。本规定最关键的内容是符合相应资格条件的供应商名单如何产生？第一种方法是发布资格预审公告，对供应商提供的资格证明材料进行审查,产生符合相应资格条件的供应商名单;第二种方法是建立供应商库,事先对供应商资格条件进行审查,符合资格条件的入库管理,需要时从库中抽取;第三种方法是由采购人或谈判小组推荐。按照第一种方法,从发布资格预审公告到确定供应商参加谈判,直至确定成交供应商,整个采购过程所需时间基本与公开招标接近,失去了竞争性谈判能节约采购时间的基本特性。由于大多数竞争性谈判采购项目不是预算金额较小,就是时间比较紧急,因此,这种方法在实际采购中即使采用,也丧失了竞争性谈判的特性。按照第二种方法,由于政府采购项目涉及的品目繁多,不像工程项目对供应商的资质要求相对单一,如需在供应商库中产生符合相应资格条件的供应商名单,该供应商库必须是一个类别极其广泛、内存量极其庞大的数据库,目前,尚未有哪个财政部门或采购代理机构建立符合这种条件的供应商库,因此也无法运用。按照第三种方法,很容易造成采购人或谈判小组与供应商相互串通的情形发生,违背了《政府采购法》促进廉政建设的立法宗旨。在以上三种方法都不可行的情况下,如何产生符合相应资格条件的供应商名单将成为一个难题。

笔者认为,对于大多数竞争性谈判采购项目而言,直接发布采购公告邀请供应商参加谈判,对供应商采取资格后审的方式,可以极大地提高竞争性谈判的采购效率,既不违背政府采购的公开、公平、公正和诚实信用的原则,又可以发挥出竞争性谈判采购方式快捷、灵活的特点。因此,应当对《政府采购法》进行适当修订,允许采购机构发布采购公告并提供谈判文件,由谈判小组对供应商进行资格性和符合性检查,从符合相应资格条件的名单中,采用随机方式确定不少于三家的供应商或邀请所有供应商直接参加谈判。在今后条件允许,供应商库已能满足采购需求的情况下,供应商也可以直接从供应商库中随机抽取产生。对于一些特殊项目,供应商也可以采用推荐的方式产生,但必须由采购人和谈判小组共同推荐,并在成交公告中公示推荐意见,以促进廉政建设。

## (四)是否公布供应商报价?

《政府采购法》规定"在谈判中,谈判的任何一方不得透露与谈判有关的其他供应商的技术资料、价格和其他信息",因此,公布供应商的报价,其实就是透露价格信息,明显与法律规定相违背。在一些地方性法规中,明确要求竞争性谈判应当公开报价,理由是:不公开报价,供应商之间很难形成有效的价格竞争,并以实际操作过程中,公开供应商的第一轮报价后,各供应商的第二轮报价经常有跳水式的下调,而不公开报价时,即使有二次报价机会,也很少有供应商让价，以此来佐证公开报价的良好效果。但笔者并不认同公开报价的效果，理由有二：一是当供应商知道要公开报价时，第一轮的报价往往虚高，此时的报价并没有太大的参考价值，有跳水式的下调很正常，只要是稍微掌握点谈判技巧的供应商都会这么做；不公开报价时，供应商的第一轮报价就比较谨慎，第二轮不让价也属正常，不能简单地以让价幅度来衡量公开报价的效果。二是政府采购应鼓励供应商理性报价，为供应商创建公平、公正的良性竞争环境，而不应采用公开竞价、以价压价的方式来刻意追求节约资金，引发供应商的恶意竞争。如果只追求采购成效，招标时允许招标采购单位与供应商就投标价格进行谈判，供应商为获取中标，有时肯定也会降低报价，但如果一直按照此种做法，可能导致怎样的后果呢？只能是供应商知道要谈判，把初次报价抬高。因此，笔者认为在竞争性谈判中，不应当公布供应商报价。

## （五）怎样把握谈判文件的实质性变动？

《政府采购法》规定"谈判文件有实质性变动的，谈判小组应当以书面形式通知所有参加谈判的供应商"，即允许在谈判过程中，对谈判文件进行实质性的变动。笔者认为，对谈判文件进行实质性的变动，其实是对未参加谈判供应商的歧视性待遇。有些供应商正因为谈判文件中的实质性要求无法满足，才未参加谈判，实质性要求变动后，这些供应商完全有可能满足谈判文件的要求。同时，采购人也可以借实质性变动的机会，对采购结果进行控制，如其看中的供应商价格不是最低，就调整谈判文件内容，使其偏向于看中的供应商，再重新让供应商报价，直至该供应商报价最低，最终丧失政府采购的严肃性。因此，笔者认为，对于谈判过程中谈判文件的实质性变动应当给予严格的约束，对于预算金额小或因时间紧急、需求明确的采购项目，应当不允许在谈判过程中对谈判文件进行实质性变动，只允许供应商对价格进行调整，既可提高采购效率，又可避免采购人控制采购结果的风险。只有对技术复杂或者性质特殊，连采购人都不能确定详细规格或者具体要求的项目，才允许通过实质性变动采购文件进一步明确自己的需求。但对此类项目，也应当在采购文件中事先告知供应商，文件中的哪些内容可能变动，如技术部分，而不应该所有内容都在变动范围，如谈判程序、成交原则、有些商务内容不允许在谈判中变动。

## （六）能否按综合评分评审？

《政府采购法》规定"采购人从谈判小组提出的成交候选人中根据符合采购需求、质量和服务相等且报价最低的原则确定成交供应商"；在《财政部关于加强政府采购货物和服务项目价格评审管理的通知》中规定"采购人或其委托的采购代理机构采用竞争性谈判采购方式和询价采购方式的，应当比照最低评标价法确定成交供应商，即在符合采购需求、质量和服务相等的前提下，以提出最低报价的供应商作为成交供应商"，两者其实都要求最低价成交。实际操作中，一些采购机构有时认为最低价成交无法采购到性价比高的产品，而在竞争性谈判中采用综合评分法进行评审。笔者认为，采用综合评分法评审，确实可以采购到性价比更高的产品，但却与政府采购的法律法规明显相违背。综合评分法在评审因素的设置上本已比较灵活，竞争性谈判在谈判过程中比招标方式灵活性更强，两者再相结合，则过于凸显灵活性，而失去了政府采购的严肃性。同时，竞争性谈判的四种适用情形，也决定了竞争性谈判比照最低评标价法确定成交供应商更合适。因此，采用竞争性谈判采购方式不能按综合评分法进行评审。

## （七）符合采购需求、质量和服务相等的标准是什么？

《政府采购法》规定竞争性谈判采购方式确定成交供应商的原则就是"符合采购需求、质量和服务相等且报价最低"，对于"符合采购需求和报价最低"，业内理解的标准比较一致："符合采购需求"即满足采购文件规定的实质性要求；报价最低即最后一轮报价中最低者。但对"质量和服务相等"，不同的人却有不同的看法，有人认为，不同的供应商提供的产品质量不可能相同、服务水平也无法比较，"质量和服务相等"无法认定。有些采购机构在组织竞争性谈判时，先对供应商的响应文件进行综合评分，达到一定分值的即视为"质量和服务相等"，再与这些供应商就价格进行谈判，确定报价最低的为成交供应商。笔者认为，以上观点都不正确。"质量和服务相等"无法认定的观点，是基于供应商之间的比较，如果是基于某种标准上的比较，即可认定不同供应商的"质量和服务相等"，譬如100米赛跑，不同运动员肯定有快慢之分，但如果确定10秒之内跑完100米的运动员为合格者这一标准，则在10秒之内跑完的运动员都将被认定为合格者，因此，只要在采购文件中明确了认定标准，就可以判定不同供应商的"质量和服务相等"，最简单的认定标准即为满足采购文件的实质性要求,将"符合采购需求"和"质量和服务相等"的认定标准相统一。先综合评分,达到一定分值的即视为"质量和服务相等"的观点,也是以此方式明确一种认定标准,但此标准与我国政府采购以满足基本公务需求为目标的要求不一致,容易导致政府采购"只买贵的,不买对的"这种情形发生;先综合评分对供应商划分档次,也容易引起失去谈判资格的供应商质疑;同时,财政部已经明确要求竞争性谈判应当比照最低评标价法确定成交供应商,先综合评分也不符合相关规定。笔者认为,在当前不合理的综合评分泛滥、政府采购工作广受社会各界非议之时,应当尽量简化"质量和服务相等"的认定标准。如果采购人认为简单化的认定标准不能满足其需求,其实只需在采购文件中增加一些合理的实质性要求即可。

## 四、竞争性谈判的程序

鉴于竞争性谈判适用情形的复杂性,应当将竞争性谈判程序分成简易的谈判程序和复杂的谈判程序两种,才能满足实际工作需要。对于预算金额较小、技术需求能够事先明确、招标失败的采购项目,按照简易的谈判程序组织采购;对于预算金额大且技术需求不能事先明确的采购项目,则按照复杂的谈判程序组织采购。

### (一) 简易的谈判程序

#### 1. 采购机构制定谈判文件

采购机构应当制定合适的竞争性谈判采购文件模本。谈判文件应当包括以下内容:递交响应文件的截止时间和地点,谈判开始时间及地点,谈判程序,确定成交的原则,报价要求,响应文件编制要求,保证金的金额及形式,项目商务要求,技术规格要求和数量(包括附件、图纸等),合同主要条款及合同签订方式,财政部门规定的其他事项。模本制定后,应根据政府采购有关最新规定及时进行调整。采购机构只需对采购人的实际需求进行审核,没有歧视性或排他性条件,在模本的基础上稍做完善,即可完成采购文件的制作。谈判文件应当标明实质性要求,对于未完全响应实质性要求的响应文件,明确规定做无效响应文件处理。

## 2. 发布采购公告邀请供应商，并向其提供谈判文件

采购机构应当在省级以上财政部门指定的媒体发布采购公告，邀请潜在供应商参加谈判，并直接向其发售或免费提供采购文件。为保证供应商有一定的时间编制响应文件，同时兼顾谈判采购的效率，从谈判文件发出之日起至递交响应文件截止之日止，应当不得少于5个工作日。采购机构对已发出的谈判文件进行必要澄清或者修改的，应当在谈判开始之日3个工作日前，以公告或书面形式告知所有潜在参加谈判的供应商，该澄清或者修改的内容应当作为谈判文件的组成部分。发出澄清或者修改文件的日期距递交响应文件截止之日不足3个工作日的，应当顺延递交响应文件的截止日期。

## 3. 成立谈判小组

采购机构应当在本级财政部门设立的政府采购专家库中，采取随机方式抽取评审专家组成谈判小组。评审专家的抽取时间原则上应当在谈判开始前半天或前一天进行，特殊情况不得超过两天。谈判小组由采购人的代表和有关专家共三人以上的单数组成，其中专家的人数不得少于成员总数的2/3。采购人代表不得以专家身份参与本部门或者本单位采购项目的谈判。采购代理机构工作人员不得以谈判小组成员的身份参加由本机构代理的政府采购项目谈判。由于谈判小组的职责仅为对响应文件的资格性和符合性进行检查，直接与合格供应商就价格进行谈判，并按照经评审的最低报价推荐成交候选人，因此，评审过程并不复杂，谈判小组通常情况下只需由一名采购人代表和两名评审专家组成即可。

## 4. 谈判

### （1）响应文件的递交

供应商应当按照谈判文件的要求编制响应文件。参加谈判的供应商应当在谈判文件规定的递交响应文件截止时间前，将响应文件密封后送达规定的接收地点。在递交响应文件截止时间后送达的响应文件，采购机构应当拒收。两个以上供应商可以组成一个联合体，以一个供应商的身份共同参加竞争性谈判活动（有关联合体的规定同公开招标）。

### （2）实质性响应审查

采购机构接收响应文件后，不应当公开供应商的报价，由谈判小组依据谈判

文件的规定，对响应文件的有效性、完整性和对谈判文件的响应程度进行审查，以确定是否对谈判文件的实质性要求作出响应。未对谈判文件做实质性响应的供应商，不得进入具体谈判程序。

谈判开始后，在谈判文件及谈判程序符合法律规定的前提下，实质性响应的供应商只有两家时，可直接继续按照竞争性谈判进行采购；如果实质性响应的供应商只有一家，应当终止竞争性谈判采购活动，经政府采购监管部门批准后，再按照单一来源采购方式重新组织采购。

**（3）就价格进行谈判**

谈判小组应当通过随机方式确定参加谈判供应商的谈判顺序，所有成员集中与单一供应商按照顺序分别进行谈判。谈判期间，不得对谈判文件进行实质性变动。谈判小组可根据谈判文件规定的谈判轮次，要求各供应商分别进行报价，并给予每个正在参加谈判的供应商相同的机会。在谈判中，谈判的任何一方不得透露与谈判有关的其他供应商的技术资料、价格和其他信息。谈判过程中，采购机构应当指定专人负责谈判记录。最后一轮谈判结束后，供应商应当在同一截止时间前，将最终报价以书面形式，并由法定代表人或其授权代表签署，当场交给谈判小组。

**5. 确定成交供应商**

**（1）推荐成交候选人**

供应商最后一轮谈判的报价作为谈判小组推荐成交候选人的依据。谈判小组应当根据符合采购需求、质量和服务相等且报价最低的原则按顺序推荐成交候选人，并编写评审报告。在推荐成交候选人之前，谈判小组认为，排在前面的成交候选人的最终报价明显不合理或者低于成本，有可能影响产品质量和不能诚信履约的，应当要求其在规定的期限内提供书面文件说明理由，并提交相关证明材料，供应商不能提供有效证明或谈判小组认为其提供的理由不充分的，可拒绝接受其报价。

**（2）确定成交供应商**

采购代理机构应当在评审结束后2个工作日内将评审报告送采购人确认。采购人应当在收到评审报告后5个工作日内，按照评审报告中推荐的成交候选人确定成交供应商，也可以书面形式授权评审小组直接确定成交供应商。采购人逾期未确认且不提出异议的，视为确认。

**（3）公告成交结果**

采购机构应当在成交供应商确定后一个工作日内，在省级以上财政部门指定的媒体上公告成交结果。公告内容应当包括：采购人和采购代理机构的名称、地址和联系方式；项目名称和项目编号；成交供应商名称、地址和成交金额；评审小组成员名单。

## （二）复杂的谈判程序

### 1. 成立谈判小组

由于采购人无法确定其技术要求，必须依靠专家的帮助，因此，有必要在谈判前期邀请相关专家尽早介入到项目的采购过程中。但参加该项目的专家不应简单地认为从专家库中随机抽取的一般专家即可胜任，而应是相关领域中真正的权威性专家，否则一般性的技术问题向其咨询即可解决，没有理由再适用因技术需要无法确定而采用竞争性谈判。政府采购监管部门设立的专家库如将专家分成一般和资深两类，则应在资深专家中抽取，否则应由采购人向政府采购监管部门申请，采取选择性方式确定评审专家更合适。由于项目的金额大、技术复杂，每个评审专家的观点可能都不一致，谈判小组应当由采购人的代表和有关专家共五人以上的单数组成，其中专家的人数不得少于成员总数的2/3。

### 2. 谈判小组参与制定谈判文件

采购人应当在谈判小组的帮助下，广泛而深入地开展市场调研工作，尽可能地对其技术需求进一步明确，并结合政府采购有关规定，与采购机构共同编制谈判文件。谈判文件除谈判程序、确定成交候选人的原则、保证金的数额和方式，以及部分商务条款外，对供应商资格条件、技术需求、报价要求、合同主要条款、响应文件的编制要求等内容，应当明确其仅为建议性的内容，允许供应商根据谈判文件内容有不同的响应方式，甚至允许供应商不一定递交内容非常规范的响应文件，可以只是一些合理化建议。为进一步调动供应商的积极性，优化采购需求，谈判文件中应尽量减少对实质性条款的要求，扩大谈判的灵活性。但需特别提醒供应商，在谈判过程中可能会对部分内容进行实质性变动，参加谈判的供应商应做好充分的准备工作。

### 3. 确定参加谈判的供应商

对于复杂型的竞争性谈判项目，如果以发布采购公告的方式邀请供应商，再与所有供应商逐一进行谈判，可能会将许多时间浪费在与一些没有竞争力的供应商谈判上，不仅会分散评审专家的注意力，也不利于评审专家提高谈判效率。因此，通过发布资格预审公告征集或由谈判小组和采购人共同推荐合格的供应商，更适合复杂型的竞争性谈判项目。发布资格预审公告征集供应商的程序可以参照邀请招标的程序进行，供应商的资格审查应当由谈判小组负责。谈判小组从符合项目资格条件的供应商中随机确定不少于三家供应商，建议选择五六家供应商比较合适，或者由谈判小组直接确定三家以上供应商参加谈判，但必须说明确定这些供应商的理由，并向其提供谈判文件。应当允许两个以上供应商组成一个联合体，以一个供应商的身份共同参加竞争性谈判活动，有关联合体的要求可参照《政府采购货物和服务招标投标管理办法》的规定。

如通过资格审查的供应商只有两家，或谈判小组和采购人在采购活动开始前有充足的理由，说明符合项目资格条件的供应商只有两家时，经本级政府采购监管部门批准，可直接邀请这两家供应商参加谈判。

由于项目的需求比较复杂，必须留有足够的时间，让供应商充分了解谈判文件中的内容，并准备参加谈判的相关资料，因此，自谈判文件发出之日起至谈判开始之日止，原则上不得少于十个工作日。在此期间，为让供应商对项目有更深入的理解，采购机构可以组织供应商就谈判文件内容进行答疑，根据供应商反馈意见，必要时应推迟谈判开始的日期。

### 4. 谈判小组与供应商进行谈判，逐步明确需求

供应商不一定严格按照谈判文件的要求编制响应文件，但应当对谈判文件提出的要求和条件作出初步的应答，并将有关文件在谈判开始前送达采购机构指定的地点。谈判小组首先应认真审阅供应商递交的文件资料，尤其是技术方案是否完整，能否与采购人的要求基本相吻合，或有更好的设想。在此基础上，总结归纳供应商的技术方案，结合采购人的实际需求，形成新的技术要求。如需对原来的谈判文件内容进行调整，则应以书面形式通知参加谈判的供应商。

谈判小组应当通过随机方式确定参加谈判供应商的谈判顺序，所有成员集中与单一供应商按照顺序分别进行谈判。谈判过程中，谈判小组应与供应商就采购文件中的技术方案及其他不确定的内容进行深入的讨论，逐步明晰技术方案和不确定的内容，直至谈判小组认为原未明确或含糊的内容已经全部确定为止。

在谈判期间，根据项目的特点和需要，可以是一次性的谈判，也可以是多轮次多回合的谈判，每次谈判都应当给予每个正在参加谈判的供应商相同的机会。只要涉及谈判文件的实质性变动，都应及时在谈判过程中以书面形式告知供应商，并明确后者与前者不一致时，以后者为准。在谈判过程中，谈判的任何一方不得透露与谈判有关的其他供应商的技术资料、价格和其他信息。谈判小组应避免增加不合理或排他性条件，将有竞争力的供应商排除出谈判，同时，应以满足合理需求为标准，不能仅依据采购预算，不断盲目提高采购需求，造成"豪华采购"的现象发生。

采购机构应认真组织好谈判的秩序，杜绝采购人的不合理需求，避免超标准的"豪华采购"现象发生，并对谈判过程进行如实、详细的记录。

### 5. 供应商根据初期和变动后的谈判文件，编制响应文件

谈判小组可以根据谈判的具体情况，重新编制谈判文件，或在原谈判文件的基础上，明确最终具体的采购需求。最终谈判文件的所有内容应完整、详细、确定，不应再做实质性变动。对于在原谈判文件基础上的简单变动，可以要求供应商在其递交的文件资料的基础上，直接对变动部分重新进行响应。如重新编制谈判文件或对原谈判文件有重大调整，则可要求供应商根据调整的内容，重新编制响应文件。

### 6. 谈判小组对响应文件进行评审，并就价格进行谈判

谈判小组应对供应商递交的最终的响应文件进行评审，主要对响应文件的符合性进行检查，如响应文件已对谈判文件中所有实质性内容进行了响应，则该响应文件应当被认定为合格的响应文件，所有合格的响应文件即可被视为"符合采购需求、质量和服务相等"。谈判小组应当根据谈判文件的规定，要求合格供应商以书面形式做最终报价，或者直接按照响应文件中的报价，对供应商进行排序。

### 7. 确定成交供应商

谈判小组应当按照最终报价最低的原则按顺序排列推荐成交候选人。谈判工作完成后，谈判小组应根据全体谈判成员签字的原始谈判记录和谈判结果编写评审报告。由于谈判小组已经全程参与了采购文件的制作、整个谈判的过程，完全可以理解采购人的真实需求，评审结果应该符合采购人的需求，因此，采购人应当直接在评审报告上，按照推荐的成交候选人顺序确定成交供应商，也可以授权

谈判小组直接确定成交供应商。

　　成交供应商确定后，采购机构应及时以书面形式通知成交供应商，并将采购结果在省级以上政府采购监管部门指定的媒体上发布公告。采取采购人和评审专家共同推荐供应商参与竞争性谈判的，还应当将采购人和评审专家各自的推荐意见一并公告。

　　整个复杂的竞争性谈判采购过程，类似于两阶段招标方式，只是可以进行两次谈判，比两阶段招标方式更灵活，采购结果更符合采购人的需求。

## 五、

## 与竞争性谈判相关的采购方式变更

　　由于两家供应商参加政府采购只能适用于竞争性谈判采购方式，涉及竞争性谈判采购方式变更的情形比其他采购方式将更为复杂。

### （一）达到公开招标数额标准的货物或者服务项目

　　对于达到公开招标数额标准的货物或者服务项目，符合《政府采购法》第三十条第（二）项、第（三）项、第（四）项情形，未进行公开招标，而直接采用竞争性谈判采购的，应当在采购活动开始前获得设区的市、自治区以上政府采购监管部门的批准。申请人应当向财政部门提交以下材料并对材料的真实性负责：

　　1. 项目情况说明；
　　2. 项目预算金额及预算批复文件；
　　3. 拟申请变更竞争性谈判采购方式和变更理由；
　　4. 专家论证意见及专家名单；
　　5. 财政部门要求的其他相关证明材料。

　　经财政部门批准同意后，方可按照竞争性谈判方式组织采购。

### （二）达到公开招标数额标准的工程项目

　　对于达到公开招标数额标准的政府采购工程项目，采用竞争性谈判采购的，如何进行报批，由于涉及《招标投标法》和《政府采购法》的衔接问题，在当前相关部门没有进行协调的情况下，《招标投标法》确定的行政监管部门也一直没有明确的报批手续。

根据《招标投标法实施条例》第七条规定：按照国家有关规定需要履行项目审批、核准手续的依法必须进行招标的项目，其招标范围、招标方式、招标组织形式应当报项目审批、核准部门审批、核准。项目审批、核准部门应当及时将审批、核准确定的招标范围、招标方式、招标组织形式通报有关行政监督部门。即如果是财政部门负责审批、核准的依法必须进行招标的项目，其招标范围、招标方式、招标组织形式应当报财政部门审批、核准。

根据《招标投标法实施条例》第八条规定：国有资金占控股或者主导地位的依法必须进行招标的项目，应当公开招标；但有下列情形之一的，可以邀请招标：（一）技术复杂、有特殊要求或者受自然环境限制，只有少量潜在投标人可供选择；（二）采用公开招标方式的费用占项目合同金额的比例过大。有第（二）项所列情形，属于本条例第七条规定的项目，由项目审批、核准部门在审批、核准项目时作出认定；其他项目由招标人申请有关行政监督部门作出认定。即如果是财政部门负责审批、核准的依法应当公开招标的项目，采用邀请招标的，应当报财政部门审批、核准或者认定。

根据《招标投标法实施条例》第九条规定：除《招标投标法》第六十六条规定的可以不进行招标的特殊情况外，有下列五种情形之一的，可以不进行招标。但可以不进行招标的审批、核准或者认定部门却并未明确。根据《招标投标法实施条例》第七条、第八条分析，如果是财政部门负责审批、核准的依法应当招标的项目，而不进行招标的，应当报财政部门审批、核准或者认定。这里所称的项目应该包括工程项目。

因此，对于达到公开招标数额标准的工程项目，如果是财政部门负责审批、核准，而采用竞争性谈判方式采购的，应当由财政部门负责审批、核准或者认定；如果不是财政部门负责审批、核准，则应由项目审批、核准部门负责审批、核准或者认定。

## （三）未达到公开招标数额标准的货物、工程或者服务项目

由于各级政府集中采购目录对公开招标数额标准的规定不尽相同，有些地方的公开招标数额标准规定得较高，如中央单位2012年的货物和服务项目的公开招标数额标准已达到120万元，而有些地方仅为50万元。对于中央单位而言，120万元以下的货物或者服务采购项目，并未要求必须公开招标，采用何种采

购方式也由采购机构自行确定。由于我国政府采购确定公开招标应作为政府采购的主要方式，因此，对能公开招标的项目应当鼓励尽量公开招标，而对于一些不适用公开招标的采购项目，采购机构也应该在开始采购前，组织内部论证、审核，以确定是否适合采取竞争性谈判方式采购，并应当履行内部的审批手续。

### （四）招标方式变更为竞争性谈判采购方式

对于因招标采购失败，申请采用竞争性谈判方式采购的，基本都属于实质性响应招标文件要求的供应商只有两家的情形，申请人应当向设区的市、自治区以上政府采购监管部门提交以下材料并对材料的真实性负责：

1. 项目情况说明；
2. 项目预算金额及预算批复文件；
3. 拟申请变更竞争性谈判采购方式和变更理由；
4. 在省级以上财政部门指定的媒体上发布招标公告的证明材料；
5. 采购机构出具的对招标文件和招标过程没有供应商质疑的声明；
6. 评标委员会出具的招标文件没有不合理条款的论证意见及专家名单；
7. 财政部门要求的其他相关证明材料。

采购机构应当在批准同意后，重新按照竞争性谈判的要求编制谈判文件，重新发布采购公告邀请潜在供应商。如果仅邀请参加投标的两家供应商参加谈判，必须有充足的理由证明只有这两家供应商能够满足采购需求，因为只有两家供应商投标并不代表只有这两家供应商满足采购需求，有可能是因为招标时采用的综合评分法，有的供应商认为综合评分自身并不占优势而放弃投标。变更为竞争性谈判方式采购后，评审办法也相应变更为最低评标价法，之前没有参加投标的供应商则有可能参加竞争性谈判，采购机构应当给予这些供应商参加谈判的机会，而不应拒绝这些供应商参加谈判。

### （五）竞争性谈判过程中实质性响应谈判文件的供应商只有两家时的采购方式变更

对于这种情况下采购方式如何变更，应结合采购项目是否达到公开招标数额标准和竞争性谈判的适用情形进行分析，具体变更方式见表1：

表1　　　　　　　　　　　　采购方式变更表

| 处理方法　项目类型　适用情形 | 达到公开招标数额标准（已经批准采用竞争性谈判方式采购） | 未达到公开招标数额标准（事先未报批） |
|---|---|---|
| 招标后没有供应商投标或者没有合格标的，再招标所需时间不能满足用户紧急需要 | 如采取发布采购公告邀请供应商，可直接与两家供应商进行谈判，不应再报监管部门审批，因为在此情况下，已确认只有两家供应商能够参加谈判，同时采购方式和程序、评审标准和因素都未发生改变；如采取从供应商库中随机抽取或由采购人和谈判小组共同推荐产生供应商，则不能直接与两家供应商进行谈判，而应再报监管部门审批，因为在此情况下，无法确认只有两家供应商能够参加谈判。 | 无论此前采用何种采购方式，都应向监管部门报批，因为政府采购法律法规未有适用两家供应商参加采购的采购方式。或者颁布地方性政府采购管理条例，直接规定只有两家供应商参加采购的，可以按照竞争性谈判采购方式进行采购，无须报监管部门审批。 |
| 招标未能成立，再招标所需时间不能满足用户紧急需要或重新招标未能成立 | 可直接与两家供应商进行谈判，不应再报监管部门审批。 | |
| 《政府采购法》第三十条第（二）项、第（三）项、第（四）项情形 | 如采取发布采购公告邀请供应商，可直接与两家供应商进行谈判，不应再报监管部门审批；如采取从供应商库中随机抽取或由采购人和谈判小组共同推荐产生供应商，则不能直接与两家供应商进行谈判，而应再报监管部门审批，理由同上。 | |

## （六）竞争性谈判过程中实质性响应谈判文件的供应商只有一家时的采购方式变更

对于这种情况下如需改为单一来源方式采购的，可按照表2的方式进行处理：

表2　　　　　　　　　　　　采购方式变更表

| 处理方法　项目类型　适用情形 | 达到公开招标数额标准（已经批准采用竞争性谈判方式采购） | 未达到公开招标数额标准 |
|---|---|---|
| 采取发布采购公告邀请供应商的 | 可直接向财政部门申请变更为单一来源采购方式，因为在此情况下，确认只有一家供应商能够实质性响应采购需求。 | 可直接变更为单一来源采购方式。 |
| 采取从供应商库中随机抽取或由采购人和谈判小组共同推荐产生供应商的 | 应在财政部门指定的政府采购信息发布媒体进行公示，公示期内供应商无质疑的，再向财政部门申请变更为单一来源采购方式。因为在此情况下，无法确认是否只有一家供应商能够实质性响应采购需求。 | 建议先在财政部门指定的政府采购信息发布媒体进行公示，公示期内供应商无质疑的，再变更为单一来源采购方式。 |

## 六、

## 必须把握的谈判原则

竞争性谈判是一种技巧性很强的采购方式，在实际采购过程中需要一定的经验积累，才能做到灵活运用，但最基本的几项原则必须把握：

### 1. 可以更改谈判文件、不能透露谈判内容

根据项目的不同特点，事先明确是否将对谈判文件进行实质性变动。如事先已明确可能变动，则可以根据供应商的响应内容和谈判情况，对原先制定的谈判文件进行完善，甚至推翻原先制订的方案，重新拟订谈判文件；但在谈判过程中，无论怎么变动谈判内容，都不能向参与谈判的供应商透露与其他供应商的谈判情况。

### 2. 可以组织多轮谈判、不能克扣谈判机会

谈判小组如果认为经过谈判尚未达到预期的目标，则可以继续要求参与谈判的供应商进行新一轮的谈判，但每轮谈判都应该给予参与谈判的供应商相同的机会，即使个别供应商已经决定不再调整谈判内容，也应告知其将不做调整的声明交给谈判小组。

### 3. 可以正确引导报价、不能采取以价压价

谈判小组可以依据事先了解的历史成交价格、产品市场价格，或产品的成本分析，来引导供应商重新核定自己的报价，但不能用其他供应商的报价来明示或暗示其他供应商降价。已故台塑大王王永庆先生在采购时喜欢用一个供应商的价格来压另一个供应商的价格，由于其采购量大，供应商为获得订单只能不停降价，反复多轮后，直至没有供应商再愿意降价，这时，王永庆先生就主动给报最低价的供应商加价 10% 成交，供应商很感激，都愿意与台塑公司长期合作，最终获得"双赢"的结果。这就是典型的以价压价，最终再提价的方法，虽然效果不错，但并不适用于我国的政府采购。

### 4. 可以统一谈判要求、不能更改成交标准

对于有些复杂的采购项目，经过多轮谈判后，可能在技术要求、服务内容、交货时间、付款方式等方面需要调整，谈判小组可以重新统一谈判的具体要求，但该要求不能具有排他性，应该让大多参与谈判的供应商能响应，在此前提下，按照事先确定的成交标准确定成交供应商。如在谈判过程中，发现原先制定的成交标准确实存在重大缺陷、需要更改的，则必须先终止该次谈判活动，重新组织谈判采购，再按重新确定的成交标准确定成交供应商。

### 5. 可以拒绝接受报价，不能高于市场均价

并不是每次竞争性谈判都必须产生成交结果，政府采购活动尤其是集中采购机构组织的政府采购活动，应当符合采购价格低于市场平均价格的要求，因此，当供应商的最终报价不低于市场平均价格时，采购机构应当有义务拒绝接受供应商的报价，重新组织采购。但前提是采购机构必须事先掌握市场价格情况，有充足的理由证明供应商的报价不低于市场平均价格，否则，容易被人利用此情形拒绝接受自己不中意的供应商成交，也容易引起供应商的质疑。

## 七、

## 当前竞争性谈判存在的主要问题

由于竞争性谈判的定义、操作流程在中国的相关法律法规中都没有具体明确的规定，许多采购机构都是根据自己实践操作的经验，结合法律的原则性规定来理解、执行，对其适用背景缺乏深入的研究，造成在当前竞争性谈判的实际运用过程中，产生了一些问题，影响了竞争性谈判的使用效果。

### 1. 市场调研不够充分

竞争性谈判是一种更多依赖于事先进行市场调研的采购方式。当前，许多采购机构对其组织的简单的竞争性谈判采购项目，基本满足于只要供应商不提出质疑即可的质量标准，追求程序上的合法，而不考虑谈判文件是否存在不合理条款，成交结果是否价格合理。主要原因是采购机构没有事先做市场调研，对潜在供应商、能满足采购需求的产品状况以及价格信息掌握不够，缺乏设定谈判区间的概念，最终无法给谈判小组提供足够的信息支撑。

## 2. 谈判小组不懂谈判

鉴于当前政府采购专家库中的评审专家大多是技术型专家的现实，许多评审专家经过政府采购培训、通过多次参加政府采购评审活动，对竞争性谈判的基本流程已大致掌握，但严重缺乏谈判技巧相关专业知识的培训。在参加谈判过程中，谈判小组把握的原则基本是只要不超过采购预算，选择最低报价的供应商成交即可，很少能够利用谈判技巧正确引导供应商做出合适的响应，成交结果是否合理，并非其关注的范畴。同时，许多项目的谈判小组都是评审时临时组建，对项目的特点本就没有时间深入了解，如再缺乏采购机构的信息支持，谈判将成为一种非常简单的报价活动，最终很难达到竞争性谈判采购方式应有的成效。

## 3. 谈判现场不好管理

由于竞争性谈判缺乏具体的操作细则，造成谈判现场有时随意性较强，管理难度较大。一是由于许多采购机构的谈判现场设施不健全，监控手段有限，供应商的信息容易被人泄露出去，造成实质上的不公平。二是事先不设定谈判轮次，如果采购人对可能成交的候选人不满意，则进行一轮又一轮的谈判，直到其中意的供应商报价最低为止，人为控制采购结果。三是滥用谈判文件的实质性变动。不是根据自身的实际需要，而是根据下达的预算，采购需求越变动越高，供应商的价格也只能越报越高，直至报价与预算基本接近为止，造成"高价采购"的结果。或者根据个别供应商的响应内容进行变动，让其他供应商必须响应，迫使其不是以很高的价格跟进，就是选择退出谈判。因此，为供应商创建良好的谈判环境也是政府采购工作的当务之急。

## 4. 成交原则不易理解

尽管不论是《政府采购法》，还是《财政部关于加强政府采购货物和服务项目价格评审管理的通知》，都明确规定竞争性谈判的成交原则是"在符合采购需求、质量和服务相等的前提下，以提出最低报价的供应商作为成交供应商"，但在实际采购过程中，采购机构经常出现不遵照最低报价成交的现象，依然采用综合评分法进行评审，或者先对供应商进行综合评分，选择达到一定分值或一定数量的供应商，将这些供应商视为"符合采购需求、质量和服务相等"。主要原因是认为不同供应商提供产品的质量和服务无法相等，既然前提条件不存在，就不能按最低报价成交的原则确定成交候选人。由于目前我国政府采购尚未对"质量和服务相等"做出权威解释，造成了上述现象的客观存在。但在《政府采购法实施条例（征求意见稿）》第四十九条对此已做出了规定：《政府采购法》第三十八条第（五）项和第四十条第（四）项中所称质量和服务相等，是指供应商提供的产品质量和服务均能满足采购文件规定的最低要求。在该条例正式颁布前，采购机构应当按此规定，在采购文件中自行对"质量和服务相等"做出解释，以约束所有的供应商和采购人。

5. 评审结果不能接受

由于当前我国供应商诚信体系建设的不完善，有些采购人对竞争性谈判按照符合采购需求、质量和服务相等且报价最低的原则确定的成交供应商，担心其不具备按照其响应的内容进行履约的能力，尤其是成交价格与其预算相差甚远时，通常会事后再设定其他条件为难供应商，如增加对评审结果的检测，或组织对供应商的考察，以期发现评审结果的不合理而拒绝接受评审结果。因此，对于超出谈判文件规定的内容，额外对供应商组织的考察、产品的检测，采购机构不得予以支持，政府采购监管部门对相关行为也应当进行约束。

（本文发表于《中国政府采购》杂志2013年第5期）

# 论单一来源采购

本文是笔者撰写完《论竞争性谈判》一文后,所撰写的第二篇关于非招标采购方式的论文。单一来源采购在《政府采购法》中相关规定较少,又是在实际采购过程中希望尽量避免采用的采购方式,因此,可查找的参考资料不多。本文前段较多地采用了对比的方式来进行阐述,后段多为笔者的经验总结和个人观点。在《非招标采购方式管理办法》(七十四号令)中,相关单一来源采购的规定,在涉及"单购"上有创新,但涉及"急购"、"添购"存在较大缺陷,基本未提及采购的具体程序,本文对此做了较详细的探讨,希望相关内容在各地制定操作细则时能有所借鉴。

## 一、单一来源采购的定义

关于单一来源采购,在不同的政府采购国际规则中的表述也不尽相同,《世界贸易组织政府采购协议(2007年版)》(以下简称《政府采购协议》)第十三条表述为"限制性招标",《联合国贸易法委员会货物、工程和服务采购示范法》(以下简称《示范法》)第二十二条表述为"单一来源采购",《国际复兴开发银行贷款和国际开发协会信贷采购指南》(以下简称《采购指南》)则表述为"直接签订合同"。尽管表述各不相同,但其规定的适用条件与《政府采购法》第三十一条的规定都比较相近,只是适用的条件更为宽泛。不论用何种方式表述,其实质都是限制了其他供应商参与采购,由于各种原因,只能从一家供应商采购。

《政府采购管理暂行办法》中,曾将单一来源采购定义为:是指采购机关向供应商直接购买的采购方式。这样定义更接近于《采购指南》中的表述。但这样的定义没能准确反映出单一来源采购的本质。《政府采购法》规定的单一来源采购方式的三种适用情形，采购都是处于受限、被动的状态，除了唯一供应商外，别无选择，上述定义却显示采购机关处于非受限制、主动购买的状态，与《政府采购法》的适用情形不协调。上述三个政府采购国际规则相关规定的适用条件中，虽然对采购活动都有一定的限制性，但既有主动性的采购，又有被动性的采购，因此表述为限制性招标或者直接签订合同，都不为不妥。从"单一来源"的字面理解，就是单独一家供应商提供资源，为符合我国《政府采购法》单一来源采购方式适用情形的限制性和被动性的要求，应当将单一来源采购定义为"是指只能有一家供应商能够满足采购需求的采购方式"。《政府采购非招标方式管理办法（征求意见稿）》第四十二条规定："单一来源采购是指采购人从某一特定供应商处采购货物、工程和服务的采购方式"，没能完全体现出单一来源采购的本质。

《政府采购法》规定的其他几种法定采购方式，都要求参加采购的供应商数量不少于三家，采购人处于相对有利的买方市场，选择余地大，掌握了采购的主动权，只有单一来源采购，参加采购的供应商是一家，采购人处于非常不利的卖方市场，选择余地小，采购活动容易被供应商控制。同时，由于缺乏有效竞争，采用单一来源采购方式，也是采购人和供应商相互串通，共同谋取不正当利益的常用手法，很容易滋生腐败行为。因此，非迫不得已，各采购当事人都应当尽量慎用单一来源采购。采购人或采购代理机构应当加大对采用单一来源采购项目的市场调研和论证力度，没有充足的依据，不轻易提起单一来源采购方式的申请；政府采购监管部门也应当着重加强对单一来源采购方式的管理和审批，力争将采用该方式组织的采购活动次数和采购量降到最低。

## 二、

## 单一来源采购的适用情形

根据《政府采购法》第三十一条规定，符合下列情形之一的货物或者服务，可以依照本法采用单一来源方式采购：

1. 只能从唯一供应商处采购；
2. 发生了不可预见的紧急情况不能从其他供应商处采购；
3. 必须保证原有采购项目一致性或者服务配套的要求，需要继续从原供应商处添购，且添购资金总额不超过原合同采购金额百分之十。

## （一）只能从唯一供应商处采购

这种情形出现的主要原因是采购对象的限制性。由于采购项目只有一家供应商能够满足需求，限制了采购人的选择，只能从该供应商处采购。这种情形可以简称为"单购"。造成这种情形的因素有多种：

1. 客观因素

许多艺术品、涉及保护版权、专用技术、专利权的产品，且该产品没有替代品，只能从拥有人或其授权人处采购。特别是在我国加入 WTO 后，随着对知识产权保护的日益重视，这种情形出现的频率也越来越高，尤其是一些应有软件、技术领先的科研、教学等专业设备。

2. 主观因素

虽然市场上能够满足项目需求的供应商不是唯一的，但由于种种原因，一些供应商主观上不愿或客观上不敢参加某些政府采购活动，造成实际参加政府采购活动或实质性满足采购人需求的供应商只有一家。主要存在于一些近似于垄断或者存在严重"潜规则"的行业。

3. 人为因素

一是上级主管部门有统一规划、统一设计、统一建设要求，作为下级部门没有选择的余地，只能从上级主管部门指定的唯一供应商处采购，突出体现在系统开发项目上。二是人为造成的钓鱼项目。有些项目采购人明知道后续运行成本很高，但由于种种原因，在采购时并未考虑后续的运行成本，项目一旦实施运行后，即面临着后续的采购，只能从原中标或成交供应商处采购，突出体现在软件开发和使用耗材量较大的专业设备上。

需要明确的是，《政府采购法》中所述的"唯一"，不能以地域、行业或其他不合理条件进行限制，人为造成"唯一"的供应商。对于非进口产品的供应商，应当是指中国大陆范围内，如果我国和其他国家、地区正式签署了《政府采购协议》，则范围还应扩大到其他协议签署国。对于进口产品，则应当是指在全球范围内的供应商。目前，个别地区存在当地政府或授权有关部门批准，即可以单一来源方式采购本地产品的做法，与《政府采购法》的公平竞争原则相违背，属于地方保护的一种形式。

## （二）发生了不可预见的紧急情况不能从其他供应商处采购

这种情形出现的主要原因是采购时间的限制性。当紧急情况出现后，为了防止由于应对不及时给社会和公众造成更坏的后果，即使知道在正常情况下，有不止一家供应商能够满足需求，但在紧急情况发生时，只有一家供应商在时间上能够满足需求，只能紧急从该供应商处采购。如突发大水时紧急采购一些防汛物资，发生地震时紧急采购的抗震救灾物资等。这种情形可以简称为"急购"。

适用本情形必须同时满足两个条件：一是发生了不可预见的紧急情况。这种紧急情况不是人为能控制的，是非人为因素产生的，近似于不可抗力，如发生了自然灾害、社会突发事件等；如紧急情况属人为因素造成，是可预见的，如采购预算申报、审批、下达或执行的时间过迟，采购人急需完成当年预算的情况，则不应当属于此情形。二是不能从其他供应商处采购。如即使发生了不可预见的紧急情况，但市场上存在多家供应商可以满足采购需求，则也不应当适用此情形，而应当适用《政府采购法》第三十条第三项的规定，采用竞争性谈判方式进行采购。

同时，根据《政府采购法》第八十五条的规定，对因严重自然灾害和其他不可抗力事件所实施的紧急采购和涉及国家安全和秘密的采购，不适用本法。因此，在甄别是否适用急购情形时，应当注意两者之间的区分。但鉴于我国目前尚无明确的两者之间的界定，在确实无法界定的情况下，应当由政府采购监管部门就适用情形做出最终的判断。（注：《中国气象灾害大典》根据自然灾害特点和灾害管理及减灾系统的不同，将自然灾害分为以下七大类：气象灾害、海洋灾害、洪水灾害、地质灾害、地震灾害、农作物生物灾害、森林生物灾害和森林火灾。《中华人民共和国突发事件应对法》按照社会危害程度、影响范围等因素，将自然灾害、事故灾难、公共卫生事件分为特别重大、重大、较大和一般四级。）

## （三）必须保证原有采购项目一致性或者服务配套的要求，需要继续从原供应商处添购，且添购资金总额不超过原合同采购金额百分之十

这种情形出现的主要原因是采购项目的限制性。由于供应商已经与采购人签订了合同，并履行了合同义务，在此基础上需要增加采购，如果选择其他供应商，则会造成采购项目不一致或者服务不配套，因此只能从原供应商处采购。同时，符合此适用情况还必须满足"添购资金总额不超过原合同采购金额百分之

十"的要求。这种情形可以简称为"添购"。

关于添购，《政府采购协议》、《示范法》和《采购指南》都有相关的规定，但内容都比较笼统，且没有明确的允许添购的数额标准，仅《采购指南》中要求"新增品目的数量一般应少于现有的数量"。在实际采购的操作过程中，添购的情形常有发生，且内容都不完全相同，因此，必须事先对添购的内容范围和时间要求进行界定，才能在实际采购过程中准确把握项目能否适用添购。

1. 添购的内容范围

根据本情形的规定，添购的内容应当符合两个条件之一：第一是与原有采购项目一致。简单的一致，即与原合同中内容完全相同，如前期采购了100台某品牌、型号、配置的电脑，现根据需要，又添购了10台，这10台电脑应当与前期采购的100台电脑的品牌、型号、配置完全一致，否则就没有可比性，更谈不上"一致"。复杂的一致，则是添购原合同中部分内容，如一个项目合同中有很多货物和服务，采购人只需添购其中个别货物或服务，这些添购产品的数量可能已经超过合同中对应货物或服务数量10%，但未超过总合同金额的10%。不论是简单还是复杂的一致，都应当把握两个原则：一是只能添购原合同中已有的货物或服务，且这些货物或服务的价格在原合同中是单列的，能够找到添购的依据；二是不论添购哪些货物或服务，添购的资金总额不超过原总合同金额的10%。第二是与原有项目服务配套。添购的内容应与原项目密切相关，购买其他货物或服务，都不能满足服务配套的要求，如一些大型设备或专业仪器的质保期后的维保，只能由原厂商或专业机构提供服务。

对于原合同项目的零配件采购，如原合同中没有单列价格，则不能简单地按照添购来处理，可以通过竞争性谈判或询价方式进行采购；如确实只有一家供应商能够满足需要，也应当适用"只能从唯一供应商处采购"这种情形，并不能理解为适用添购情形。理由是：随着国际分工合作的扩大，许多零配件的采购呈现全球化的趋势，许多零配件并非只能由原合同供应商提供；原合同中没有单价，直接续签合同缺乏依据；零配件的采购不属于服务，也不符合服务配套的范畴。

2. 添购的时间要求

在什么时间内可以添购，《政府采购法》及其相关配套办法没有规定，《政府采购协议》、《示范法》、《采购指南》也都没有明确的时间界定。欧盟《政府采购指令》（简称《指令》）规定了谈判程序，其中不带竞争邀请的谈判程序也是单一来源采购。《指令》规定，就供应合同而言，在原供应商替换或扩充供应品的情况下，更换供应商会造成不兼容或不一致的困难，但此类合同的期限不能超过三年。由于市场行情在不断变化，采购间隔的时间越长，价格变化的幅度就会越大。既然允许添购，就必须对添购的时效有所限定，否则可能会被供应商利用而获取暴利。对与原有采购项目一致的添购，时间应当限定在相关项目的市场变化周期内，如计算机最迟应当在原合同签订之日起三个月内，打印机则应当在六个月内，制装则可以在一年内，针对不同的项目应当设定不同的添购期限。而对与原有项目服务配套的添购，则应当在合同约定的质保期后的一段时间内有效，而不能简单地以半年或一年为限。

## 三、

## 工程是否适用单一来源采购

《政府采购法》第二条第二款规定："本法所称政府采购，是指各级国家机关、事业单位和团体组织，使用财政性资金采购依法制定的集中采购目录以内的或者采购限额标准以上的货物、工程和服务的行为。"明确了工程适用《政府采购法》。该法第四条规定：政府采购工程进行招标投标的，适用招标投标法。意味着政府采购工程不进行招标投标的，应当适用《政府采购法》。该法第二十六条明确了六种采购方式，单一来源采购是其中一种，该法第三十一条规定，符合下列情形之一的货物或者服务，可以依照本法采用单一来源方式采购，没有明确工程是否可以适用单一来源采购。但再看该法第二十九条、第三十条、第三十二条，我们发现该法规定的邀请招标、竞争性谈判、询价的适用范围都是货物或者服务，都没有工程。如果政府采购工程进行招标投标的，适用《招标投标法》，而其他采购方式又都不适用工程，则该法中政府采购的定义就不准确，应当删除"工程"。如果该法中政府采购的定义准确，那工程是否适用单一来源采购呢？答案是肯定的，理由如下：

1. 不违背相关法律

《政府采购法》和《招标投标法》都没有明确规定，工程禁止采用单一来源方式采购。法律未禁止的事项，在实际采购过程中就可以尝试，尤其是我国开展政府采购工作只有十多年时间，尚处于探索阶段，许多法律、制度、规则都需要不断创新、不断总结，才能不断完善、不断提高。至于工程如何适用单一来源方式采购,可以参照《招标投标法实施条例》第八条:"国有资金占控股或者主导地位的依法必须进行招标的项目,应当公开招标;但有下列情形之一的,可以邀请招标:(一)技术复杂、有特殊要求或者受自然环境限制,只有少量潜在投标人可供选择;(二)采用公开招标方式的费用占项目合同金额的比例过大。有前款第二项所列情形,属于本条例第七条规定的项目,由项目审批、核准部门在审批、核准项目时作出认定;其他项目由招标人申请有关行政监督部门作出认定。"即依法必须进行招标的项目,如采用非公开招标方式进行的,由项目审批、核准部门在审批、核准项目时作出认定;非依法必须进行招标的项目,由招标人申请有关行政监督部门作出认定。如政府采购工程项目的审批、核准部门是财政部门,则可由财政部门认定其是否适用单一来源采购方式。《政府采购非招标采购方式管理办法(征求意见稿)》已将工程纳入其适用范围,至于如何与其他行政监督部门进行衔接,还需要各地政府采购监管部门深入研究。

### 2. 满足实际需要

目前尚未能够弄清是由于何种原因,造成在制定《政府采购法》时,将除公开招标以外的采购方式都未涵盖工程。但在实际采购工作中,政府采购工程确实还是会遇到只能从某一特定供应商处采购的情形,只有将单一来源采购的适用范围扩大到工程,才能避免政府采购工程只有一家供应商能够满足需求时无章可循的局面。

### 3. 符合国际规则

《政府采购协议》第十三条第一款第(b)、(c)、(d)项都属于符合单一来源采购的条件,允许货物或者服务采购使用单一来源方式采购,其中所指服务就包含了工程,在其第一条第(q)项中明确:服务包括工程服务,除非另有说明。《示范法》第22条,在采用单一来源采购的条件中将工程纳入其适用范围。《采购指南》直接签订合同第3.6条第(a)项中也包含了工程。

## 四、

## 单一来源采购需探讨的实际问题

为了便于对单一来源采购所采用的不同程序有更好的理解,需要事先探讨、解决几个实际采购过程中出现的问题。

1. 单一来源采购是否需要公示？

尽管《政府采购信息公告管理办法》第八条规定的必须公告的政府采购信息中，未规定单一来源采购必须要公示，但为了体现政府采购的公开、公平、公正的原则，对于能公开的政府采购项目、内容都应该向社会公开，单一来源采购也不应例外。由于单一来源采购适用情形的不同，并非所有的单一来源采购项目都必须公示，如在急购的情形下，时间上不允许；如添购内容是与原有采购项目一致，且在合理的期限内，则没有必要再公示。因此，单一来源采购的公示一般适用于单购的情形。公示可以区分为采购前的公示和成交后的公示。采购前的公示内容应当侧重于选择单一来源采购的理由和拟选择的产品及供应商信息，成交后的公示内容则应侧重于成交产品和成交价格，以便于接受社会各界的监督。为了慎用单一来源采购，对于以单购情形为理由申请单一来源采购的项目，无论预算金额是否达到公开招标数额标准，只要达到政府采购限额标准以上，都应当要求在采购前和成交后组织公示。特别需要注意的是，公示不能仅限于注册供应商范围内，而应当面向公众，接受全社会的广泛监督，同时，还应当设定合理的公示期限。

2. 谁负责公示？

对于需要公示的单一来源采购项目，是采购人、还是采购代理机构、还是监管部门负责具体的公示事宜？当前，我国不同地区政府采购规定的公示责任主体都不完全相同。《政府采购法》第六十条规定：政府采购监管部门不得参与政府采购项目的采购活动。尽管采购前的公示尚未进入真正的采购环节，但却是采购活动密不可分的一部分，监管部门是采购规则的制定者，再按规则组织公示事宜，并不很合适。有的地方政府采购监管部门认为，既然需要自己对单一来源采购方式的审批负责，如果自己不组织公示，怎么能了解项目是否符合单一来源采购的审批条件？其实，监管部门的主要职责应当是制定规则，规则中只要明确公示的各项要求和审批的条件，采购人或采购代理机构按照要求组织公示，监管部门按照条件进行审批，分工合作，各负其责，才是最合适的办法。何况即使监管部门自己组织公示，也并不一定能够完全掌握项目是否适用单一来源采购方式，增加自身法律风险的同时，还增加了监管部门本已繁忙的工作量。对于集中采购目录内的项目，采购前的公示应由集中采购机构组织，集中采购目录外的项目，可以由采购人或采购代理机构自行组织。对于成交后的公示，则应当由单一来源采购项目的组织者负责，谁组织，谁公示。

### 3. 公开招标失败后，申请单一来源采购是否需要公示？

采用公开招标方式采购，如果提交投标文件或者经评审实质性响应招标文件要求的供应商只有一家时，采购人申请采用单一来源采购方式，应当不需要再公示。理由如下：一是招标公告和招标文件发出后，即已经履行了公示义务；二是公告期间，供应商提出的质疑，在作用上与单一来源采购公示期间的"异议"相同，并且属于合法的供应商救济途径，比"异议"对招标采购单位更具约束力；三是如果其他供应商对评审结果不满意，认为不应当采用单一来源方式采购的，还是可以通过质疑、投诉等方式进行维权；四是招标文件内容也已经评审专家论证过，没有不合理条款。

公开招标失败，申请变更为单一来源采购时不需要公示，但应当提供以下材料：（一）在省级以上财政部门指定的媒体上发布招标公告的证明材料；（二）招标采购单位出具的对招标文件和招标过程是否有供应商质疑及处理情况的说明；（三）评标委员会出具的招标文件没有不合理条款、招标程序和时间符合政府采购有关规定的论证意见。但应当注意的是，如属供应商的疏忽，造成经评审实质性响应招标文件要求的供应商只有一家时，则不应当申请变更为单一来源采购。尽管采购前不需要再公示，但成交结果还是应当公示，以有利于社会各界的监督。

### 4. 单一来源采购的公示期内，为什么供应商不能提出质疑？

根据《政府采购法》第五十二条规定：供应商认为采购文件、采购过程和中标、成交结果使自己的权益受到损害的，可以在知道或者应知其权益受到损害之日起七个工作日内，以书面形式向采购人提出质疑。对于采购前的公示，在此期间尚未进入真正的采购环节，还没有正式的采购文件，未形成采购过程，更谈不上成交结果，不符合质疑的任何条件，因此，即使其他供应商有意见，也无法按照质疑的途径进行维权；对于成交后的公示，由于其他供应商未参加采购活动，无法认定其权益是否受到损害，因此也不符合质疑的条件。在这种情况下，供应商的救济机制明显受到了限制，存在制度上的空白。为了维护供应商的合法权益，就应当为供应商提供其他救济途径。

《招标投标法实施条例》第二十二条规定：潜在投标人或者其他利害关系人对资格预审文件有异议的，应当在提交资格预审申请文件截止时间2日前提出。单一来源采购的公示文件与招标的资格预审文件，从性质上有相同之处。因此，在《政府采购非招标方式采购办法（征求意见稿）》中，也同样引用了"异议"，作为新的供应商的救济机制。该办法第四十六条规定：供应商对采用单一来源采购方式公示有异议的，应当在公示规定的期限内，将书面意见反馈给采购人、采购代理机构和财政部门。但《招标投标法》中的异议是供应商法定的救济机制，是投诉的前置条件，类似于《政府采购法》中的质疑；而《政府采购非招标方式采购办法（征求意见稿）》中的异议，却不是《政府采购法》规定的救济机制，更不是质疑或投诉的前置条件，更类似于举报的性质。

为了广泛接受社会各界的监督，降低单一来源采购的使用频率，异议不应仅局限于由供应商提出，有关专家、采购代理机构、其他采购人或采购人单位的工作人员，以及社会各界人士都应有权提出异议，但提出异议的单位或个人应当提供充分的证明材料或有针对性的说明，以便于公示责任主体或政府采购监管部门研究处理。

### 5. 公示期内的异议如何处理？

对于"异议"这样的全新概念，《政府采购法》及其相关配套办法中都从未提及，更谈不上如何处理，因此，借鉴其他法律规定也不为不可。《招标投标法实施条例》第二十二条规定：招标人应当自收到异议之日起3日内作出答复；作出答复前，应当暂停招标投标活动。对于采购前公示期间收到的异议，公示责任主体应当在监管部门规定的期限内组织专家论证，论证后认为供应商异议成立的，应当依法采用其他采购方式；论证后认为供应商异议不成立的，应当将供应商的异议意见、论证意见和单一来源采购方式的申请材料一并报政府采购监管部门。政府采购监管部门应当在一定的期限内，对是否批准单一来源采购方式作出裁决，并将结果以书面形式告知申请人。对于成交后公示期间收到的异议，异议的主要内容应当是成交价格出现问题，采购人或采购代理机构应当组织参加项目评审的专家对异议内容进行论证，论证后认为异议成立的，应当取消成交结果，重新组织采购；论证后认为供应商异议不成立的，应当出具论证意见，继续维持原成交结果。论证结果应当通知相关提出异议的单位或个人。提出异议的单位或个人对答复不满意的，可以向政府采购监管部门或监察部门反映或举报。

### 6. 单一来源采购是否需论证？论证人员如何组成？

对于适用急购情形的单一来源采购项目，由于时间不允许，不应再组织论证。对于适用添购情形的，只要符合条件，也无须再进行论证。对于适用单购情形的，在公示前也没有必要论证，理由如下：一是政府采购法律法规没有规定必须要事先论证；二是由于设定了采购前的公示环节，如理由不充分，自有相关供应商提出异议;三是许多专家形同摆设,以采购人意志为转移,论证并不能起到实质性的作用。因此,不应将专家论证作为申请单一来源采购的必要环节,由采购人或采购代理机构自行把关是否需论证会更有成效。但在公示期间收到异议后,说明原来采购人或采购代理机构掌握的情况可能存在问题,这时就有必要进行论证,以维护政府采购的公平、公正。

参与论证的人员是否应当从政府采购专家库中产生,政府采购尚未有相关的规定。如果需要在公示前对单购情形进行论证,由于公示时将接受社会的监督,对于论证人员的条件可以适当放宽,不限于政府采购专家库中的专家。但对于受到异议后的论证,将为采购机构或监管部门是否继续采用或者批准单一来源采购起到一定的参考或决策作用,论证人员应当承担起一定的责任,如不是专家库中的成员,政府采购监管部门将无法追究其论证责任,因此,由政府采购专家库中的专家承担论证工作更合适。但参加论证的专家并非一定采用随机方式抽取产生,可以允许在库中有选择性地产生。参加论证的人数应当由三人以上单数组成,以利于专家对有些争议事项进行表决。由于单购的申请是由采购人提出的,在处理异议时,可要求采购人代表不参与表决,以有利于论证专家做出客观公正的判断,但应允许采购人代表表达自己的意见,供论证专家参考。

**7. 单一来源采购是否需要编制采购文件?供应商是否需要编制响应文件?**

有些政府采购从业人员认为,既然已经批准采用单一来源方式采购,只有唯一供应商能够满足采购人的需求,没必要再编制采购文件,直接与供应商签订合同即可。这种观点是错误的。《政府采购法》第四十三条规定:政府采购合同适用合同法。第四十四条规定:政府采购合同应当采用书面形式。《合同法》第十三条规定:当事人订立合同,采取要约、承诺方式。既然订立的合同应当采用书面形式,要约和承诺最好也应采用书面形式,否则会出现口说无凭的情形。单一来源采购也适用同样的道理,只有编制采购文件和响应文件,才可以记录下合同订立的每个过程。

尽管只有唯一供应商能够满足采购人的需求,但采购人的需求不仅包括技术需求,还有必要的商务条款,如果不以书面形式告知供应商,供应商可能并不能了解到采购人的全部需求,在订立合同时很容易发生纠纷。因此,编制单一来源采购文件,将采购人的需求完整地以书面形式表述出来很有必要。同时,供应商能够满足采购人需求的方案也可能有多种,具体选择哪种方案也应由供应商提供书面文件,以便于采购人确认方案是否能满足其需求,或选择何种方案更符合其需求，因此，供应商编制完整的响应文件也不可省略。既避免了口说无凭，为合同的顺利签订奠定基础，也降低了暗箱操作的腐败风险。

尽管需要编制采购文件和响应文件，但对于急购情形，采购人或采购代理机构可能来不及编制完整的采购文件，也没时间让供应商编制响应文件，因此，可以由采购人或采购代理机构直接邀请供应商进行谈判，对谈判过程中涉及合同条款的内容应予以记录，双方签字确定即可。供应商可先履约，再根据记录补签合同。对于添购情形，采购人和供应商的权利义务关系已经在原合同中明确，在合同条款未发生重大调整的情况下，直接按照原合同条款签订添购合同即可，也没必要再编制采购文件和响应文件。

## 8. 多家代理商是否可以参加同一单一来源采购项目？

当前，一些采购代理机构在代理单一来源采购项目时，通常会要求原厂商自己或其指定的唯一一家授权代理商参加单一来源采购，如出现多于一家代理商的情况，则认为不符合单一来源采购的规定，通常会终止采购程序，要求原厂商必须指定唯一一家代理商，才能完成单一来源采购活动。其实，这种做法是错误的，也不符合政府采购的公平竞争原则。

对于多家代理商参加同一单一来源采购项目，采购代理机构完全没必要拒绝，相反，应当鼓励代理商之间的竞争。根据财政部办公厅《关于多家代理商代理一家制造商的产品参加投标如何计算供应商家数的复函》（财办库〔2003〕38号），如果有多家代理商参加同一品牌同一型号产品投标的，应当作为1个供应商计算。公开招标以外采购方式以及政府采购服务和工程，也按此方法计算供应商家数。不论多少家代理商参加同一单一来源采购项目，都可以作为1个供应商，完全符合单一来源采购的适用条件。同时，通过多家代理商之间的参与，采购人可以选择到能够满足其需求、价格和服务最优的代理商作为其成交供应商，比只允许一家代理商参加采购，有百利而无一害。对于一些金额不大、售后服务要求不高的单一来源采购项目，更应该取消原厂商的唯一授权，鼓励有资质、有能力履约的代理商参加采购活动。

## 9. 是否需谈判？评审小组的组成？

《政府采购法》规定："采取单一来源方式采购的，采购人与供应商应当遵循本法规定的原则，在保证采购项目质量和双方商定合理价格的基础上进行采购。"说明在组织单一来源采购时，采购人与供应商应当就项目质量和价格进行协商，然后再确定。协商的过程，其实就是谈判的过程，只是在此情形下的谈判与竞争性谈判情形下的对抗性谈判不同,是一种非对抗、较温和、买卖双方共同努力达成成交的协商式谈判。为了就项目质量、价格达成一致意见,谈判也是非常有必要的。

根据《政府采购评审专家管理办法》第二条第二款规定:"评审专家从事和参加政府采购招标、竞争性谈判、询价、单一来源等采购活动评审,以及相关咨询活动适用本办法。"因此,参加单一来源采购活动的评审专家(为与竞争性谈判方式的谈判小组区别,此处暂叫做评审小组)应当从政府采购监管部门设立的专家库中随机抽取产生。但评审专家如何组成,政府采购相关法律法规却未作任何规定。建议可以参考竞争性谈判采购方式,评审小组由三人以上单数组成,以利于对协商后能否成交进行表决,同时,专家人数也不能少于总人数的三分之二。

### 10. 如何利用单一来源采购落实政府采购政策功能?

在《政府采购法》确定的五种采购方式中,除单一来源采购方式外,其他四种采购方式都强调产品之间的相互竞争,而对于一些国家鼓励、扶持发展的产品,在投入市场的初期常常并不具有较强的竞争力,很难在竞争中获取优势。只有通过单一来源采购方式,才可以对上述产品起到一定的鼓励、扶持作用,且符合国际通行的采购规则。《政府采购协议》第十三条限制性招标的第1款第f项,就明确"采购机构为研究、实验、探索或原始开发目的,采购特定原形或首次制造的产品或服务"适用限制性招标。根据财政部关于印发《自主创新产品政府首购和订购管理办法》的通知(财库[2007]120号)精神,采购人采购的产品属于首购产品类别的,采购人应当购买《政府采购自主创新产品目录》中列明的首购产品,将政府采购合同授予提供首购产品的供应商。在自主创新产品政府首购具体执行时,通常采用的就是单一来源采购方式。尽管《政府采购自主创新产品目录》并未颁布过,但在落实政府采购其他政策功能时,还是可以参照政府采购首购产品,对符合政府采购政策功能的项目,在单一来源采购方式审批时,可以考虑适当从宽审批,不一定要求必须经过公示程序,充分利用单一来源采购方式来促进政府采购政策功能的落实。但同时也要注意,不能打着落实政府采购政策功能的旗号,实行地方保护或对国家不鼓励、不扶持的产品开绿灯。

## 五、

## 单一来源采购的程序

同样是非招标采购方式,单一来源采购与竞争性谈判、询价采购方式不同的是,《政府采购法》并未对其采购程序作出具体的规定,仅在第三十九条规定:采取单一来源方式采购的,采购人与供应商应当遵循本法规定的原则,在保证采购项目质量和双方商定合理价格的基础上进行采购。根据《政府采购法》规定的单一来源采购三种适用情形,"单购"、"急购"或"添购"之间的适用条件区别极大,不宜采用同样的采购程序。

### （一）单购的程序

相对于竞争性谈判和询价的采购程序,单购的具体采购程序简单得多,单购的重点在于采购前的采购方式审批或确定环节,因此,单购的程序必须将其审批或确定环节与具体采购程序一并讨论。

#### 1. 信息公示

对于"只能从唯一供应商处采购"的单购情形,政府采购必须严格控制。由于政府采购的品目繁多,采购代理机构和政府采购监管部门的工作人员不可能对所有项目是否适用单购情形做出技术上的主观判断,同时,仅凭主观判断也不符合政府采购的公开、公平、公正原则,因此,公开采购信息,引入社会各界的广泛监督非常之必要。对于达到政府采购限额标准、以单购情形为理由申请单一来源采购的项目,都应当在省级以上政府采购监管部门指定的政府采购信息发布媒体上公示,而不应仅仅是达到公开招标数额标准的项目。

对属于集中采购目录内的品目,应当由集中采购机构负责公示,对不属于集中采购目录内的品目,应当由采购人或其委托的采购代理机构负责公示,以听取相关供应商的意见,接受社会各界的监督。为保证公示的效果,公示的时间应当有明确的规定。《政府采购非招标方式管理办法（征求意见稿）》中规定:公示期应当不少于五个工作日。

公示的内容应当包括:采购人名称、采购项目的主要内容、拟采购货物、工程或服务的详细说明、适用单购情形的理由、拟确定的唯一供应商名称或货物、工程或服务的具体品牌、规格、型号、公示的期限、公示责任主体的联系地址、联系人和联系电话。对于达到公开招标数额标准的采购项目，也可同时将本级政府采购监管部门的联系人和联系电话公示。公示时是否公布采购预算，应当权衡利弊，不应作强制要求。信息公示，利，在于能接受社会各界的监督，尤其是一些金额较大的项目，能引起社会更多的关注；弊，在于让唯一供应商知道了采购预算底线，采购人或采购代理机构在协商谈判时会比较被动。

对于公开招标失败，提交投标文件或者经评审实质性响应招标文件要求的供应商只有一家，而以单购情形为理由申请单一来源采购的，则没必要对同一项目再组织公示。

### 2. 专家论证

从谨慎性原则出发，对于一些重大采购项目是否适用单购情形，在公示前邀请专家进行论证还是有必要的，一方面可以论证采购方案是否合理，另一方面也可以详细了解拟采购项目的价格、技术性能、市场等方面的信息。但并非所有项目都必须邀请专家进行论证，理由前文已经分析过了。

但对于采购前的公示期内出现的"异议"，则有必要组织专家进行论证。如果项目是委托采购代理机构组织采购的，采购代理机构应当组织专家就异议内容进行论证，为保证论证过程的公正性，论证时可以不邀请采购人参加。专家应就异议内容出具书面的论证意见，并签字确认。如采购人不参加论证的，采购代理机构应将专家论证结果告知采购人。专家论证结果还应告知异议人（如果有联系方式的话）。如专家认同异议内容，采购代理机构应当要求采购人重新选择合适的采购方式，或修改申请理由后再进行公示；如专家不认同异议内容，则应当将明确的认定理由记入论证意见，此论证意见应当在向政府采购监管部门申请单购时，随其他申请材料一并提交；不需要向监管部门申请审批的，应当将论证意见同采购资料一并存档。

### 3. 单购的申请和审批

对于达到公开招标数额标准的项目，以单购情形为理由申请单一来源采购时，采购人或采购代理机构应当向政府采购监管部门提交以下材料并对材料的真实性负责：

（1）项目基本情况说明；
（2）项目预算金额和预算批复文件，或者资金来源证明；
（3）申请采用单一来源采购的理由；

（4）在省级以上政府采购监管部门指定媒体上公示的情况；

（5）异议内容、专家书面论证意见及专家名单（如果有的话）；

（6）政府采购监管部门要求的其他相关证明材料。

政府采购监管部门收到申请材料后，应当及时对材料进行审核，并在规定期限内做出同意或不同意的批复。对于按规定程序组织了公示，公示期间未收到异议的申请，应当及时做出同意的批复；对于按规定程序组织了公示，公示期间收到过异议，公示责任主体已组织专家进行论证，论证结果不认同异议内容的申请，监管部门可以直接做出同意的批复，或在一定期限内重新组织论证，根据论证结果再做出是否同意的批复。

对于达到政府采购限额标准，但未达到公开招标数额标准的项目，以单购情形为理由申请单一来源采购时，采购人或采购代理机构应当制定相关的内部审批制度，项目经办人可以参照前款材料报有权部门审批，经审批同意后再组织采购。

4. 制定并发出单购文件

经政府采购监管部门或内部有权部门审批同意采用单购后，采购人或采购代理机构应当制定单购文件。单购文件应明确供应商递交响应文件的截止时间和地址、单购协商谈判的时间和地址、技术需求、采购数量、现场和售后服务要求、交货时间和地点、付款方式，以及合同主要条款等内容，以便供应商对照制作响应文件。单购文件制定完成后，采购人或采购代理机构可以直接通知唯一供应商领取或购买单购文件，也可以采购公告或邀请书的方式邀请相同产品的不同代理商领取或购买单购文件。

5. 成立评审小组

采购人或采购代理机构应当在单购文件中确定的协商谈判时间前半天或一天，从政府采购监管部门设立的专家库中随机抽取评审专家。评审小组建议由三人以上单数组成。由于单购的协商谈判内容主要集中在价格上，建议评审小组中应包含对市场行情较熟悉的专家。为避免采购人和供应商之间可能达成的默契，可以不邀请采购人派代表参加评审小组，尤其是纳入集中采购目录的单购项目，由评审小组独立评审，以确定是否成交。

6. 递交响应文件

参加单购的唯一供应商或同一品牌的多家代理商，应按照单购文件的要求制作响应文件,并在单购文件中约定的时间、地点向采购人或采购代理机构递交响应文件。如单购文件中要求交纳保证金的,供应商还应当按照要求交纳保证金。

7. 评审

尽管只有一家供应商能够满足需求,但也应当经评审小组与供应商协商谈判后,才能确定是否成交。通过协商谈判,一方面审核供应商递交的响应文件对单购文件是否完全响应,未响应的部分内容,可以通过协商谈判解决,寻求双方都能够接受的方案；另一方面审核其报价是否合理,供应商报价明显不合理,并且通过谈判仍不能让评审小组满意的,评审小组有权拒绝其报价,重新尝试寻找其替代品。

对于多家代理商参加的单购活动的评审过程,可以参照竞争性谈判采购方式,首先对递交的响应文件进行审核,在实质性满足单购文件的基础上,再着重对各代理商的报价进行评审,可以要求各代理商多轮次报价,但应按照报价最低成交的原则确定最终的成交代理商。

采购人或采购代理机构应当做好评审现场的记录工作。

8. 确定成交

采购人或采购代理机构应根据单购文件和供应商的响应文件,以及协商谈判的结果,确定最终的成交结果。成交结果不仅包含成交金额,还应包括商务、技术、合同条款等与合同履行有关的所有内容。成交金额一般不得超过采购项目预算。评审小组应就相关成交内容签署书面意见。

9. 成交结果公示

确定成交后,成交结果应当在省级以上政府采购监管部门指定媒体上发布成交结果公告,公示的重点是成交金额,也应包括成交供应商名称、成交产品的具体规格型号、评审专家名单等,以利于社会各界的监督。

10. 签订合同、资料归档

采购人和供应商应当按照协商谈判后确定的结果,签订书面的政府采购合同。合同签订后,采购人或采购代理机构应及时将有关资料归档。单购项目的归档资料应当包括以下内容：

(1) 年度政府采购预算或调整、变更预算的复印件,或委托单；

(2) 采购前的信息公示资料；

（3）异议文件、专家论证意见（如果有的话）；
（4）单购的申请或确定表、审批资料；
（5）单购文件；
（6）供应商的响应文件；
（7）评审记录；
（8）评审小组签字确认的采购报告；
（9）成交后的结果公示资料；
（10）政府采购合同；
（11）供应商的书面质疑、质疑答复、投诉处理决定（如果有的话）。

## （二）急购的程序

适用急购情形必须同时满足两个条件：一是发生了不可预见的紧急情况；二是不能从其他供应商处采购。因此，急购的程序也应与以上两个条件相适应，特别体现在"急"字上。目前各级政府采购过于看重"急"字，以至于对急购程序的规定基本都缺漏或一带而过，造成出现急购情形时无章可循，通常由采购人直接和供应商协商，达成口头一致后，即让供应商直接履约，有的甚至连合同都省略了。但越是紧急事项，越应提前做好应急方案，事先明确采购的程序，才不至于"急"中出错。

### 1. 急购的申请

发生急购情形后，为避免审批环节耽搁时间，急购的申请应由采购人直接向政府采购监管部门或采购代理机构提出。提交的申请应包括如下内容：
（1）紧急情况的描述；
（2）紧急追加预算的批复，或委托单；
（3）相关权威新闻媒体发布的紧急情况的报道或政府有关部门出具的证明；
（4）选择唯一供应商的理由；
（5）供应商的名称、联系人、联系方式；
（6）政府采购监管部门要求的其他相关证明材料。

### 2. 急购的审批或确定

政府采购监管部门应及时对急购的申请进行审批，如符合急购的两个条件，理由充分，证据确凿，应及时给予批复同意急购。如确属紧急情况，但该情况是可预见的，或确属不可预见的紧急情况，但政府采购监管部门掌握的情况并非不能从其他供应商处采购，则不能批复同意急购，而应要求其按照竞争性谈判方式进行采购。对于不需政府采购监管部门审批的急购项目，采购代理机构也应对采购人的申请材料进行审核，特别对是否确实不能从其他供应商处采购进行审核，再决定是否采用急购。

### 3. 急购的办理

急购的办理，应当体现出急事急办的特点。一是如时间允许，可编制简易的采购文件，类似于报价单性质，或直接向唯一供应商发电子文件，方便供应商报价；如时间不允许，可直接邀请供应商谈判。二是评审小组可采用选择性方式确定，或者由采购人直接推荐产生，特别紧急的情况下，也可在政府采购监管部门监督和采购代理机构的组织下，由采购人直接与供应商进行协商谈判。三是在时间允许情况下，可要求供应商编制简易的响应文件；如时间不允许，也可以电子文件形式进行响应；特别紧急时，甚至可以口头形式作出响应，但在此情况下，采购人或采购代理机构应做好详细的记录。四是与供应商协商确定的价格，应当允许比平时正常的市场价格略高。五是可以不发成交结果公告，或在供应商履约后补发。六是在采购人和供应商达成协议的情况下，可要求供应商先履约，再根据协商确定的内容补签合同。

### 4. 资料归档

急购项目的归档资料应当包括以下内容：
（1）紧急追加预算的批复，或委托单；
（2）急购的申请或确定表、审批资料；
（3）急购文件（如果有的话）；
（4）供应商的响应文件（如果有的话）；
（5）协商谈判或评审记录；
（6）政府采购合同；
（7）供应商的书面质疑、质疑答复、投诉处理决定（如果有的话）。

### 5. 急购的预备

急购是单一来源采购中最不易操作的一种情形，采购结果不仅价格高，而且很可能并不能完全满足采购人的需要。因此，采购人、政府采购监管部门、集中采购机构应当针对可能出现的不可预见的紧急情况，携手对市场进行调研，提前建立可能涉及急购项目的供应商库，一旦类似的紧急情况出现，则可直接邀请库中的供应商报价。同时，尽管《政府采购法》第十七条规定，集中采购机构进行政府采购活动，应当符合采购价格低于市场平均价格、采购效率更高、采购质量优良和服务良好的要求。但对于集中采购机构代理的急购项目，在对其考核时，"采购价格低于市场平均价格"这项不应作为考核内容，而应更侧重于采购效率是否更高。

6. 急购的特殊处理

（1）在急购的状态下，不排除唯一供应商奇货自居，漫天要价，可能与采购人协商不一致，最终达不成协议的情况发生。为减少紧急情况带来的对国家或社会更大的危害，可根据《中华人民共和国突发事件应对法》第四十九条第（八）项"依法从严惩处囤积居奇、哄抬物价、制假售假等扰乱市场秩序的行为，稳定市场价格，维护市场秩序"和《中华人民共和国行政强制法》第二条的规定，向政府有关部门申请采取行政强制措施。

（2）对于不适用《政府采购法》的因严重自然灾害和其他不可抗力事件所实施的紧急采购，可由本级政府采购监管部门同意其自行采购。

## （三）添购的程序

与单购和急购不同的是，添购是在原有采购项目的基础上进行的，从某种意义上说，可以看作是原有采购项目的延续，采购内容可以参照原项目的采购结果，因此，采购程序与其他两种单一来源采购有着较大的区别。

1. 添购的申请

添购应当说明原有采购项目的合同内容、金额和签署时间，以便审批人确定是否适用添购情形。采购人或采购代理机构应当提交以下申请材料：

（1）项目基本情况说明；
（2）项目预算金额和预算批复文件，或者资金来源证明，或委托单；
（3）申请采用添购的理由；
（4）原采购项目合同复印件；
（5）选择唯一供应商的理由；
（6）供应商的名称、联系人、联系方式；
（7）在省级以上政府采购监管部门指定媒体上公示的情况（如果有的话）；

(8) 政府采购监管部门要求的其他相关证明材料。

2. 添购的审批

审批添购的重点是审查添购的内容和时间与原有采购项目之间的关系，内容上是否存在与原有采购项目一致性或者服务配套的要求，时间上是否在合理的期限内，金额上是否超过原合同金额的10%，是否只能从原供应商处采购。

达到公开招标数额标准的添购，毫无疑问，应当在采购活动开始前获得设区的市、自治州以上人民政府采购监管部门的批准。对于金额较大的添购项目，监管部门可以要求采购人事先在省级以上政府采购监管部门指定媒体上进行公示，再根据公示的情况决定是否批准。对于未达到公开招标数额标准的添购，如原先是由集中采购机构负责采购的，建议由集中采购机构负责核对，符合条件的，直接由集中采购机构负责办理添购手续；如原先是由采购人自行采购或委托社会中介机构代理采购的，建议由本级政府采购监管部门负责审核，符合条件的，由采购人直接与供应商办理添购事宜。各地可根据以上原则制定相关的规定，以规范具体的审批行为。

3. 添购的合同签订

经有关部门审核同意后，添购可以不再经过具体采购环节，直接与供应商签订合同。如原合同由集中采购机构组织签订的，建议继续由集中采购机构组织原供应商和采购人，经协商后签订补充合同，作为原合同的一部分。如原合同是由采购人自行与供应商签订的，则由采购人自行与原供应商进行协商，按照合理的条件签订补充合同。不论由哪方组织签订合同，添购的合同都必须满足一个条件，即除价格和数量外，不改变原合同的其他条款，且单价原则上不高于原合同单价。补充合同自签订之日起七个工作日内，集中采购机构或采购人应当将合同副本报本级政府采购监管部门备案。

4. 资料归档

添购项目的归档资料应当包括以下内容：
（1）项目预算金额和预算批复文件，或者资金来源证明，或委托单；
（2）添购的申请或确定表、审批资料；
（3）政府采购合同；
（4）供应商的书面质疑、质疑答复、投诉处理决定（如果有的话）。

5. 添购的特例处理

一是不同采购主体之间能否添购？有些项目刚招标结束，还没签订合同，或刚签完合同，又有其他采购人委托相同的项目，采购人认为中标或成交结果完全满足其要求，价格也能接受，能否按照添购直接与中标供应商签订合同？即通常所说的"跟标"。遇到这种情形，应区分需添购的项目属于批量集中采购项目还是非批量集中采购项目，对于批量集中采购项目而言，是由集中采购机构代表各采购人统一组织招标，则中标结果应当适用所有纳入批量集中采购范围的采购人，采购人如在中标合同金额的10%以内向集中采购机构提出申请，应当可以按照添购的方式进行处理。对于非批量集中采购项目，每个采购项目都是由采购代理机构单独为某一特定的采购人组织的，中标结果也是特定的，仅适用于委托的采购人。尽管"跟标"可能更能提高采购效率，节约采购成本，但找不到相应的法律依据，所以不能适用添购的情形。

二是如果同一采购人为保证原有采购项目一致性或者服务配套的要求，需要继续从原供应商处添购，但是添购资金总额超过了原合同采购金额的百分之十，怎么办？在此情况下，已经不属于添购的范畴，不能再以添购情形为理由申请单一来源采购。如确实只能从原供应商处采购，则应当以"只能从唯一供应商处采购"为理由提出申请，经批准后，再按照单购的要求和程序组织采购，而不能直接与原供应商签订添购合同。

## 六、
## 单一来源采购的成交原则

其他采购方式在《政府采购法》或其配套办法中都明确规定了中标或成交原则，只有单一来源采购方式的成交原则比较含糊，仅要求"在保证采购项目质量和双方商定合理价格的基础上进行采购"，因此，为了准确把握单一来源采购的成交原则，必须对保证项目质量和合理价格有深入的理解。

### （一）保证项目质量

政府采购的目的是为了满足采购人的正常公务需要，项目质量将直接关系到采购人履行公务的效能，因此，尽管单一来源采购只能有唯一供应商满足其需要，但采购时首先考虑的因素还是采购项目的质量，否则就失去了采购的意义。

单一来源采购的保证项目质量，不能简单地理解为要求供应商满足项目的质量需求，而应当包含以下两层含义：一是满足采购人在技术需求等方面的要求；二是满足采购人在数量、交货时间、服务、付款方式等方面的要求。

技术需求等方面的要求，可以是技术规格、产品构成，或项目性能等，既可以用文字表述，也可以用图纸表示。需求必须清楚和严谨，以便供应商无须任何附加说明就能够理解。在与供应商协商谈判时，必须要求供应商对技术需求逐一进行响应，特别是在单购的情形下，更应该与唯一供应商将技术需求部分商定明确。对一些复杂的项目而言，随着技术的不断发展，采购人对技术的需求也越来越高，项目的有些性能已不能通过检测来鉴定。就这些项目而言，采购人为了确信供应商所完成的项目达到所规定的技术需求，可以要求供应商证明项目设计、实施等各个环节的主要质量活动确实做得很好，且能提供合格项目的证据。针对采购人提出的质量保证要求，供应商应开展外部质量保证活动，即应向采购人提供项目设计、实施等全过程中某些环节活动的必要证据，使采购人放心。

对于急购而言，交货时间是采购人最关注的问题，也是急购情形能够成立的关键因素，保证项目质量的核心内涵就是在采购人要求的交货时间内，供应商能够提供满足技术需求的货物、工程或服务。而添购对于采购数量则更为关注，这些都构成保证项目质量的内涵。

## （二）合理价格

单一来源采购虽然缺乏竞争性，但从为政府和社会负责任的角度，也应按照物有所值、互惠互利的原则与供应商进行协商，合理确定成交价格。

合理价格的标准是什么？不同的人有不同的观点。有人认为通过政府采购后的成交价格，就应当是市场最低价，只有在市场上购买的价格最低，才算合理；也有人认为网购的价格是最公开的，只要政府采购价格低于或接近于网购的价格，才算合理；也有采购人认为，只要供应商的价格低于采购预算，就算合理。以上观点都比较片面，由于政府采购与一般性市场上的购买程序不同、服务要求也不一样，不能简单地划条杠杠来认定价格的合理性。但也不能完全没有原则，否则就会出现豪华采购、天价采购等事件的发生。

政府采购的价格是否合理，与供应商的定价策略相关。供应商的定价策略一般分为基于成本定价和基于需求定价两种。基于成本定价，即用各种生产投入的成本作为产品和服务的定价基础。通常用于设备和工业品的定价。对于形成批量生产的设备和工业品，可以通过供应商对不同采购数量报出的不同价格，计算出供应商大致的固定成本和最低单位可变成本，再对比政府采购的报价，可比较出价格的合理性。如供应商提供了以下资料见表1：

表1

| A | 采购数量（Q） | 50 | 400 | 1200 |
|---|---|---|---|---|
| B | 单价（P） | 1500元 | 1200元 | 800元 |

通过不同总价格和数量的差别，可以计算出见表2：

表2

| C | 总价格（Q×P）的差别 | — | 405000元 | 480000元 |
|---|---|---|---|---|
| D | 数量上的差别（Q） | — | 350 | 800 |

估算单位可变成本见表3：

表3

| E | 估算单位可变成本（C/D） | — | 1157元 | 600元 |
|---|---|---|---|---|

得出最低单位可变成本为600元。假定供应商生产产品的单位可变成本是相同的，则对应不同采购数量的最低可变成本为见表4：

表4

| F | 不同采购数量的最低可变成本（A×600） | 30000元 | 240000元 | 720000元 |
|---|---|---|---|---|

用最低可变动成本30000元为基数，可计算出供应商的固定成本，即50×1500－30000＝45000（元）。把固定成本加上每个最低可变成本，即可计算出供应商不同采购数量的可能的最低成本见表5：

表5

| G | 固定成本 | 45000元 | 45000元 | 45000元 |
|---|---|---|---|---|
| H | 可能的最低成本（G＋F） | 75000元 | 285000元 | 765000元 |

此时，用供应商参加单一来源采购时的报价与不同数量供应商可能的最低成

本进行比较,即可得出供应商的报价是否合理,也可作为与供应商进行协商谈判的依据。

但通常单一来源采购的产品市场上几乎没有竞争,供应商以基于需求定价为主,即以供应商认为的,采购人依据其供应选择,能够承担且愿意支付的数额作为定价基础。在此情况下,很难测算出供应商的成本,何况即使测算出了供应商的成本,供应商也不会按照在成本的基础上加价的方式参与单一来源采购。因此,在合理价格的把握上,应当找对参照物,并在执行时遵循以下"三不能"原则:

### 1. 不能突破采购预算

根据《预算法》规定,各级政府预算是由本级人民代表大会审查和批准,由本级政府财政部门批复,未经批准,不能调整预算。因此,即使在单一来源采购时,也必须遵循此规定,突破采购预算,即意味着需要追加预算,除非经批准同意追加,否则在采购时成交价格不能高于采购预算。

### 2. 不能明显高于市场采购价

随着网络和通信技术的日新月异,价格信息也变得越来越公开,政府采购可以充分利用相关技术,了解更多的价格信息。一些网店上的价格可以作为辅助性的参考,但不能直接拿来作为参照系。政府采购活动中其他地区或其他采购人购买同类产品的近期成交价格,更具有参考价值。对于艺术品等不好估值的项目,则可参照近期的公开拍卖价格。

### 3. 不能比同类相近产品价格高出太多

世上没有哪种产品是不可替换的,关键是看替换的代价是否能够接受。单一来源采购的成交价格也应当有一定的接受区间,如超出了这一区间,即使采购人认为合理,社会公众也不能认同。如2011年的天价内存条事件,就是社会公众普遍认为购买的内存条比同类相近产品贵得太离谱,从而引发的公众对政府采购工作的不满。

## 七、

## 单一来源采购的规避对策

由于单一来源采购缺乏竞争性,采购人在采购时处于不利的地位,成交价格通常高于正常的采购价格,因此,在采购活动中,除对单购情形要求强制公示、监管部门从严审批外，还可以采取其他必要的措施，尽量避免需要采用单一来源采购的情形。

**对策一：新项目运用寿命周期成本**

对于尚未采购的新项目，应当树立不仅是采购产品、更是采购服务的整体理念，将寿命周期成本的概念运用到对产品或服务的评价体系中。尤其是对后期使用成本较高，如需使用大量耗材的项目，或对后期服务比较专业，如软件开发等项目。采购时应当将项目寿命周期内所需的耗材或服务费用一并考虑，在合同约定的寿命周期内，采购人不再支付任何费用，避免只能从唯一供应商处采购，和保证原有采购项目一致性或者服务配套的要求，需要继续从原供应商处添购的两种情形发生。

**对策二：老项目引入公开竞争机制**

对于一些已经实施的老项目，在实施初期可能由于市场成熟度不高，只能由唯一或原有供应商提供服务。但随着市场的不断变化，项目实施后期可能并非只有唯一或原有供应商才能提供后续服务，如一些系统集成项目的升级、扩展或专业设备的维保等，只要原有项目的基础资料比较完备，后续服务完全可以由其他供应商提供。因此，对类似项目应当公开相关信息，引入竞争机制，将老项目当成新项目做，可以避免部分单购或添购的情形发生。

**对策三：统筹安排避单购**

目前，有部分单一来源采购产生的原因是由于上级主管部门有统一建设要求，通过招标或直接指定了承担本级建设的供应商，要求下级必须与上级主管部门配套或购买一样的产品，人为指定承担本级建设的供应商为唯一供应商。因此，针对一些涉及整个行业，尤其是中央和省级行业主管部门的采购项目，如果要求下级必须与上级保持一致，则应当由上级主管部门统筹安排，将下级的采购需求集中，由上级统一组织采购。如由于预算管理体制的问题，上级主管部门无法将下级采购需求集中时，应当提出建设标准，由下级按标准自行组织采购，而不能指定唯一供应商，让下级别无选择，只能选择单一来源采购。

**对策四：未雨绸缪防急购**

自从2003年我国发生"非典"后，各地相继建立了应对突发事件的应急机制，国务院也于2006年发布了《自然灾害类突发公共事件专项应急预案》，对发生不可预见的紧急情况有了相应的应对措施，其中就要求"整合各部门现有救灾储备物资和储备库规划，分级、分类管理储备救灾物资和储备库。"因此，各地政府采购监管部门和集中采购机构应提前参与到应急预案的落实中，对一些安全性的储备物资项目提前安排采购，力争避免紧急情况发生时，采购人、采购代理机构、监管部门都手忙脚乱，造成单一来源采购的货物和服务不能完全满足需求、价格奇高的现象发生。

**对策五：区域联动提成效**

对于一些确实只能按照单一来源方式采购的垄断性项目，如专利产品、电脑的操作系统等，单独组织的采购价格基本与市场价持平，没什么优惠。但如果实行一定范围内的区域联动，将区域内的相同项目合并，可以形成一定的批量。在此基础上统一与供应商进行谈判，比单个采购人与供应商谈判要有利得多。谈判的筹码越多，谈判的结果越好，同时从整个社会的角度来看，还可以提高采购效率，降低采购成本。

（本文分三期分别于2013年6月24日、6月26日、7月1日，以《单一来源采购方式专题探讨》（一）厘清适用情形　避免用错单一来源采购，（二）规范程序　确保单一来源采购合法操作，（三）掌握基本原则　正确适用于单一来源采购方式为标题刊登在《政府采购信息报》第4版）

# 论 询 价

询价本应是《政府采购法》五种法定采购方式中最简单的一种，但在《非招标采购方式管理办法》(《七十四号令》)中，却变得不那么简单。在跟有些同行交流时，普遍认为现在询价不好操作，其中最关键一点是不允许指定品牌、也不允许限定几个品牌进行采购。在采购金额较小的情况下，不限定品牌进行的采购通常很低效。曾经有同行问笔者在《七十四号令》实施后如何合理、高效运用询价？笔者的答复是：最好不用。笔者在本文中是将询价定性为五种采购方式中最简单、易行的一种，但按照《七十四号令》中规定的询价方式进行采购，确实不简单，且效率很低。因此，笔者建议对于需要采用询价方式采购的货物，最好采用批量集中采购的方式进行采购，以提高采购效率。

询价是五种法定采购方式中相对简单的一种采购方式，虽然询价采购规模占政府采购总规模的比例不高，但由于询价的采购时间较短，采购文件制作简便，评审时没有太多技巧，对评审专家要求较低，因此，询价已成为金额较小的采购项目的常用方式，也是市县级政府采购活动中使用频次较多的一种采购方式。

## 一、询价的定义

询价，顾名思义，是向供应商询问价格。仅为询问价格，并不是政府采购的目的，而只能是政府采购的一种手段。只有通过向供应商询问价格，然后对供应商的报价进行比较，最终选择成交的供应商，才能实现政府采购的目的。政府采购对询价的定义必须包含以上的内容。1999年财政部颁布的《政府采购管理暂行办法》将询价定义为：是指对三家以上的供应商提供的报价进行比较，以确保价格具有竞争性的采购方式。在 2005 年《政府采购非招标采购方式管理办法（征求意见稿）》中将询价定义为：是指采购人或采购代理机构向三家以上的供应商就政府采购项目发出询价采购文件或询价函，按照规定程序确定成交供应商的采购方式。由于《政府采购管理暂行办法》并没有确定询价的成交原则，而《政府采购法》已明确了询价确定成交供应商的原则，因此，结合以上法律法规的规定，询价应当定义为：是指询价小组对三家以上供应商提供的一次性报价进行比较，采购人按照法定原则确定成交供应商的采购方式。

为什么必须要求三家以上供应商？是否可以参照竞争性谈判的做法，两家供应商提供报价继续按照询价方式采购？笔者认为，两家供应商参加竞争性谈判，经政府采购监管部门批准后，按照竞争性谈判方式继续采购，是为了弥补《政府采购法》的缺陷。除《政府采购法》已经规定需从符合相应资格条件的供应商名单中确定不少于三家的供应商，并向其发出询价通知书让其报价外，询价采购方式还因《政府采购法》规定的适用情形和其一次报出不得更改的价格的特性，不适合两家供应商继续按照询价方式采购。因为询价的适用情形是货物规格、标准统一、现货货源充足的项目，既然规格、标准统一，即不应当只有极少数供应商能提供产品，现货货源充足，即不存在个别供应商垄断销售市场，因此，应当有三家以上供应商能够满足采购需求。由于要求供应商一次报出不得更改的价格，参加报价供应商的数量越少，价格越没有竞争性，在评审时又不能像竞争性谈判可以与供应商就价格进行谈判，造成采购人不得不接受不合理的报价结果，且两家供应商很容易在报价时相互串通，因此，询价不应当接受只有两家供应商的报价。如在询价过程中，确实遇到只有两家供应商报价的情形，应当报经政府采购监管部门同意，改为竞争性谈判方式采购。

询价采购的基本程序是发出询价通知书→供应商报价→询价小组对价格进行比较→采购人确定成交供应商，与招标采购的程序基本类似。由于我国政府采购目前对询价整个流程的采购时间没有限定，因此，询价可以作为招标方式的备选方式，视为时间更短、程序更简洁、采用最低评标价法的简化版招标方式。

## 二、询价的适用情形

《政府采购法》第三十二条规定：采购的货物规格、标准统一、现货货源充足且价格变化幅度小的政府采购项目,可以依照本法采用询价方式采购。

很多人对于该适用情形的理解,存在一定的困惑。通过对以下问题的分析,有助于对询价的适用情形的理解:

1. 政府采购工程类或者服务类项目能否适用询价?

当前政府采购工程类项目按照其金额大小,可以分为达到公开招标数额标准和未达到公开招标数额标准两类。对于达到公开招标数额标准的工程类项目,应当按照《招标投标法》的规定进行招标,招标的评审办法基本可以分成综合评审法和最低报价法两种,如采用最低报价法,则与询价的成交原则基本一致;对于达到政府采购限额标准、未达到公开招标数额标准的工程类项目,按规定可以不进行招标,选择供应商时基本也可分成最低报价法和随机抽取两种方法。工程类项目的采购基础是工程量清单,工程量清单中包含了工程所需的货物,这些货物大多规格、标准统一、现货货源充足且价格变化幅度小,同时,《政府采购法实施条例(征求意见稿)》中也曾规定,同一项目中既有工程、货物、服务的,按照比例最多的计算其类别,因此,对于达到公开招标数额标准的工程类项目,如属财政部门负责审批、核准,则经财政部门批准后,可采用询价方式采购;对于达到政府采购限额标准、未达到公开招标数额标准的工程类项目,采购机构可直接采用询价方式采购。

政府采购服务类项目由于服务标准很难统一、服务质量较难比较,无法简单地以价格为唯一标准来衡量不同供应商提供的服务。按照招标方式采购时,基本采用综合评分法评审,价格分值仅占总分值的10%~30%,不鼓励价格低者中标。而询价类似于最低评标价法,只能是报价最低者成交,与服务类项目的衡量标准相差甚远,同时,《政府采购法》中询价的适用情形也以货物为主,因此,服务类项目不应当适用于询价,而应当采用招标方式或竞争性谈判。

2. 询价能否指定品牌?

询价既然是一种相对简单的采购方式,而指定品牌采购应当是最简单的采购方式,在《政府采购法》中并未明确禁止询价不得指定品牌,因此,一些地方的政府采购部门默许询价时可以指定品牌,或者规定在3个以上的品牌之间进行。但《政府采购法》第二十二条已明确规定:采购人可以根据采购项目的特殊要求,规定供应商的特定条件,但不得以不合理的条件对供应商实行差别待遇或者歧视待遇。指定品牌或限定有限的几个品牌参加政府采购活动,其实质都违背了上述法律规定。《招标投标法实施条例》第三十二条已经规定了"限定或者指定特定的专利、商标、品牌、原产地或者供应商"属于以不合理条件限制、排斥潜在投标人或者投标人的行为;《政府采购货物和服务招标投标管理办法》第六条也规定了"任何单位和个人不得阻挠和限制供应商自由参加货物服务招标投标活动,不得指定货物的品牌、服务的供应商和采购代理机构,以及采用其他方式非法干涉货物服务招标投标活动"。尽管上述两个规定都是对招标方式有关行为的约束,但非招标方式也应当采用以上规定对《政府采购法》进行解释。

但在实际采购过程中,确实会碰到采购项目金额较小,如不明确品牌而采用技术标准或参数进行询价时,制作询价文件比较繁杂,会影响到采购效率。尤其是一些县级政府采购,政府采购限额标准较低,采购机构的技术力量比较薄弱,不定品牌进行询价,确实勉为其难。因此,笔者建议,可以参照《工程建设项目施工招标投标办法》第二十六条规定:"如果必须引用某一生产供应者的技术标准才能准确或清楚地说明拟招标项目的技术标准时,则应当在参照后面加上'或相当于'的字样",询价时可以推荐不少于3个档次和配置基本相当的产品,但必须在询价文件中明确,以上产品仅为供应商报价时的参照标准,接受相当于或高于推荐产品的其他产品参与报价。

### 3. 是否应当组织公开报价?

有些地方政府采购规定,在询价采购时应当公开供应商的报价。其实,公开报价没有实质性的意义,分析如下:一是在《政府采购法》和财政部颁布的政府采购相关规定中,都未要求询价采购时公开供应商的报价,要求必须公开报价缺乏依据;二是由于询价采购只允许供应商一次性报出不得更改的价格,且以报价最低的供应商为成交候选供应商,在发布成交公告时,成交供应商的报价是否最低,所有参加询价的供应商都会进行比较,因此,没有必要再增加公开报价的环节;三是询价采购作为一种简单易行的采购方式,应当尽量减少程序性的环节,提高采购效率,增加公开报价环节反倒会降低采购效率。

### 4. 货物规格、标准统一如何理解?

货物的规格通常可分为技术规格、构成规格、功能规格。技术规格一般包括货物外观、公差、使用材料、生产方法、服务要求等;构成规格一般从化学和物理性质方面进行描述,如纯度、密度、成分等;功能规格通常描述采购产品所要执行或达到的功能,如空调的制冷量达到3000kW/小时。标准按照适用范围通常可以分为国际标准(由ISO、IEC等机构设立)、地区标准(如欧盟指南,EU Directives)、国家标准(如我国的GB)和行业标准;标准按照其使用效力可分为强制性标准和推荐性标准。货物规格、标准统一,即可以选择一种规格和/或标准对需采购的货物进行定义,在此情形下,货物的规格和/或标准对所有供应商都是通用、一致的,而不是非标、某供应商特有的产品,也即不能指定或限定产品或供应商。《四川省政府采购询价管理暂行办法》中明确规定了"没有国家、行业标准,或者虽有国家、行业标准,但市场上的具体生产标准未统一的"情形,不能采用询价方式采购。

因此,适用询价的"采购的货物规格、标准统一、现货货源充足且价格变化幅度小的政府采购项目",应是市场上竞争比较激烈、供应商相对较多、金额相对较小、能够以统一的规格和/或标准区分的通用类产品,如常用的台式计算机、打印机、传真机、复印机、空调等。以通用类货物为主的工程类项目,如小规模、简单的装饰装修工程,同样适用于询价。

## 三、

## 询价采购程序

《政府采购法》第四十条规定,采取询价方式采购的,应当遵循下列程序:(一)成立询价小组。询价小组由采购人的代表和有关专家共三人以上的单数组成,其中专家的人数不得少于成员总数的三分之二。询价小组应当对采购项目的价格构成和评定成交的标准等事项作出规定。(二)确定被询价的供应商名单。询价小组根据采购需求,从符合相应资格条件的供应商名单中确定不少于三家的供应商,并向其发出询价通知书让其报价。(三)询价。询价小组要求被询价的供应商一次报出不得更改的价格。(四)确定成交供应商。采购人根据符合采购需求、质量和服务相等且报价最低的原则确定成交供应商,并将结果通知所有被询价的未成交的供应商。

根据上述规定,询价的程序应该是成立询价小组→规定采购项目的价格构成和评定成交的标准等事项→确定被询价的供应商名单→询价→确定成交供应商。与竞争性谈判一样,询价也存在着询价小组需在采购活动开始前即需成立的现实问题。由于大多询价采购的项目预算金额都较小(预算金额大的项目直接采用招标方式,按照最低评标价法评审即可),采购活动开始前成立询价小组,在时间上、程序上、经济上都不具有可操作性,具体原因可参考第十一章第二节的论述。因此,笔者认为,询价作为一种简单的采购方式,不应在采购文件的内容上、采购程序的设计上使其复杂化,应本着尽量简化的原则,对其程序进行设计,否则将失去询价采购方式存在的实际价值。

### 1. 采购机构制定询价单

《政府采购法》中并未明确采购机构或询价小组需要制作询价文件,而只要求"应当对采购项目的价格构成和评定成交的标准等事项作出规定",因此,为方便供应商报价,采购机构无须像招标方式和竞争性谈判那样制作严格、规范的招标或谈判文件,而应尽量简化相关文件,最简易的方法就是制作询价单。尽管追求尽量简化,但询价单作为一种要约邀请,必要的内容也必须包括:递交报价单的截止时间和地点,询价开始时间和地点,询价的程序,采购货物的规格和/或标准,数量,交货时间和地点,付款方式,报价的价格构成,评定成交的标准,合同主要条款,保证金金额即形式,以上内容应当尽量合并在一张询价单中。

询价单应当由采购机构根据采购人的需求负责制定。询价单中应明确采购货物的规格和/或执行的标准,采购机构对相关规格和/或标准不能完全掌握的,可向有关专家咨询,或公开征求供应商的意见。确实无法用规格和/或标准对项目进行描述的,对金额较小的项目,应允许推荐不少于3个档次和配置基本相当的产品,但不得拒绝相当于或高于推荐产品的其他产品参与报价。如果项目的规格和/或标准过于复杂,则应当采用竞争性谈判方式采购,而不应采用询价方式采购。

### 2. 发布采购公告邀请供应商

由于适用询价方式采购的是现货货源充足且价格变化幅度小的项目,市场上能够满足项目需求的供应商应当比较多,同时,询价时评审相对简单,只需对供应商的资格进行审查,随后对合格供应商的报价进行排序即可,即使参加报价的供应商数量很多,也不会严重影响到评审的效率。因此,采取发布采购公告广泛邀请供应商报价的方式,最适用于询价。目前,有些地方的政府采购规定潜在供应商参与询价采购时,需要事先报名,并提供相关证明材料,符合相关资格条件的,采购机构才接受报名,并允许其参加询价活动,变相对供应商进行资格审查。这种做法不但会影响采购效率,而且增加了供应商的质疑概率,完全没有必要。

采购机构应当在省级以上财政部门指定的媒体发布采购公告,邀请潜在供应商报价,并直接向其发售或免费提供询价单。采购机构可要求供应商制作报价单时,只需在询价单上填报具体的生产厂家、品牌、型号、配置清单和价格,其他内容都可简化，直接按询价单中的内容统一作出承诺。因此，从询价单发出之日起至递交报价单截止之日止，应当不少于 3 个工作日即可。采购机构对已发出的询价单进行必要澄清或者修改的，应当在递交报价单截止之日 1 个工作日前，以公告或书面形式告知所有潜在参加报价的供应商，该澄清或者修改的内容应当作为询价单的组成部分，或直接重新发布新的询价单，并适当顺延递交报价单的截止日期。

3. 成立询价小组

采购机构应当在本级财政部门设立的政府采购专家库中，采取随机方式抽取评审专家组成询价小组。评审专家的抽取时间原则上应当在谈判开始前半天或前一天进行，特殊情况不得超过两天。询价小组由采购人的代表和有关专家共三人以上的单数组成，其中专家的人数不得少于成员总数的三分之二。采购人代表不得以专家身份参与本部门或者本单位采购项目的询价活动。采购代理机构工作人员不得以询价小组成员的身份参加由本机构代理的政府采购项目询价活动。由于询价小组的职责为对报价单的资格性和符合性进行检查，直接对合格供应商的报价进行排序，并按照经评审的最低报价推荐成交候选人，询价的评审过程应是五种法定采购方式中最简单的，询价小组的人数再多，也不会对评审效果有多大的帮助，因此，通常情况下只需由一名采购人代表和两名评审专家组成即可。

4. 询价

（1）询价单的递交

供应商应当按照询价单的要求编制报价单。参加询价的供应商应当以书面形式在询价单规定的递交报价单截止时间前，将报价单密封后送达规定的接收地点。在递交报价单截止时间后送达的报价单，采购机构应当拒收。两个以上供应商可以组成一个联合体，以一个供应商的身份共同参加询价活动（有关联合体的规定同公开招标）。

（2）公开供应商的报价（可选项）

如果当地政府采购规定需要公开供应商的报价，则采购机构应当在评审前公开所有参加询价活动的供应商的报价；如果没有规定，则没有必要增加公开供应商报价环节。是否公开供应商的报价，应当在询价单中做出明确的规定。

**(3) 实质性响应审查**

采购机构接收报价单后，应当组织询价小组对报价单的有效性、完整性和价格的构成进行审查，以确定是否对询价单的实质性要求做出响应。未对询价单做实质性响应的报价单，应作为无效报价单处理，不得参加价格的排序。

如参加报价的供应商或者实质性响应的供应商少于三家时，应当终止询价，修改询价单后重新进行询价，或者向政府采购监管部门申请采用竞争性谈判方式或单一来源方式进行采购。

**(4) 对报价进行评审**

询价小组应当按照询价单的要求对各供应商提交的报价进行评审，评审时应充分考虑政府采购各项政策功能，如节能产品、环境标志产品、促进中小企业发展等。询价小组应根据询价单中列明的比例，对相关报价进行扣除，并按照扣除后的价格进行排序。询价期间，采购机构一律不得接受供应商对报价的调整。

**5. 确定成交供应商**

**(1) 推荐成交候选人**

询价小组应当根据符合采购需求、质量和服务相等且报价最低的原则，按经评审后的价格由低到高的顺序排列推荐成交候选人，价格相同的，按技术指标优劣顺序排列，并编写评审报告。在推荐成交候选人之前，询价小组认为，排在前面的成交候选人的报价明显不合理或者低于成本，有可能影响产品质量和不能诚信履约的，应当要求其在规定的期限内提供书面文件说明理由，并提交相关证明材料。供应商不能提供有效证明或询价小组认为其提供的理由不充分的，可拒绝接受其报价。

**(2) 确定成交供应商**

采购代理机构应当在评审结束后 2 个工作日内将评审报告送采购人确认。采购人应当在收到评审报告后 5 个工作日内，按照评审报告中推荐的成交候选人确定成交供应商，也可以书面形式授权评审小组直接确定成交供应商。采购人逾期未确认且不提出异议的，视为确认。

**(3) 公告成交结果**

采购机构应当在成交供应商确定后一个工作日内，在省级以上财政部门指定的媒体上公告成交结果。公告内容应当包括：采购人和采购代理机构的名称、地址和联系方式；项目名称和项目编号；成交供应商名称、地址和成交金额；询价小组成员名单。

6. 签订合同、资料归档

采购人与成交供应商应当在成交通知书发出之日起 30 日内，按照询价单和报价单确定的事项签订政府采购合同。采购人不得向成交供应商提出任何不合理要求作为签订合同的条件，不得与成交供应商私下订立背离合同实质性内容的协议。采购机构应当及时将采购过程文件归档，归档材料应包括以下内容：

（1）年度政府采购预算或调整、变更预算的复印件，或委托单；
（2）采购方式确定或变更申请表（如果有的话）；
（3）采购公告；
（4）询价单；
（5）各被询价供应商的报价单；
（6）所有询价小组成员签字的询价评审报告；
（7）成交结果公告；
（8）政府采购合同；
（9）各被询价供应商的书面质疑、质疑答复、投诉处理决定（如果有的话）。

## 四、

## 询价应注意的事项

尽管询价是一种相对简单的采购方式，但在实际运用中，有些事项仍需给予足够的关注，否则将影响到询价采购的效率和规范性。

1. 项目特点提前摸底

询价的适用范围为"采购的货物规格、标准统一、现货货源充足且价格变化幅度小的政府采购项目"，对于采购项目是否适用于询价，应对项目的特点进行分析，首先是分析该项目能否用统一的规格和/或标准来描述，如果找不到相应的规格和/或标准，无法对项目进行描述，则不建议采用询价方式进行采购；其次是分析该项目是不是现货货源充足，如果满足相应的规格和/或标准的货物货源不充足，将影响到询价的响应程度。结合以上两个因素，最适用询价方式的采购项目应是预算金额未达到公开招标数额标准的通用型的货物类或工程类项目，如分体式空调、电视机、简易的装修工程等。

询价并不是简单地只要求供应商报价，同时也可以根据项目的特点，要求参与报价的供应商必须符合特定的资格条件。采购机构应提前了解相关采购项目是否有特定的生产或经营资格要求。在当前政府采购法律并未强制要求询价必须发布采购公告的情况下，如采购机构直接邀请供应商报价，则应注意询价对象的数量，过多会增加采购成本，太少则可能造成询价失败，最好控制在6家左右，既有足够的竞争力，又能节约采购成本。

### 2. 询价单内容应完整

询价单是要约邀请的一种形式，是希望供应商向采购机构发出要约的意思表示。供应商如何向采购机构发出报价单（即要约），应受到询价单的限制，为了保证询价采购过程中的公开、公平、公正，询价单在内容上必须完整。目前，许多采购机构为简化询价采购方式，将询价单的内容精简得只剩下报价的做法，不符合政府采购询价的规范性要求。

### 3. 询价对象注意保密

由于适用询价采购方式的项目价格变化幅度小，市场价格相对透明，选择不同的询价对象将直接影响到最终的成交价格，因此，为了防止供应商相互串通报价，促进供应商相互竞争，采购机构在报价截止时间前，一律不得向供应商透露询价的具体对象和数量，尤其是在有些地方政府采购尚未要求询价应当发布采购公告而直接邀请供应商报价的情况下。

通过询价方式采购的项目预算金额通常较小，对于一般的询价项目，基本是由相关产品当地的经销商参加，各经销商都从总分销商处批发。总分销商事实上控制着价格，特别是在总分销商和某一特定经销商存在默契关系的情况下，对这些产品进行询价，很可能成为"假询价"，使表面上公开、公平的询价成为"暗箱操作"。因此，询价对象尤其需要注意保密。同时，取消生产厂商的授权，采用标准化的技术参数，也有利于打破询价中经常出现的供应商之间的价格联盟。

### 4. 统一要求密封报价

为保证对所有供应商的公正、公平，询价也应当要求供应商按照询价单规定的时间、地点，将报价单密封后交给采购机构，采购机构一般不得接受逾期或未密封的报价单。特殊情况下，如采购时间特别紧急，采购机构应当在有关部门的监督下，方可接受供应商的传真报价或口头报价。

### 5. 一次报价不得更改

与招标方式一样，参加报价的供应商只能一次报出不得更改的价格，并对询价单中列出的全部商务、技术要求做出响应。询价小组只能对供应商是否响应进行判断，并对合格供应商的报价进行排序，不得在评审过程中要求供应商重新报价，也不得随意更改询价单内容。如询价单内容有误或者供应商报价普遍高于市场平均价，则应当终止采购活动，重新组织询价或变更为竞争性谈判方式进行采购。

### 6. 成交标准是最低价

由于适用询价的项目主要是价格低、规格和/或标准相对统一的通用类货物，成交的货物只要能满足采购人的需求即可，并不需要增加额外的功能。当供应商对询价单响应后，只要供应商能够满足资格条件和有关实质性的要求，确定成交供应商的标准只能是经评审后的最低价。综合评分法不适用询价采购方式，否则就不能采用询价，而应采用招标方式进行采购。

## 五、招标、竞争性谈判、询价的比较

招标方式、竞争性谈判和询价三种采购方式，都属于具有竞争性的采购方式，买方处于相对有利的地位，通过对至少两家以上供应商进行比较，选择出最符合采购文件规定的供应商。但涉及具体的采购过程，每种采购方式都具有其独特性，需要政府采购从业人员在实际操作过程注意甄别。

当前，有些地方为了创新，在政府采购方式上也进行了大胆改进，如竞价、跟标等，表面上看采购的结果可能更符合采购人的需要，实际上却违背了政府采购的公开、公平、公正和诚信信用的基本原则。同时，《政府采购法》已明确规定，除五种法定方式外，只有国务院政府采购监督管理部门才能认定其他采购方式，因此，地方政府采购只能在法律规定的框架内进行完善，而不能以创新之名，行违法之事，见表1。

表1　　　　　　　　　　　采购方式比较表

| 比较内容＼采购方式 | 公开招标 | 邀请招标 | 竞争性谈判 | 询价 |
|---|---|---|---|---|
| 采购文件的制作 | 招标采购单位 | 招标采购单位 | 谈判小组或采购机构 | 采购机构 |
| 评审方法 | 1. 最低评标价法<br>2. 综合评分法<br>3. 性价比法 | 与公开招标相同 | 比照最低评标价法 | 比照最低评标价法 |
| 供应商的邀请方式 | 发布招标公告，邀请不特定的供应商。 | 发布资格预审公告，从符合资格条件的供应商中随机邀请三家以上。 | 发布采购公告邀请、从省级以上财政部门建立的供应商库中随机抽取或者采购人和评审专家共同推荐。 | 与竞争性谈判相同 |
| 等标期 | 自招标文件开始发出之日至投标人提交投标文件截止之日止，不得少于20日。 | 与公开招标相同 | 自谈判文件发出之日起至谈判开始之日止，不得少于5个工作日。 | 自询价单发出之日起至供应商递交报价单截止之日止，不得少于3个工作日。 |
| 澄清或修改采购文件的时间 | 提交投标文件截止时间十五日前 | 与公开招标相同 | 在谈判开始之日3个工作日前 | 递交报价单截止之日前 |
| 延期截止时间公告要求 | 提交投标文件的截止时间三日前 | 与公开招标相同 | 在谈判开始之日前 | 递交报价单截止之日前 |
| 评标委员会或评审小组的组成 | 评标委员会由采购人代表和有关技术、经济等方面的专家组成，成员人数应当为五人以上单数。其中，技术、经济等方面的专家不得少于成员总数的三分之二。采购数额在300万元以上、技术复杂的项目，评标委员会中技术、经济方面的专家人数应当为五人以上单数。 | 与公开招标相同 | 由采购人代表和评审专家三人以上单数组成，其中评审专家人数不得少于评审小组成员总数的三分之二，预算金额在300万元以上的采购项目，评审小组应当由五人以上单数组成。 | 与竞争性谈判相同 |
| 评审现场是否公开供应商报价 | 公开 | 公开 | 不公开 | 公开 |
| 报价能否变更 | 不能 | 不能 | 能 | 不能 |

续表

| 采购方式<br>比较<br>内容 | 公开招标 | 邀请招标 | 竞争性谈判 | 询价 |
|---|---|---|---|---|
| 推荐中标或成交候选人的原则 | 1. 采用最低评标价法的，按投标报价由低到高顺序排列。投标报价相同的，按技术指标优劣顺序排列。<br>2. 采用综合评分法的，按评审后得分由高到低顺序排列。得分相同的，按投标报价由低到高顺序排列。得分且投标报价相同的，按技术指标优劣顺序排列。<br>3. 采用性价比法的，按商数得分由高到低顺序排列。商数得分相同的，按投标报价由低到高顺序排列。商数得分且投标报价相同的，按技术指标优劣顺序排列。 | 与公开招标相同 | 从产品质量和服务均能满足采购文件最低要求的供应商中，按照经评审报价由低到高的顺序推荐。 | 与竞争性谈判相同 |
| 确定供应商时间 | 采购代理机构应当在评标结束后5个工作日内将评标报告送采购人。采购人应当在收到评标报告后5个工作日内，按照评标报告中推荐的中标候选供应商顺序确定中标供应商；也可以事先授权评标委员会直接确定中标供应商。 | 与公开招标相同 | 采购代理机构应当在评审结束后2个工作日内将评审报告送采购人确认。采购人应当在收到评审报告后5个工作日内，按照评审报告中推荐的成交候选人确定成交供应商，也可以书面形式授权评审小组直接确定成交供应商。 | 与竞争性谈判相同 |
| 采购结果通知时间 | 中标供应商确定后，中标结果应当在财政部门指定的政府采购信息发布媒体上公告。 | 与公开招标相同 | 采购机构应当在成交供应商确定后一个工作日内，在省级以上财政部门指定的媒体上公告成交结果。 | 与竞争性谈判相同 |

（本文刊登于2013年9月2日《政府采购信息报》第4版）

# 浅议《非招标采购方式管理办法》

2005年,笔者收到由江苏省财政厅转发财政部的《非招标采购方式管理办法》第一次征求意见稿,与现行的《七十四号令》内容迥异。当时提了很多的修改意见给省厅,但在省厅汇总转给财政部的修改意见中却基本未采纳,曾经为此事还给财政部提过意见。后来再征求意见时,基本都让省级集中采购机构直接把修改意见报给财政部。2010年1月,财政部又开始正式启动该办法起草工作,多次召开征求意见座谈会,由财政部条法司相关同志及地方财政部门、集采机构人员参加,先后形成近十稿。2012年3月,财政部在镇江专门邀请中央直属机关采购中心、中央国家机关政府采购中心、全国人大政府采购中心、国税总局集中采购中心、人民银行集中采购中心、海关总署物资装备采购中心、江苏省财政厅政府采购管理处、上海市政府采购中心、广东省政府采购中心、江苏省政府采购中心有关同志,结合最新的《政府采购法实施条例(草案)》,对办法组织专题研讨,形成了送审稿上报给财政部条法司。2012年12月,条法司专门在珠海又召开研讨会,征求各地监管部门意见。笔者先后参与了多次研讨活动,虽然时已在泰州市海陵区挂职,然心有所得,因著此文。

2014年1月,财政部正式颁布了《政府采购非招标采购方式管理办法》(以下简称《七十四号令》)。《七十四号令》对《政府采购法》中规定的三种非招标采购方式进行了规范,填补了我国自《政府采购法》实施以来,在三种非招标采购方式实际运用时,只有《政府采购法》原则性规定,没有实质性内容的空白。《七十四号令》是自2004年,财政部颁布《政府采购货物与服务招标投标管理办法》(以下简称《十八号令》)等四个办法以来,近十年时间,颁布的对政府采购实际操作影响最大的一部规章,也将是《政府采购法实施条例》颁布前,财政部制定的与政府采购相关的最重要的一部规章,必将进一步规范采购人、采购代理机构的操作行为，推动我国的政府采购事业健康有序地发展。

# 一、
# 《七十四号令》的三大特点

## 1. 法律层级高

《七十四号令》以财政部部长令的形式颁布，法律层级与《十八号令》相当，在当前《政府采购法实施条例》尚未颁布的情况下，在规范政府采购行为方面，法律层级仅次于《政府采购法》，它与《十八号令》共同构成完整的政府采购方式上的监管体系。

## 2. 起草时间长

财政部自2005年年初，即开始着手起草《七十四号令》，期间几经起伏，先后修订十数稿。相关非招标采购方式的内容，国内仅在《政府采购法》有原则性规定，国外可借鉴的地方也不多。同时，不同的专家学者、监管部门、采购机构对非招标采购方式的认识不统一，各地的实际操作程序也大相径庭，每征求一次意见，对该办法中的内容都有较大的修订，导致该办法的起草时间前后长达近十年。该办法颁布后，还有一些地方对其中一些内容提出过异议，如果现在再征求意见，肯定还会征集到许多不同的建议。

## 3. 可操作性强

《七十四号令》充分考虑到了各地的实际操作情况，对《政府采购法》中涉及非招标采购方式的相关规定，有突破，有调整，有补充，有细化，如解决了只有两家供应商参加政府采购时的法律缺陷；细化了供应商参加非招标采购方式采购活动时的邀请方式；回避了谈判小组或者询价小组制定采购文件的操作性问题等等。这些新内容使得《七十四号令》比《政府采购法》具有更强的可操作性，同时，部分内容还考虑到了与未来《政府采购法实施条例》的衔接，避免了《政府采购法实施条例》一旦颁布，《七十四号令》即面临修订的问题。

## 二、《七十四号令》的三大创新点

### 1. 对上位法进行了有意义的新突破

一是将工程纳入了非招标采购方式的适用范畴。尽管《政府采购法》将工程纳入其适用范围,但在对三种非招标采购方式具体适用情形做出规定的第二十九条、第三十条、第三十一条中,适用范围却都是货物或者服务。《七十四号令》第二条明确规定:采购人、采购代理机构采用非招标采购方式采购货物、工程和服务的,适用本办法。既明确了工程适用非招标采购方式,也弥补了《政府采购法》对工程的适用范围前后表述不一致的缺陷。

二是解决了两家供应商参加政府采购时的法律缺陷。根据《政府采购法》的规定,采用公开招标、邀请招标、竞争性谈判、询价采购方式时,供应商数量都不得少于三家,否则采购活动不成立,而采用单一来源采购方式时,供应商只能是一家。但在现实采购活动中,两家供应商参加采购活动的情形时有发生,如严格按照《政府采购法》的规定,出现这种情形只能无解。而《七十四号令》第二十七条规定:公开招标的货物、服务采购项目,招标过程中提交投标文件或者经评审实质性响应招标文件要求的供应商只有两家时,采购人、采购代理机构按照本办法第四条经本级财政部门批准后可以与该两家供应商进行竞争性谈判采购。即如果供应商只有两家,经批准,可以采用竞争性谈判方式进行采购,无解变有解,解决了《政府采购法》实施十多年来,一直困扰采购机构的一个大难题,具有很强的现实意义。

三是增加了社会各界对采用单一来源采购方式的异议环节。在《政府采购法》设定的供应商救济机制中没有异议这一规定。由于单一来源采购项目在公示期间,尚未进入真正的采购环节,不符合供应商的询问、质疑、投诉条件,但公示结果却又与采购结果密切相关,因此,伴随着单一来源采购的强制公示制,为了维护社会公共利益,《七十四号令》借鉴了《招标投标法实施条例》中的规定,增加了异议环节,同时并未将异议人限定为供应商,而是任何供应商、单位或者个人对公示都可以提出异议,有利于更广泛地接受社会监督,提高公示的有效性。

## 2. 对含糊内容进行了有针对性的新解释

一是对三种非招标采购方式重新定义。自我国实行政府采购制度以来，三种非招标采购方式的定义，仅在1999年财政部颁布的《政府采购管理暂行办法》中出现过，《政府采购法》颁布后，《政府采购管理暂行办法》被废止，原来的定义自然也随之终止。由于《政府采购法》也没有对三种非招标采购方式进行定义，造成其官方定义在十多年的时间内一直缺失。《七十四号令》对三种非招标采购方式重新进行了定义，通过对比《政府采购管理暂行办法》中所下的定义，读者也不难发现当前的政府采购与初期时的差异。

二是对竞争性谈判实质性变更进行限定。对于《政府采购法》中规定的竞争性谈判采购方式中的实质性变更，在实际操作中一直不易把握，在《七十四号令》中做出了明确要求，第十一条规定：谈判文件除本条第一款规定的内容外，还应当明确谈判小组根据与供应商谈判情况可能实质性变动的内容，包括采购需求中的技术、服务要求以及合同草案条款。即明确了在采用竞争性谈判方式时，不是所有谈判文件中的内容都可以变更，只有采购需求中的技术、服务要求以及合同草案条款这三个方面的内容可以进行实质性变更。同时对实质性变更还做出了进一步的限制，即需要变更的，应当在谈判文件中明确，对没明确的需要变更的内容，在谈判时也不能变更。这条规定与第三十二条前后呼应。

三是缩小了竞争性谈判的适用情形。《七十四号令》第二十七条对《政府采购法》第三十条第（三）项——采用招标所需时间不能满足用户紧急需要的和第（四）项——不能事先计算出价格总额的做出了进一步的限定，把由于人为因素造成的时间紧急排除在适用范围之外，并对哪些项目适用不能事先计算出价格总额给予明确，缩小了竞争性谈判的适用情形，有利于提高政府采购的规范性和严肃性。

四是明确了询价采购方式的适用范围。为了简便起见，一些地方采用询价方式对服务类、工程类项目进行采购，在《七十四号令》实施前，由于法律未有禁止，因此还可以打擦边球。此次《七十四号令》在询价的定义中，明确规定了询价只能适用货物类项目，不适用于服务类、工程类项目，今后采购机构将不能再采用询价方式对服务类、工程类项目进行采购。

## 3. 对操作程序进行了有目的的新规范

一是规范了供应商的邀请方式。表面上看，《七十四号令》规定的邀请供应商参加采购活动有发布公告、从省级以上财政部门建立的供应商库中随机抽取或者采购人和评审专家分别书面推荐三种方式可选，具有一定的灵活性。但对随机抽取和书面推荐两种方式都做出了一定限制，大多数项目很少会采用这两种方式，基本上只能采用发布公告的方式，有利于推动采购信息的公开化，避免了暗箱操作情形的发生。

二是增加了竞争性谈判的弹性。对于确属技术复杂的项目，尤其是一些服务类项目，谈判文件不能详细列明采购标的的技术、服务要求，需经谈判由供应商提供最终设计方案或解决方案，这种情形在实际采购中经常出现，如何处理，一直是采购机构争论的话题。《七十四号令》第三十三条对此做出了规定：即在谈判结束后，谈判小组应当按照少数服从多数的原则投票推荐3家以上供应商的设计方案或者解决方案，并要求其在规定时间内提交最后报价。此项规定，实质上增加了竞争性谈判的弹性，增强了竞争性谈判对服务类项目的适用性，有利于提高采购结果的合理性。

三是提高了信息公开的透明度。对达到公开招标数额的货物、服务项目采用单一来源方式采购的，建立了强制公示制度。不仅对公示时间有要求，对公示媒体也有要求，即必须在省级以上财政部门指定媒体公示，在公示内容上也特别要求公布专业人员对相关供应商因专利、专有技术等原因具有唯一性的具体论证意见，以及专业人员的姓名、工作单位和职称。对采用竞争性谈判、询价采购方式的，不仅要求公告成交结果，而且需将竞争性谈判文件、询价通知书随成交结果同时公告。以上规定，都进一步提高了非招标采购方式信息公开的透明度，有利于促进政府采购活动的公开、公平。

四是明确了采购文件的保存方式。对于采购文件能否以电子方式保存，业内人士也颇有争论，《七十四号令》第二十六条对此问题作出了明确答复：采购文件可以电子档案方式保存。

# 三、

## 《七十四号令》的三大商榷点

### 1. 与其他规定不一致

一是技术复杂、专业性强的采购项目的评审专家的产生方式。《七十四号令》第七条规定：技术复杂、专业性强的竞争性谈判采购项目，通过随机方式难以确定合适的评审专家的，经主管预算单位同意，可以自行选定评审专家。在此规定颁布前，对于难以从政府采购专家库中随机抽取评审专家的项目，《政府采购评审专家管理办法》第二十一条作出如下规定：遇有行业和产品特殊，政府采购专家库不能满足需求时，可以由采购人、采购代理机构按有关规定确定评审专家人选，但应当报财政部门备案。按照哪个规定执行，财政部一直未明确，但在《财政部关于进一步规范政府采购评审工作有关问题的通知》（财库〔2012〕69号）中，明确规定：评审专家库中相应专业类型专家不足的，采购人或采购代理机构应当按照不低于1∶3的比例向财政部门提供专家名单，经审核入库后随机抽取使用。笔者认为，《政府采购评审专家管理办法》中的有关规定与《政府采购货物和服务招标投标管理办法》第四十八条"招标采购机构对技术复杂、专业性极强的采购项目，通过随机方式难以确定合适评标专家的，经设区的市、自治州以上人民政府财政部门同意，可以采取选择性方式确定评标专家"基本相符。尽管《七十四号令》的法律层级较高，按照该规定办理没问题，但不同采购方式的处理方式不同，将增加采购机构的工作难度，不利于政府采购工作的普及和推广。

二是参加单一来源采购活动的组成人员。《七十四号令》第四十一条规定：采用单一来源采购方式采购的，采购人、采购代理机构应当组织具有相关经验的专业人员与供应商商定合理的成交价格并保证采购项目质量。《政府采购评审专家管理办法》第二条规定：评审专家从事和参加政府采购招标、竞争性谈判、询价、单一来源等采购活动评审，以及相关咨询活动适用本办法。即参加单一来源评审活动的人员应当是评审专家。按照《七十四号令》的规定，其实是放宽了参加单一来源采购活动的人员要求。

2. 对个别内容缺说明

一是新名词没有解释。《七十四号令》第三十八条、第四十一条中出现的专业人员、第四十二条中出现的单一来源采购人员，在以前的政府采购相关法律法规中，从未出现过，哪些人属于专业人员？单一来源采购人员又包括了哪些人？在《七十四号令》中都没做出解释，一旦在公示时有人提出质疑，采购机构将无法给出准确答复，采购活动会很被动。

二是老规定存在空白。《七十四号令》适用范围涵盖了竞争性谈判、单一来源、询价三种采购方式，但针对单一来源采购方式，仅在第四章中，对属于《政府采购法》第三十一条第一项情形进行了规定，对属于第三十一条第二项、第三项两种情形却只字未提，使采购机构仍然无规可依，未免存在一点遗憾。

三是旧问题缺少说明。本次《七十四号令》仅对公开招标变更为竞争性谈判做出了规定,但对其他采购方式之间如何变更缺少说明,如询价变更为竞争性谈判、竞争性谈判变更为单一来源采购,在该办法中都没有体现,不利用对实际采购工作的指导。

### 3. 有部分条款需完善

一是三种采购方式的定义。竞争性谈判的定义过长、不简洁、不易记;单一来源没有体现出其采购人处于被动的特点;询价定义有缺陷,仍然要求"询价小组"向符合资格条件的供应商发出采购货物询价通知书,规定与实际操作完全不符,且《七十四号令》第九条中,也未规定询价小组应当承担相应义务。

二是公告成交结果的内容。《七十四号令》第十八条要求采购人或者采购代理机构在公告成交结果时,一并将竞争性谈判文件、询价通知书随成交结果同时公告。如果采购机构在发布采购公告时,已将竞争性谈判文件、询价通知书同时进行公告(这也是政府采购监管部门鼓励的做法),再要求公告,纯属重复劳动,影响工作效率。

三是提交响应文件的时间。《七十四号令》第二十九条、第四十五条要求从谈判文件或询价通知书发出之日起至供应商提交首次响应文件截止之日止不得少于3个工作日。澄清或者修改的内容可能影响响应文件编制的,采购人、采购代理机构或者谈判小组、询价小组应当在提交首次响应文件截止之日3个工作日前,以书面形式通知所有接收采购文件的供应商。做出这样的规定,意味着只要涉及对采购文件的澄清或者修改,就必须顺延提交响应文件截止之日,没有缓冲时间,在时间的衔接上存在问题,不利于实际操作。

四是确定成交候选人的数量。《七十四号令》第三十五条、第四十八条规定:谈判或询价小组应当从质量和服务均能满足采购文件实质性响应要求的供应商中,按照最后报价由低到高的顺序提出3名以上成交候选人。在实际采购中,该条款没有实质性的意义,也很少有谈判或询价小组会推荐3名以上成交候选人。同时,《七十四号令》第二十一条规定:采购人、采购代理机构发现谈判小组、询价小组未按照采购文件规定的评定成交的标准进行评审的,应当重新开展采购活动。即切断了供应商通过质疑能够达到替补上位的通道,排名第一之后的成交候选人根本就没有成交的可能。

五是采用单一来源的公示。《七十四号令》第三十八条规定:属于《政府采购法》第三十一条第一项情形,且达到公开招标数额的货物、服务项目,拟采用单一来源采购方式的,采购人、采购代理机构在按照本办法第四条报财政部门批准之前,应当在省级以上财政部门指定媒体上公示,并将公示情况一并报财政部门。这意味着属于《政府采购法》第三十一条第二项、第三项情形，或者未达到公开招标数额的货物、服务项目，拟采用单一来源采购方式的，都不需要公示。公示的主要作用是为了主动接受社会各界的监督，促进政府采购更加公平、公正，防止腐败行为的发生。当前，有些地方确定的公开招标数额标准较高，属于《政府采购法》第三十一条第二项、第三项情形的单一来源采购项目有的采购金额也很大，不强制要求公示，不利于政府采购工作的健康发展。

## 四、实施《七十四号令》的三大关键点

《七十四号令》颁布后，已经有不少采购机构表示，该办法在具体的执行过程中存在不小的困难，需要慢慢地消化吸收，但时不我待，该办法已经自2014年2月1日起施行，采购机构如果不认真执行，将直接面临质疑、投诉的风险。因此，必须把握好其中的关键点，才能避免违规行为的发生。

### 1. 对照比较，制定或修订更细化的实施办法

由于《政府采购法》颁布后，关于非招标采购方式一直没有颁布具体的规定，一些地方根据自己对法律的理解和当地实际情况制定了竞争性谈判、询价等采购方式管理办法，还有些地方无规可依，存在参照《十八号令》执行的情况。《七十四号令》颁布后，采用非招标采购方式组织的采购活动，将不能再参照《十八号令》中的有关规定执行，各地已制定相关规定的，应根据《七十四号令》的内容及时进行修订。同时，《七十四号令》第六十一条赋予了各省、自治区、直辖市人民政府财政部门可以根据本办法制定具体实施办法的权力，不管各省级财政部门在此之前是否制定过相关非招标采购方式的管理规定，现在可以根据本地的实际情况，在不违背《七十四号令》的前提下，制定本地区的实施办法，对该办法中未明确的内容进一步细化，如对属于单一来源采购方式第（二）项、第（三）项如何办理；不完善的地方进一步补充，如可以要求达到一定数额标准以上的单一来源采购项目都应强制公示；有违背的地方重新进行修订，促进《七十四号令》的有效实施。

### 2. 加强学习，调整和改变不合规的习惯做法

《七十四号令》颁布后，许多地方财政部门和采购机构发现其中的规定与其

习惯做法存在较大的区别，有的一时还不能适应，如公开招标项目，实质性响应招标文件要求的供应商只有两家时，许多地方经监管部门批准，在评标现场即与该两家供应商直接进行竞争性谈判采购，而该办法规定，虽然同意经本级财政部门批准后可以与该两家供应商进行竞争性谈判采购，但是采购机构应当根据招标文件中的采购需求编制谈判文件，而不是在评标现场即与该两家供应商直接谈判。因此，各级财政部门和采购机构应加强对该办法的学习，特别是与习惯做法不一致的规定，更应加倍努力去适应新规定的要求。

### 3. 找准重点，关注和把握新规定的具体用法

《七十四号令》实施后，政府采购工作将更加规范，但对采购机构的工作人员也提出了更高的要求。各级采购机构工作人员应找准重点，灵活运用和执行好《七十四号令》的各项规定。

#### （1）竞争性谈判，需要关注和把握的重点

一是公开招标项目，合格供应商只有两家时，并不是必须要采用竞争性谈判采购方式，也可以重新组织招标，如果经本级财政部门批准采用竞争性谈判采购，就只能与这两家供应商进行谈判；二是即使经本级财政部门批准采用竞争性谈判采购，也应当重新编制谈判文件，供应商重新编制谈判响应文件，采购机构重新组织谈判小组进行评审，不能在评标现场与这两家供应商直接谈判；三是采购机构应当根据招标文件中的采购需求编制谈判文件，即重新编制谈判文件时不能对原招标时的需求进行变更；四是直接采用竞争性谈判方式采购时，如合格供应商只有两家，不能采用竞争性谈判方式与该两家供应商直接谈判；五是达到公开招标数额标准的采购项目，竞争性谈判小组或者询价小组应当由5人以上单数组成；六是技术复杂、专业性强的竞争性谈判采购项目，通过随机方式难以确定合适的评审专家的，经主管预算单位同意，可以自行选定评审专家，但评审专家中应当包含1名法律专家。

#### （2）单一来源需要关注和把握的重点

一是公示范围是属于《政府采购法》第三十一条第一项情形，且达到公开招标数额的货物、服务项目；二是公示媒体是省级以上财政部门指定媒体；三是公示期限不得少于5个工作日；四是公示内容包括专业人员对相关供应商因专利、专有技术等原因具有唯一性的具体论证意见，以及专业人员的姓名、工作单位和职称；五是收到异议后，应当在公示期满后5个工作日内，组织补充论证。

### (3) 询价需要关注和把握的重点

一是询价只适用于货物类项目的采购；二是询价通知书不得要求或者标明供应商名称或者特定货物的品牌，不得含有指向特定供应商的技术、服务等条件；三是询价通知书编制应规范，应当按照《七十四号令》中规定的内容编制询价通知书；四是供应商只有两家时，不能采用询价方式进行采购，而只能采用竞争性谈判方式。

（本文发表于《中国政府采购》杂志2014年第5期）

# 政府采购基础规范性工作迈出重要一步

——解读《关于进一步规范政府采购评审工作有关问题的通知》

**法规篇**

笔者认为，采购文件的制作和评审现场的组织是采购代理机构在当前政府采购法律框架下最重要的两项工作职责，财政部充分认识到了这两项工作的重要性，在采购文件标准模本的制订上也尝试了一些举措，但目前基本处于裹足不前的状态，在对评审工作的规范上却由于该《通知》的出台而取得了实质性的进展。该《通知》于2012年6月印发，尽管法律位阶很低，但笔者认为是自2004年财政部颁布《十八号令》、《十九号令》以来，对采购一线工作最具有指导性的一份文件。笔者有幸参与了该文件的起草工作，财政部起草组接受了笔者的一部分观点，采纳了一些实际操作中总结的可行性做法（详见本书第二章笔者发表的部分文章）。在该《通知》正式印发后不久，即拟定了此文，非歌功颂德，实推心置腹，对该《通知》做一些客观的评价。

规范政府采购操作行为，规避政府采购法律风险，是政府采购监管部门和执行机构共同追求的目标。根据当前政府采购的法律设计，政府采购执行过程中面临的最大风险主要存在于两个环节，即采购文件制作环节和评审环节。规避风险最有效的措施就是依据法律法规或相关规范性文件组织采购活动。由于《政府采购法》对政府采购评审工作未做出实质性的规定，《政府采购评审专家管理办法》更多的是对评审专家的资格、权利义务、管理和使用做出了规定，对具体评审活动基本也未涉及，目前对政府采购评审活动做出明确规定的，只有《政府采购货物和服务招标投标管理办法》（以下简称《十八号令》），但《十八号令》仅适用于采用招标采购方式的项目评审，对于采用非招标采购方式的项目评审的规范性文件尚是个空白，同时，由于近年来评标活动中不断出现各种新情况、新问题，仅有《十八号令》也已不能满足评审工作的需要。财政部《关于进一步规范政府采购评审工作有关问题的通知》（以下简称《通知》）的出台，不仅弥补了政府采购评审工作管理制度上存在的缺陷，而且对许多具体操作性内容做出了更贴近实际的规定，明确了采购人、采购代理机构、评审委员会的职责，将有效化解政府采购评审环节出现的法律风险。对于各级政府采购执行机构而言，组织评审工作有了具体、规范的行为准则；对于各级监管部门而言，监管评审活动也有了明确的依据。因此，该《通知》的出台，标志着政府采购基础规范性工作向前迈出了重要的一步。

# 一、

## 《通知》体现的三大特性

### 1. 较广的适用性

《通知》第一章第一段规定：采购人和采购代理机构，评标委员会、竞争性谈判小组和询价小组（以下简称评审委员会）成员要严格遵守政府采购相关法律制度，依法履行各自职责，公正、客观、审慎地组织和参与评审工作。即意味着本《通知》不仅适用于采用招标方式组织的采购项目，而且采用竞争性谈判、询价方式的采购项目也同样适用。由于单一来源采购方式评审活动具有一定的特殊性，考虑到与《政府采购非招标方式管理办法》保持衔接，对于采用单一来源采购方式的项目评审，应当不适用于本《通知》。

### 2. 较强的指导性

《通知》通篇都围绕着如何规范评审工作展开，从组织工作、履行职责、严肃纪律、特殊情形处理四个层面，对采购人和采购代理机构、评审委员会应该做什么、如何做、不能做什么，都做出了明确、具体的规定，不含糊、不回避，就目前政府采购评审工作中已经遇到的各种问题基本都给出了答案，尤其是一些之前有争论的问题，对具体的评审工作具有很强的指导价值。

### 3. 较严的逻辑性

《通知》的前三章内容基本按照采购人和采购代理机构、评审委员会的顺序来区分各自的权利义务、工作职责和应遵守的工作纪律，表述上既分工明确，又相互配合，体现了政府采购评审活动中各方当事人之间相互监督、相互制约的关系，结构严谨，用词精炼，可以说是近几年来政府采购监管部门出台的少见的基本无漏洞、读完即可用的一份规范性文件。

## 二、《通知》凸显的五处亮点

### 1. 平衡了评审各方的权责利关系

目前，许多采购代理机构都认为采购人在评审活动中比较强势，经常发表一些倾向性意见，影响评审委员会的独立评审，同时认为在评审活动中采购代理机构和评审委员会的权责利不对等，评审委员会是有权无责，采购代理机构是有责无权。因此，在《通知》中，着重对这些不对等的权责利关系进行调整，使得参与评审各方的权责利相对平衡。如取消了采购人发表有倾向性言论的权力，要求采购人需要在评审前介绍项目背景和技术需求的，应当事先提交书面介绍材料，介绍内容不得存在歧视性、倾向性意见，不得超出采购文件所述范围，书面介绍材料作为采购项目文件随其他文件一并存档；要求评审委员会承担更多的义务，如要对评分汇总情况进行复核，特别是对排名第一的、报价最低的、投标或相应文件被认定为无效的情形进行重点复核。评审委员会要在采购项目招标失败时，出具招标文件是否存在不合理条款的论证意见。这些内容在以前的相关法律法规、规范性文件中均未出现过，但做出这些规范性要求，确实使参与评审活动各方的权责利关系更加均衡。

### 2. 促进了评审工作的精细化管理

《通知》中吸纳了各地采购代理机构在评审活动中许多实用、有效的做法，起到了推广先进经验、统一规范行为的作用，促进了各地采购人和采购代理机构在组织评审工作时，逐步向规范化、精细化、专业化方向发展。如要核实评审委员会成员身份，告知回避要求，宣布评审工作纪律和程序，介绍政府采购相关政策法规；在评审工作开始前，将手机等通信工具或相关电子设备交由采购人或采购代理机构统一保管等，对这些细节活动的规范，确实能够有效减少评审活动不规范带来的法律风险。

### 3. 明确了组织单位的可行性职责

在《通知》出台前，除了明确采购代理机构不能派代表参加本单位组织的采购项目评审外，采购代理机构对于自己在评审工作中能干什么，不能干什么，都是摸着石头过河，一直心里没谱，各地的做法也五花八门。《通知》解决了以前一些评审活动中存在的争议，明确了评审组织单位在评审工作中的一些可行性职责，如要根据评审委员会的要求解释采购文件，组织供应商澄清；要对评审数据进行校对、核对，对畸高、畸低的重大差异评分可以提示评审委员会复核或书面说明理由。这些新的职责以前一直是一个有争议的话题，有人认为评审委员会应该独立不受任何干扰地进行评审，组织单位没有权力对评审结果进行复核，但这次《通知》中还是认为组织单位还是应该有所作为。对评审数据进行校对、核对，并不影响评审委员会的独立评审权，同时，也避免了评审委员会在评审时不负责任的一审了之，让组织单位承担不正常的评审后果的局面。这样的规定也体现了组织单位和评审委员会相互制约的关系。

### 4. 限制了评审专家的自由裁量权

许多人认为评审委员会在评审时的自由裁量权过高，这是因为以前没有任何的法律法规和规范性文件对其自由裁量权进行过限制，是制度设计不合理赋予了评审委员会过高的自由裁量权。《通知》充分认识到了对评审委员会自由裁量权进行限制的必要性，对评审委员会的具体评审行为进行了约束。如要求评审委员会对供应商的价格分等客观评分项的评分应当一致，对其他需要借助专业知识评判的主观评分项，应当严格按照评分细则公正评分。不得修改或细化采购文件确定的评审程序、评审方法、评审因素和评审标准，不得接受供应商主动提出的澄清和解释，不得征询采购人代表的倾向性意见，不得协商评分，不得记录、复制或带走任何评审资料。这些规定不仅对评审委员会的自由裁量权进行了限制，同时对评审委员会应遵守的评审纪律也提出了更高的要求，有利于保证评审工作的有序开展，提高评审结果的公正性。

### 5. 兼顾了评审活动的特殊性情况

《通知》不仅对评审活动中的常规性行为进行了规范，而且还兼顾了一些不常见的特殊情形。如对于异地抽取专家、评审专家库中相应专业类型专家不足、评审现场无法及时补齐专家等情形，给出了切合实际的处理意见。特别有实际指导价值的是明确了参与政府采购活动的供应商对评审过程或者结果提出质疑的，采购人或采购代理机构可以组织原评审委员会协助处理质疑事项，并依据评审委员会出具的意见进行答复。质疑答复导致中标或成交结果改变的，采购人或采购代理机构应当将相关情况报财政部门备案。使得各地一直争论不休，是由原评审委员会，还是组织新的评审委员会处理质疑的话题，终于有了明确的答案。同时，对于质疑答复导致中标或成交结果改变的，赋予了采购人或采购代理机构直接更正结果的权力，更正后只需将相关情况报财政部门备案即可，此问题以前也曾存在过较大的争议。

## 三、

## 贯彻《通知》的四点建议

### 1. 积极做好宣传解释工作

政府采购制度在我国推行十多年来，财政部虽然对评审工作未出台过专门的规范性文件，但各地方政府采购监管部门和执行机构都已进行了积极探索，有的还制订了相关的规章制度，许多采购人、评审委员会对当地的评审程序、评审要求、工作纪律已经非常习惯。《通知》的出台，对采购人的行为约束较多，取消了采购人的现场话语权；对采购代理机构组织评审工作提出了更高的要求，增加了对评审数据进行校对、核对的职责；对评审委员会的自由裁量权进行了限制，同时，还增加了一些评审委员会以前未承担过的义务。因此，采购人、评审委员会现阶段可能不太适应，各级政府采购监管部门和执行机构应积极做好宣传解释工作，各地监管部门应将《通知》及时转发给同级采购人和采购代理机构，执行机构可在评审现场将此《通知》复印给采购人、评审委员会，并做好相关内容的解释工作。

### 2. 及时改善评审现场条件

《通知》中要求"省级以上政府集中采购机构和政府采购甲级代理机构，应当对评审工作现场进行全过程录音录像，录音录像资料作为采购项目文件随其他文件一并存档。"因此，省级以上政府集中采购机构和政府采购甲级代理机构应当按照《通知》的要求，及时改善评审现场的软件、硬件条件，尽快满足《通知》的要求。对于省级以下政府集中采购机构和政府采购乙级代理机构，在《通知》中虽然没有做出要求，但对评审现场的全过程录音录像，将是规范评审工作的一种基础性措施，因此，市、县级政府集中采购机构和乙级代理机构也应提前做好相应的准备工作，尽早做到对评审工作现场进行全过程录音录像。

3. 主动梳理现有评审制度

目前，有些地方政府采购监管部门或执行机构已经结合实际需要，根据自己对政府采购法律法规的理解，制订了规范评审工作的相关规章制度。由于《通知》对以前一些有争议的问题给出了明确的答复，调整了评审各方的权责利关系，各地原已制订的相关规章制度可能与《通知》内容不一致或相违背。因此，各级政府采购监管部门或执行机构应主动对现有相关评审工作的文件进行梳理，及时修订与《通知》要求不一致或相违背的内容。同时，由于《通知》中将采购人、采购代理机构、评审委员会的工作职责、纪律要求分布在四个章节中，不利于评审各方集中掌握与自身相关的内容，建议各级执行机构可将涉及评审各方的有关内容重新调整，从采购人、采购代理机构、评审委员会三个角度，分别制订《采购人须知》、《组织评审工作流程》、《评审委员会工作纪律》、《评审委员会评审程序》等相关制度，以利于《通知》尽快在实际工作中执行。

4. 认真强化执行监督力度

《通知》对于规范采购人和采购代理机构、评审委员会的行为，确实能够起到积极的促进作用，但由于对采购人、采购代理机构、评审委员会都分别提出了更高、更严的要求，在习惯思维的影响下，采购人和采购代理机构、评审委员会能否及时按照《通知》要求认真贯彻执行，需要各级政府采购监管部门和执行机构加强对评审工作的内、外部监督。各级政府采购监管部门在《通知》发布后，应增加到评审现场监督的频率，督促执行机构按照《通知》精神，及时制订新的评审工作流程，督促采购人和采购代理机构、评审委员会严格落实《通知》中的各项规定，尽快养成符合《通知》规定的新的评审习惯。

## 四、

## 对《通知》的完善建议

尽管《通知》对于规范评审行为、降低法律风险起到了重要的促进作用，但由于《通知》的法律效力层级较低，将影响到《通知》作用的进一步发挥，建议在《通知》施行一段时间后，政府采购监管部门在收集各方面意见的基础上，重新对《通知》内容进行完善、升级，尽快制订《政府采购评审工作管理办法》，以部长令的形式颁布，提升其法律效力。

（本文发表于《中国政府采购》杂志 2012 年第 8 期）

# 理论篇

　　本章主要收集了笔者对政府采购理论探讨的一些文章，大多成文于从事政府采购工作十年前后。作为一名参与江苏省政府采购中心组建并见证其成长的工作者，经历了政府国内集中采购机构（简称采购中心）的风云变化，身在其中，故钟情于对采购中心的机构设置、工作职责、发展方向的研究，也导致部分观点可能属于"不识庐山真面目"；同时，作为省内定点采购、协议供货、批量集中采购的率先实践者，对国内不同的采购模式也比较感兴趣。作为一名非专业理论研究者，著此诸文，实强其所难。求之不得，寤寐思服。优哉游哉，辗转反侧。

# 从历史的角度辩证地看待采购中心的设立

——谨将此文献给自己从事政府采购工作十二年之际

采购中心自出生起,就注定是个苦孩子。1997年,中国开始推行政府采购工作,即遇上了全国上下大规模的机构改革,财政部拟设立采购中心最终"流产",各地采购中心的设立基本都不是"顺产"。设立后,由于工作职责、人员素质、采购经验的限制,采购中心落了个"既当运动员又当裁判员"的恶名,还背了个"集中采购,集中腐败"的黑锅。2002年《政府采购法》颁布,要求采购中心与"亲娘"财政部门分离。2010年前后,纪检部门牵头组建公共资源交易中心,点名将采购中心纳入其中。目前,以独立法人身份存在、独立运行的采购中心已屈指可数。笔者非常幸运地见证了这段历史,也自认为责无旁贷地应将这段历史进行总结、归纳,还原采购中心的本来面目。2010年,适逢笔者从事政府采购工作12年,自觉有一股历史责任感驱使自己搜章摘句,历时六个月始成本文,作为自己12年采购工作的祭品。感谢中国政府采购杂志社的殷亚红副社长,未删一字分两期予以发表,原汁原味以飨读者。

2010年6月11日,《中国政府采购报》在头版刊登了一篇简短的报道:江西省财政厅和监察厅联合发布《江西省财政厅、江西省监察厅关于实行政府采购集中采购机构职能市场化的意见》(赣财购〔2010〕15号),明确要求各设区市应在2010年12月31日前,县(市、区)在2011年6月30日前撤销政府部门设立的政府集中采购机构,由采购人委托社会中介机构代理采购,做到政府采购管采彻底分离。笔者不禁联想到2005年1月底,北京市朝阳区财政局决定撤销区政府采购中心一事,虽然在政府采购行业内引起了一番争论,但毕竟仅是一个区财政局撤销下设的采购中心,对社会的影响尚小,至今,北京市市级和其他区级采购中心依旧在正常运行。这次在全国率先撤销全省范围内的采购中心，必将对全国各级采购中心的设立产生重大影响。笔者从事政府集中采购恰逢十二周年，见证了采购中心机构从无到有、规模从小到大、行为从无序到规范，希望能从我国政府采购发展的历史角度，辩证地与全国政府采购同行就采购中心的设立问题进行探讨。文章中的观点仅代表笔者个人，不代表所在单位和有关媒体。

## 一、

## 从政府采购试点到《暂行条例》，从集管采于一身到集中采购机关

### 1. 成立采购中心的起因

1995年12月，在日本大阪召开的亚太经合组织（简称 APEC）部长级会议和领导人非正式会议通过了《大阪行动议程》，时任国家主席的江泽民同志代表中国承诺，中国最迟于2020年之前向亚太经合组织成员对等开放政府采购市场。但在1996年 APEC 开展成员间政府采购制度情况调查中，发现18个成员方只有中国政府采购制度还是空白。

同时，国内财政支出管理体制改革正紧锣密鼓地展开，被誉为这项改革的"三驾马车"——部门预算、国库集中支付、政府采购并驾齐驱，自然也离不开政府采购制度的推行，因此，我国在上海、深圳等地开始政府采购试点工作。根据财政部建立我国政府采购制度的构想：借鉴国际惯例，结合我国的实际情况，对政府采购中的集中采购项目应由一个专职机构如政府采购中心统一组织采购。实行集中采购，有利于形成采购规模，有效节约财政资金；有利于加快政府采购市场的形成，加强我国在世贸组织（WTO）和亚太经合组织（APEC）等有关谈判中的地位，有利于强化政府采购市场的管理，降低管理成本；有利于我国预算编制方法和财政资金管理（直接支付方式）体制改革的深入进行，并对全社会采购方式的改变产生深远的积极影响。[①] 在此背景情况下，各地相继成立了采购中心。

### 2. 采购中心最初的职责

上海市于1995年制定了我国第一个政府采购试行办法，1998年12月24日

---

[①] 楼继伟主编. 政府采购. 北京：经济科学出版社，1998：162.

正式颁布了《上海市政府采购管理办法》，深圳市在 1998 年制订了我国政府采购第一个地方性法规《深圳经济特区政府采购条例》。在这两个地方性管理办法和法规中，都明确了采购中心的设立和职责。上海市政府采购中心于 1999 年 5 月 12 日正式挂牌成立，根据《上海市政府采购管理办法》规定，上海市政府采购中心是本市市级政府采购机构，接受采购委员会的领导，履行下列职责：（一）组织实施集中采购；（二）接受采购人的委托代理采购；（三）建立与本市政府采购相适应的信息系统；（四）市人民政府规定的其他职责。深圳市政府采购中心的前身——深圳市政府物料供应中心于 1999 年 3 月 9 日正式挂牌成立，其主要职责是"受市财政局的委托，集中统一采购、供应、调拨和管理市属机关、事业单位的公用物料工作"。

根据财政部建立我国政府采购制度的构想：政府采购中心是由政府组建并根据政府授权负责组织行政事业单位重大和集中采购事务，并直接开展采购业务的事业单位。主要职责包括：（一）组织中央行政、事业单位的重大和集中采购事务；（二）接受委托，参与由财政拨款的公共工程的竞标；（三）承担不具备（或被取消）独立采购资格的采购机关的采购业务；（四）受有关采购机关委托，代其采购工程、货物和服务；（五）组织培训采购管理人员和技术人员。①

截至 1999 年，全国已有 28 个省、自治区、直辖市和计划单列市建立了政府采购管理办公室或专门机构。② 这里所谓的专门机构，主要就是指采购中心。据笔者所了解，从 1995 年我国政府采购工作试点以来，一直到 1999 年以前，各省市大多在财政部门成立了采购中心，单独设立监管机构的很少，许多地方采购中心实质上同时承担着监管的职责。上海市是最早提出政府采购领导机构、管理机构和运作机构分设模式的地区，但一直到《政府采购法》实施后，该市政府采购管理办公室的工作人员依然很少，主要依托采购中心开展各项政府采购工作。

### 3. 采购中心职责的转变

这种监督管理和组织实施职责相统一所带来的负面影响，引起了有关部门的注意。在 1999 年深圳市政府采购工作情况汇报中就提到："目前，全国各地政府采购的组织构架情况比较复杂，相当一部分地区政府采购的管理监督与组织实施职能关系不明晰，造成了既当裁判员又当运动员的不合理现象，监督制约机制不健全。深圳也存在类似的问题，目前的组织构架缺乏层次，政府物料供应中心承

---

① 楼继伟主编. 政府采购. 北京：经济科学出版社，1998：162.
② 楼继伟副部长在全国政府采购工作会议上的讲话（1999 年 11 月 18 日）。

担着管理与实施的双重职能，在实践过程中已经不可避免地产生了矛盾，严重制约政府采购工作的深入开展。就此问题，我们已经向有关部门提交了专题报告，要求尽快成立政府采购管理办公室，专职负责政府采购的政策制定、管理、监督等方面的工作，物料中心专职负责组织采购，实现政事分开。"从这段话可以分析出，全国大多数地方采购中心在监管机构之前设立，管采分设就是将采购中心的监管职责剥离给监管机构。

根据政事分开的原则，1999年4月17日，财政部正式印发了全国第一部政府采购部门规章——《政府采购管理暂行办法》（以下简称《暂行办法》），明确了财政部门是政府采购的监管部门，采购中心是集中采购机关，具体职责为：（一）统一组织纳入集中采购目录的政府采购项目；（二）组织由财政拨款的大型政府采购项目；（三）受其他采购机关的委托，代其采购或组织招投标事宜；（四）办理财政部门交办的其他政府采购事务。1999年11月18日在江苏泰州举办的全国首次政府采购工作会议上，财政部楼继伟副部长（时任）在讲话中对采购中心的职责进一步给予了明确："集中采购机关是政府采购事务的实施部门，没有管理职能。集中采购机关的业务范围，主要是统一组织纳入集中采购目录的政府采购项目。目前，很多地区成立的采购中心应该行使集中采购机关的职责，各级财政部门要采取相应的措施，促使采购中心向采购主体转换。"这段话更加明确了采购中心的性质，要求将其管理职能分离出来，逐步转换成为采购主体，这里的采购主体，笔者认为应理解为代表本级政府行使采购权。

4. 采购中心的阶段性作用

从我国政府采购试点到《暂行办法》的出台，是采购中心由集监管与操作于一身，向只负责操作转变的过程，也是采购中心定位逐步明确、职责逐步明晰的过程。在这个过程中，采购中心为政府采购工作探索积累了大量的宝贵经验，对我国的政府采购工作能够快速起跑，起到了积极的推动作用。深圳市财政局在1999年全国政府采购工作会议上的工作情况汇报中就明确写道："中心成立以来，在政府采购建章立制、组织实施等方面做了大量富有成效的工作。"这是对从政府采购试点到《暂行办法》出台过程中，采购中心阶段性作用的最适当评价。

5. 《暂行办法》对采购中心的影响

《暂行办法》正式实施前后，许多地方成立了采购中心，有的省市还不止一个，如吉林、湖北、江苏等地都曾出现过两个省级采购中心并存的现象。据财政部统计，截至2001年年底，全国36个地区，省一级有专职政府采购管理机构

25 个，省级集中采购机构 43 个，其中设在财政部门的有 24 个。① 2002 年，中央首个集中采购机构——中央国家机关政府采购中心也正式挂牌。这些采购中心的成立，为政府采购工作的迅速展开起到了关键性作用，全国的政府采购规模从 1998 年的 31 亿元，高速增长到 2002 年的 1135.4 亿元，增长的平均速度为历史最高，其中集中采购比例为 73%。②

财政部肖捷副部长（时任）在 2002 年全国政府采购工作会议上的讲话中也提到："多数省（区、市）成立了政府采购中心，执行集中采购任务。市、县级政府的政府采购机构建设工作也正在有序推进。与此同时，政府采购工作人员队伍迅速壮大，业务素质不断提高。据统计，目前全国政府采购管理机构人员为 4300 人，集中采购机构人员为 6400 人。"

## 二、

## 从《暂行办法》到《政府采购法》，从集中采购机关到采购代理机构

2002 年 6 月 29 日，《政府采购法》正式颁布。我国的《政府采购法》在制定过程中遭遇了各种权势群体和利益集团的激烈博弈，权力结构和利益机构发生了重新组合，并重新分配各自的势力范围，然后强势群体最终还是左右了这部法律的立法过程，主导了立法倾向，从而在《政府采购法》中留下了鲜明的痕迹。③ 笔者认为，该法不是对《暂行办法》的继承，而是否定，不仅体现在对采购中心的性质、机构设置、运行程序、参与采购的环节、发挥的作用、对政府采购合同性质和采购中心在合同中的地位产生了直接的巨大影响，而且对政府集中采购的效益性、公平性和权威性，以及采购中心的长远发展，都带来了间接的深远影响。

### （一）《政府采购法》与《暂行办法》关于采购中心内容的差异

#### 1. 否定了采购中心的机关性质

《暂行办法》中，采购中心作为集中采购机关，在政府采购活动中作为政府

---

① 财政部国库司. 2001 年全国政府采购规模 653 亿元. 中国政府采购，2002（6）
② 2002 年全国政府采购规模突破 1000 亿. 中国政府采购网.
③ 谷辽海. 法治下的政府采购. 北京：群众出版社，2005：40.

采购主体，统一组织纳入集中采购目录和由财政拨款的大型政府采购项目的采购，参与政府采购活动每个环节，按照政府采购预算和采购人提出的具体要求负责所有采购事务。而《政府采购法》明确规定集中采购机构为采购代理机构，在政府采购活动中作为接受采购人委托办理采购事务的当事人，只能在委托范围内代理采购。

### 2. 改变了采购中心的采购程序

按照财政部2000年制定的《政府采购运行规程暂行规定》第四条规定："各级财政部门要建立健全政府采购计划管理体制，保证各项政府采购活动按计划进行"，同时第十三条规定："政府采购程序包括下列主要步骤：编制政府采购预算，汇编政府采购计划，确定并执行采购方式，订立及履行采购合同，验收，结算。"而《政府采购法》明确采购人有权直接委托采购代理机构办理采购事宜，采购代理机构在委托范围内代理采购。两种管理体制反映在采购程序之间的差异如图1、图2所示：

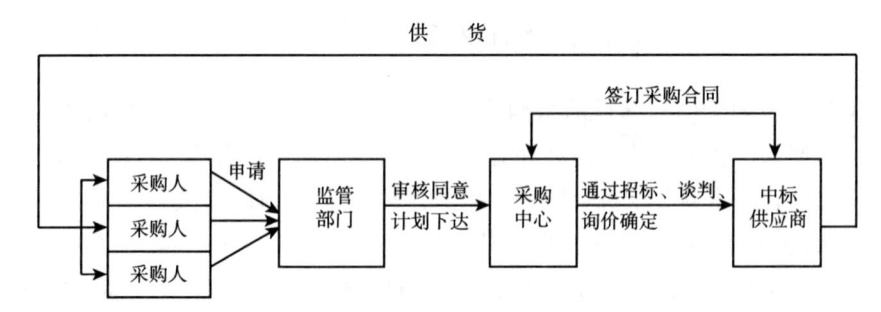

图1 《政府采购法》实施前的政府采购程序

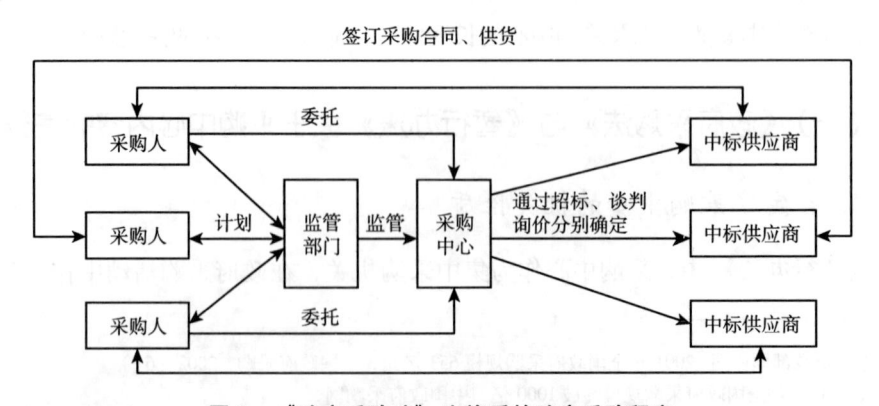

图2 《政府采购法》实施后的政府采购程序

3. 限制了采购中心的活动范围

《政府采购法》出台前，采购中心根据财政部制定的《政府采购管理暂行办法》、《政府采购招标投标管理暂行办法》、《政府采购合同监督暂行办法》、《政府采购运行规程暂行规定》等有关规定，作为具体实施集中采购的采购机关，主要负责组织的政府采购活动有：（一）按照采购项目的不同，向政府采购管理机关申请采取公开招标以外的其他采购方式进行采购；（二）要求参与政府采购的供应商提供资质证明，并对其资格进行审查；（三）拟定招标文件、谈判文件或询价单，招标、谈判、询价采购的现场组织，向中标人发出中标通知书；（四）代表采购人签订政府采购合同；（五）参与采购项目的验收；（六）对实行财政统一集中支付的采购项目，向财政部门提出资金支付申请；（七）对无法实施的政府采购项目，可再委托其他有资质的代理机构进行采购。

目前《政府采购法》已明确规定第（一）、（二）、（六）项活动由采购人负责，采购中心除可依法组织第（三）项活动外，如参与第（四）、（五）项活动，必须在签署委托代理协议时得到采购人的授权，否则无权参与相关政府采购活动，与普通的招标代理中介机构权限相同。

4. 取消了采购中心的主体地位

《政府采购运行规程暂行规定》第二十条规定："集中采购项目的合同原则上由集中采购机关与中标供应商签订，也可以由集中采购机关会同采购单位（用户）与中标供应商签订"。采购中心在政府采购合同中以合同主体或合同监督的第三方出现，需要承担合同约定的权利和义务，或拥有对合同履行的监督职能，体现出采购中心在政府采购活动中的主体地位。

《政府采购法》第四十三条规定："采购人可以委托采购代理机构代表其与供应商签订政府采购合同"，明确采购中心不能再以合同主体或合同监督的第三方名义出现，即使签订合同，也仅以受托人的身份履行合同。

## （二）《政府采购法》出台后采购中心面临的困境（可能被撤销的背景分析）

虽然《政府采购法》还保留了采购中心非营利事业单位的集中采购机构地位，但对其承担职责的规定却更加的含糊，甚至于前后矛盾，同时，社会各界将对政府采购制度的不满都归罪于采购中心，以及采购中心机构设置、人员结构的先天性不足，使得在2002年之后的一段时间内，采购中心陷入了历史性的低谷。

### 1. 职责逐步弱化

一是部门集中采购的出现。在《政府采购法》出台前，还没有部门集中采购的提法，《暂行办法》中只规定了两种采购形式：不是由集中采购机关负责的集中采购，就是由各非集中采购机关自行组织采购。《政府采购法》却规定：纳入集中采购目录属于通用的政府采购项目的，应当委托集中采购机构代理采购；属于本部门、本系统有特殊要求的项目，应当实行部门集中采购。从而削减了采购中心集中采购的范围。

二是分散采购的兴起。《政府采购法》出台后，"自行组织采购"变成了"分散采购"，并且迅速提升到了与集中采购相提并论的地位，财政部肖捷副部长（时任）在2002年全国政府采购工作会议上的讲话中提到："处理好集中采购与分散采购之间的关系。集中采购和分散采购都是政府采购制度的重要组成部分，二者形式不同，各具优势。分散采购项目通常是专项，采购规模大，调控力度强，是政府采购发挥宏观调控作用的主要领域。因此，要澄清集中采购才是政府采购的模糊认识，积极推动分散采购，同时，加强对分散采购的管理和指导。"不难看出，鼓励分散采购，即相对减少集中采购，进一步打压了采购中心生存的空间。

三是协议供货的推广。在2004年全国政府采购工作会议上，财政部领导要求："要完善集中采购程序和采购方式，扩大协议供货和定点采购项目范围，切实提高集中采购效率。"按照《政府采购协议供货管理办法（征求意见稿）》中的定义：协议供货就是通过公开招标方式确定中标供应商和中标产品，采购人直接按照中标价格或优惠率向中标供应商采购中标产品。对于属于本部门、本系统有特殊要求的项目，实行部门集中采购，属于本单位有特殊要求的项目，经批准可以自行采购，剩下的纳入集中采购目录属于通用的政府采购项目又实行协议供货，采购中心的职责仅剩下组织招标，随后则由采购人自行选择供应商，那么，还需要采购中心干什么呢？

### 2. 法律层面的限制

一是委托制难以体现集中采购规模效应。政府采购目的之一是要提高政府采购资金使用效益，虽然采用公开招标作为政府采购的主要采购方式，可以节约一定的财政资金，但真正实现提高财政资金使用效益这一目的，关键应集中各采购人的同类需求，以大批量的规模采购引起相关供应商的关注，在降低供应商成本的基础上，引导其降低价格、提高服务，才能真正体现出政府采购的规模效应，提高社会综合效益。而《政府采购法》规定采购中心是根据采购人的委托办理采购事宜，为给采购人提供及时的服务，采购中心通常只能采取委托一次、采购一次的办法来满足采购人的需要，难以将各采购人的需求集中采购，造成在实际采购过程中，约80%采购批次的采购数量或采购金额很小，既无法体现集中采购的规模效应，无法降低社会总成本，又增加了采购中心的采购成本，最终将影响到集中采购的必要性。

二是考核制难以提高集中采购效率。《政府采购法》第六十一条规定：集中采购机构应当建立健全内部监督管理制度。采购活动的决策和执行程序应当明确，并相互监督、相互制约。经办采购的人员与负责采购合同审核、验收人员的职责权限应当明确，并相互分离。第六十六条规定：政府采购监督管理部门应当对集中采购机构的采购价格、节约资金效果、服务质量、信誉状况、有无违法行为等事项进行考核，并定期如实公布考核结果。在此考核机制下，作为非营利性事业单位的采购中心，必然追求程序的规范、资金的节约，不求有功，但求无过，采购效率自然难以提高，而这又会引起采购人的不满。

### 3. 无法承担的责任

由于采购中心是政府采购的直接操作机构，社会各界对政府采购各项功能的落实，都寄希望于身处第一线的采购中心，但许多期盼其实已超出了采购中心的职责范围：

一是对采购人约束无力。根据《政府采购法》的规定，采购中心只是根据采购人的委托办理采购事宜，是委托和受托的关系，从严格意义上说，采购中心对采购人的无理要求没有约束的权力。

二是对评委会建议无效。政府采购结果都是评审专家说了算，采购中心工作人员不得参加由本机构代理的政府采购项目的评标，而评审专家只能在监管部门设立的专家库中随机抽取使用，在评审过程中，对评审专家不合理的评审行为，至今也没有明确过采购中心有拒绝的权力。

三是对供应商处罚无据。就连供应商出现明显的虚假投标、围标串标，采购中心即便是没收供应商的投标保证金，都没有法律依据，而只能将有关情况汇报给监管部门处理，甚至对供应商明显的恶意质疑，采购中心连保护自己的权利都没有。

四是对合同履约监督无权。对供应商履约的验收，应当由采购人组织，只有采购人委托采购中心验收时，采购中心才可能参与验收，大多数情况下，对于供应商的履约情况，采购中心并不知情。同时，相当一部分的合同是采购人不履约，供应商又不愿走司法程序，向采购中心反映，采购中心对采购人也无能为力。

采购需求是采购人负责，确定中标或成交供应商是评审专家负责，合同签订和履行，是采购人和供应商双方自己的事，请问：购买价格高的产品是采购中心定的吗？采购中心能自行决定采购周期吗？供应商提供质量差的产品是采购中心验收的吗？供应商服务不好是采购中心负责监管吗？但采购中心却要承担"应当符合采购价格低于市场平均价格、采购效率更高、采购质量优良和服务良好的要求"这样的责任。责任不能承受之重！

4. 自身先天的不足

一是人员组成不合理。根据我国政府采购工作开展的需要，各省、市采购中心成立的时间多在1998～2001年间，正当各省、市机构改革之际，采购中心很少被批准为公务员编制，基本以全额拨款或自收自支的事业单位为主，造成采购中心成立初期的人员大多以机关分流人员为主，这些人员一般在原单位从事管理、财务工作居多，业务能力偏弱。

二是知识结构有缺陷。西方发达国家在企业和政府采购中实行的采购人或采购经理认证制度，在我国尚未推行，进入采购中心的工作人员，基本上未经过专业培训，许多人员的知识结构尚处于学校毕业时的状态，缺乏政府采购专业技术知识。财政部门组织的采购业务培训过于理论化，缺乏实际采购工作的专业系统培训，使培训工作流于形式，造成采购中心人员素质得不到进一步的提高，不利于采购工作的开展。

三是廉政建设更重要。由于廉政建设工作的需要，采购中心内部实行的分段采购和轮岗制，也会造成工作人员对所从事的采购项目熟悉时间过短，无法深入理解、钻研。现代社会知识日新月异，只有通过不断的学习和钻研，才能熟悉和了解最新的技术和市场行情变化，轮岗制使工作人员成为对多个采购项目只知皮毛的通才，而不是对某类项目精通的专才。

（三）采购中心职责弱化后带来的负面影响

由于《政府采购法》的实施，造成了采购中心职责的逐步弱化，这种趋势对我国政府采购事业的发展并非好事。

1. 宏观政策无法贯彻

政府采购的宏观政策功能是促进社会和谐发展的重要手段，但有时会给具体采购人的利益带来影响，必须要有强制执行力。如果采购中心不能对采购人构成一定的约束力，而以满足采购人需求为要务，在政策的执行力上，很难保证做到及时、到位。

2. 监管执行互不干涉

当前，我国各级采购中心的行政级别大多和同级的政府采购专职监管机构相同，有的甚至还高于同级监管机构。在官本位体制下，低级机构监管较高级的机构事实上存在一定的难度，造成一些监管部门觉得采购中心不好管，干脆将政府采购业务交由听话的中介机构办理。而采购中心不是全额拨款、就是参照公务员管理的事业单位，经费有保障，干多干少都一样，让我干，我就干，你就别管，不让我干，我也无所谓，造成事实上的监管执行互不干涉，有对立的倾向，形成不了合力。

3. 中介市场寻租泛滥

采购中心职责的弱化，为一些社会中介机构的发展提供了新的机遇。未实行政府采购时，采购结果由采购人直接和供应商协商达成，和中介机构没有关系。实行政府采购后，许多以部门集中采购、分散采购为由规避集中采购的采购人，并没有自行组织采购，通常委托给社会中介机构办理采购，既能满足自己的采购意愿，又能在办理委托时进行寻租，这是采购人最希望追求的结果，造成中介市场寻租行为的进一步泛滥。

4. 自行采购更难监管

不论是部门集中采购，还是分散采购，由于采购人受自身能力和采购经验的限制，其组织的采购活动与采购中心相比更不规范，同时，由于采购人面广、量大，对于人手有限的监管部门而言，监管目标更分散，实施有效监管的难度更大。

5. 财政部门"自断其臂"

《政府采购法》和《招标投标法》之间的矛盾、冲突，其实就是财政部门与其他相关部门之间的利益冲突。在部门利益冲突中，政府采购监管部门和采购中心其实是利益共同体，只有采购中心才是《政府采购法》的坚定执行者，采购中心的强势必将扩大政府采购的范围和影响力，推动政府采购的健康发展。弱化采购中心职能，甚至撤销采购中心，只会失去与其他部门利益斗争的帮手。

## （四）《政府采购法》对采购中心设立的直接影响

### 1."龙生九子"

"31个省、自治区、直辖市，一共设立了29个省级集中采购机构，其中江苏省根据需要设立了两个采购中心。尽管29个省级集中采购机构履行着几近相同的职责，但却分属于9个不同的行政部门。除仍隶属财政部门外，有的隶属省级人民政府办公厅；有的隶属省级机械设备成套局；有的隶属省级政府采购管理委员会；有的隶属省级机关事务管理局；有的隶属商务部门；有的隶属国资委；有的不隶属任何部门，属于企业性质；有的分出财政部门又由财政部门代管。"[①]这就是在《政府采购法》颁布四年后，中国省级采购中心当时的状况。截至目前，这种隶属关系的状况基本没有太大的改变，只有个别采购中心的隶属关系发生了变化。尽管都履行着集中采购的职责，但即便是隶属相同的行政部门，各省采购中心的具体职责还是相差较远，管理水平、操作流程、采购规模、机构性质、人员编制都不尽相同，这将为政府采购政策制度的统一执行、政府集中采购市场的统一建立带来巨大的障碍。

### 2."群龙无首"

目前中央一级至少设立了五个采购中心，没有哪个采购中心能一呼百应，担负起领袖的角色。省级采购中心由于隶属关系的不同，相互之间的交流基本以单线联系为主，市、县级采购中心与本省省级采购中心大多没有上下级隶属、指导关系，每个采购中心都为同级机关、事业单位服务。在当前政府采购没有统一的采购文件模本，没有固定的合同条款格式、没有规范的具体操作程序、没有先进的电子交易平台的情况下，形成了各自为战、闭门造车的不利局面，既增加了项目采购过程中的操作风险和采购成本，又降低了采购效率，公共资源浪费严重。

### 3."鼎成龙去"

《政府采购法》颁布后，采购中心在政府采购活动中具体的组织、协调、控制、监督的作用大为削弱，组织采购活动的效益性、公平性和权威性也会有所下降，社会各界将对采购中心机构存在的必要性产生怀疑。随着采购中心与财政部

---

① 宋晓杰. 九种归属 一个心愿. 政府采购信息报, 2006.8.18.

门的脱离，财政部门对采购中心支持力度减小，以及各种采购人以特殊采购为理由实施的部门集中采购或分散采购，都将对采购中心的存在产生不利影响。同时，随着社会各种采购代理机构对政府采购市场的逐步蚕食，采购中心的采购量将逐年减少，对政府采购工作的影响力也越来越低。笔者曾经在《政府采购法》颁布后大胆预测，若干年后《政府采购法》进行修订时，可能会把采购中心实行中介化，就像原来各级财政部门下属的会计师事务所一样，终结采购中心所承担的集中采购使命，只是没能预料到有的省份的改革步伐已经超过了法制化的进程。

从江西抚州市的实践，我们依稀可以看到采购中心被撤销的历史轨迹：在2008年9月之前，抚州市政府采购中心是财政局内部的一个业务处室，管采不分，行使集中采购和监督管理双重职能。2008年8月，财政局成立政府采购管理办公室，与采购中心合署办公，人员编制没有增加，除询价采购外的其他所有项目均委托中介机构操作。当时，财政局及市政府有关部门一直在研究政府采购中心的去向问题。直到2009年9月，市政府才最终下发文件将政府采购中心划归市公共资源交易中心，配备编制3人。不过作为公共资源交易中心的一个业务处室，政府采购中心从来不曾运行过。而就在公共资源交易中心为新增的政府集采业务招聘人员、计划实施培训之时，赣财购〔2010〕15号文下发了，于是，公共资源交易中心取消了该业务处室。①

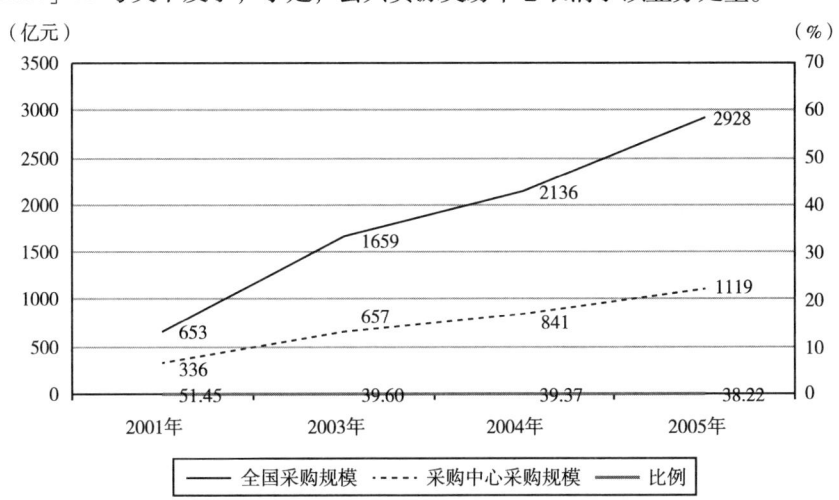

**图3 2001~2005年采购中心采购规模占全国采购规模比例**

注：采购中心采购规模不等同于集中采购规模，2002年、2006年由于财政部统计数据未将采购中心采购规模单列，数据没法比较。

资料来源：财政部国库司编．政府采购法律法规工作手册．北京：经济科学出版社，2008.

① 周黎洁．抚州：集采机构职能实现市场化．中国财经报，2010.11.17.

## 三、

## 从《政府采购法》到《实施条例》，从九种归属到隶属于同级人民政府的独立机构

2009年年底，国务院法制办公开向社会征求对《中华人民共和国政府采购法实施条例（征求意见稿）》（以下简称《实施条例》）的修改意见，根据公布的《实施条例》，对于采购中心的设置、职责等方面内容，与《政府采购法》相比，有了更明确的规定，必将给采购中心的发展带来新的变化。

### （一）《实施条例》与《政府采购法》关于采购中心内容的差异

1. 明确了采购中心的主要职责

《实施条例》第十八条明确了采购中心的主要职责：（一）根据采购人委托，组织实施集中采购目录中通用政府采购项目的采购；（二）与采购人商定采购需求、技术规格、供应商资格条件以及其他商务条件等内容；（三）根据采购人委托，参与合同验收；（四）对本机构组织的政府采购项目执行情况进行跟踪问效；（五）制定本机构内部监督管理制度及操作规程；（六）接受采购人委托，代理分散采购项目采购。而《政府采购法》第十八条规定的采购中心职责却很含糊，且自相矛盾：采购人采购纳入集中采购目录的政府采购项目，必须委托集中采购机构代理采购；纳入集中采购目录属于通用的政府采购项目的，应当委托集中采购机构代理采购。

2. 规定了采购中心的设立层级

《实施条例》第十九条规定：县级以上地方人民政府可以根据本级政府采购项目组织集中采购的需要设立集中采购机构，并报上级人民政府备案。而在《政府采购法》第十六条中规定：设区的市、自治州以上人民政府根据本级政府采购项目组织集中采购的需要设立集中采购机构。没有规定县级人民政府是否可以设立采购中心，《实施条例》为设立县级采购中心提供了法律依据。

3. 统一了采购中心的隶属关系

《实施条例》第十九条规定：集中采购机构应当依法独立设置，隶属于同级

人民政府，不得与任何政府部门、法人或其他组织存在隶属关系或其他利益关系。《政府采购法》第六十条的规定是：政府采购监督管理部门不得设置集中采购机构，不得参与政府采购项目的采购活动。采购代理机构与行政机关不得存在隶属关系或者其他利益关系。《政府采购法》没有明确采购中心的隶属关系，是造成全国各地采购中心隶属关系五花八门的现状的根本原因，《实施条例》统一了采购中心的隶属关系，是各级人民政府的直属机构。

4. 设置了采购中心的必备条件

《实施条例》第二十条设置了采购中心应当具备的条件：（一）具有独立承担民事责任的能力；（二）具有一定数量的政府采购执业资格的专业人员；（三）拥有固定的办公场所和开展政府采购招标代理业务所需设施及办公条件；（四）具有完善的内部管理制度、业务操作流程和采购业务资料库。而《政府采购法》没有对采购中心的设置提出条件，仅在第六十一条对内部管理作出了规定：集中采购机构应当建立健全内部监督管理制度。采购活动的决策和执行程序应当明确，并相互监督、相互制约。经办采购的人员与负责采购合同审核、验收人员的职责权限应当明确，并相互分离。更多的是对人员作出了要求，第六十二条规定：集中采购机构的采购人员应当具有相关职业素质和专业技能，符合政府采购监督管理部门规定的专业岗位任职要求。集中采购机构对其工作人员应当加强教育和培训；对采购人员的专业水平、工作实绩和职业道德状况定期进行考核。采购人员经考核不合格的，不得继续任职。

5. 加强了采购中心的考核力度

《实施条例》第八十六条明确规定财政部门应当加强对集中采购机构的考核，考核的内容有九项之多：（一）集中采购机构执行法律、法规的情况，有无违法违纪行为；（二）采购方式和采购程序的执行情况；（三）集中采购机构建立和健全内部管理制度情况；（四）集中采购机构对投标保证金等的管理情况；（五）集中采购机构从业人员的职业素质、专业技能和廉洁自律情况；（六）采购价格、资金节约情况；（七）集中采购机构对质疑的处理情况；（八）集中采购机构的服务质量情况；（九）省级以上人民政府财政部门规定的其他事项。考核结果不仅向同级人民政府报告，而且在省级以上人民政府财政部门指定媒体上予以公告。而《政府采购法》关于对采购中心的考核内容，仅在第六十六条作出了比较笼统的规定：政府采购监督管理部门应当对集中采购机构的采购价格、节约资金效果、服务质量、信誉状况、有无违法行为等事项进行考核，并定期如实公布考核结果。

## （二）采购中心设定的必要性

为什么在采购中心职责逐步弱化的情况下，《实施条例》却重新明确了采购中心职责，统一了采购中心的隶属关系？从财政部张通部长助理（时任）在2009年全国政府采购工作会议上的讲话中，我们不难找到答案：在政府采购活动中监督管理和操作执行必须并重，绝不能将二者对立起来，既要发挥监督管理的职能作用，又要发挥操作执行的能动作用，监督管理、操作执行要同时发挥作用，才能实现政府采购制度改革目标，才能保障政府采购制度改革健康发展。协调配合，形成执行与监管合力。政府采购制度改革是一项系统工程，仅靠财政一家无法完成改革任务，需要方方面面的支持和配合。财政部门和集中采购机构在工作目标和方向上具有一致性，是政府采购工作的两个方面，各有分工，互相侧重，具有很好的配合基础，希望进一步紧密联系，相互支持，共同做好政府采购工作。张通部长助理（时任）同时历史性地首次在全国政府采购工作会议上对天津市、山西省、辽宁省、安徽省采购中心工作中的做法给予了充分肯定。笔者认为，采购中心存在的价值主要体现在以下五个方面：

1. 采购中心是政府采购法律法规的坚定执行者

许多人都认为采购中心在操作过程中存在不规范的现象，没有严格执行政府采购相关法律法规，这种情况可能确实存在。但笔者曾有幸参加过2008年的全国政府采购执行情况专项检查，在对社会中介机构和采购人的检查过程中，还没有发现有任何一个社会中介机构和采购人组织的政府采购活动比采购中心更规范、更严格按照政府采购有关规定执行。社会中介机构代理的政府采购业务，基本上是按照《招标投标法》办理，有的采购人代表到目前还不知道有《政府采购法》，更不用提落实政府采购的政策功能了！设置采购中心的地方，监管部门收到的投诉也比未设置采购中心的地方少得多。

2. 采购中心是政府采购理论发展的勇敢实践者

实践是检验真理的唯一标准，政府采购法律法规如果得不到实践的检验，就无法衡量其严密性、规范性和适用性，理论如果得不到实践的检验，就无法确定其前瞻性、指导性、系统性。由于采购中心身处政府采购的第一线，在工作中会接触到大量无法事先预计的情况，需要运用政府采购法律法规规范自己的行为，结合理论指导自己正确处理好相关问题，在此过程中，将会对进一步完善相关法律法规和理论起到探索、实践、提高、促进的作用。

### 3. 采购中心是政府采购范围扩大的努力开拓者

许多采购中心不仅承担了已纳入集中采购目录范围内项目的采购任务，而且积极主动开拓自己的采购领域，如江苏省政府采购中心主动服务民生，开通"政府采购照三农"服务专列，青海省政府采购中心根据省政府的要求，实施围栏改造项目，等等，这些项目开始都未纳入政府采购的范畴，经过采购中心不断努力完善，引入政府采购机制，成熟后再纳入集中采购目录内，相应扩大了政府采购的范围。同时，"与社会中介相比，集采机构在实现规模效益上有着不可比拟的优势，特别是在'化零为整'、聚少成多、集小成大等方面有优势"。①

### 4. 采购中心是能够承担社会责任的利益平衡者

十年前，就有人提出，采购中心应该像西方发达国家那样实行中介化。笔者记得当时我国的很多质量检测机构，也被要求逐步市场化运作，但直到今天，这些检测机构不仅未被市场化，反而越来越受到国家和社会各界的重视。在我国目前市场诚信体系尚未建立健全的情况下，不能盲目照搬西方国家的经验，香港股票交易所是股份制公司，在中国可能吗？在政府的诚信尚且受到民众质疑的情况下，只有不以营利为目的，跟采购人和供应商都没有利益关系、政府独立设置的第三方机构的采购中心，才可能比社会中介机构更能发挥出平衡采购人和供应商利益关系的作用，承担起平衡个体私利和社会公共利益关系的责任。

### 5. 采购中心是监管部门发挥作用的忠实合作者

鉴于目前政府采购监管部门的编制、从业人员的数量和经验，要全面落实政府采购各项职责，难度相当大。财政部公布的2010年政府采购工作要点有八大项、二十六小项之多，尚不包含具体事务性的审批、备案、投诉处理、应对行政诉讼等工作，尤其是对采购人的部门集中采购、分散采购和中介机构代理项目的监管。这个道理就像是要抓起一大块圆溜溜的石头，虽然力气很大，但由于没有着力点，就很难抓起来，如果在石头上面凿几个眼，就相对容易抓起来，这就是抓手的作用。采购中心就是政府采购工作的抓手，也是监管部门发挥政府采购作用，真正值得信赖的忠实合作者。

---

① 修霄云．集采机构与社会中介一样吗．政府采购信息报，2006.8.16.

## （三）采购中心究竟应当如何设立

如果采购中心必须设立，那么究竟如何设立才更加合理？笔者认为，衡量的唯一标准应该为是否更有利于推进政府采购工作的开展。《实施条例》为我们开阔了思路，在目前采购中心法定性质不变的前提下，笔者就采购中心的设立提出如下建议：

### 1. 机构设立在县级以上人民政府

由各级人民政府统一直管，而不是委托其他部门代管，部门集中采购机构应成为其派出机构，具体采购业务接受同级采购中心指导，逐步形成统一、规范的集中采购市场，便于规范化管理，这方面可以向各地的建设工程交易中心学习。

### 2. 机构性质应当为参照公务员管理的事业单位

随着我国机构改革的逐步推进，事业单位只有两种改革方向，一种是向公务员靠拢，另一种是向市场化运作。采购中心承担了为同级政府机关、事业单位集中采购的公共服务职能，依法又是非营利性质，参公管理是其最佳归宿。

### 3. 机构定位应当为第三方独立、权威的集中采购机构

为采购人和供应商搭建公平、公正的合作平台，依法独立行使采购权，对同级人民政府和社会负责，而不是对财政部门负责。如果说财政部门是政府的账房先生，采购中心就应当是专职买办。

### 4. 机构职责应当为集中采购使用财政性资金、达到一定数额标准的货物、工程、服务

现在各地的集中采购目录越编越细，部门集中采购越变越多，实际操作却越来越不方便，建议区分货物、工程、服务，分别设定一个数额标准，达到相应数额标准以上的，统一实行集中采购，至于采用何种方式，可以与监管部门协商确定。

### 5. 机构人员应当为通过执业资格认证、公开招聘的专业人才

财政部肖捷副部长（时任）在 2002 年全国政府采购工作会议上的讲话中明确：集中采购机构能否发展壮大，主要取决于是否有过得硬的工作作风和高水平

的优质服务，这就需要花大力气建设一支高素质的专业人才队伍，最终打造出比社会其他采购业务代理机构高出一等的服务品牌。这就要求采购中心的从业人员必须走职业化道路，提高综合素质和服务能力，加强廉政建设，才能承担起集中采购的重任。

## （四）《实施条例》对采购中心的影响

如果正式颁布实施的《政府采购法实施条例》关于采购中心方面的内容，没有在征求意见稿的基础上进行改动，将对采购中心产生以下影响：

### 1. 改变了采购中心的隶属关系现状

目前"龙生九子"的现状将被打破，机构性质也将会统一，采购中心的职责将进一步明确，与政府采购监管部门的职责划分将更加清晰，更有利于推进政府采购工作的健康、有序开展。

### 2. 引发了采购中心的对口指导可能

在统一隶属关系后，将为建立上下级的条线对口指导关系奠定基础，尤其是在省以下地方政府，完全可以赋予上级采购中心对下级采购中心的业务指导职责，避免出现群龙无首的现象。就像各级政府机关事务管理部门，以前上下级没有业务指导职责，随着机构职能的调整，现在也具备了相应的职责。这将对采购中心的规范化操作起到积极的推动作用。

### 3. 扩大了采购中心的集中采购范围

虽然对采购中心的采购范围，《实施条例》仍然沿用了《政府采购法》中的规定，但集中采购目录是由国务院、省、自治区、直辖市人民政府或者其授权的机构确定并公布，集中采购目录中的通用政府采购项目并非一成不变，如果采购中心隶属于各级人民政府，相关项目的范围完全可以根据采购中心的业务能力来确定，只要采购中心坚持不懈，不断扩大集中采购范围完全可以实现。

### 4. 增强了采购中心的集中采购职责

《政府采购法》虽然将货物、服务、工程都纳入了管辖范围，但在实际采购中，许多地方对于达到一定金额以上的工程项目、进口机电产品的国际招标，由于相关行政部门对政府采购的排斥，导致集中采购并未实质性进入相关领域，

《实施条例》的出台，有利于增强采购中心的职责。同时，对本机构组织的政府采购项目执行情况进行跟踪问效，将有利于采购中心对项目的实施全过程有更全面、客观的了解，促进履约双方诚信机制的建设。

5. 推动了采购中心的行为不断规范

《实施条例》对采购中心的考核要求更加严格，内容更细、要求更高、责任更明确，并对采购中心的内部制度建设、从业人员素质制订了更明确的规定，必将推动采购中心的集中采购行为不断向规范性方向前进。

## 四、

## 从《实施条例》到《政府采购法》修订，采购中心何去何从

《实施条例》让大家对我国目前的政府采购立法趋势看到了一点眉目，但由于《政府采购法》自身存在着不可调解的缺陷和矛盾，如果不修订《政府采购法》，许多问题依然无法得到根本解决，因此，早在《政府采购法》颁布后，一些专家就已经提出应尽快修订该法。一旦对《政府采购法》进行修订，采购中心何去何从，必将成为修订过程中的矛盾焦点。

### （一）需不需要设立采购中心？

关于这个问题，在《政府采购法》实施后，至今社会各界还在争论不休，其实财政部肖捷副部长（时任）在2002年全国政府采购工作会议上早已做出了明确的答复：《政府采购法》对地（州、市）级以上集中采购机构的设置已作出了明确规定，要求独立设置不隶属于任何行政机关的政府直属事业单位，具体设置由政府决定。……县（市）一级的机构设置问题，要坚持实事求是、因地制宜的原则，总的要求是，管理职能必须有机构承担，没有机构的要安排专人负责。是否设置集中采购机构，也要根据各地实际情况而定，不能为安排人员而设机构。《实施条例》更明确：县级以上地方人民政府可以根据本级政府采购项目组织集中采购的需要设立集中采购机构。

"一部法律出台了，就要严格遵循法律规定，维护法律权威性，否则就会陷入混乱、无序的状态。在现行的法律框架下，集中采购机构是应该设立的，集中采购机构才是集中采购业务的执行者。假如随着实践和理论的发展，有人认为集

中采购机构应该加强竞争,那么首先要修改《政府采购法》,在法律修改之前,要严格执行法律规定。"① 《政府采购法》修订后,还需不需要设立集中采购机构,目前盖棺定论尚早,但至少现在撤销采购中心,还是明显违背了《政府采购法》的规定。

从西方国家政府采购发展历史来看,基本上都经历过一个从分散采购到集中采购的过程。我国政府采购刚处于起步阶段,正在从不规范逐步走向规范,与西方国家从分散采购到集中采购的过程很相似。笔者认为,就现阶段而言,设立采购中心比不设立采购中心明显有利于推进政府采购工作的开展。以江苏省为例,十三个地级市中只有苏州市没有设立采购中心,虽然政府采购工作开展得也很出色,但该市政府采购专职监管部门的人数在十三个地级市中最多,承担的工作最多,遇到的困难最多,承受的压力也最大,与笔者就具体问题的处理沟通也是最多。

## (二)为什么会撤销采购中心?

在《实施条例》明确加强采购中心的作用,而《政府采购法》尚未修订时,为什么有些地方的监管部门提前做出撤销采购中心的决定呢?

从北京市朝阳区撤销采购中心的原因来看:"由于采购中心成立时间短、内部机制不健全、专业人员比较缺乏,致使工作效率不高,工作纰漏难免,难以适应政府采购制度改革的步伐,不利于政府职能的转变。其实这几年,我们也做了大量努力,如明确'管采'两机构的职责、健全制度、强化人员培训等,但终究不能从根本上解决问题。事实上,无论采购中心挂靠哪个政府部门,其性质始终是财政拨款的全额事业单位,无法挥去凝重行政权力的干预,无法真正独立地开展工作。我们认为,只有将操作机构放在独立的第三方地位,把政府采购放到市场经济中运作,才能真正实现阳光采购。彻底实现'管采'分离,中介机构是最好的选择。"②

江西省为什么在全省撤销采购中心,原因一直未报道,可以从江西省抚州市撤销采购中心的原因来看:"一是招标是一项专业性很强的工作,政府部门的工作人员不是这方面的专业人才,很难把操作工作干好,不如让擅长的机构和人员来干。二是政府采购中心和监督管理部门的关系不易理顺,监管工作不好开展。集采机构职能市场化更符合管采分离的要求,更有利于政府采购监管工作的开

---

① 何红锋. 集中采购机构应成立. 政府采购信息报, 2006. 7. 5.
② 北京市朝阳区财政局局长尚焰解释撤销区集中采购机构的原因. 政府采购信息报, 2006. 9. 4.

展,也更有利于保护干部。"①

笔者认为,采购中心在设立后,为什么会被撤销,主要有以下几方面原因:

一是采购中心职责不明确。自《政府采购法》颁布后,对于采购中心的具体职责,至今一直未明确,各地集中采购范围各不相同,采购中心的职责也是五花八门,造成个别地方的政府采购监管部门认为采购中心的职责可以中介化。

二是采购中心没有形成合力。由于当前采购中心隶属不同的行政部门,既没有横向的业务交流关系,又没有纵向的上下指导关系,更重要的是在中央一级缺乏主管部门,个别地方的采购中心甚至被边缘化为"几不管"的独立单位。集中采购本身就是一项改革措施,历史反复证明,改革者如果缺乏强势支撑,结果都很悲惨。

三是集中委托关系欠规范。委托采购本身就是市场化的一种形式,虽然《政府采购法》规定了:"采购人采购纳入集中采购目录的政府采购项目,必须委托集中采购机构代理采购。"但同时规定:"采购人依法委托采购代理机构办理采购事宜的,应当由采购人与采购代理机构签订委托代理协议,依法确定委托代理的事项,约定双方的权利义务。"采购人和采购中心在办理集中采购业务时,双方的有些权利义务关系其实并不是约定的,但这却为集中采购业务的中介化找到了借口。

四是制衡机制未形成。"管理与操作是政府采购工作的两个方面,不存在谁高谁低之分,只是职责分工不同。在这个问题上,《政府采购法》和国务院的有关文件都已做出了明确规定,职责是清楚的。财政部门要做到监管有规,集中采购机构要做到操作有方,既不能失职不作为,也不能越权乱作为。分离不等于分家,财政部门负责管理,采购中心负责采购交易,两者既要合理分工,又要加强协调。"② 但现实问题在于,监管部门是政府采购政策的制订者,在政策制订的过程中,监管部门和操作机构之间的制衡机制逐渐失衡,监管部门一方独大,最终造成了越权乱作为。

五是财政部门嫌麻烦。财政部门的核心业务是理财,政府采购工作其实是财政支出管理职能的延伸,新生的职能还没能让财政部门尝到甜头,却由于《政府采购法》中供应商的救济机制而被屡屡推向法庭,吃尽苦头。作为法定的政府采购监管部门,财政部门的监管职责责无旁贷,而对于采购中心,设在财政部门内部管不好,设在其他部门不好管,干脆中介化。

---

① 周黎洁. 抚州:集采机构职能实现市场化. 中国财经报, 2010.11.17.
② 财政部肖捷副部长(时任)在2004年全国政府采购工作会议上的讲话.

### (三) 撤销采购中心谁之过?

无论是北京市朝阳区，还是江西省，撤销采购中心都是当地财政部门做出的决定。既然撤销了，自然有撤销的原因，只能说明采购中心已不能再承担集中采购职责或不具备承担集中采购的能力，但在当前各行政部门都希望自身职责不断扩张的社会现状和政府采购工作不断深入推进的背景下，多少有点让人意外。采购中心非撤不可吗？从法制和社会两个层面来看，尽管个别采购中心也出现过一些问题，但总体上还是经得住考验，远未到非撤不可的程度。以上两地的采购中心最终还是没能逃脱被撤销的结局，哪个部门更应当承担责任呢？

其实，在财政部领导多次讲话中，我们不难找到答案："财政部门作为政府采购监督管理部门，有义务，也有责任积极支持集中采购机构的工作，关心集中采购机构的建设，加强政策和业务指导，包括要加大对集中采购机构的培训力度，使集中采购的每一位工作人员都能够充分掌握有关政策要求和制度规定，真正做到依法采购。同时，要及时了解和帮助集中采购机构解决有关困难，切实履行好法律赋予的管理职责。"[1] "财政部门要在依法加强对集中采购工作监管、政策业务指导和业绩考核的同时，支持集中采购机构工作，关心机构建设，善于听取集中采购机构的意见，帮助集中采购机构解决实际困难，切实履行好法律赋予的监管职责。"[2] 由此可见，造成采购中心最终被撤销，最根本的原因是财政部门关心不够，支持不力，指导无方，监管无序。

江西省抚州市财政局副局长刘金跃谈及为何撤销采购中心时说："不好管，也没法管好，也保护不了人。"[3] 但财政部门不应该总想着如何去管，如果能按照财政部领导的要求，花更多的时间去了解和帮助采购中心，支持集中采购工作，就不会出现"不好管，也没法管好，也保护不了人。"不想从根本上解决问题，只是简单的一撤了之，后患无穷。

### (四) 撤销采购中心谁受益?

#### 1. 社会中介代理机构

未出现政府采购时，采购人可以自行采购，无须委托第三方，中介机构无法

---

[1] 财政部肖捷副部长（时任）在2004年全国政府采购工作会议上的讲话。
[2] 财政部张通部长助理（时任）在2007年全国政府采购工作会议上的讲话。
[3] 中国政府采购报（2010年11月12日）。

介入；出现政府采购后，有了采购中心，大多数项目纳入集中采购，中介机构可能少量代理；撤销采购中心后，采购人只能将采购项目委托中介机构办理。中介机构无意中就从政府采购中获得了意外的收获。根据财政部最新颁布的《政府采购代理机构资格认定办法》（第61号令），只要有100万元的注册资金和10个人（其中4个人具有任何中级以上专业技术职务任职资格），就可以获得政府采购代理机构乙级资格，就可以代理单项政府采购项目预算金额在1000万元人民币以下的政府采购项目。资质条件是所有实行招标管理的行业主管部门中门槛最低的，只要有关系拉到业务，很容易就能获利，这就是为什么在江苏省，只有没有设立采购中心的苏州市的采购代理机构数量最多的主要原因。

2. 采购人

没有了采购中心的约束，无论是自行采购，还是委托社会中介代理机构采购，采购人都有了获利的空间。自行采购和未实行政府采购时基本相同，仅仅是程序上看似更规范一点，都是采购人说了算；委托给以营利为目的的中介机构，笔者尚未发现哪个中介机构会违背采购人的意愿，除非头脑有问题，跟钱过不去。

3. 监管部门

个别监管部门一直认为采购中心在掣肘，不服从管理，没有中介机构好管。没了采购中心的制衡，对于原来的强制集中采购项目，有些监管部门便获得了采购的委托权或分配权，同时，大多数中介机构的政府采购法律意识不强、操作水平有限，加上趋利性引起的行为不规范，也会给监管部门带来更大的自由裁量权。

4. 供应商

与参加中介机构组织的采购相比，采购中心的采购结果具有更大的不确定性，这就给供应商为采购人的前期投入带来了风险，供应商会更小心，采购人也会更谨慎。没有采购中心的障碍，供应商的收益可能并不一定增加很多，但投入产出的稳定性却肯定有明显提高。

"即使如朝阳区所介绍的，对于社会中介代理采购各方都'比较满意'，即使朝阳区为加强社会中介管理制定了多项制度，但法律的规定还是不应该违背的。'谁都满意'并不代表一切运行都合法、规范。采购人的满意，谁能保证不是因为采购人通过社会中介找回了'失落'的采购权的结果？监管部门的满意，谁能保证不是因为社会中介'更听话'呢?"① 一旦撤销采购中心，政府采购利益相关者都能受益，皆大欢喜，看来采购中心是应该撤销。但有得必有失，相关者受益，必然有人利益受损，谁的利益会因此受损害呢？笔者认为，是国家和社会公共利益受到了损害，一旦撤销采购中心，政府采购维护国家利益和社会公共利益的宗旨将变成一句空话。笔者一直想对同一地区的采购中心和中介机构代理的相同项目的采购结果做个比较，由于能力和时间有限未能完成，希望能有有心人对此做一比较研究，以便验证笔者的观点是否正确。

## （五）如何真正发挥采购中心的作用？

撤销采购中心会给国家利益和社会公共利益带来负面影响，如果采购中心不撤销，笔者认为，就应当加强采购中心的职能，与财政支出各项改革措施紧密结合，打造强势的政府集中采购，让政府采购发挥出更大作用。

### 1. 与部门预算相结合，实行标准采购

目前，许多地方已经开始对公务人员的工资、福利推行"阳光工程"，公务人员的工资、福利性支出仅占财政支出的 10% 左右，而纳入政府采购的办公设备、会议接待、专项支出的支出比例则要高得多，更应当实施"阳光工程"。笔者认为，可以根据行政职务和岗位的不同，制订相应的办公环境、办公设备、会议接待的标准，直接按标准编制部门预算，对编入部门预算的相同集中采购目录内的项目，不需要采购人委托，直接由采购中心按预算标准定期组织采购。只有标准化的大批量集中采购，才能引起相关供应商的关注。在降低供应商成本的基础上，引导其降低价格、提高服务，才能真正体现出政府采购的规模效应，降低整个社会成本，提高财政资金使用效益。

### 2. 与资产管理相结合，尝试实物配给

当前行政事业单位资产管理已经成为财政部门的一项新职能，这项职能的不断完善也将为集中采购创造新的发展机遇。早在 1999 年楼继伟副部长主编的《政府采购》一书中，就提到了将政府采购与国有资产管理相结合的设想。各地资产管理的思路中大多提到过"公务仓"的概念，"公务仓"一旦设立，将使办公设备配置的标准化成为可能。笔者认为，以前的香港物料供应处，即将物料采

---

① 余海玲. 通用项目委托中介是否违法. 政府采购信息报，2006.9.6.

购、仓储、供给和处置的职能集中于一身，其模式可以供各地方的采购中心借鉴，尤其是中小城市。

### 3. 与集中支付相结合，强化合同履约

通过与国库集中支付的结合，一是可以有效减少采购人规避集中采购的情形发生，扩大集中采购的规模和范围；二是促进采购人增强法律意识，不仅采购时需遵守《政府采购法》、《招标投标法》，而且履约时必须严格遵守《合同法》；三是使采购中心参与合同验收有了实质性的意义，实现采购、履约、结算的有机结合；四是促进供应商诚信机制的建立和内部管理水平的提高，避免虚假投标给政府采购带来的负面影响。

### 4. 与绩效评价相结合，提供基础数据

财政资金的绩效评价在我国起步不久，相关评价体系和方法尚在不断完善过程中，其中最关键的就是评价标准的合理性问题。通过十多年来政府集中采购积累的最原始、最真实、与市场最接近的数据，可以为评价标准的制定提供有价值的数据，为整个评价体系的建设夯实基础，并且为以后绩效评价体系的动态管理提供源源不断的最新数据。

### 5. 与经济发展相结合，落实政策功能

"十二五"规划中特别强调关注民生、发展和谐社会。市场经济的长期、健康发展又是发展和谐社会的重要组成部分，随着《政府采购协议》（GPA）谈判的逐步深入，行政手段对市场经济的调控功能将逐步淡化，法律将赋予政府采购越来越多的宏观经济调控功能。采购中心只有不以营利为目的、不以采购人意志为转移、不以小团体利益为核心，发挥集中采购的规模优势，引导相关产业的转型和升级，才能在采购工作中落实各项政策功能的强制性要求，才能有别于部门集中采购和分散采购的趋利性，才能真正体现出采购中心存在的价值，为市场经济的长期、健康发展做出更大的贡献。

### 6. 与资格认证相结合，走职业化道路

21世纪的竞争主要是人才的竞争，采购中心必须建设一支高素质的专业队伍，打造出一流的服务品牌，才能赢得社会各界的认同。笔者认为，关键是要做到：一是把好"入口"，尽快引入政府采购从业人员执业资格制度，对进入采购中心的工作人员必须经过资格认证考试，实行持证上岗；二是强调"对口"，定

期组织有针对性的政府采购理论和专业知识培训,特别是对具体采购的实战能力和技巧的培训,提高人员综合素质;三是疏通"出口",对不符合政府采购从业人员准则或达不到相应岗位标准的人员,要强制实行辞退或交流,尽快向政府采购从业人员职业化发展。

## (六)采购中心何去何从?

目前,其他国家的政府采购基本上可以分成三种模式:

### 1. 韩国的集中采购

韩国中央政府在财政经济院中下设采购厅,是副部级负责政府集中采购的专门机构,厅长由总理任命,工作完全独立自主。其主要职责为:从国内外市场上采购商品和服务,政府重点工程采购,存货管理,进口商品的处理,政府资产管理等。中央政府各部门及所属单位,采购价值30亿韩元(约合250万美元)以上的工程和价值5000万韩元(约合4.1万美元)以上的货物及服务;地方政府采购价值在100亿韩元(约合830万美元)以上的工程和价值5000万韩元以上的货物,均必须由该厅集中采购。限额以下的,可自行采购,也可委托该厅采购。

### 2. 美国的半集中半分散

美国联邦政府采购在1949年前由各部门依法自主采购。1949年国会通过了《联邦财产与行政服务法案》,依据此法设立了联邦事务服务总局(以下简称服务总局),在全国设十一个地区分局,负责联邦政府的采购工作。服务总局依据有关法律制定了《政府采购条例》,统一了政府采购政策和方法。在集中采购的程度上,该局实行"放大集小"和"集大放小"相结合的政府采购体制。所谓"放大集小",一是将政府采购业务量大的部门,如能源部、农业部、财政部等,授予完全的依法自行采购权。二是将采购业务量相对少的部门,由服务总局集中采购。所谓"集大放小",是将实行集中采购的各部门的采购量大、需要专业技能的采购项目,如汽车的购买和维修,办公用房的新建、改建及装修维护,信息系统购买及维护,实行集中采购,将其余各类采购由各部门依法自行采购,也可以委托该局代为采购。

### 3. 澳大利亚的分散采购

1997年前，澳大利亚内阁设有管理服务部，内设有集中采购机构，负责联邦政府的采购事务，但集中采购工作不是垄断性的，政府各部门可以委托集中采购机构采购，也可以自行采购。1997年政府管理体制进行改革，撤销了管理服务部，政府采购的部分职责合并到财政管理部，同年国会通过的《财政管理与信用方案》，赋予政府各部门对本部门资金的支配权，自行控制风险，自行承担责任，各部门行政首长有权依法决定本部门的采购需求，自主进行采购活动。

对于政府采购尚处于探索阶段的中国而言，今后向哪种模式发展，目前还无法下定论。随着网络通信技术的不断发展、电子交易平台的日趋完善，为节约财政资金、提高政府采购的透明度，越来越多的国家正逐步向集中采购发展，但是是否设立专职的采购中心，不同的国家也不尽相同。笔者认为，无论中国向何种模式发展，需不需要设立采购中心，关键是看采购中心能够发挥怎样的作用。有为才有位，只要采购中心真正承担起政府采购法律赋予的神圣职责，肩负起促进社会诚信体系建设的光荣义务，扮演好平衡采购人和供应商利益关系的角色，为社会各界提供规范、高效、廉洁的服务，笔者相信，采购中心的明天就一定会更美好。同时，采购中心工作的成败，还需要有一个健康、有序的政府采购大环境，离不开财政部门更多的关心和支持，离不开社会各界更多的理解和宽容。只有如此，采购中心的工作才能破浪前行，为中国的政府采购事业做出更大的贡献。

（本文由于篇幅较长，分两期发表于《中国政府采购》杂志2011年第2、3期）

另：相关内容还可参阅以下报道：
《集采机构与社会中介一样吗?》，政府采购信息报，2006.8.16。
《九种归属 一个心愿》，政府采购信息报，2006.8.18。
《撤销中心 是否合法》，政府采购信息报，2006.9.4。
《还是设立采购中心好》，政府采购信息报，2006.9.8。

# 打造集中采购机构诚信品牌

2004年3月,消费者权益日前,接受《政府采购信息报》记者杨丹的约稿,就集中采购机构诚信建设问题,谈了谈笔者个人的一点体会。

《政府采购法》规定:政府采购应遵循"公开、公平、公正、诚信"的原则。集中采购机构在组织采购活动过程中,就像是一个天平,平衡着采购人和供应商在采购活动中的利益关系,偏向任何一边,都有可能造成失衡,要么给国家利益带来损失,要么侵害了供应商的合法权益。集中采购机构在政府采购活动中地位的特殊性,决定了其更应带头遵守诚信采购的原则,从而推动整个政府采购诚信原则的确立。落实到具体的行为上,就需要集中采购机构坚持一手抓内部诚信机制的创建,一手抓外部诚信氛围的形成,两手都要硬,才能真正打造政府采购"诚信"品牌。

内部诚信机制的创建,主要抓以下三个方面:

### 1. 建立一套严要求、相互制约的管理制度

这套管理制度应涵盖政府采购活动的每一个环节,最基本的应包括:采购方式的审核制度、招标文件(包括评标办法)的论证制度、评审过程的监督制度、合同签署的分工制度、履约行为的跟踪制度。以制度促进诚信机制的创建。

### 2. 塑造一支高素质、遵纪守法的采购队伍

只有高素质的采购队伍,才能真正在采购活动中深入贯彻政府采购法律法规,认真落实内部制订的管理制度。集中采购机构可以通过加强专业知识培训、完善内部激励机制、树立个人专家形象等方式,促进采购队伍的建设。只有每个采购人员树立诚信采购的意识,才能促进整个集中采购机构落实诚信采购的

原则。

### 3. 培养一种勤钻研、真诚服务的思想意识

我国的政府采购工作尚处于完善阶段，如何进一步规范当事人的政府采购行为，促进适合我国国情的政府采购诚信机制的建设，还需要每个集中采购机构的工作人员在实际采购过程中不断钻研、不断总结、不断完善、不断提高。因此，必须在工作中培养自觉为采购人、供应商真诚服务的意识，以自身诚信采购的行为，引导采购人、供应商自觉诚信采购。

外部诚信氛围的形成，可以从以下几方面着手：

### 1. 加强采购前期法律、法规的宣传

诚信氛围的形成，必须建筑于完善的法律法规基础上，目前国家和各地方都陆续出台了一系列的政府采购方面的法律法规，构建了良好的政府采购运行平台。集中采购机构要加强相关法律法规的宣传、解释工作，使采购人和供应商知法、守法、依法采购、依法履约。

### 2. 把握采购中期合理、合法的尺度

可以接受采购人的合理需求，但不接受采购人的非法要求，制定的采购文件不能存在歧视性条款，保证供应商有公平竞争的机会。可以接受供应商的合理报价，但不接受供应商的漫天要价，成交的采购项目不能超过市场平均价，保证采购人的合法权益。可以选择适当的采购方式进行采购，不可以违背合法程序"暗箱操作"。

### 3. 跟踪采购后期合同履行

采购活动的公平、公正，不代表采购合同能够诚信履行。集中采购机构一方面要督促供应商按照合同约定如实、如期履行，同时也要做好与采购人的沟通工作，提醒采购人按合同约定及时验收、付款。对不能履行合同的采购人和供应商都应向政府采购监管部门反映，与监管部门共同培育政府采购的诚信氛围。

（本文刊登于2004年3月12日《政府采购信息报》第3版）

# 建立内部监督制衡机制

——关于集中采购机构内部机构设置的探讨

2006年前后，许多地方采购中心为了防范采购风险，开始对内设机构进行改革，比较有代表性的是深圳市采购中心实行的"分段式"采购模式，改变了原先的一个项目由一个经办人负责到底的采购模式。笔者所在单位于2006年5月开始试水"分段式采购"，取得了一些成效，也发现了一些问题。2007年6月底，笔者有幸参加了在河北省承德市举办的2007年全国政府采购中心主任联席会，会前撰写了本文作为会议交流材料，会上被《中国财经报》政府采购周刊王迎春副主编（时任）慧眼发现并约稿，遂重新修改，结合组织行为学相关理论，拟定本文。后曾专门向当时分管我中心的王正喜副厅长汇报过内部机构设置事宜，很受启发。

## 一、研究集中采购机构内部机构设置的目的

组织结构反映组织成员之间的分工协作关系。不同的组织结构，发挥出的组织机能的作用、效果也完全不同。一般的组织在设计组织结构时考虑的是如何更有效地和更合理地把组织成员组织起来，即把一个个组织成员为组织贡献的力量有效地形成组织的合力，让他们有可能为实现组织的目标而协同努力。集中采购机构作为非营利性质的事业法人单位，是政府采购工作的主要当事人之一，承担着政府集中采购的重任，不仅需要对采购人、供应商负责，而且需

要对国家、政府负责，不仅是反腐倡廉、防治商业贿赂的前沿阵地，而且是各种利益分配的集散地和社会关注的焦点。这就决定了集中采购机构在设计组织机构时，不能等同于一般的组织，追求的不仅仅是如何发挥每个集中采购机构从业人员的能力，为机构的高效运行而努力，而且更要关注组织运行的规范、廉洁，预防从业人员出现不道德的行为。这就有必要对集中采购机构的内部机构设置进行研究，通过内部机构的合理设置，达到集中采购机构规范、廉洁运行的目的。

## 二、

## 集中采购机构内部机构设置的原则

《政府采购法》规定：集中采购机构应当建立健全内部监督管理制度。采购活动的决策和执行程序应当明确，并相互监督、相互制约。经办采购的人员与负责采购合同审核、验收人员的职责权限应当明确，并相互分离。因此，集中采购机构在设置内部机构时，必须把《政府采购法》的规定和各地集中采购机构的具体工作职责结合起来，关键应体现以下三个原则：

一是责任分离原则。即集中采购机构内部不同的部门应分别承担不同的工作责任，每一个部门都不能对某一个采购项目从头到尾完全负责到底，避免个别部门权力过于集中，承担的风险过大。通过建立责任分离的机制，即使采购过程中出现问题，相关责任由所有相关部门分担，但是也可以追溯个别部门的主要责任。

二是相互监督原则。根据《政府采购法》的要求，部门与部门之间应该存在一种相互监督的关系，即负责后一工序的部门应对负责前一工序部门的工作情况进行监督，前一工序如未按照有关规定完成，则负责后一工序的部门可以拒绝接受，并要求前一工序返工，避免把缺陷带到后面的工序。同时，需专门设置监督部门，对关键岗位进行重点监督。

三是运行流畅原则。一个组织的内部机构设置，要保证组织的内部运转程序中没有反向的路径和循环的回路，并为程序中每一项活动落实具体的负责部门，才能保证组织的流畅运行。

## 三、组织结构的主要类型和优缺点

组织结构是随着生产力和社会发展而不断发展的，每一种类型的组织结构都有其优点和缺点，都有一定的适用范围。世界上没有也不可能存在适用于一切情况的十全十美的组织结构。每一种合理的组织结构，相对于一定的条件来说，都有其优越性，而当条件发生变化时，它就会逐渐丧失其合理性。因此，笼统地问哪种组织结构最好，离开具体条件，是无法做出明确的判断的。但是，相对于某一组织特定的条件来说，必定有一种更有利于提高管理效率的，因而也是最佳的组织结构。否则，就没有研究组织结构的必要，也没有改革组织结构的必要了。最佳的组织结构，是最适合组织存在的特定条件的结构。常见的组织结构的类型有直线制、职能制、直线职能制、事业部制、矩阵制结构等。

从我国目前省级集中采购机构的编制来看，大多数机构编制在 15~50 人之间，按规模划分应属于小型组织。小型组织的内部机构设置，大致可以分成以下三种类型：

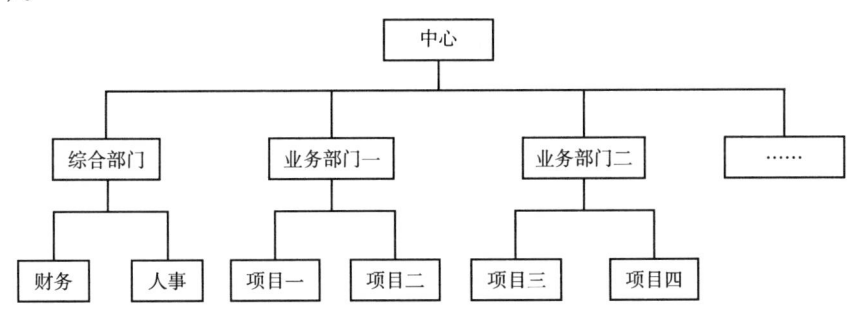

### （一）直线型组织结构

直线型组织结构的特点是：组织中各种职位按垂直系统直线排列，各级主管人员对所属下级有直接的职权，组织中每一个人只能向一个直接上级负责（见图1）。

**图1 直线型组织结构**

直线型组织结构的优点是结构简单，权责分明，指挥统一，运营成本低，反应迅速、灵活。

这种模式的一个主要缺陷是，每个部门、每个人仅对自己的工作负责，相互之间缺少监督，容易成为供应商的攻击对象，发生不廉洁的行为。

这种组织机构在集中采购机构中得到最广泛的应用，因为每个部门都有相关的采购业务范围，部门中每个员工都有具体的采购项目分工，从接受采购项目开始，一直到该项目采购结束，均由一个项目经办人负责，避免了不同采购环节、不同经办人交接时产生的耽搁，采购效率较高。

## （二）直线职能型结构

纯粹意义上的职能型结构在实际组织结构中很少存在，大多演变成一种以职能为导向的直线职能型组织结构形式（见图2）。

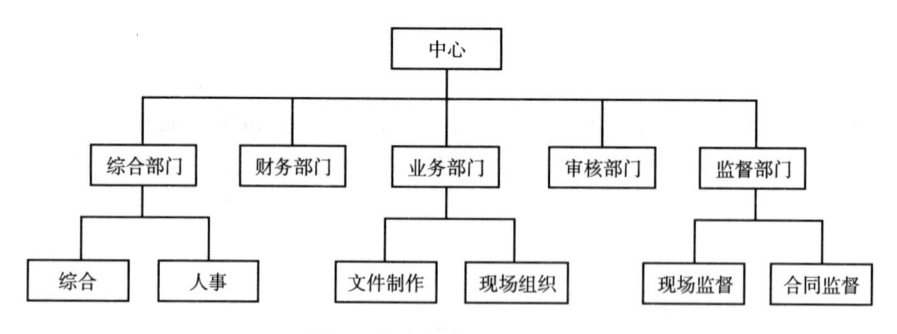

图2 直线职能型组织结构

直线职能型结构的特点是：将同类专业人员集合在各自专门的职能部门内，并在各自的业务范围内分工合作，任务集中明确，上行下达。

直线职能型结构的优点是：有利于各部门工作的专业化和高效化。这种模式能从专业化中获得优越性，将同类专家归在一起可以产生规模经济，减少人员和设备的重复配置，通过给员工们提供与同行们"说同一种语言"的机会而使他们感到舒服和满足，有利于高层领导的集中统一指挥。

直线职能型结构的缺点主要是：
（1）部门间协调困难；
（2）没有一项职能对最终结果负责；
（3）不利于未来的高层人才的培养。

## （三）矩阵型结构

矩阵型组织结构，是指由纵横两套管理系统组成的组织结构：一套是纵向的职能领导系统，另一套是为完成某一任务而组成的横向项目系统，横向和纵向的职权具有平衡对等性。也就是既有按职能划分的垂直领导系统，又有按项目（或产品）划分的横向领导系统的结构（见图3）。

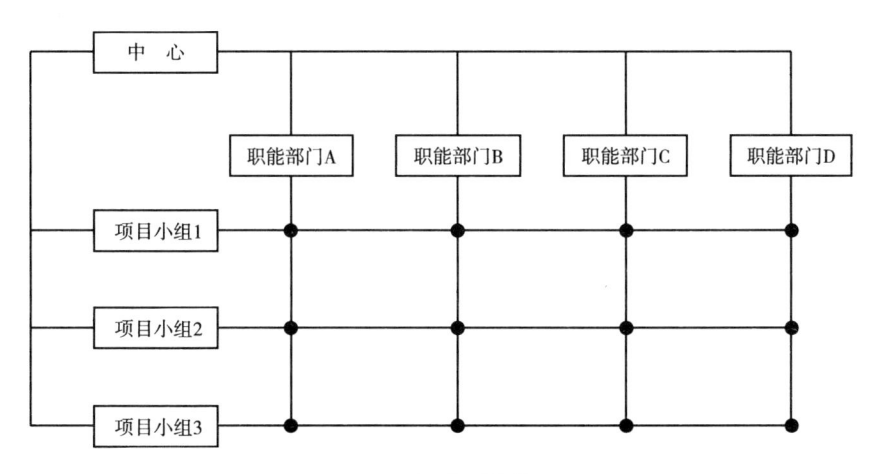

**图3　矩阵型结构**

图3中，上部排列的是综合、人事、业务、监督等类似的职能部门，但在纵坐标上增加了集中采购机构目前正开展的各类项目，每一项目由一名负责人领导，他将为其负责的项目从各职能部门中抽调有关人员。这样在横向的传统职能部门基础上增加的纵向坐标结果，就将职能部门化和产品部门化的因素交织在了一起，因此称为矩阵。

矩阵型结构是如何运作的？矩阵中的员工有两个上司：他们所属职能部门的负责人和他们所工作的项目小组的负责人。项目负责人对于作为其项目小组成员的职能人员共同享有职权。一般地，是给项目负责人分配对项目小组成员行使有关项目目标达成的权力，而将晋升、工薪建议和年度评价等决策的职权留给职能部门负责人。为使矩阵结构有效地运作，项目负责人和职能部门负责人必须经常保持沟通，并协调他们对所属共同员工提出的要求。

集中采购机构要是决定采用矩阵型结构，它既可以是临时性的设置，也可以是永久性的设置。

矩阵型组织结构的优点主要是：

（1）将组织的纵向与横向关系很好地结合起来，有利于各职能部门间的协作和配合，及时沟通情况，解决问题；

（2）适应能力强，具有较强的机动性，能根据特定需要和环境活动的变化，保持高度民主的适应性；

（3）有利于出现新思想、新观点。

矩阵型组织结构的缺点是：

（1）稳定性差；

（2）双重领导，权责不清；

（3）容易造成混乱，并隐藏着权力斗争的倾向。

矩阵型结构适用于采购项目多且变化大的集中采购机构，特别适用于经常承担一些重大采购项目的集中采购机构。当组织面临较高的环境不确定性，组织目标需要同时反映技术和项目双重要求时，矩阵型结构应该是一种理想的组织形式。

## 四、

## 集中采购机构内部机构设置的探讨

一个组织选择怎样的结构，取决于三个方面：结构的复杂性、正规性和集中化。组织结构的复杂性包括组织内的部门化和管理的层次等；正规性是组织中依靠各种规章制度和管理职工的程度；集中化指的是组织中决策权所处的位置，管理幅度的大小在很大程度上与集中化程度有关。

同时，通过实践经验和科学资料的总结，一个有效的组织结构都具有以下特点：

1. 清楚地规定部门、队、组、小组等每个工作人员的义务和权利；

2. 工作人员的义务和权利是彼此相符合的、相互平衡的；

3. 权力路线是被明确标记出来的，即每一个人自己的工作结果对某一个领导人负责；

4. 职责最大限度地分解，直至每一个工作人员承担一个职能；

5. 作出管理决定和将决定传递给执行者的职能是在额定的和估计的可能范围内进行的；

6. 一个工作人员监督和领导不超过 8 个人的工作，同时，这些人的职能是相互联系的；

7. 在出现各种条件的情况下，组织属于朝着简化的方面变革；
8. 在各环节之间，在所有必要的场合下，建立直接的横向关系；
9. 决定权在最大可能的程度上被下放到基层。

根据以上理论，结合目前《政府采购法》的规定和集中采购机构的现状，从结构的复杂性、正规性和集中化三方面来分析：集中采购机构的人员编制和性质等原因，决定了组织的复杂性不高，管理的层次不应太多，最多分为三级管理层次；但集中采购机构的工作特点和性质，要求每个部门和工作人员都必须严格按照各种规章制度从事政府采购工作，即组织的正规性强；同时，由于集中采购机构内部机构需建立相互监督的机制，因此集中采购机构的决策权不可能分散到内部各部门，而应在集中采购机构的最高管理层，即中心主任一层。

如果集中采购机构内部机构设置采用的是直线型组织机构，一个项目经办人负责职责范围内采购项目的所有采购活动，在近期内能够适应集中采购工作的需要，能为采购人提供更快捷、高效、优质的服务，符合运行顺畅的原则；但从长期来看，对每个项目经办人和相关部门而言，需承担的风险过大，容易成为采购人和供应商侵蚀的对象，变分散采购为集中腐败，最终对机构产生不利影响，不符合责任分离和相互监督的原则。

如果集中采购机构内部机构设置采用的是直线职能型组织机构，可以将机构内部的专业人员集中在相应的职能部门内，任务集中明确，有利于各部门工作的专业化和高效化，且不同的部门之间可以通过职责的不同实现相互监督，符合责任分离和相互监督的原则。但各部门工作的高效化，不能代表整个机构运行的高效，部门之间容易产生衔接上的矛盾，带来机构间的内耗，需要部门间建立有机的、直接的横向关系，才能保证整个组织的有效运行。

目前集中采购机构所承担的集中采购工作，可以大致分成日常型采购和项目型采购两大类型。对于日常型采购，可以由集中采购机构内部常设职能部门负责。对于项目型采购，通常每年采购次数不多，但采购的预算金额较高，对社会影响力大，可以临时组织各职能部门相关人员组成项目小组，变成矩阵型组织机构，专门负责该类型项目的采购。这种做法有利于发挥各职能部门的综合优势，避免部门间的互相推诿，提高采购效率和效益。

综合以上分析，根据《政府采购法》和机构设置的基本原则，我们认为，集中采购机构内部机构设置应建立直线职能型的组织结构，按照不同采购工作职能，设置相应的职能部门，但部门之间能够实现相互监督，部门内部实行直线型管理，即一级对一级负责，以便发挥机构每个员工的才能和积极性。按照政府采购的基本程序，可以将采购工作分成采购委托受理、采购文件制作、采购现场组织、采购合同签订四个基本环节，按照这四个基本环节分别设置不同的部门，每个部门分别赋予相应的职能，即实行分段式采购，并在内部明确部门与部门之间的横向联系工作程序，既可以保证整个组织运行的流畅，又可以实现责任分离和相互监督的原则。同时，辅之以矩阵型组织机构，对重大采购项目，临时组建项目小组，项目结束后小组立即解散。通过这种常设的直线职能型组织机构和临时的矩阵型机构，可以保持整个集中采购机构内部组织的稳定性和灵活性。

## 五、分段式机构设置在江苏省政府采购中心的具体应用

根据以上设计思想，在江苏省财政厅领导的大力支持下，借鉴其他兄弟采购中心的实践经验，自 2006 年 5 月起，江苏省政府采购中心改变自成立以来一直实行的项目经办人自受理委托开始，制作采购文件，采购现场组织，直至合同签订的一人负责制模式，对内设机构的职能进行调整，按照政府采购整个业务流程，划分成采购委托受理、采购文件制作、采购现场组织、采购合同签订四个环节，并将此四个环节对应的工作职能分别赋予不同的部门，每个部门只负责整个采购流程中的一段，我们内部称为分段式采购。组织结构和职能如图 4 所示：

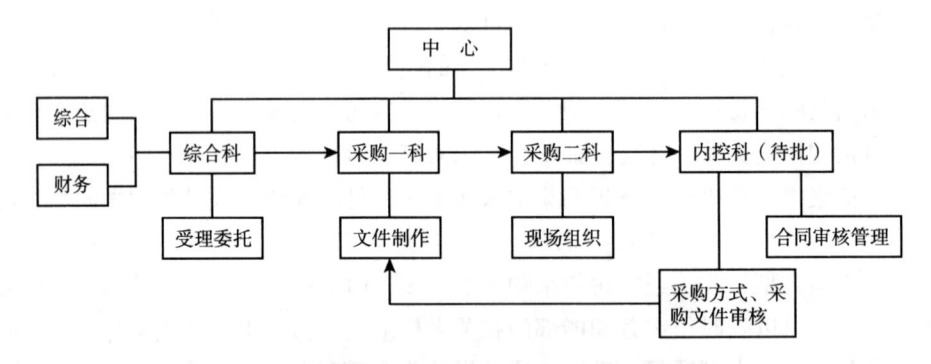

**图 4　江苏省政府采购中心分段式组织结构**

经过本中心一年来的实际运行，经历了转型、磨合、适应和熟悉等阶段，同时在 2006 年年底的采购高峰期得到了考验，基本上达到了我中心建立该组织结构的初衷。以下总结了几点经验教训，供兄弟中心参考：

## （一）相对成功之处

### 1. 规范了采购流程

通过分段式采购，可以对每个采购环节进行充分论证，明确每个环节工作职责，并以内部规定的形式予以制度化，每个部门按照制度执行，以制度规范流程，避免了个人负责制时的随意性。

### 2. 实现了责任分离

每个部门负责自己职责范围内的一段采购任务，整个采购流程不由任何一个部门或人控制，一旦采购项目出现质疑，所有部门都承担责任，减少了一个部门承担所有责任的风险，也是保护采购经办人的一种安全措施。

### 3. 提高了专业水平

每个部门只负责一部分采购职责，每天从事的工作内容基本相同，有利于工作人员专业水平的提高，培养高素质的专业化人才。

### 4. 强化了重点监督

在各部门分段采购的基础上，对个别关键采购环节加强审核，如采购方式的选择和采购文件的制作将直接影响整个采购结果是否合法合规，因此，对这两个环节，除由相关部门负责外，增加内部审核，以利于确保关键环节不出问题。

## （二）有待改进之处

### 1. 采购效率有所下降

我中心刚开始实施分段采购后，由于内部管理系统未完全与分段采购模式相配套，网上网下存在并行现象，经办人采购工作量加大，使得整个采购过程拉长，尤其是在下半年采购高峰到来后，采购项目处理不及时，整体采购效率有所下降。

### 2. 部门衔接需要完善

由于实施了分段采购，各部门分别负责各自的采购环节，开始时每个部门各自为战，部门之间衔接不太流畅，存在相互扯皮现象；同时，由于不需个人承担明确的责任，各部门经办人的工作责任心也有所下降。

3. 增加了采购人负担

分段采购前，一个采购项目，采购人只需和中心一个项目经办人联系，即可把整个项目办理完毕；分段采购后，采购人需要与中心不同部门联系，增加了采购人的负担，对与采购人保持长期的密切合作关系会产生一定影响。

根据我中心在实际中遇到的问题，如兄弟中心考虑按此组织结构建立内部机构，还需关注以下前提条件：

1. 需建立完善内部管理系统

由于各部门是相对独立的职能部门，为了使中心成为一个有机运作的整体，需要建立内部管理系统，把各部门有机联系在一起。这就需要在内部实行网络化管理，一方面可以提高机构运行效率，同时还可以让中心每个工作人员都能了解自己现在应该干什么、怎么去干，以及每个项目的运行情况，避免中心各部门孤立、封闭运行。

2. 需明确每个部门运行时间

为了提高整个采购流程的效率，需要对每个运行环节提出时效要求，可以根据未实行分段采购时的实际情况，合理估算每个环节运行所需的最长时间，以该时间为底线，设定分段采购后每个环节的运行时间，并让每个工作人员都明了自己做工作的时间。同时保持适度的监督考核，对由于主观原因造成采购延误的工作人员必须有一定的奖惩措施，以利于各采购环节运行时效的贯彻落实。

3. 需提高工作人员综合素质

实行分段采购后，任何一个环节、一个人出问题，都会给整个采购流程带来不良影响，因此，需要中心每个工作人员都必须提高综合素质，胜任各自岗位的工作，加强责任心，必须尽心尽力，同时需采取各种激励措施，加强对工作人员的业绩考评，才能真正保证分段式采购模式的有效运行。

（本文刊登于2007年7月25日《中国财经报》第3版）

# 分与合，孰重孰轻？

## ——关于江苏省省级集中采购机构并存现象的启示

2008年1月，全国政府采购工作会议在福建省厦门市召开，会前财政部给江苏省布置了三个汇报题目，其中一个题目是关于集中采购机构竞争机制的探讨。笔者分析原因有三：一是当时全国仅江苏省还同时设有两个省级采购中心；二是据了解这两个采购中心干得都还不错；三是当时财政部存在鼓励不同采购中心相互竞争的设想。这个课题顺理成章地又落到了笔者头上。笔者对省级同时设两个采购中心本就持否定态度，更反对不同采购中心的相互竞争，但还是编写了一篇宣传两个采购中心相互促进的汇报材料。会后《中国财经报》记者主动联系笔者，表示材料组织得不错，该报可以采用。笔者当即表示，采用可以，但需要重新修改，因为汇报材料并不能完全表达笔者的本意。本文更客观地分析了两个采购中心并存的优缺点，同时顺势对集中采购机构的设立，尤其是部门集中采购机构的设立提出了自己的观点。

自2002年《政府采购法》颁布以来，各级集中采购机构根据财政部的要求，相继对机构的隶属关系进行了调整，目前，全国只有江苏省还同时并存两个省级集中采购机构。隶属于省财政厅的江苏省政府采购中心（以下简称采购中心）成立于1999年，全额拨款处级事业单位，正式编制25人；隶属于省级机关事务管理局的江苏省省级行政机关政府采购中心（以下简称机关中心）成立于2001年，也为全额拨款处级事业单位，正式编制7人。

自2001年机关中心成立后，2003年《政府采购法》正式实施前，两个中心的采购业务均由省财政厅政府采购管理处（以下简称采购处）以政府采购计划的形式分别直接指定。《政府采购法》实施后，采购处取消了采购计划，调整为省级采购人根据人大批复的预算和财政安排的用款计划，自行选择集中采购机构委托采购。由于两个中心在成立时省编办批复的业务范围基本相同,办理采购业务的流程和方式也很相似,不存在明确的分工,因此,采购人的自行选择必然引起两个中心之间的竞争。总结几年来两中心的工作情况,对集中采购机构的设置问题有一定的借鉴意义。

## 一、两中心并存对政府采购工作的促进作用

从经济学角度分析,市场的适度竞争将给大多数竞争参与者带来收益,从而推动市场的不断完善和发展。

### 1. 相互促进,采购规模比翼高飞

自2001年机关中心成立以来,两中心之间并未出现一些人预料中的相互采取强硬的手段挤占对方的业务,直至将另一方置于死地的残酷竞争,而是在工作中相互帮助、相互促进,保持了适度的竞争状态。机关中心成立时间较晚,刚开始时许多采购项目都向采购中心学习,采购中心也毫无保留地向其传授经验,使其政府采购业务得到快速展开。适度的竞争和政府采购整体规模的不断扩大,使两中心的采购业务并未出现此消彼长的情形,2006年采购中心的采购预算规模比2002年增长3.46倍,机关中心同时增长了3.91倍,出现了共同提高,共同发展的良好局面。同时,从采购人、供应商和政府采购媒体各方面的反应来看,两中心从业人员的工作效率、服务态度每年都有所进步(见图1)。

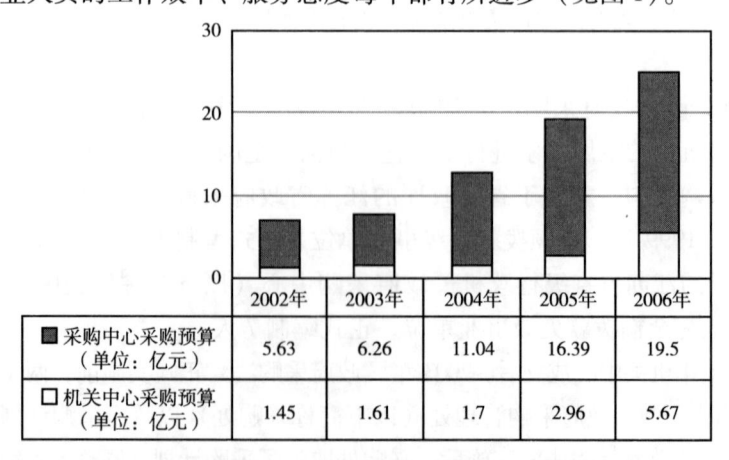

| | 2002年 | 2003年 | 2004年 | 2005年 | 2006年 |
|---|---|---|---|---|---|
| 采购中心采购预算(单位:亿元) | 5.63 | 6.26 | 11.04 | 16.39 | 19.5 |
| 机关中心采购预算(单位:亿元) | 1.45 | 1.61 | 1.7 | 2.96 | 5.67 |

图1 2002~2006年两中心采购规模

2. 各有侧重，采购项目相得益彰

两中心的共同发展并不是完全重叠的发展，而是按照各自隶属关系的不同，充分发挥各自的优势，在自身不断发展壮大的同时，共同推进了省级政府采购工作。采购中心根据厅领导的统一部署，在办公设备、汽车等通用型采购项目都已实行协议供货的基础上，将采购工作重点逐步转移到服务财政中心工作上来，主动介入"三农"、卫生、教育、社保等财政支出重点领域，开拓出一片政府采购新天地，采购范围和规模迅速扩大；机关中心则主动将属于省级机关房屋维修、"出新"等工程项目纳入采购范围，采购规模也是连续高速增长。

3. 殊途同归，内部管理各有千秋

严格管理、规范操作是江苏省省级两个集中采购机构共同努力的目标，尽管两个中心采取的具体方式有所差异。为了健全机构内部的相互监督制约机制，经分管厅长同意，采购中心于2006年下半年主动对内部采购流程进行改造，将中心成立以来一直实行的一人负责制调整为分段采购制，将整个采购流程分成四个环节，由四个科室分别负责，实行责任分担，强化了内部相互制约，降低了不道德行为发生的概率；机关中心则从成立开始，就引进项目管理的先进理念，对每一个采购项目都要求做到事前有计划、事中有控制、事后有总结，并明确每个经办人的分工和责任，近期又采用电子信息技术和网络化管理，实现了办公和采购业务的自动化和信息化，提高了工作的规范化和效率。

4. 齐心协力，共同推进集采工作

两个中心不仅立足于自身的长处，充分发挥各自的优势，而且能够分工合作，共同为推进江苏省省级集中采购工作做出巨大努力，尤其是在协议供货（定点采购）项目上，两中心根据省财政厅的统一部署，各有分工，分别承担了部分协议供货（定点采购）项目，如公务用车定点维修、保险由采购中心具体承办，定点印刷、办公用纸定点则由机关中心承办。同时又相互合作，所有项目均由两个中心共同参与，凝聚了两中心全体员工集体的智慧，招标工作均以两个中心的名义共同组织。一些采购项目在全国都属首创，如汽车协议供货的全省联动，使江苏的集中采购工作始终走在全国的前列。

## 二、两中心并存对政府采购工作的负面影响

### 1. 采购人左右逢源，不易管理

两个中心的并存，为采购人委托创造了便利条件，但也带来了新的问题。目前该省省级政府采购已经发生多起采购人委托某个中心采购后，由于各种原因对采购结果不满意，拒绝在评标报告上签字确认中标人，重新向另一个中心委托采购的情形。由于政府采购法律法规对采购人拒绝接受采购结果尚没有明确的处罚规定，中心和政府采购监管部门对采购人的这种行为都无能为力，造成一些采购项目最终不了了之；而中心的主要职责是办理集中采购业务，当采购人将同一集中采购目录内的项目向另一中心委托采购时，另一中心尚无理由拒绝接受其委托，从而造成个别棘手项目上采购人的反复委托，给集中采购工作的严肃性带来了巨大的不利影响。

### 2. 两中心工作重复，浪费资源

由于两个中心业务范围上的重叠，不同的采购人采购同样的项目，可以分别委托不同的中心办理，中心组织一次采购活动的固定成本基本相同，两个中心分别组织相同项目的采购活动，将缩小单次采购的规模，既降低了采购规模化带来的资金节约效果，又使采购成本增加近一倍，同时供应商对同一项目需分别参加两个中心组织的采购活动，也增加了参与政府采购的时间、精力和成本，降低了参与的积极性。

尽管两个中心没有出现公开、面对面的竞争行为，但凭借为采购人和供应商提供更优质服务的方式，如分别召开一些采购人和供应商座谈会，分别组织专家论证会等，变相吸引采购人的委托现象还是时有发生，这些行为有的必要，有的则属于无谓的浪费。

### 3. 把握尺度不相同，容易被钻空子

由于中心从事的具体采购工作具有一定的技术性，在政府采购相关法律法规的规定下，两个中心在采购流程和方式上大的方向不会有偏差，但在具体操作尺度的把握上，还是有所区别，如不同领导的管理风格、工作人员专业水平上的差

异、采购方式的审批（尤其是公开招标数额标准以下的项目）、采购文件的制定、内部控制的尺度等。两个中心长时间的并存，个别采购人已经掌握不同中心工作中的区别，并做出更有利于自己的选择，同一采购人不同采购项目委托不同中心采购的现象时有发生。

## 三、两中心并存所需的客观条件

俗话说：同行是冤家，一山容不得二虎。为什么同样从事省级政府集中采购业务的两个中心能够长期和平共处，共同发展，而其他省份以前也曾经出现过两个中心并存的现象，但最终均以合并为归宿。笔者认为江苏省省级两个中心并存的现象，并不一定在全国其他地方具有普适性，而是具备一定客观条件下的个案。

### 1. 相关主管部门领导的重视是前提

两个中心的主管部门虽然不同，但分管领导对集中采购工作的重视却有目共睹，一些重大采购项目都亲自到场指导，极大地鼓舞了中心人员的工作热情。分管采购中心的财政厅王正喜副厅长的政府采购应服务于财政中心工作的大局观，为采购中心的长远发展指明了方向；机关事务管理局的分管领导对机关中心的工作也非常重视，从人员配备、办公条件、福利待遇等方面提供了充足的保障，促进了机关中心采购业务的快速发展。

### 2. 政府采购监管部门的协调是关键

由于两个中心业务上相互重叠，工作中产生一些小矛盾也很正常，关键是如何将小矛盾化解在萌芽状态，使之不影响江苏省省级政府集中采购工作的大局。在这方面，采购处功不可没，对拟出台的重大采购政策和规定，都事先同时征求两个中心的意见，组织相互交流，确保政策执行的一致性；对一些重大采购项目，如协议供货（定点采购）项目，采购处经常组织两个中心共同研究、共同探讨、共同承办，起到了共同提高的作用；借对两个集中采购机构考核的机会，采取互查、互帮、互学的方式，取长补短，促进了两个中心采购工作上的共同发展。

### 3. 集中采购从业人员的素质是根本

要做到两个中心的采购工作都能共同发展的基础之一是：任何一个中心的工作都不能与另一个中心有较大差距，即各方都具备各自的竞争优势，才能保持竞争方之间的均衡。集中采购工作的主要职责是向采购人提供优质的服务，服务质量的高低最终取决于提供服务的人。两个中心都非常注重从业人员专业素质的提高，目前，采购中心拥有中级职称及以上的人员占全体人员比例的80%，机关中心的比例也达到了70%，且每年都组织部分人员继续参加省级以上政府采购专业培训。从业人员专业素质的提高，给两个中心的采购工作带来新的面貌，并逐步形成各自的工作特色，采购中心人员专业素质高，能打大仗、硬仗，机关中心人员采购效率高，服务态度好。

笔者认为，如果以上任何一个条件发生变化，都可能给目前的适度竞争、和平共处、共同发展的局面带来直接的负面影响。从经济学角度分析，在只有两个竞争者的情况下，竞争者之间的势均力敌是暂时的，均衡局面终将被打破，从而使竞争出现一边倒的情形，最终的归宿是一方退出或双方合并。

## 四、

## 两中心并存对集中采购机构设置的启示

### 1. 需不需要设置的问题

《政府采购法》第十六条明确规定：设区的市、自治州以上人民政府根据本级政府采购项目组织集中采购的需要设立集中采购机构。第十八条又规定：采购人采购纳入集中采购目录的政府采购项目，必须委托集中采购机构代理采购。随着政府采购工作的不断深入，目前，我国设区的市、自治州以上人民政府每年都会公布集中采购目录，既然有集中采购目录，就需要集中采购机构代理采购，就应该设置相应的机构。因此，设区的市、自治州以上人民政府，不存在需不需要设置集中采购机构的问题，而是必须依法设置。

从采购处每年对江苏省省级集中采购机构的考核结果来看，集中采购机构所组织的采购活动，完全符合《政府采购法》规定的采购价格低于市场平均价格、采购效率更高、采购质量优良和服务良好的要求，许多采购人主动将未纳入集中采购目录内的采购项目委托给集中采购机构组织采购，一方面体现了采购人对集中采购机构的充分信任，另一方面也为采购人、供应商节约了大量采购时间和成本，取得了三赢的结果。

至于县、区级人民政府是否需设置集中采购机构，应根据当地的财政收支状况、地理位置等情况来决定，设置的基本原则应为设置集中采购机构所带来的社会影响、经济效益和潜在收益大于设置该机构所需的各项支出，不能因为安置人员的需要而设置机构。

2. 集中采购机构的隶属关系问题

按照《政府采购法》第十六条规定："集中采购机构为采购代理机构"，第六十条又规定："采购代理机构与行政机关不得存在隶属关系或者其他利益关系"，因此，集中采购机构无论设在财政部门、机关事务管理局，或其他行政机关，都因隶属行政机关而不合法。

同时《政府采购法》第十六条明确规定："集中采购机构是非营利事业法人"，将集中采购机构归类于企业化管理的事业单位，或将目前已成立的集中采购机构推向市场都属违法，至少应参照非营利性的医疗机构，定性为差额拨款的事业单位。按照《事业单位登记管理暂行条例》（中华人民共和国国务院令第252号）第二条规定："事业单位……由国家机关举办或者其他组织利用国有资产举办的……"明确事业单位一定隶属某个国家机关或某级组织，不可能存在与任何国家机关或组织没有隶属关系、独立的事业单位。据统计，我国省级以上集中采购机构的隶属关系有八种模式之多，既合法又合规的没有，因此，只有对集中采购机构重新定性，才能解决隶属关系的合法性问题。

从江苏省省级两个集中采购机构的实际运行情况看，集中采购机构隶属于什么部门并不重要，重要的是集中采购机构对政府采购工作是否起到了促进作用，如果隶属于财政部门对政府采购工作的总体促进作用更大，为什么就不能设置在财政部门，反而去追求一种形式呢？这种做法并不符合胡锦涛总书记科学发展观的要求。

3. 集中采购机构设置数量问题

有些采购人和政府采购监管部门认为，集中采购机构设置越多越好，有利于促进相互间的竞争，提高服务水平，解决采购效率低、服务质量差的问题，给采购人带来最大的便利。笔者认为，需不需要设置多个集中采购机构，关键要看这种做法是利大于弊，还是弊大于利，设置多个集中采购机构，确实可以起到提高采购效率和服务水平的目的，但存在的弊端也不容忽视，一旦出现多个集中采购机构，目前社会上招标代理市场中出现的混乱状况，将很快在集中采购市场出现。我国政府采购的宗旨是为了规范政府采购行为，提高政府采购资金的使用效益，维护国家利益和社会公共利益，保护政府采购当事人的合法权益，促进廉政建设，而不是仅仅为了满足采购人的需要。如果集中采购机构可以多设置一些，一级政府为什么不可以设立多个工商局、税务局等机构，一旦如此，这些部门的工作效率、服务质量一定会大为提高，但政府为什么还是不多设呢？因此，集中采购机构的采购效率和服务水平不在于设置数量上的多少，关键在于如何建立有效的考核体系，如何提高其工作效率和服务水平。

希望设置多个集中采购机构的人的最终想法是希望集中采购机构中介化，监管部门和采购人都能有较大的选择空间。但集中采购机构从性质上看，并不能等同于一般的采购代理机构，它是专门为机关、事业单位、社会团体提供公共服务的专业机构，是与政府采购监管部门相互分工、相互制约的机构，而不是监管部门的从属机构。

### 4. 部门采购中心的设立问题

目前，中央许多部委纷纷在内部设立各自的采购中心，笔者认为，部门采购中心的存在实质是打着部门集中采购牌子的采购人自行分散采购，从长远看，相关中心的设立对我国的政府采购工作并没有什么实质性帮助，反而会对政府采购工作产生负面的影响：

理由之一，部门采购中心无法提供供应商公平竞争的平台。政府采购的公开、公平、公正和诚实信用原则，要求所有政府采购当事人必须按照该原则从事政府采购工作，政府采购一边需要对采购人负责，满足采购人的合理需求，一边需要对供应商负责，给供应商提供公平竞争的平台，就要求采购机构必须保证公平、公正的立场，但各部门的采购中心其实就是采购人的内设机构，采购过程中必然受到本部门领导意志的掣肘，采购中只能更多考虑采购人的意愿，而没有真正给供应商提供公平竞争的平台。

理由之二，部门采购中心不利于政府采购成本的节约。许多采购项目都存在规模效益，政府采购应以大批量的集中采购引起相关供应商的关注，在降低供应商成本的基础上，引导其降低价格、提高服务，才能真正体现出政府采购的规模效应，提高社会综合效益。而部门采购中心最多只能将本部门、本系统的采购集中起来，相对于真正的集中采购而言，单次采购的规模无疑要小得多，不仅增加了采购的直接成本，而且不利于供应商生产成本的降低，反而造成社会总成本的增加。同时，相关人员和办公费用的支出，并不能通过资金的节约予以弥补，增加了行政成本。

理由之三，部门采购中心不利于宏观政策功能的实现。政府采购宏观政策功能追求的是社会整体利益的最大化，在具体采购过程中，很可能出现牺牲个别采购人利益的情形，而部门采购中心本身就是为本部门、本系统服务，存在的目的是实现采购人利益的最大化，两者之间很容易产生矛盾，当矛盾产生时，部门采购中心不会因为社会利益而放弃自己的利益。只有作为独立存在的第三方、不以营利为目的的集中采购机构，才能不以采购人的意志为转移，担负起实现政府采购宏观政策功能的重任。

理由之四，部门采购中心不利于采购专业化队伍的建设。《政府采购货物与服务招标投标管理办法》规定，采购人符合一定条件的，可以自行组织招标，目前许多部门采购中心其实并不具备这样的条件，或表面上具备，但由于受采购项目和采购规模的限制，相关的采购经验明显缺乏，实质上并不具备自行采购的条件，这点可以从中央已设立采购中心的部门的一些采购事项仍然委托给社会采购代理机构办理就能推断。这种机构的存在反而使集中采购机构的工作人员减少了锻炼的机会，影响了集中采购机构专业化的进程。

因此，江苏省省级两个中心并存现象给了我们很多启示，笔者认为，作为非营利为目的的集中采购机构，不存在需不需要设置的问题，隶属哪个主管部门也并不重要，关键是在目前如何将集中采购机构的作用充分发挥出来，让集中采购机构承担更多的政府采购责任，这点才是江苏省省级政府采购值得全国政府采购同行借鉴的地方。

（本文刊登于2008年2月20日《中国财经报》第3版）

# 关于集中采购机构在评审过程中相关权力的探讨

理论篇

  2009年，江苏省政府采购中心准备组织召开首届全省集采机构座谈会，拟定会议的一个主题是加强全省各集采机构案例分析水平，要求每个地级市和常熟市（计划单列县级市）采购中心各提供两个案例，在座谈会上进行交流，并现场进行评选。本文代表笔者单位参加了座谈会上的案例分析交流，但由于座谈会是笔者单位组织，为避嫌而未列入评选范围。《中国政府采购报》记者赵辉看到案例后受到启发，在该报专门组织刊登了一期名为《集采机构 你有否决权吗》的专题研讨。

  最近，笔者参与了一起质疑的处理工作，对供应商质疑问题的认定工作很简单，但对如何做出处理决定却费了一点周折。

## 一、问题的起因

  某集中采购机构（以下简称采购中心）受某单位委托，就纳入集中采购目录中的某设备组织了公开招标，招标文件没有不合理条款，招标公告时间及程序符合规定，评标委员会组成也满足相关要求。经综合评分，评标委员会推荐甲公司为第一中标候选人。中标结果公示后，乙公司向采购中心提出书面质疑，认为经该公司查证，甲公司提供的某项资格证明文件已不在有效期内，不符合招标文件的实质性要求，应取消其中标候选人资格。采购中心收到乙公司质疑后，立即对甲公司递交的投标文件进行核对，发现甲公司的投标文件中该资格证明文件确实已过期，经与甲公司联系，甲公司也承认该资格证明文件正处于年审过程中，投标时确实不在有效期内。针对这种情形，采购中心准备取消甲公司中标候选人资格，但就取消的程序上，内部却存在一定的分歧：第一种观点认为，是否取消中标候选人资格，应重新组织原先的评标委员会来复核，经评标委员会确认应取消甲公司中标候选人资格的，由评标委员会向采购中心出具书面意见，采购中心才能取消甲公司的中标候选人资格。第二种观点认为，对资格证明文件审核不严，是由评标委员会的疏忽造成，让评标委员会推翻自身的评审结果，并不合适，且事实已经很清楚，没有必要再找原先的评标委员会复核，采购中心可以直接取消甲公司的中标候选人资格。第三种观点认为，采购中心在确认甲公司的投标文件属于无效投标文件后，应将相关材料报同级政府采购监管部门，由监管部门宣布取消甲公司的中标候选人资格，采购中心无权取消其资格。三种观点，孰对孰错？采购中心在评审过程中究竟能做什么？

## 二、问题产生的原因分析

### 1. 为什么认为采购中心没有否决权？

笔者认为，三种观点的存在，关键原因在于政府采购工作中，采购中心、评审专家、监管部门的职责不清，造成谁该做什么、不该做什么、能做什么、不能做什么，不是很明确。因此，一些采购中心认为，对政府采购项目的评审是评审专家的事，对投标文件是否做无效投标文件处理，还是对整个招标项目做废标处理，推荐哪个供应商做中标候选人，都应由评审专家决定。采购中心只负责组织采购活动，对采购过程的合法性负责，不应过问评审结果，没有否决评审结果的权力。主要依据是：

（1）《政府采购货物和服务招标投标管理办法》（以下简称《十八号令》）第四十四条规定：具体评标事务由招标采购单位依法组建的评标委员会负责，并独立履行下列职责：一是审查投标文件是否符合招标文件要求，并作出评价；二是要求投标供应商对投标文件有关事项作出解释或者澄清；三是推荐中标候选供应商名单，或者受采购人委托按照事先确定的办法直接确定中标供应商。

（2）《政府采购评审专家管理办法》（以下简称《专家管理办法》）第十五条规定：评审专家在政府采购活动中享有以下权利：一是对供应商所供货物、工程和服务质量的评审权；二是推荐中标候选供应商的表决权。

评审专家享有评审权和表决权，采购中心在评审过程中是否就应该坐等评审专家的评审结果，而无任何发言权呢？

2. 采购中心在评审过程中有哪些权力？

笔者认为：在目前的政府采购相关法律法规中，其实还是赋予了采购中心在评审过程中拥有一些权力：

（1）投标文件拒收权。《第十八号令》第三十一条规定：在招标文件要求提交投标文件的截止时间之后送达的投标文件，为无效投标文件，招标采购单位应当拒收。第三十六条规定：投标人未按招标文件要求交纳投标保证金的，招标采购单位应当拒绝接收投标人的投标文件。实质上就是赋予了采购中心在评审前，对部分不符合要求的供应商，可以行使否决权。

（2）投标资格审查权。《政府采购法》第二十三条规定：采购人可以要求参加政府采购的供应商提供有关资质证明文件和业绩情况，并根据本法规定的供应商条件和采购项目对供应商的特定要求，对供应商的资格进行审查。这说明对供应商的资格审查，应该由采购人根据法律和采购文件的规定来组织实施。

《政府采购法》第十八条规定：采购人采购纳入集中采购目录的政府采购项目，必须委托集中采购机构代理采购；采购未纳入集中采购目录的政府采购项目，可以自行采购，也可以委托集中采购机构在委托的范围内代理采购。第二十条规定：采购人依法委托采购代理机构办理采购事宜的，应当由采购人与采购代理机构签订委托代理协议，依法确定委托代理的事项，约定双方的权利义务。因此，尽管在组织政府采购活动过程中，采购人和采购中心存在委托和受托的关系，但对于纳入集中采购目录的政府采购项目，应属于强制委托的范畴，采购中心在代理采购活动中，可以行使采购人的权力，相应具备了《政府采购法》赋予的对供应商资格审查的权力。

（3）评审结果复核权。《政府采购法》第十七条规定：集中采购机构进行政府采购活动，应当符合采购价格低于市场平均价格、采购效率更高、采购质量优良和服务良好的要求。既然法律对采购中心组织的采购活动结果做出了明确要求，采购中心就应该有权对评审专家做出的评审结果进行复核，核查评审结果是否符合法律的要求。同时，《专家管理办法》第二十七条规定：财政部门应建立政府采购评审专家信息反馈制度，听取有关各方对评审专家业务水平、工作能力、职业道德等方面的意见，核实并记录有关内容。采购中心直接与评审专家接触，但如果不对评审结果进行复核，如何能知道其业务水平、工作能力、职业道德呢？又如何向财政部门反馈信息呢？

### 3. 评审过程中采购中心和评审专家如何分工合作？

根据《第十八号令》第五十四条的规定和以上分析，笔者认为，对投标文件初审中的资格性检查应由采购中心负责，符合性检查则由评标委员会负责，但在实际采购活动中，一些采购中心将资格性检查委托给评标委员会，笔者认为也未尝不可，但要充分考虑到评审专家的专业背景，不能过于依赖。具体的澄清、比较与评价、推荐中标候选供应商名单、编写评标报告应由评标委员会独立完成，但采购中心应对评审结果进行复核，复核的主要内容为：一是在评标工作中，是否有明显倾向或歧视现象；二是是否根据招标文件中规定的评标方法和标准进行评审。

### 4. 质疑是否必须要评审专家参加？

一些采购中心认为，评审结果是由评审专家独立评审、推荐的，供应商对评审结果产生质疑，就应该组织评审专家论证，根据评审专家的意见给质疑供应商回复。但《政府采购法》和《第十八号令》都没有明确规定，质疑处理是否一定要评审专家参加，《第十八号令》第四十九条第六款只是规定：评标委员会成员应当配合招标采购单位答复投标供应商提出的质疑。《专家管理办法》第十六条规定，评审专家有解答有关方面对政府采购评审工作中有关问题的咨询或质疑的义务。笔者认为，是否邀请评审专家参加质疑回复的论证，应由采购中心自行决定，采购中心认为有必要邀请评审专家的，评审专家有义务配合采购中心答复质疑；采购中心认为没必要的，也可以自行做出答复，邀请评审专家不是必需的法定程序。

## 三、解决问题的方法和思路

根据以上分析，笔者认为，在政府采购过程中，对于采购中心是否享有否决权的问题，应区分不同的采购阶段来对待：

在评审开始前，采购中心对于迟到的、未按规定缴纳投标保证金的投标文件，享有否决权。一些采购中心在采购现场，邀请纪检部门、公证部门来判断有上述情形的投标文件是否为无效投标文件，其实无此必要。

在评审过程中，对投标文件是否属于无效投标文件，采购中心、评审专家各有部分否决权，即采购中心可以对不能通过资格性检查的投标文件行使否决权，评审专家可以对不能通过符合性检查的投标文件行使否决权，采购中心可以将自己享有的检查权授权给评审专家，但应对检查结果承担责任。对评审专家的评审结果，采购中心有权进行复核，如属于存在明显倾向性或歧视现象，或没有根据招标文件中规定的评标方法和标准进行评审，笔者认为采购中心可以对评审结果享有否决权。因为评审专家是采购中心组织的，评审结果一旦出现问题，尽管评审专家需要承担一定责任，但大多数责任仍是由采购中心来承担。

一些采购中心可能认为，这样会干涉评审专家的独立评审权。笔者认为，采购中心应该充分尊重评审专家的独立评审权，不应在评审时对评审专家施加影响，但对评审结果进行复核，也是对采购项目的公正性负责，只要评审专家能够根据招标文件中规定的评标方法和标准公正地评审，采购中心不会改变其评审结果，因此不存在干涉其独立评判权的问题。

在评审结束后采购中心也有部分否决权，尤其是针对供应商的质疑，对于显而易见、采购中心能够有把握处理的问题，没必要邀请评审专家论证，可由采购中心直接确定回复，因为对质疑的回复是采购中心的义务，出现投诉也由采购中心承担责任，而不是评审专家。直接回复，既能提高办事效率，又节约采购成本。对于疑难杂症、采购中心没有把握处理的问题，可以邀请评审专家进行论证，有利于质疑的回复更合法、合理。

但对评审结束后需要取消评审结果的情形，采购中心能否享有否决权，需要核查采购结果是否属于评审专家"在评标过程中有明显不合理或者不正当倾向性的，或未按招标文件规定的评标方法和标准进行评标的"，属于这两种情形的，根据《十八号令》有关规定，可以向财政部门汇报，由财政部门认定中标无效，即否决权在财政部门，采购中心不能直接否决。

本案例中供应商质疑的问题，是显而易见、采购中心能够有把握处理的问题，笔者认为没有必要再邀请原先的评审专家进行审核，且又不符合《十八号令》第77条规定的情形，因此，采购中心应行使否决权，直接决定取消甲公司的中标候选人资格。

## 四、

## 相关问题的建议和探讨

总结十年来的采购经验，笔者对于采购中心的工作有两点建议，供大家参考。

### 1. 采购中心应正确认识自身的定位

采购中心不能等同于以营利为目的的采购代理机构，在政府采购活动中应依法履行自己的工作职责，不仅在对评审结果的处理上，而且在采购方案制订和项目评审过程中，对于一些显而易见的错误，采购中心应本着公开、公平、公正的原则，直接进行处理，该行使否决权的时候应坚决果断。一些采购中心一方面抱怨评审专家存在这样或那样的问题，评审过程和结果一旦有疑问，责任却要采购中心承担，另一方面却不能正确运用法律法规赋予自己的权利，维护自己的权益，其实是没有真正掌握好政府采购相关的法律法规。在采购工作中应做到既不能越位，更不该缺位。

### 2. 采购中心不能盲目依赖评审专家

一是目前政府采购评审专家素质良莠不齐。真正既懂专业知识，又懂市场行情，同时能独立、公正评审的专家少之又少，大多数评审专家能够根据评分标准认真、客观地评审已经很不容易。二是不利于采购中心队伍建设。过分依赖评审专家，会造成采购中心工作人员不去认真研究政府采购及相关知识，缺乏创新精神，评审专家一般是专才，而采购中心真正需要的是通才。三是不利于采购中心诚信建设。盲目依赖评审专家，评审结果一旦出现问题，社会各界都会认为是采购中心的责任，将对采购中心的诚信度产生非常不利的影响。

（本文发表于《中国政府采购》杂志2010年第5期）

# 推广集中采购是政府采购制度前行的基础

2011年12月,受《中国政府采购报》邀请,笔者有幸参加了由该报组织的政府采购理论与实务研讨会。参会者不多,但层次较高,贾康、于安等业内专家都到场发言并进行研讨。笔者和北京市政府采购中心高晓东主任作为全国集中采购机构代表参会。会前我也准备了一份发言提纲,研讨时发现与会者大多关注于理论性的探讨,对于当时关系政府采购中心(以下简称采购中心)生死存亡的公共资源交易平台迅速推广的现实问题,却基本无人关心。我因此脱稿表达了自己的一份担忧,核心观点就是"采购中心归属的变化势必会造成地方财政部门对政府采购监管的失控"、"要高度重视采购中心的建设,强化集中采购职能"。该报记者对我的发言进行整理,并经笔者审定后予以刊登。财政部于2014年10月11日下发了《关于公共资源交易中心开展政府采购活动有关问题的通知》(财库〔2014〕165号),但愿能起到亡羊补牢的作用。

2011年是我国政府采购制度从试点开始走过的第15个年头,一年中发生了许多引起业内和社会关注的事件,有些事件对于参加研讨会的各位专家也会留下深刻的印象。如果问我2011年对于政府采购留下哪些记忆,我觉得有两个印象很深刻:一个是"四合一"平台也即公共资源交易平台在各地方的推广;另一个就是引发全国大讨论的海口事件和湖南事件。这些事件的影响面很广,许多内容涉及了政府采购的制度建设和法制层面存在的问题,但主角都与采购中心相关。

我在采购中心工作了13年,亲身经历了本省政府采购历次重大事件,参与组织了每个重大采购项目,也目睹了《政府采购法》实施后各级采购中心的划转、变更。采购中心在发展了10多年以后,目前是怎样的一种状况?这个状况对于我们国家的政府采购制度推行又会产生什么影响?我想这是相关联的。《政府采购法》出台以前，各地集中采购机构相对比较统一，60%以上都在财政部门，为政府采购制度在各地的推广奠定了基础。《政府采购法》出台后，采购中心的归属五花八门，职能千差万别，个别省份甚至从省级而下撤销了采购中心。采购中心职能的弱化，导致了目前各地公共资源交易平台的大量出现。这一现象在中央一级没有出现，但在地方，尤其在市、县级，相当一部分采购中心已不复独立存在。如果这一现象蔓延到省一级，省级采购中心都撤并了，对政府采购会有什么影响？

  采购中心归属的变化势必会造成地方财政部门对政府采购监管的失控，因为采购中心合并到资源交易平台以后，这一平台一般设有专门的监管机构，政府采购不是由财政部门负责监管了，在各地已经确实有这样的情况发生并存在。如果说政府采购监管真的失控，那么还会产生什么更进一步的影响呢？我想这也是2012年政府采购界需要探讨的问题。我个人认为这将对我国为什么还需要推进政府采购制度从基础上产生动摇。目前政府采购的问题已经很多了，比如说海口、湖南事件暴露出的问题、天价采购问题，评审专家问题，甚至制度建设方面的问题，这些问题已经导致政府采购面临的困难和困惑越来越多，急需有人去解决，如果再失去了集中采购和专业监管，我不知道政府采购的明天是什么？对于政府采购工作，我的感受是：起初是热爱，现在很无奈。确实到了应该静下心来思考问题的时候了。

  作为一名多年的政府采购工作者，我一直坚持认为政府采购的管理机构和执行机构，应该是相统一的，机构可以分成两个，但工作不能分。不能够因为管理机构的需要，而降低采购中心的地位。我非常赞同贾康所长提出来的，政府采购首先要推广集中采购，而不能够再宣传、推广部门集中采购和分散采购。从江苏省的实际情况看，已批准的部门集中采购，基本已不再自行组织采购了，因为自己组织政府采购活动的风险太大，还有部分部门集中采购，从批准时起，基本都是委托社会中介机构采购，那么，部门集中采购的存在还有什么意义？对于现在提出的认为部门集中采购也是集中采购的一种形式，我个人并不赞同。我认为，部门集中采购某种程度上说就是分散采购的一种方式，而政府采购着重推行的应当是集中采购。多年来，江苏省的政府采购工作一直保持在全国的前列，有一个现象值得关注，就是省本级以及各个市、县的采购中心基本还都在财政部门，一直坚持以集中采购为主。

  通过这次座谈会，我也希望各位专家能和有关部门领导呼吁一下，必须要高度重视采购中心的建设，强化集中采购职能，加大设施投入力度，尽快引入采购资格认证制度。采购中心是政府采购的前沿阵地，也是监管部门的得力抓手，如果再不重视采购中心的工作,政府采购制度存在和发展的基础将会丧失,进而威胁到政府采购制度长期、健康、有序的发展。最后我提三个建议:

第一,2011年,政府采购领域的媒体曝光度在提升,但相当一部分是负面报道,为什么我们做了很多的好事,除了政府采购专业媒体,没有人来宣传,不给予我们肯定?建议我们政府采购领域的专业媒体应该加强和其他有关媒体的联络,对于涉及政府采购内容的报道,能够建立起信息共享、事前共议的沟通机制,让社会各界能够站在更客观的立场来看待政府采购。

第二,我们应反思政府采购做了这么多年,成绩到底在哪里?政府采购的成绩不能只是在财政部报表上的几个数据,因为这些数据社会各界根本就不关心。怎样才能把政府采购的成果凸显出来,让社会各界实实在在感受到政府采购对发展经济、促进民生等方面产生的作用,我觉得这也是我们应该在2012年考虑的问题。

第三,我觉得当前政府采购执行过程中暴露出的很多问题,都与政府采购法律的设计存在缺陷有着很强的关系。《政府采购法》上与《预算法》关联,下与《合同法》衔接,中与《招标投标法》交叉,但在与相关法律的关联、衔接、交叉等问题上,处理得都太原则,未能构成完整的法律运行体系,个别地方还存在脱节。如采购和验收是密切相关的两个环节,是建立供应商诚信体系的基础,尤其验收环节是衡量整个政府采购最终成效的一个关键环节,但政府采购法律更多地关注了采购环节,为什么会有超低价中标,为什么会出现骗取成交?都与忽视验收环节相关联。建议在制定《政府采购法实施条例》时,应考虑以上问题。

(本文刊登于2012年1月10日《中国政府采购报》第3版,是该报记者根据我在该报2011年12月组织的政府采购理论与实务研讨会上的发言整理而成)

# 十年政府采购工作的反思

## ——关于定牌采购深层次原因分析及对策研究

1995年,中国开始试行政府采购工作,到2005年,已走过十年的历程。十年间,中国的政府采购工作取得了巨大的成就,《政府采购法》和一系列配套办法的颁布标志着政府采购法律框架体系已经建立,以公开招标为主的采购方式逐步完善,采购规模和范围也在迅速扩大。但采购活动中仍然存在不规范、不合理的现象,个别采购人代表利用这些漏洞,为自己的不法行为披上了合法的外衣。尤其是一直广为人诟病的协议供货采购模式,媒体报道的历次天价采购、普遍价格虚高都与其相关。笔者具体经办了江苏省首次计算机的定点采购,后又经办了其他定点采购或协议供货项目的采购工作,发现协议供货有其无法解决的问题——价格问题,其实质原因在于协议供货其实就是一种定牌采购,违背了政府采购的规定,笔者因此对该问题进行了探讨。成文后,笔者尝试着向几家非政府采购专业期刊投稿,一直未见回音,近十个月后,才收到《中国财经信息资料》寄来的用稿通知。本文为笔者唯一未收到稿费的发表作品。

转眼间,《政府采购法》已颁布了三年多,《政府采购货物和服务招标投标管理办法》也已正式施行了近一年,法律、法规都明确规定政府采购不得指定货物的品牌、服务的供应商。目前,采购人和采购代理机构明目张胆地指定品牌采购的现象确实有所收敛,最为明显的例子就是大多数政府采购官方网站已经没有了公务用车的采购信息。经过多年的不断规范,定牌采购现象是否已在我国政府采购领域消失了呢?据笔者所了解,定牌采购现象在我国其实还是比较普遍。回想起2003年引发全国政府采购大讨论的河北省农林厅信息化建设项目和广州本田车加价采购两个案例,定牌采购其实已成为目前限制政府采购进一步规范的重要因素,许多专家、学者对此问题也从不同角度进行过讨论,但为什么定牌采购在我国依然屡禁不止,是政府采购监管部门监管不力、还是采购代理机构有意规避?口号好喊,执行很难,如果不挖掘定牌采购存在的深层次原因、找出有效的对策,即使法律再严肃,也是脱离实际、流于形式。笔者从1999年开始从事政府采购工作,伴随着我国政府采购从无到有,由小到大,逐步走向成熟、规范,对如何规范政府采购行为、避免出现定牌采购也尝试过许多方式、收获了一些体会,深感定牌采购之弊端,愿与各位专家、学者就此问题再进行一些深层次的探讨。

## 一、定牌采购的三种表现形式

目前,许多政府采购当事人对定牌采购的认识还不够深刻,狭隘地把定牌采购理解为仅指采购当事人在采购物品时指定品牌、生产厂家或供应商的采购行为,笔者认为,以下三种形式都应属于定牌采购:

1. 直接定牌

采购当事人直接明确采购货物的品牌、规格、型号,或指定生产厂家、供应商。这类定牌一般以零散的通用采购项目为主,最典型的就是小轿车的采购,由于小轿车大多为领导乘用,在选择车型上领导基本都有自己的偏好,造成在采购时只能采购选定的品牌、型号。广州本田对政府采购为什么曾经还敢加价,就因为指定采购广州本田车的采购人过多,需求大于供给,加价也是市场经济的正常行为。

2. 变相定牌

采购当事人在采购时并不直接确定采购货物的品牌,而在采购文件中提出各种条件,限制了大多数供应商的参与,变相指定品牌采购。这类定牌一般以专用设备为主,限制性条件主要有:注册资金的要求、个别产品才能达到的技术参数、与原设备相配套的要求、一般供应商难以接受的付款条件或交货时间等。河北省农林厅信息化建设项目就是因为设置了严格的限制性条件,最终造成了采购活动的失败。

### 3. 隐性定牌

目前，我国许多地方政府采购为了避免出现在实际采购过程中大量存在的定牌采购现象，对一些通用采购项目实行了协议供货或定点采购，即通过公开招标方式确定中标供应商和中标产品，采购人直接按照中标价格或优惠率向中标供应商采购中标产品。协议供货或定点采购看似公开、公平，采购人也反映该方式方便、快捷、效率高。但笔者认为，无论是协议供货、还是定点采购，都是借公开招标之形，行定牌采购之实。原因如下：一是中标品牌的确定。基本国内市场上较知名的品牌都在中标范围。二是代理商的确定。各地协议供货的具体执行者，都由生产厂家直接指定。三是中标价格或优惠率的确定。协议供货项目的中标价格或优惠率是有效期内供应商承诺的最高限价或最低优惠幅度，采购人在具体采购时，可以与供应商就价格或优惠率进行谈判，说明通过公开招标确定的中标价格或优惠率并不是最低的。四是协议内容的调整。在协议供货有效期内，中标供应商可以调整中标价格或中标产品，使得中标供应商执行协议的自由度很大。五是最终成交人的确定。每个实行协议供货的项目都有多个品牌供采购人选择，只要在协议供货产品和最高限价范围内，采购人最终确定购买什么品牌的货物、按照什么价格成交，都由采购人自行决定，这与直接定牌采购有什么区别，只是以协议供货或定点采购的方式给定牌采购披上了一件合法的外衣。

## 二、

## 定牌采购的四种严重危害

定牌采购对政府采购已经产生了严重危害，许多采购当事人从以前对政府采购的畏惧、逃避，发展到现在对政府采购的迎合、利用，尤其是定牌采购，已经在逐渐蚕食近年来政府采购取得的来之不易的成果。尽管许多专家学者对定牌采购的危害进行过探讨，但笔者认为，定牌采购最根本的危害应在于它危害了政府采购的宗旨，动摇了政府采购的基础，具体体现在：

### 1. 降低了政府采购资金的使用效益

大家都知道"货比三家不吃亏"这个道理，《政府采购法》也明确规定除单一来源采购方式之外，参加政府采购的供应商数量不得少于三家，就是为了营造充分竞争的氛围，通过充分竞争降低采购项目的价格，达到提高政府采购资金使用效益的目的。而定牌采购实质上就是限制性采购，限制了市场经济条件下供应商在政府采购领域的充分竞争。财政部曾就此问题发文，明确规定："多个供应商代理一个品牌参加政府采购的，按一个供应商计算"，该文件很大程度上就是针对当时定牌采购，多个供应商参与政府采购是否符合法律规定的问题。在政府采购工作中，许多项目只要实行定牌采购，实际成交价格往往与市场价格相差很少，高于市场价格的现象也时有发生，一方面降低了政府采购资金的使用效率，另一方面也影响了采购当事人参加政府采购的积极性。

### 2. 危害了国家利益和社会公共利益

随着我国市场经济的逐步完善，宏观经济调控手段也将以经济政策引导取代行政强制命令，政府采购同样也承担了宏观经济调控的职能，如保护环境、购买节能产品、扶持不发达地区和少数民族地区、促进中小企业发展、购买本国货物等。尤其在我国加入世界贸易组织以后，各种关税壁垒，以及进口许可证、配额和进口产品审批制度等主要非关税壁垒手段都将失去效用，而政府采购制度作为一种非关税贸易壁垒，已成为世界各国普遍运用的保护本国经济的合理、合法的手段。宏观经济调控也是建立在市场有效竞争基础上的，定牌采购失去了有效竞争这一基础，只能采购确定的品牌产品，将使政府无法通过政府采购的手段达到实现宏观调控的职能，损害了国家利益，进而也损害了社会公共利益。

### 3. 损害了政府采购当事人的合法权益

除单一来源采购方式之外，其他政府采购方式都要求有3家以上供应商参加，定牌采购实质就是只允许有限的供应商参加政府采购，剥夺了其他供应商的政府采购参与权；定牌采购使得政府采购的买方市场，变成个别小项目的卖方市场，采购产品的价格、质量、服务都会出现不利于采购人的情况，损害了采购人正常的资金使用权；同时，定牌采购也使采购代理机构陷入无法公开招标、只能申请限制性采购方式采购的泥潭，降低了采购代理机构的公信度，损害了采购代理机构的合法经营权。

### 4. 阻碍了廉政建设的战果进一步扩大

利润最大化是目前大多企业追求的主要目标，一旦产品进入了定牌采购的范围，即意味着生产或经营该产品的供应商能获得丰厚的利润，但确定的品牌最终只能有一个。谁来确定最终的品牌？正常的政府采购是通过法定的程序，由专家评委来确定最终的品牌，而定牌采购则是在采购前就已经确定了品牌，采购前具有最终确定权的人无疑将是供应商的主攻目标。金无足赤，人无完人，一旦具有最终确定权的人利用了政府采购法律的疏漏，又能通过政府采购使其违法行为合法化，难免会发生各种违背廉政建设的事情，黑暗交易取代了阳光操作，既损害了国家和本单位利益，又不利于对国家干部的保护，极大地削弱了政府采购促进廉政建设、源头防腐的功效。

## 三、定牌采购的五种深层因素

定牌采购在当前大多政府采购市场上的广泛存在，不能说法律不严肃，笔者认为，定牌采购在我国确实有其客观存在的土壤：

### 1. 采购人的习惯、权力心理，是定牌采购存在的主导因素

政府采购是以满足采购人的合理公务需要为前提，而采购人经常会提出一些具体化、认为适合于自身实际的需求，这就造成了采购人和政府采购目标整合的差异。这种目标整合的差异主要来源于采购人以前的习惯：一是认为财政预算安排的资金，就是自己部门的资金，只要不超过年度预算，财政部门不应干预自己资金的具体流向，自己有资金使用权；二是自己采购什么，向哪个供应商采购，只要不违反廉政方面的规定，应该由自己说了算，自己有采购选择权；三是采购方案最终由单位领导说了算，单位领导集体研究采购什么，政府采购就应该为自己买什么，采购人有采购决定权；四是单位采购具体负责人，往往对一些采购方案具有一定的决定权，因此会受到众多供应商的特别关照，无意中就形成了一种特权。如果政府采购完全取消定牌采购，由专家评委说了算，意味了以上采购人的权力也随之被取消，而这是采购人难以立即接受的。因此，采购人必然会想方设法找理由进行定牌采购，维护自己的既得利益。

### 2. 集中采购机构的无奈、应付心理，是定牌采购存在的客观因素

作为政府采购的具体执行机构——集中采购机构，对定牌采购虽然痛恨，但由于很多方面的限制，对定牌采购其实也很无奈。

一是委托采购使集中采购很难有效组织。《政府采购法》正式确立了采购人与采购代理机构的委托代理采购的关系，对于集中采购目录以内的项目，集中采购机构必须接受采购人的委托，至于对采购人多少金额、多长时间进行委托，并

没有做出明确规定。通常情况下，采购人的需求比较零散，《政府采购法》实施前，经过政府采购监管部门对集中采购计划的审核，可以将零散的采购需求相对集中，集中批复给集中采购机构实施集中采购；《政府采购法》实施后，集中采购机构只能根据采购人的委托进行采购，为了提高服务效率和质量，减少采购人的投诉，对所有采购人的委托基本做到随时接受、随时办理，没有一个集中的过程，造成集中采购机构单次采购金额过小，如果不定牌采购，采购成本将远远高于节约的资金。

二是集中采购机构自身定位比较尴尬。《政府采购法》明确定义：集中采购机构为采购代理机构，是非营利事业法人，根据采购人的委托办理采购事宜。从以上定义可以看出，虽然集中采购机构的饭碗并不一定是采购人给的，但业务却肯定要靠采购人，而部门集中采购和分散采购的不断出现、取得政府采购业务代理资格的代理机构的逐渐增多，都对集中采购机构产生威胁。因此，集中采购机构能否发展壮大，关键在于能否得到采购人更大的支持，而得到采购人支持的最好途径就是在表面合法的情况下，尽量满足采购人的需求。以集中采购机构目前的地位，很难对采购人说出"不"字，只能迎合采购人，变相地为定牌采购推波助澜。

三是集中采购机构应付考核的有效手段。对每一个集中采购机构的考核，采购规模都将是一项重要的指标，为了扩大采购规模，按照协议供货或定点采购等隐性定牌采购是实现简单扩大采购规模的最佳途径，一次公开招标，一段时间内采购人的采购都算公开招标，既符合公开招标的要求，同时又扩大了采购规模。

四是集中采购机构人员专业化程度不高。由于目前相当多集中采购机构的从业人员是从财会方面转岗或从学校分配来的，大多未接受过相关采购项目的专业知识培训，对某些采购项目没有能力做技术上的剖析、论证，只能按照采购人提出的采购方案进行采购，同时，也不排除集中采购机构人员与采购人代表、供应商互相勾结、共同谋利的可能，给变相定牌采购提供了可乘之机。

### 3. 供应商的追求，获利心理，是定牌采购存在的核心因素

供应商追求利润的最大化是市场经济中无可厚非的事情，但通过正常的政府采购竞争，中标或成交供应商只能获取较少的利润，甚至可能亏本。只有避开竞争对手，供应商才能获得最大的利润，而定牌采购是唯一可以真正避开竞争对手，获得利润最大化的方式，通常供应商采取以下手段，达到定牌采购的目的：

一是走上层路线。以合作开发或较优惠的价格提供给省级以上主管部门相关产品，然后以相关部门的名义，以系统内部统一配置为由，要求全系统参照上级

部门的方案向同一供应商购买同一种产品。

二是走中层路线。对前期设备以较便宜的价格出售给采购人，使采购人在日后只能以较高的价格采购相关的配套设备，否则，前期设备只能报废，就像目前打印机市场上打印机和原装耗材的关系一样，打印机很便宜，原装耗材却很贵。

三是走基层路线。不惜代价与采购人找关系、做工作，对通用型商品，通过协议供货、定点采购直接购买其商品，对非通用型商品，在制作采购方案时设置技术或商务壁垒，排斥其他竞争对手，达到定牌采购的目的。

四是走串通路线。生产或销售相近商品的供应商相互串通、相互陪标、互相抬价，在某类商品上垄断政府采购市场，尤其是一些专业设备，更容易形成串通，达到隐性定牌的目的，并由最终中标或成交的供应商支付给落标或未成交供应商一定补偿，共同获取最大利益。

## 4. 政府采购监管部门的缺位、回避心理，是定牌采购存在的关键因素

一是对公开招标数额标准以下的采购项目缺乏有效监督。按照《政府采购法》规定，达到公开招标数额标准、因特殊情况需要采用公开招标以外的采购方式的，应当在采购活动开始前获得设区的市、自治州以上人民政府政府采购监督管理部门的批准。那么，未达到公开招标数额标准的采购项目，是否就可以由采购人或采购代理机构自行选择采购方式？监管部门是否不需要监督？事实上，由于我国大多监管部门人员有限，对非公开招标方式的管理力不从心，许多采购人以化整为零等手段规避公开招标，避开监管部门的监督，实行了定牌采购。

二是对采购方式的审批缺乏有效论证。政府采购监督管理部门对达到公开招标数额标准以上，采用非公开招标方式的审批，依据是什么？对采购人提出理由，是根据自己的经验判断，还是组织有关专家进行论证？《中国财经报》曾在2003年年初报道过财政部组织专家对铁道部的办公信息系统扩容改造和政府网站建设项目设备的采购方式进行论证，据报道称这是财政部从事政府采购工作以来首次组织专家对采购方式的审批进行论证，取得了明显效果。笔者不知道在此之后财政部是否已将该审批方式进行制度化，但在此之前，自财政部1999年颁布的《政府采购管理暂行办法》，其实已赋予了财政部对政府采购方式的审批权，只能说明财政部在此期间，可能就没有履行过审批权，也可能审批时就从未组织过论证。事实上这种情况，目前在全国的政府采购监管部门中都普遍存在，给了定牌采购可乘之机。

三是对部门集中采购、分散采购缺乏有效控制。尽管说部门集中采购、分散

采购都是政府采购的组织形式，但《政府采购法》对以上两种采购形式都做了限制：属于本部门、本系统有特殊要求的项目，应当实行部门集中采购；属于本单位有特殊要求的项目，经省级以上人民政府批准，可以自行采购。对于本部门、本系统提出的要求是否属于特殊要求，监管部门应进行分析，以辩证的原理来看待其特殊要求，不能随意将有关项目定性为部门集中采购。笔者从事6年多集中采购工作，发现没有哪个部门、系统的采购项目是没有特殊要求的，但也发现没有哪个部门、系统的采购项目是不能实行集中采购的，这就是特殊性和普遍性的关系。由于目前政府采购从业人员尚未实行资格认证制度，许多部门集中采购、分散采购要么委托采购代理机构办理，要么临时组织几个人负责，监管部门一般也无法进行有效的控制，也助长了定牌采购之风。

四是对政府采购内在质量缺乏有效管理。近年来，从中央到地方的各级政府采购部门，都片面追求采购规模的增长速度，全国政府采购的规模迅速增长，从1998年到2003年，6年来采购规模增长了53倍多。追求采购规模增长速度的背后，忽视了政府采购的内在质量，不研究每个项目的采购特点，不组织具体项目的交流培训，不能有效提高采购代理机构的人员素质，同时使政府采购监管跟不上。如财政部专门从事政府采购监管的人员最多才6个人，既要负责中央一级政府采购的监管，还要负责对地方政府采购监管部门的指导培训，同时还要负责国际上政府采购工作的交流，与WTO《政府采购协议》的谈判，可以说是分身无术，想管的事太多，结果什么也没管好，都给定牌采购埋下了隐患。

### 5. 采购代理机构的奉迎、投机心理，是定牌采购的推动因素

政府采购的大面积实施，尤其是集中采购机构的逐渐成熟，给社会上原从事机关事业单位招标代理的机构带来了巨大的冲击，业务量呈直线下降的趋势。这些机构目前大多以营利为目的，为了吸引更多的采购人能够委托其办理采购业务，可以采取一切迎合采购人的措施：通过各种关系做采购人领导的工作；组织采购人代表到国内外四处考察；对招标文件中有关参数进行技术处理；主动组织供应商前来陪标；利用国际招标、工程建设招标等行业规定规避政府采购的监管；按照《招标投标法》的规定确定中标候选人；由采购人在中标候选人中随意选择中标人；中标后任由采购人和供应商就价格等实质性内容进行谈判，甚至出现合同价远高于中标价的情况。这些在招标市场上出现的种种问题，根源就在于采购代理机构对利益的追求。

目前，我国的采购代理机构应属于服务类行业，除取得相关资质需付出不菲的代价外，实际招标过程中揽业成本相对比较高、招标成本非常低，迫使采购代

理机构必须迎合采购人的意愿，利用招标或政府采购监管中的疏漏，采取投机的方式，逃避相关部门的监管，影响了集中采购机构正常工作的开展，干扰了政府采购市场秩序，对定牌采购起到了推波助澜的作用。

## 四、

## 定牌采购的六种应对策略

自1995年上海市在全国率先试行政府采购以来，我国的政府采购工作也经历了近十年的风风雨雨，十年中，笔者认为可以分成以下三个阶段：

一是试点阶段（1995～1999年4月）。该阶段的主要特点有：一是管理不够规范。各试点地区基本上处于各自摸索的过程，没有统一的管理和采购模式，定牌采购比较普遍。二是采购范围窄，采购规模小。采购范围一般局限于通用的大宗货物类采购，如公务用车、计算机等办公设备；采购规模很小，1998年全国的政府采购规模仅为31亿元人民币。

二是起步阶段（1999年4月～2002年12月）。1999年4月21日财政部颁布了《政府采购管理暂行办法》，标志着我国的政府采购工作正式进入实施阶段。该阶段的主要特点有：一是管理相对规范。各地区相继成立了集中采购机构和政府采购监管机构，开始制定集中采购目录，财政部颁布了10个配套管理办法，加强对政府采购监督和执行的管理，定牌采购受到一定约束。二是政府采购范围和规模迅速扩大。政府采购的范围已经由试点初期的简单货物扩大到工程和服务领域，政府采购规模随着政府采购范围的扩大呈快速增长势头，2002年全国政府采购规模已经突破1000亿元大关。

三是法制阶段（2003年年初至今）。2003年1月1日，《政府采购法》正式实施，标志着我国的政府采购工作进入法制阶段。该阶段的特点有：一是管理逐步规范。政府采购监管机构、集中采购机构相继分离，分别依法从事政府采购工作，相关政府采购管理规章制度逐步出台，政府采购的监管力度逐步加大，直接的定牌采购受到严格控制。二是政府采购范围进一步明确和扩大。使用财政性资金采购集中采购目录以内的或采购标准以上的货物、工程和服务，都必须依法进行采购；采购规模继续大幅攀升。

尽管十年来政府采购工作已从无到有，由小批量到大规模，由无序逐渐走向规范，但定牌采购的现象却一直未能杜绝，现在确实到了应该彻底解决的时候了。笔者认为，可以从以下六个方面着手，彻底铲除定牌采购产生的温床：

1. 严格预算管理，是铲除定牌采购的源头

编制部门预算是政府采购的首道程序，部门预算编制的好坏，将直接影响到整个政府采购的管理和执行。目前，我国大多地区的政府采购预算虽然与部门预算统一布置、统一编制，但审核、批复部门却不是政府采购监管部门，造成政府采购预算编制中预算科目不准确、采购项目不明细、采购标准不统一、采购时间不合理。预算编制的粗犷，使许多采购人在具体执行时必须重新申报采购计划，既不利于集中采购，也使政府采购预算失去严肃性。因此，必须对政府采购预算进行细化，使之具有较强的可执行性，才能避免编制政府采购预算流于形式。首先应细化品目，对现有的政府采购项目进行细分，尤其是对通用类项目按用途和预算高低分成不同类别，把项目分解到每一个具体采购类别，同时要求在基本支出或项目支出中安排的，都必须按类别单独列示；其次应细化数量，预算中不得出现"一批"这样的情况，数量力求准确，但允许在执行时有一定幅度的微调；最后应细化时间，对政府采购预算的执行时间最少应细化到月，否则将给具体执行带来较大的随意性。

2. 制订采购标准，是铲除定牌采购的关键

目前，许多地方已经开始对公务人员的工资、福利推行"阳光工程"，即在收入上制订了统一标准。其实，预算中公务人员的办公环境、办公设备的支出比工资性支出要大得多，更应实施"阳光工程"。政府采购的目的是满足采购人的日常公务需要，不能因为不同部门的经费多少，而在办公环境、办公设备上存在巨大的差异，更不能因为个别领导的喜爱偏好，而允许其随意指定品牌。政府采购在我国已探索了十年，各地政府采购管理和执行机构多少也应能积累一些经验，可以根据行政职务和岗位的不同，制订相应办公环境和办公设备的采购标准。笔者认为采购标准的制订：第一，可以预算价格为主要标准，根据工作需要，分成不同的档次，给采购人一定的选择余地；第二，应逐步进行，先易后难，广泛征求采购人的建议，成熟一项推广一项，如先从常用的计算机、打印机、传真机、复印机等办公设备着手，逐步扩大到汽车等项目；第三，制订的标准应随着时间的推移适时更新，与市场相接轨，但也不宜太快，计算机类半年更新一次，其他办公设备（包括汽车）一年更新一次即可；第四，允许采购人有特殊需求，但应严格把关，辨别其是否合理，尽量减少特殊情况的出现。

### 3. 推行集中采购,是铲除定牌采购的手段

政府采购目的之一是要提高政府采购资金使用效益,虽然采用公开招标作为政府采购的主要采购方式可节约一定的财政资金,但真正实现提高财政资金使用效益这一目的,关键应集中各采购人的相同需求,以大批量的规模采购引起相关供应商的关注,在降低供应商成本的基础上,引导其降低价格、提高服务,才能真正体现出政府采购的规模效应,发挥政府采购的宏观经济调控职能,维护采购人和供应商的利益,提高社会综合效益。

在具体执行上,可以与政府采购预算紧密结合起来,每年的预算经人民代表大会审议通过后,财政部门应及时将其中的政府采购预算通知给集中采购机构,集中采购机构对预算中的项目根据品目、时间进行分类,采取不用的方式进行公开招标采购:一是对于通用产品,如计算机、传真机、复印机等办公设备、汽车,可以根据制订的采购标准,分期一次性公开招标,每个采购标准确定一个型号、一个品牌、一个供应商,而不能像目前的协议供货或定点采购允许有多个品牌、多个供应商供采购人选择,减少供应商的二次公关成本,降低政府采购中标价格,杜绝变相定牌采购之路。采购人根据预算中核定的标准,在一定期限内直接通知唯一的供应商按照中标的价格供货,这样既便于对中标供应商的合同履行情况进行监管,也便于采购人对货物的验收和供应商对售后服务的保障。二是对非通用产品,如医疗设备、电梯、锅炉等,可以定期组织专家研究其技术特征,设定常用的技术标准,制订相对统一的招标文件模本,并根据市场变化适时调整,既能保证采购的规模性,提高采购效率,同时也能杜绝隐性定牌之路。

### 4. 加强支付管理,是铲除定牌采购的契机

国库集中支付是规范财政资金拨付的一种管理制度,作为财政支出管理体制改革"三驾马车"之一的国库集中支付,已经在我国大多地区开始施行,对于在政府采购中铲除定牌采购是一个非常好的契机。

首先保证了政府采购工作的运行。2001年3月,财政部和中国人民银行联合颁布了《政府采购资金财政直接拨付管理办法》,要求凡是用财政性资金安排的政府采购项目,预算资金预留国库,采购活动结束后由采购人申请支付,从源头上把关,以制度来约束,促使采购人必须对集中采购目录以内或采购限额标准以上的项目实施政府采购,保证了政府采购工作的正常运行。

其次促进了规范政府采购的意识。通过国库集中支付制度的建立,使政府采购监管部门和执行机构真正做到了有所为、有所不为,严格按照《政府采购法》

及其配套办法规范政府采购行为；使采购人增强了政府采购意识，不能仅考虑自己的需要，而忽视法律、制度的规定；使供应商认识到必须认真对待政府采购的履约，促进其诚信机制的建立和内部管理水平的提高。

最后落实了政府采购法律的责任。《政府采购法》规定，采购人对应当实行集中采购的政府采购项目，不委托集中采购机构实行集中采购的，由政府采购监督管理部门责令改正；拒不改正的，停止按预算向其支付资金。这就为集中采购机构对采购人的定牌采购说"不"提供了法律保障，换而言之，即国库集中支付为政府采购真正把采购人的责任落到了实处，也为政府采购杜绝各种形式的定牌采购提供了契机。

### 5. 明确工作分工，是铲除定牌采购的重点

定牌采购的出现，政府采购监管部门、采购代理机构和采购人都有责任。关键是在采购过程中如何相互理解、相互配合，每个环节都能各负其责、层层把关，定牌采购才无藏身之地。因此，政府采购监管部门、采购代理机构和采购人必须分工明确，才能做到哪个环节出现问题，追究哪个环节的责任，彻底解决定牌采购的问题：

对于政府采购监管部门，笔者认为：一是对通用产品，应广泛征求采购人和专家的意见，尽快研究制订相对统一的采购标准，对所有同级预算单位做到一视同仁，坚决杜绝特殊化，实施"阳光采购"；二是对非通用设备，应广泛征求专家和采购代理机构的意见，逐一研究制订不同政府采购项目的招标文件标准模本，成熟一个、推广一个，既能提高采购代理机构的工作效率，也能规范采购人和采购代理机构的行为；三是对达到公开招标数额标准，采用非公开招标方式采购的项目，应引进专家论证制度，杜绝人为因素干扰，规范审批行为；四是对未达到公开招标数额标准的采购项目，应加强对采购现场的监督，杜绝因为采购金额较小而定牌采购的现象发生；五是对部门集中采购、分散采购，应尽快建立从业人员资格认证制度，加强对从业人员的政府采购专业技能培训，提高从业人员的综合素质，同时，应加强对部门集中采购、分散采购过程的监管，杜绝采购过程的随意性，坚决抵制采购过程人为因素的干扰。

对于采购代理机构，笔者认为：一是应配合政府采购监管部门做好通用产品的采购标准和非通用产品的招标文件标准模本的制订，向其提供产品市场价格、性能、质量等基本信息，对已制订的采购标准和招标文件招标模本，在具体采购中应不折不扣地执行和运用，并及时将执行和运用过程中遇到的新情况、新问题向监管部门反映，提出解决办法，供监管部门参考；二是对达到公开招标数额标

准，采用非公开招标方式采购的项目，一定要慎重考虑采购人的实际需求，不能轻易向政府采购监管部门提出申请，应事先进行市场调研，也可组织专家进行论证，做到事前把关；三是对未达到公开招标数额标准的采购项目，应研究一般适用的采购方式，哪些项目通常可以用竞争性谈判、还是询价采购，应事先研究确定，避免项目经办人员在采购过程中的随意性；四是应加强对从业人员的专业技能培训，不一定要求从业人员每个都达到相关采购项目的专家水平，起码应对负责采购项目的市场情况、主要技术特点有所了解，不说外行话，尽量避免采购方案中定牌采购的现象发生。

对于采购人，笔者认为：一是对通用产品，应自觉按照制订的采购标准执行；二是对非通用产品，应加强对市场的调研，提出合理、可行的采购需求；三是对政府采购工作应归口管理，避免化整为零、规避公开招标的现象发生；四是对部门集中采购、分散采购应加强管理，建立健全内部管理制度，主动接受政府采购监管部门的监管；五是加强对本单位职工的政府采购法律法规的宣传、解释工作，强化对政府采购经办人员的知识培训。

## 6. 强化责任追究，是铲除定牌采购的保障

要彻底根除定牌采购的现象，必须对制造、操纵、默许、不作为的政府采购当事人和监管部门追究相应行政或法律责任：

一是有以下情形的供应商：①采取不正当手段诋毁、排挤其他供应商的；②与采购人、其他供应商或者采购代理机构恶意串通的；③向采购人、采购代理机构行贿或者提供其他不正当利益，都有可能造成采购人或采购代理机构在采购过程中实施定牌采购，因此，对这些供应商必须按照《政府采购法》第七十七条规定予以严处，断定牌采购之源。

二是对采购人提出的采购方案中存在不合理条件对供应商实行差别待遇或者歧视待遇的，采购代理机构应有权力拒绝执行，并提请相关部门责令其限期改正；拒不改正的，应建议其单位调整项目责任人，并可给予其处分和通报；对与供应商和/或采购代理机构恶意串通，造成定牌采购的，应按《政府采购法》第七十二条规定追究有关部门和人员的责任。对于部门集中采购、分散采购中出现的定牌采购现象，应根据不同原因，追究项目责任人相应的行政和法律责任，定牌采购现象比较严重的，建议由政府采购监管部门缩小其部门集中采购范围，现象特别严重的，应取消其部门集中采购，同时取消其责任人的从业资格，拒绝其参与政府采购工作，断定牌采购之本。

三是采购代理机构在代理政府采购业务中把关不严或有违法行为，造成实质

上定牌采购的,可按照有关法律规定处以罚款;对采购代理机构在采购方案中以不合理条件对供应商实行差别待遇或者歧视待遇,造成实质上定牌采购的,政府采购监管部门应从严审核,责令其限期整改,并对具体经办人员提出警告,拒不履行的,可取消经办人员的从业资格;对采购代理机构经常因以不合理条件对供应商实行差别待遇或者歧视待遇,造成供应商投诉成立的,应取消其政府采购业务代理资格,断定牌采购之路。

四是政府采购监督管理部门不认真履行采购方式审核、现场监管流于形式的,建议由监察机关追究相关经办人员的责任,断定牌采购之臂。

(本文发表于《中国财经信息资料》2006年第31期(有删减,本文为完整版))

# 协议供货并非终极采购方式

2007年前,正是协议供货大行其道的时期。2005年,财政部将"要继续在大力推行协议供货采购形式的基础上,探索其他有利于扩大采购规模的方式"列入工作重点,2006年,将"大力推行政府采购协议供货和定点采购"列入了工作重点,大有将协议供货确定为第六种采购方式的趋势。笔者对协议供货一直持有不同的看法,既不赞同扩大协议供货的范围,也不支持将协议供货定式化,因此收集了一些现实材料撰写了本文。欣慰的是,本文中推行批量集中采购的观点与几年后财政部的做法不谋而合。

但在当年发表时,却还是遇到一点周折。成文后,曾电邮给了一位老朋友,其看后认为观点不错,但与当时财政部的观点不一致,因此一直未给予刊登。半年后,《政府采购信息报》跟笔者约稿,适逢手中无合适稿件,遂将此稿交差。编辑看笔者完稿时间较早,曾问是否已在其他媒体发表。后经刘亚利社长批示,尽管观点与财政部不同,但不失为一篇好文,只要未发表过,即可在该报刊登。在此,特别感谢刘社长的支持。

本文第三部分,引用了《十年政府采购工作的反思》部分内容,为日后推行批量集中采购打开了思路。具体做法在下篇《"七结合"推行批量集中采购》中有详细介绍。

当前,协议供货正作为政府采购的一种主要方式,在全国政府采购领域不断蔓延,尤其是通用型采购项目,大到公务用车,小至办公用纸,许多地方都已采用协议供货方式进行政府采购,甚至财政部曾拟将协议供货予以制度化〔于2005年向各地下发了《政府采购协议供货管理办法(征求意见稿)》〕。协议供货方式真的是政府采购可以信赖的终极采购方式吗?笔者曾于2000年在全国率先对江苏省省级单位的计算机和外部设备采购项目组织过定点采购,先后组织、参加过省级八个采用定点采购（协议供货）方式进行政府采购的项目，学习、借鉴过多个地方采用协议供货方式进行政府采购的经验，对协议供货方式有所感悟，在此与全国同行们就协议供货方式进行一些探讨。

## 一、为什么协议供货方式在当前大行其道？

### 1. 是政府采购制度与采购人博弈的妥协结果

政府采购是以满足采购人的合理公务需要为前提，但采购人经常会提出一些具体、满足自身特殊喜好的需求，造成采购人和政府采购制度在目标整合上存在差异。这种目标整合上的差异主要来源于采购人在实施政府采购制度前的惯性思维：一是认为预算安排的资金，就是自己部门的资金，只要不超过年度预算，财政部门不应干预自己资金的具体流向，自己有资金使用权；二是自己采购什么，向哪个供应商采购，只要不违反廉政方面的规定，应该由自己说了算，自己有采购选择权；三是采购方案最终由单位领导说了算，单位领导集体研究采购什么，政府采购就应该为自己买什么，采购人有采购决定权；四是单位采购具体负责人，对一些采购活动拥有决定权或建议权，因此会受到众多供应商的特别关照，无形之中会形成一种特权。政府采购制度不允许采购人自行选择供应商，完全由专家评委决定，意味着以上采购人的权力随之被完全取消，这让采购人在短期内难以立即接受，因此，采购人必然会对政府采购制度产生抵触、对抗情绪。由于采购人许多是权力机关，对政府采购制度的推广能产生很大影响，为了赢得采购人哪怕是形式上的支持，就必须有一种双方都能够接受的采购形式，这种形式既能让政府采购监管部门觉得各采购人的采购已纳入政府采购范围，又能让采购人感到自己还保留着以前的权力，在此情况下，协议供货方式便应运而生。

### 2. 是集中采购机构与委托采购方式博弈的无奈结果

《政府采购法》第二十条规定：采购人依法委托采购代理机构办理采购事宜的，应当由采购人与采购代理机构签订委托采购协议，依法确定委托代理的事项，约定双方的权利义务；第十八条又规定：采购人采购纳入集中采购目录的政府采购项目，必须委托集中采购机构代理采购。根据以上规定，笔者理解为：对于纳入集中采购目录的项目，应该由采购人委托给集中采购机构，实行强制委托采购。目前，我国大多地方的通用型政府采购项目基本都已纳入集中采购目录，通用型项目在很多情况下，每个采购人每次委托采购的数量较少，如一辆汽车、几台电脑，委托一次，集中采购机构必须办理一次，否则将会引起采购人的不满，采购时如指定品牌采购属违法，不定品牌采用技术参数由专家评定则费时费力，得不偿失，因此，委托采购制将集中采购机构直接推到风口浪尖，使之陷于两难的境地。但通过协议供货这种方式，采购人的纳入协议供货范围内的采购需求将可以直接得到满足，集中采购机构又避免了以上矛盾，笔者认为协议供货方式是目前解决政府采购自由委托与强制集中这一矛盾的无奈选择。

### 3. 是政府采购监管机构与集中采购机构博弈的阶段结果

自《政府采购法》颁布后，为推行中央一级政府采购监管机构在财政部、集中采购机构在国管局这样一种政府采购监管与执行模式，"管采分离"的口号基本未停止过，直至造成当前各地方集中采购机构隶属关系五花八门的现状。随着集中采购机构逐步从财政部门剥离，集中采购机构与监管部门之间的矛盾日益突出，中央和一些地方的集中采购机构在设立或分离的过程中，设立或重新设立的机构级别比当地监管机构还高。为了使自己在与集中采购机构的博弈中能占上风，监管机构采取了一系列的措施：一是率先出台《集中采购机构监督考核管理办法》，给集中采购机构上个紧箍咒；二是对必须纳入集中采购目录的通用型采购项目实施协议供货（中央一级刚开始还是委托社会中介机构招的标），减少集中采购机构对采购人的直接影响；三是对有特殊要求的政府采购项目推行部门集中采购和分散采购，允许中央各部门设立采购中心，相应缩小集中采购范围；四是扩大政府采购代理机构，经国务院有关部门或者省级人民政府有关部门依照法律、行政法规规定认定资格的从事工程建设项目等招标代理业务的机构（以下称招标代理机构），从事原招标代理业务范围以内的政府采购项目的招标代理业务的，只需经省级以上人民政府财政部门确认，即可获得政府采购业务代理资格。政府采购已走过十年的时间，建设部、商务部从来没这么大方，把工程招标和国际招标资质给过集中采购机构呀！博弈的结果，就是缩小集中采购机构的业务范围，逐步弱化集中采购机构，最终服从于监管部门的领导。

笔者之所以认为协议供货方式是一种阶段结果，是因为通过《政府采购法》颁布以来这几年的实践证明，单靠政府采购监管部门的努力，政府采购除规模在简单扩大外，政府采购的宗旨在逐步淡化，宏观政策调控功能越来越难以发挥，与部门预算和国库集中支付改革越来越不配套，越来越阻碍了财政资金支出管理体制改革的进一步深入。没有集中采购机构的配合和支持，各部门的采购中心和招标代理机构无法承担起发挥政府采购宏观政策调控功能的作用，因为各部门的采购中心会受到本部门领导的掣肘、招标代理机构面临生存和营利的压力，采购中只能更多考虑采购人的意愿，只有作为完全独立的、非营利性质的第三方——集中采购机构，才可能真正在采购实践活动中贯彻政府采购的宏观政策调控功能。因此，政府采购如需进一步深入推进，监管部门必须与集中采购机构携起手来，朝共同的目标努力，才能把我国的政府采购工作发扬光大。

### 4. 是政府采购当事人之间相互博弈的现实结果

通过协议供货方式，采购人的自由选择权较大：选择什么产品、哪个品牌、哪个供应商，直至最终的成交价格，均由采购人决定，可以使采购人的一些非法利益披上合法的外衣。这就是为什么在实施协议供货后，采购人由对政府采购的抵制、对抗变为迎合、利用，而社会各界却认为政府采购结果存在质次价高的主要原因。供应商只要通过定期的协议供货公开招标（为了方便采购人选择，参加投标的大多数供应商都能入围，目前全国各地协议供货供应商的入围率大多在70%~80%)，入围后又回到了供应商所熟悉的竞争市场，谁争取到采购人，谁就能拿到订单，二次展业成本在所难免，但有付出必有回报，损失的既不可能是采购人，也不可能是供应商。集中采购机构在《政府采购法》出台后，定性为非营利性质的事业单位，目前有相当一部分（全国省级以上集中采购机构有90%以上）集中采购机构的性质已转为全额拨款或参照公务员管理的事业单位，采购经费相对固定，但工作量却相对不固定，通过协议供货方式，可以大大减少其日常工作量，但采购规模和经费并不因此而同比例减少，同时又避免了与采购人定牌采购的矛盾，何乐而不为。政府采购监管机构在实行协议供货方式后，由于集中采购机构的采购次数明显减少，可以降低监管的频率和难度，进而大幅减少投诉发生的概率，同时将对供应商的日常监管授权给集中采购机构，政府采购监管机构在当前人手明显不够的情况下，可以留有更多时间去研究其他更重要的问题，因此对协议供货方式积极推广。

尽管协议供货方式是目前政府采购相关当事人之间相互博弈、相互妥协的一种过渡采购方式，有其存在的现实道理（符合萨特的存在主义哲学思想），但笔者认为，除了能让采购人方便、快捷、自由地选择到自己想到的东西外，协议供货还能给政府采购带来什么呢？

## 二、为什么协议供货不能是政府采购的终极方式？

我省某市采购中心曾于2006年10~12月，对该市已纳入全省联动协议供货范围的302台计算机，共计10个项目按照实际采购品牌、型号、规格和配置分别向6家经销商进行了询价（所采购产品如无对应型号、配置时，采取以相近配置进行询价），询价结果显示协议供货价格平均高于市场价格的13%。该中心做该项工作的主要原因是该市政府、纪检委、监察局对协议供货工作表示了不满，该调查结果也证实了社会各界对协议供货方式不满的原因。

出现价格高的情况，仅是协议供货方式存在缺陷的一个表象，除此以外，笔者认为，还有两个深层次的原因，决定了协议供货不可能作为政府采购的终极方式：

### 1. 协议供货方式本质上就是指定品牌采购，违背了政府采购的宗旨

《政府采购协议供货管理办法（征求意见稿）》中将协议供货定义为：通过公开招标方式确定中标供应商和中标产品，采购人直接按照中标价格或优惠率向中标供应商采购中标产品。通过协议供货的定义和管理办法中的有关内容，以及目前各地协议供货实际执行情况来看，笔者认为，协议供货其实就是一种隐性的指定品牌采购，是借公开招标之形，行定牌采购之实。理由如下：一是中标品牌的确定。基本国内市场上较知名的品牌都在中标范围（70%~80%），招标结果缺乏竞争性。二是代理商的确定。各地协议供货的具体执行者，都由中标的供应商直接指定，代理商之间缺乏竞争。三是中标价格或优惠率的确定。协议供货项目的中标价格或优惠率是有效期内供应商承诺的最高限价或最低优惠幅度，采购人在具体采购时，可以与供应商就价格或优惠率进行谈判，说明通过公开招标确定的中标价格或优惠率并不是最低。四是协议内容的调整。在协议供货有效期内，中标供应商可以调整中标价格或中标产品，使得中标供应商执行协议的自由度很大。五是最终成交人的确定。每个实行协议供货的项目都有多个品牌、多个供应商供采购人选择，只要在协议供货产品和最高限价范围内，采购人有很大的选择权，这与指定品牌采购有什么原则区别？只是以协议供货的方式给指定品牌采购披上了一件合法的外衣。为了赢得采购人的订单，供应商或代理商所付出的代价与未实行政府采购时基本一致，因此，协议供货方式不可能体现提高政府采

购资金的使用效益,维护国家利益和社会公共利益,保护政府采购当事人的合法权益,促进廉政建设的政府采购宗旨。

2. 协议供货方式结果与自行采购基本相同,无法实现政府采购的宏观政策调控功能

许多人可能认为:全国的政府采购规模正迅速扩大,2006年肯定会突破3000亿元,政府采购对市场的影响力也逐步增强,参加协议供货的供应商没有道理不给政府采购一个非常优惠的价格,并且在协议供货的合同中一般也会约定政府采购价格不得高于市场价,实行协议供货的产品价格应该比市场价低很多才对,为什么政府采购协议供货价并不比市场价便宜呢?笔者认为,协议供货价不比市场价便宜,除了由于指定品牌采购带来的不良后果外,是符合市场经济规律的:一是据统计,2005年全国政府采购实际采购规模为2927.6亿元,其中货物采购金额为1408.66亿元,由于采用协议供货方式采购货物的数量、金额都统计到公开招标方式中,因此无法确定纳入协议供货范围的产品采购规模具体有多少(最多等同于公开招标合同金额,2005年为698.57亿元)。二是目前各地协议供货各自为战,形成不了合力,全国的协议供货范围内产品的采购规模细分到地方后,各地方的采购规模有多少?三是纳入协议供货的产品较多,具体到某个产品的采购量是多少?四是某种协议供货内的产品再细分到具体的供应商,政府采购的金额占其总销售额的比例又有多大?从市场经济学角度分析,在充分竞争的市场条件下,只有一个组织的年度总采购额占一个供应商年度总销售额的比例达到15%以上,该供应商才会将该组织列为具有高价值的客户,如比例在0.8%以下,则该组织对于该供应商就属于可忽略的客户。以江苏省政府采购为例,2006年全省计算机采购总量约为24.6万台、采购金额约为11.5亿元,其中联想电脑为5.14万台、金额为2.86亿元,而联想公司2006/2007财年的个人电脑全球销售额为139亿美元,在大中华区的销售总额为55亿美元,全江苏地区的政府采购金额仅占其大中华区销售总额的0.69%。2006年全省小汽车采购总量约为5000辆,采购金额约8.8亿元,其中采购量最多的别克汽车约为900辆,而上海通用汽车2006年度总销量已超过40万辆。由于协议供货方式存在的缺陷,每个供应商通过协议供货方式销售的产品规模过小,基本等同于分散采购对供应商的影响,无法对供应商的总成本产生影响,在市场竞争日益激烈、利润空间逐步缩小的环境下,供应商拿什么奉献给你,我的协议供货?

既然协议供货方式对供应商影响不大,为什么从中央到各地组织的协议供货项目的公开招标,供应商都表现出很高的参与积极性呢?笔者曾与一些供应商代

表进行过沟通：供应商积极参加协议供货的公开招标，并不在意通过协议供货方式，能够具体给供应商增加多少销售量，而是关注协议供货的社会影响力，以及政府采购的示范作用，更加在意的是"面子"问题，良好的支付信誉也能提高一点政府采购的吸引力，同时，供应商在各地的代理商表现出比供应商更高的热情，可能给协议供货的招标带来一些错觉。

协议供货方式既不能体现政府采购宗旨，又不能降低供应商的总成本，不能引起供应商的特别关注，也无法实现政府采购的宏观政策调控功能，因此，笔者认为：协议供货方式对于我国政府采购的总体进程而言，是对采购人一种暂时的妥协，是政府采购制度前进中的曲折，但政府采购制度又必然会在曲折中前进，因此，协议供货方式不可能成为政府采购的终极方式。

## 三、如何进一步推进政府采购工作

政府采购制度在我国实施了十年多时间，作为当初财政支出管理体制改革"三驾马车"之一，已经远远落后于部门预算和国库集中支付这两项改革。目前相关法律法规已逐步完善，政府采购制度的实施环境发生了很大变化，小批量、多批次的采购执行模式和由采购人自行选择供应商的协议供货方式都已不能体现政府采购的宗旨，只有通过大批量的集中采购，才能降低供应商的总成本，进而降低社会总成本，达到提高财政资金的使用效率、促进廉政建设的目的，发挥出政府采购的宏观政策调控功能。具体可以从以下六个方面着手：

1. 细化编制政府采购预算

编制政府采购预算是政府采购工作的起点，政府采购预算编制的成功与否，将直接影响到整个政府采购的管理和执行。目前，我国大多地区的政府采购预算虽然与部门预算统一布置、统一编制，但审核、批复部门却不是政府采购监管专职部门，造成政府采购预算编制中预算科目不准确、采购项目不明细、采购标准不统一、采购时间不合理。预算编制的粗犷，使许多采购人在具体执行时必须重新申报采购计划，既不利于集中采购，也使政府采购预算失去严肃性。因此，必须对政府采购预算进行细化，使之具有较强的可执行性，才能避免编制政府采购预算流于形式。首先应细化品目，对现有的政府采购项目进行细分，尤其是对通用类项目按用途和预算高低分成不同类别，把项目分解到每一个具体采购类别，同时要求在基本支出或项目支出中安排的，都必须按类别单独列示；其次应细化数量，预算中不得出现"一批"这样的情况，数量力求准确，但允许在执行时有一定幅度的微调；最后应细化时间，对政府采购预算的执行时间最少应细化到月，否则将给具体执行带来较大的随意性。

### 2. 合理制定政府采购标准

目前，许多地方已经开始对公务人员的工资、福利推行"阳光工程"，即在收入上制定了统一标准。事实上，预算中公务人员的办公环境、办公设备的支出比工资性支出要大得多，更应实施"阳光工程"。政府采购的目的是满足采购人的日常公务需要，不能因为不同部门的经费多少，而在办公环境、办公设备配备上存在巨大的差异，更不能因为个别领导的喜爱偏好，而允许其随意采购。政府采购在我国已探索了十多年，各地政府采购监管和执行机构多少也应能积累一些经验，可以根据行政职务和岗位的不同，制订相应办公环境和办公设备的采购标准。笔者认为采购标准的制定：第一，需合理划分统一采购标准的区域，鉴于我国地区之间经济发展不均衡的现状，建议以设区的市为区域设定统一的采购标准，相同区域内相同行政职务或岗位的采购标准应一致；第二，可以预算价格为主要标准，根据工作需要，分成不同的档次，给采购人一定的选择余地；第三，应逐步进行，先易后难，广泛征求采购人的建议，成熟一项推广一项，如先从常用的计算机、打印机、传真机、复印机等办公设备着手，逐步扩大到汽车、办公场所等项目；第四，制订的标准应随着时间的推移适时更新，与市场相接轨，但也不宜太快，建议计算机类一季度更新一次，其他办公设备（包括汽车）半年更新一次即可；第五，允许采购人有特殊需求，但应严格把关，辨别其是否合理，尽量减少特殊情况的出现。

### 3. 强制推行政府集中采购

政府采购的目的之一是要提高政府采购资金使用效益，虽然采用公开招标作为政府采购的主要采购方式可节约一定的财政资金，但真正实现提高财政资金使用效益这一目的，关键应集中各采购人的相同需求，以大批量的规模采购引起相关供应商的关注，在降低供应商成本的基础上，引导其降低价格、提高服务，才能真正体现出政府采购的规模效应，发挥政府采购的宏观经济调控功能，维护采购人和供应商的利益，提高社会综合效益。

在具体执行上，可以与政府采购预算紧密结合起来，每年的预算经人民代表大会审议通过后，财政部门应及时将其中的政府采购预算通知给集中采购机构，集中采购机构对预算中的项目根据品目、时间进行分类，统一进行公开招标集中采购：一是对于通用产品，如计算机、传真机、复印机等办公设备、汽车，可以根据制订的采购标准，分期一次性公开招标，相同采购标准确定一个型号、一个品牌、一个供应商，而不能像目前的协议供货或定点采购允许有多个品牌、多个供应商供采购人选择，减少供应商的二次展业成本，降低政府采购中标价格。采购人根据预算中核定的标准，在一定期限内直接通知唯一的供应商按照中标的价格供货，或由中标供应商按照需求名单直接向采购人供货。二是对非通用产品，如医疗设备、电梯、锅炉等，可以定期组织专家研究其技术特征，设定常用的技术标准，制订相对统一的招标文件模本，并根据市场变化适时调整，既能保证采购的规模性，提高采购效率，又能及时贯彻政府采购相关的法规政策。

我省常州市于今年4月，对该市市级行政机关、事业单位上半年所需的300多台台式计算机、100多台便携式计算机，邀请了协议供货范围内的六家IT供应商进行了"二次竞价"，采取"统一标准、集中采购、实物配发"的形式进行采购，结果非常成功。同样的品牌、同样的配置，一台台式机的价格比同期协议供货价便宜了2000多元，充分验证了政府集中采购的优越性。

### 4. 加强国库集中支付管理

作为财政支出管理体制改革"三驾马车"之一的国库集中支付，已经在我国大多地区开始施行，对于强制推广集中采购是一个非常好的契机：

首先保证了政府采购工作的运行。2001年3月，财政部和中国人民银行联合颁布了《政府采购资金财政直接拨付管理办法》，要求凡是用财政性资金安排的政府采购项目，预算资金预留国库，采购活动结束后由采购人申请支付。我省同时要求纳入集中采购目录的项目在申请支付时必须有集中采购机构盖章确认，从源头上把关，以制度来约束，为强制实施政府集中采购创造了前提条件。

其次促进了规范政府采购的意识。通过国库集中支付制度的建立，使政府采购监管部门和执行机构真正做到了有所为、有所不为，严格按照《政府采购法》及其配套办法规范政府采购行为；使采购人增强了政府采购意识，而不能仅考虑自己的需要，忽视法律、制度的规定；使供应商认识到必须认真对待政府采购的履约，促进其诚信机制的建立和内部管理水平的提高。

最后落实了政府采购法律的责任。《政府采购法》规定，采购人对应当实行集中采购的政府采购项目，不委托集中采购机构实行集中采购的，由政府采购监督管理部门责令改正；拒不改正的，停止按预算向其支付资金，为政府采购对采购人不执行集中采购说"不"提供了法律保障。

## 5. 明确相关采购部门分工

推行统一标准、集中采购，政府采购监管部门、集中采购机构和采购人都有责任，关键是在采购过程中如何相互理解、相互配合，每个环节都需各负其责、层层把关。因此，政府采购监管部门、集中采购机构和采购人必须分工明确，才能做到责任明确。

对于政府采购监管部门，笔者认为：一是对通用产品，应广泛征求采购人和专家的意见，尽快研究制订相对统一的采购标准，对同一区域内所有同级预算单位做到一视同仁，坚决杜绝特殊化，实施"阳光采购"；二是对非通用设备，应广泛征求专家和集中采购机构的意见，逐一研究制订不同政府采购项目的招标文件标准模本，成熟一个、推广一个，既能提高集中采购机构的工作效率，也能规范采购人和集中采购机构的行为；三是对达到公开招标数额标准，采用非公开招标方式采购的项目，应引进专家论证制度，杜绝人为因素干扰，规范审批行为。

对于集中采购机构，笔者认为：一是应配合政府采购监管部门做好通用产品的采购标准和非通用产品的招标文件标准模本的制订，向其提供产品市场价格、性能、质量等基本信息，对已制订的采购标准和招标文件招标模本，在具体采购中应不折不扣地执行和运用，并及时将执行和运用过程中遇到的新情况、新问题向监管部门反映，提出解决办法，供监管部门参考；二是对达到公开招标数额标准，采用非公开招标方式采购的项目，一定要慎重考虑采购人的实际需求，不能轻易向政府采购监管部门提出申请，应事先进行市场调研，也可组织专家进行论证，做到事前把关；三是应加强对从业人员的专业技能培训，不一定要求从业人员每个都达到相关采购项目的专家水平，但起码应对负责采购项目的市场情况、主要技术特点有所了解，不说外行话。

对于采购人，笔者认为：一是对通用产品，应自觉按照制订的采购标准执行；二是对非通用产品，应加强对市场的调研，提出合理、可行的采购需求；三是对政府采购工作应归口管理，避免化整为零、规避公开招标的现象发生；四是加强对本单位职工的政府采购法律法规的宣传、解释工作，强化对政府采购经办人员的知识培训。

## 6. 强化违规责任追究制度

政府采购制度既然是一项改革，必然会触犯一小部分部门和当事人的利益，不能仅因为这一小部分部门和当事人的反对，就放弃对政府采购这项改革的深入，要敢于对违法违规的政府采购相关当事人说"不"。

政府采购监管部门应认真做好政府采购预算的编制审核工作，合理制订统一采购标准，大力推行集中采购，在条件允许的情况下，适时尝试实物配发，对无理由拒不参加集中采购和拒不接受合法采购结果的采购人，应取消其采购预算，在三年内不再安排同一项目的采购预算，并建议该单位或监察部门给予其经办人处分和通报；集中采购机构应配合监管部门做好采购标准的制订工作，研究制订合理的招标文件和评标标准，做好对集中采购项目的跟踪、结果的验收、信息的反馈工作，对采购人的一些不合理需求应坚决抵制，对弄虚作假、以次充好的供应商应果断将其剔除政府采购市场，维护政府采购的公正、公平、权威的形象。

通过以上措施，最终建立起预算编制、集中采购、合同验收、集中支付相贯通的全新的财政支出管理制度，在适当时机，把财政支出管理制度与国有资产管理制度有效衔接起来，才能真正实现提高财政资金的使用效率，维护国家利益和社会公共利益，保护政府采购当事人的合法权益，促进廉政建设的政府采购宗旨。

（本文刊登于2008年4月2日《政府采购信息报》第4版，有所删减，本文为完整版）

# "七结合"推进批量集中采购

2011年,中央单位开始实行批量集中采购,并取得了明显成效。但中央单位的批量集中采购在实施过程中,还是遇到了执行效率不高、采购人满意度低的问题,不同的政府采购业内专家对于如何实施和完善批量集中采购,当时存在不同的观点,其中中央单位采纳的一种观点,是批量集中采购与协议供货并存的模式,即对同一品目,既有执行批量集中采购,也有执行协议供货。实施的结果是,批量集中采购在相关品目的总采购份额中并不占主要地位。笔者不赞同批量集中采购与协议供货并存这种模式。如何解决批量集中采购模式在价格上有优势、在效率上有劣势的问题,笔者认为应从制度设计上着手,与财政工作多角度对接,才能推进批量集中采购的开展。本文在2012年1月第七届全国政府采购集采年会优秀论文评选活动中荣获二等奖。

2012年7月,在江苏省财政厅宋义武副厅长的亲自部署下,江苏省省级单位的批量集中采购正式启动,笔者有幸全程组织、实施了该项工作,基本思路即遵循了本文的思路,具体做法和成效详见本书第五章第一篇《因地制宜,适时推行批量集中采购——江苏省级单位首次批量集中采购的实践与探索》。

早在2001年,笔者在全国率先对江苏省省级党政机关、事业单位的微机及外设组织定点采购时,已深刻认识到定点采购(后改称协议供货)方式存在着一些问题,虽然在采购过程中不断进行完善,但有些问题却始终没有得到有效解决。考察和借鉴国内其他省市相同项目的协议供货,发现类似的问题都没有找到合适的解决办法。因此,笔者一直认为协议供货不能作为政府采购的终极方式,反对将其制度化,其中主要观点在《政府采购信息报》2008年4月2日第4版予以整版刊登。

10年之后,协议供货的问题终于得到了高度重视,中央单位已开始对计算机、打印机实施批量集中采购，并取得了明显成效，王保安部长助理也要求加大批量集中采购的力度。笔者认为，以前协议供货方式的存在，有其存在的客观需要，现在批量集中采购的推进，也体现了政府采购发展的必然趋势。政府采购是财政支出管理体制改革的"三驾马车"之一，是财政支出管理职能的进一步延伸。政府采购的每一项改革措施，都必须紧密围绕财政中心工作和社会关注热点，才能有生命力，才能有效落实，才能得到社会认可。

批量集中采购充分体现了《政府采购法》"规范政府采购行为，提高政府采购资金的使用效益，维护国家利益和社会公共利益，保护政府采购当事人的合法权益，促进廉政建设"的立法宗旨，但由于从协议供货方式调整为批量集中采购，伴随着采购当事人利益的调整，必然遇到来自既得利益者的各种阻力。笔者认为，只有将批量集中采购与财政的各项中心工作紧密结合，嵌入财政运行体系中，发挥出政策调控功能，以实际成效得到社会认可，才能不断推进批量集中采购的深入开展。

一、

## 与资产管理改革相结合，统一采购标准

早在1999年，原财政部楼继伟副部长主编的《政府采购》一书中，已将加强对国有资产的管理作为政府采购的目标之一。当前，对行政事业单位的资产管理已经成为财政部门的一项新职能，该职能的不断完善将为批量集中采购带来最佳的发展机遇。笔者认为，批量集中采购对于中央或省级单一采购主体的大批量采购固然适用，但更应考虑不同采购主体、小批量的采购如何实施。尤其在地方政府采购中，不同采购主体、小批量的采购所占比例较大，不解决该问题，将直接影响到批量集中采购的实际意义和推广价值。

目前，许多地方已对公务人员的工资、福利实行"阳光工程"，但全国公务人员的工资、福利性支出仅占财政总支出的10%左右，而纳入政府采购范围的办公设备、会议接待、专项经费等占财政总支出的比例更高，西方发达国家一般占30%-40%，更应当实施"阳光工程"。笔者认为，为推进批量集中采购，应结合行政事业单位资产管理制度的改革，尽快制订统一的办公设施和设备的采购标准：第一，合理划分统一采购标准的区域。鉴于我国地区之间经济发展不均衡的现状，建议以省辖市为区域设定统一的采购标准，同一区域内相同行政职务或岗位的采购标准应保持一致。第二，根据行政职务或岗位的不同，分成不同的档

次，不同档次对应不同职务或岗位。第三，批量集中采购范围应逐步扩大，先易后难，广泛征求社会各界的意见，成熟一项，推广一项，如先从常用的计算机、打印机、空调等办公设备着手，逐步扩大到公务用车、办公场所装潢等项目。第四，制定的标准应随时间的推移适时更新。建议计算机类半年更新一次，其他办公设备（包括公务用车）一年更新一次。2011年，江苏省财政厅印发了《江苏省省级行政事业单位部分通用资产配置预算标准（试行)》，从2011年7月1日起，公布了省级行政事业单位办公家具、空调设备、办公设备三类固定资产配置预算标准。该标准的制定，将为解决不同采购主体、小批量的批量集中采购奠定良好的制度基础。

## 二、与部门预算编制相结合，细化采购预算

编制政府采购预算是政府采购工作的起点，政府采购预算编制的成功与否，将直接影响到整个政府采购的管理和执行。目前，我国大多地区的政府采购预算虽然与部门预算统一布置、统一编制，但审核、批复部门却不是政府采购监管专职部门，造成政府采购预算编制过程中预算科目不准确、采购项目不明细、采购标准不统一、采购时间不合理。预算编制的粗犷，迫使采购人在具体执行时必须重新申报采购计划，既让政府采购预算失去了严肃性，也不利于批量集中采购的开展。因此，必须细化政府采购预算，使之具有较强的可执行性，为批量集中采购提供便利。

首先，应细化品目。对现有政府集中采购目录内的品目进行细分，尤其是对通用类品目按用途和配置标准分成不同类别，把项目分解到每一个具体采购类别，同时要求在基本支出或项目支出中安排的采购项目，都必须按类别单独列示。

其次，应细化数量。预算中不得出现"一批"这样的情形，数量力求准确，允许在执行时有一定幅度的微调，但偏离度不能过大，应控制在10%以内。

最后，应细化时间。对政府采购预算的执行应限定期限，最好能细化到月，否则将给具体执行带来较大的随意性，也不利于预算执行的控制。通过政府采购预算的细化，将提高批量集中采购执行的可行性。

## 三、

## 与推行"公物仓"相结合，尝试实物配给

"公物仓"作为伴随行政事业单位资产管理改革的新生事物，目前在我国尚处于试点阶段，其作用大多仅限于对多余、临时性办公设备的调剂。但笔者认为，批量集中采购完全可以与"公物仓"相结合，既能发挥"公物仓"更大的作用，促进"公物仓"的推行，又能解决批量集中采购遇到的采购人需求时间不一致的实际问题，为尝试实物配给提供便利。具体做法为：对按标准编入政府采购预算的适用批量集中采购的通用产品，如计算机、打印机、空调等办公设备，不需要采购人委托，直接由政府采购监管部门汇总需求后，下达给集中采购机构，由集中采购机构按配置标准定期组织批量集中采购，分期一次性公开招标，相同配置标准确定一个型号、一个品牌、一个供应商，不允许目前协议供货或定点采购有多个品牌、多个供应商供采购人自由选择的情形发生，杜绝供应商的二次展业行为。确定中标供应商后，可以将中标产品直接送往"公物仓"，"公物仓"管理部门（也可以由集中采购机构负责管理）按照采购人提出的申请，直接将实物配给采购人，同时做好相关资产的登记、录入工作。在当前各地"公物仓"尚未建立的情况下，也可由采购人根据预算中核定的配置标准，在一定期限内直接通知中标供应商按照中标的价格供货，或由中标供应商按照名单直接向采购人供货。笔者认为，香港政府采购中心的前身——香港物料供应处，即将物料采购、仓储、供给和处置的职责集中一体的模式，可供各地借鉴，尤其是中小城市。

江苏省常州市曾于2007年4月，对该市市级行政机关、事业单位上半年所需的300多台台式计算机、100多台便携式计算机，邀请了协议供货范围内的六家IT供应商进行了"二次竞价"，采取"统一标准、集中采购、实物配发"的形式进行采购，结果非常成功，同样的品牌、同样的配置，一台台式机的价格比同期协议供货价便宜了2000多元，充分验证了批量集中采购的优越性和实物配给的可行性。

## 四、

## 与国库集中支付相结合，保证执行力度

国库集中支付是落实政府采购政策的一道坚实关口，在推进批量集中采购的过程中，更应该与国库集中支付紧密结合，才能保证批量集中采购的规模不断增加、范围逐步扩大。其意义在于：一是有效减少采购人规避批量集中采购的情形发生。对于实行批量集中采购的项目，在申请支付时，应要求采购人必须提供集中采购机构或有关部门出具的证明材料，否则应拒绝其支付申请。二是促进采购人增强法律意识。扭转采购人"官本位"的思维，不能仅考虑个性化的需求，而忽视法律、制度的规定，不仅在采购时需遵守《政府采购法》、《招标投标法》等法律法规，而且在履约时必须严格遵守《合同法》，按照合同约定履行自己应承担的义务。三是集中采购机构参与合同验收有了实质性的意义。对于批量集中采购项目，集中采购机构可以配合质检部门按照合同约定进行验收，有效避免合同履约过程中产生的不必要的矛盾，实现批量采购、合同履约、资金结算的有效衔接。四是促进供应商诚信机制的建立和内部管理水平的提高。只有加强对批量集中采购的履约和支付环节的跟踪，才能避免当前供应商重投标、轻履约的情形发生，降低虚假投标给政府采购带来的负面影响。只有与国库集中支付相结合，才能保证批量集中采购的全覆盖和真到位。

## 五、

## 与扩大区域联动相结合，增强采购成效

批量集中采购的目的是提高财政资金的使用效益，解决协议供货价格虚高等问题，集中同级预算编制单位的同类需求实行批量集中采购，确实可以实现以上目的。但如何能让批量集中采购的成效最大化，关键在于如何最大限度地降低中标供应商的成本。笔者认为，批量集中采购与扩大区域联动相结合，是降低中标供应商成本、提高财政资金的使用效益的最佳途径。供应商参与政府采购活动的主要成本由投标成本、制造成本、运输成本、服务成本等组成，仅通过达到一定批量的集中采购，确实可以降低以上成本，但如果结合区域联动，则成效将更加显著：一是可以形成更大规模的采购批量，进一步降低供应商的成本；二是可以

让更多未形成批量采购的采购人享受到批量集中采购的成果；三是由于地处同一区域，供应商的投标成本、边际运输成本、边际服务成本也将大幅下降，为供应商降低投标报价提供了有效空间；四是避免了重复招标，降低了招标成本，还可以解决部分政府采购项目评审专家难找、"老面孔"等问题；五是解决同一区域同一行政级别，办公设备配置标准不一等问题。只有与扩大区域联动相结合，才能增强批量集中采购的成效，以实际成效进一步巩固批量集中采购的基础。

## 六、

## 与落实政策功能相结合，引导经济发展

随着我国政府采购协议（GPA）谈判的逐步深入，行政手段对市场经济的调控功能将逐步淡化，越来越多的宏观经济调控功能将赋予政府采购。市场经济条件下，政府采购对宏观经济的调控主要通过以下四种形式：一是通过采购规模的变化来影响经济的运行，这与实行的财政政策是相联系的；二是通过储备性采购来稳定市场和物价，如粮食、棉花、石油等战略物资的购买；三是通过采购结构的变化影响产品结构、产业结构和区域经济结构，促进经济结构的调整和升级；四是通过示范性采购来引导市场变化，政府对某种产品的采购，会扩大该种产品的影响，提高其市场占有率[1]。采购批次越多，采购结果越分散，越不容易实现以上政策功能。只有批量集中采购才能将采购结果聚集，是落实政策功能的最佳方式：一是批量集中采购的规模直接影响到采购规模的变化；二是大批量集中采购的时间选择将对市场和物价产生重大影响；三是批量集中采购对产品的选型将影响到产业结构的调整；四是批量集中采购可以直接落实强制性采购，突出引导优先性采购，最终对整个市场产生示范作用，引导社会经济的发展。只有充分发挥出政府采购的宏观经济调剂功能，加以适度的宣传配合，才能让社会各界真正认识到批量集中采购的重要作用，才能扭转目前社会各界对政府采购的负面观点，进而推进批量集中采购向更广阔的范围推进。

---

[1] 周桂根．全面认识政府采购制度的作用．新华日报，2002.3.25.

## 七、

## 与财政监督检查相结合，明确职责分工

批量集中采购相对于协议供货方式而言，采购人的采购权力将受到限制，采购人可能会选择规避或对抗，从而影响批量集中采购的实施范围和成效，因此，还必须与财政监督检查相结合，明确相关当事人的责任分工，强化建立健全责任追究制度，为批量集中采购保驾护航。

一是财政部门应认真做好政府采购预算的编制工作，合理制定统一采购标准，逐步扩大批量集中采购的规模和范围，主动协调，为实现区域联动创造有利条件并积极推行；结合"公物仓"的推广，适时实行实物配给制度；对无正当理由拒不参加或故意规避批量集中采购的采购人，应取消其采购预算，在三年内不再安排同一项目的采购预算。

二是纪检、审计部门应针对纳入批量集中采购的项目，加强对采购人的监督检查，对无正当理由拒不参加或故意规避批量集中采购的采购人，应责令其限期整改，并建议其上级行政主管部门或者有关机关依法给予其直接负责的主管人员和其他直接责任人员处分；构成犯罪的，依法追究刑事责任。

三是集中采购机构应主动配合财政部门做好批量集中采购项目的采购标准的制定工作，严格按照政府采购相关法律法规，研究制定相关项目的招标文件和评标标准，认真落实政府采购政策功能，不断规范评审行为，做好对批量集中采购项目的跟踪、验收和信息反馈工作，对弄虚作假、以次充好、未严格按照合同履约的供应商，应及时将有关情况反馈给政府采购监管部门，将其列入不良行为记录名单，在一至三年内禁止参加政府采购活动，以维护政府采购的公正、公平、权威的形象。

四是采购人应认真执行批量集中采购有关规定，及时将属于批量集中采购的需求汇总上报给财政部门，配合集中采购机构做好采购工作，履行应承担的验收、交接、支付义务，对供应商违反有关规定的行为应及时反馈给财政部门或集中采购机构，并可追究供应商的违约责任。

五是供应商应积极配合财政部门做好采购标准的制定，主动参与批量集中采购招投标，按照合同约定认真履约，对集中采购机构或采购人的违法违规行为，应及时向纪检、政府采购监管部门反映或举报，切实维护自身的合法权益。

通过以上"七结合"，建立起政府采购预算编制、批量集中采购、国库集中

支付、行政事业单位资产管理、财政监督检查相互贯通的运行机制，从简单的通用类项目做起，本着成熟一个实施一个的原则，一步一个脚印，认真落实政策功能，深入推进区域联动，逐步扩大批量集中采购的范围，才能最终建立起以批量集中采购为主要形式的政府采购制度。

（本文刊登于 2012 年 2 月 24 日《政府采购信息报》第 4 版）

# 借鉴政府采购制度 加强国企采购管理

2012年4月某日,忽接到《政府采购信息报》孙立群编辑的电话,说看过笔者的简历,知道笔者具备ITC注册采购师培训师资格,问笔者对企业采购有没有过专门研究?笔者如实答复。孙编辑即约笔者看一下相关报道后,写一篇关于政府采购与国企采购的文章。采购中心在上半年一般不是很忙,笔者抽空在分析了中国国企的特点后,结合当前的政府采购制度和企业采购的基本常识,提出了自己的一点想法,一周完稿。

2012年4月16日,《政府采购信息报》刊登了安徽省合肥市人民政府发文,要求2012年市属国有企业采购将参照集中采购目录及限额标准执行的消息,但对国有企业采购参照集采目录及限额标准执行后具体如何操作?对其采购行为又如何监管?却并未提出相应的对策。随着我国要求国有企业逐步退出竞争性行业政策的不断推进,能够继续保留、生存下来的国有企业在相关国计民生行业基本已占据垄断或相对竞争优势的地位,而有关国有企业"天价消费"的报道,与政府采购一样屡见不鲜,也让人反思其应遵循的采购制度。

## 一、

## 为什么要借鉴政府采购制度

我国国有企业具有一大特色,即尽管已经走向市场,但与各级人民政府存在着密切的关联关系,大多国有企业还保留着一定的行政级别,企业负责人与政府官员之间的调动也很频繁,因此,很难将现有的国有企业与完全市场化的竞争型企业相等同,个别国有企业更像是拿着高薪的事业单位或团体组织。竞争性企业迫于市场竞争的压力，必须想方设法降低成本、提高利润，否则将会被市场所淘汰。但目前大多国有企业面临的市场竞争压力并不很大，无论是其享受的国家政策，还是拥有的资金来源，都比非国有企业占有优势，在其缺乏追求利润最大化动力的前提下，对于如何降低采购成本也不会太在意，大多采购制度都是企业内部自行制定，缺乏规范性和严肃性。鉴于国有资产保值增值的要求，对其采购行为进行有效监管已是很有必要。

早在1915年，美国就已成立了美国采购管理协会，现更名为美国供应管理协会（the Institute for Supply Management，ISM），是全球最大、最权威的采购与供应管理等领域的专业组织，其宗旨是通过其资源、研究、推广活动和教育来引领供应管理职业。该协会推出的注册采购经理（CPM）是一个在全球范围内被广泛认可的供应管理专业认证，通过以上认证制度的推广，基本建立起一套符合国际化需要的专业采购制度。但截至目前，我国却一直未能建立起一套适合中国国情的企业采购制度，国有企业的采购更是缺乏统一的管理制度，采购经理未经资格认证，对国有企业采购的监管也是形同虚设，这就要求我国国有企业尽快建立起一套全新的采购管理制度。

目前，我国已建立的与采购相关的制度有两种，一种是招标投标制度，另一种是政府采购制度。由于招标投标制度目前基本适用于工程建设项目和机电产品国际招标，而政府采购制度与招标投标制度相比，涵盖的范围更广、采购的方式更多、政策性更强、对宏观经济的影响力更大，因此，在当前没有成熟的企业采购制度的情况下，借鉴政府采购制度具有更强的可操作性。同时，我国正在与WTO其他成员国就签署《政府采购协议》进行谈判，有的国家在初次出价时曾要求我国将一些大型国有企业纳入《政府采购协议》管辖范畴，欧盟的《政府采购公共指令》其中《关于协调有关水、能源、交通运输和电信部门采购程序的指令》的适用范围就包括了一些国有化产业以及交通、能源、水利和通信领域内提供公用事业服务的私营公司。只有借鉴政府采购制度，才能更有利于我国国有企业采购制度与国际接轨。

## 二、

## 哪些采购需求可以借鉴政府采购制度

对于一个企业而言，采购需求基本可以分成生产性需求和非生产性需求两大类。生产性需求包括企业最终产品的直接组成部分或直接介入生产过程的产品采购，如原材料、生产设备、生产厂房等；非生产性需求包括既不构成企业最终产品的直接组成部分，也不是生产过程中所使用的产品或服务的采购，如办公用房、办公用品、运输工具（不含运输企业）等。企业的竞争战略决定了企业的采购需求，根据迈克尔·波特的竞争战略理论，竞争战略可分为总成本领先、标歧立异、目标集聚三种，对于我国大型国有企业而言，基本适用于总成本领先和标歧立异两种战略之一。对于适用总成本领先战略的国有企业，采购成本最小化应是其追求的目标，因此，无论生产性需求还是非生产性需求，都可以借鉴政府采购制度。对于适用标歧立异战略的国有企业（基本属于高科技领域或生产高端产品），对生产性需求有着更独特的要求，由于我国的政府采购制度不遵循物有所值的原则，不太适用高端产品的采购，因此，不建议完全借鉴政府采购制度；但对于非生产性需求，则没必要坚持标歧立异，应当遵循厉行节约的原则，可参考政府采购制度执行。在当前采购制度尚未建立的情况下，可要求国有企业先将非生产性需求的采购借鉴政府采购制度，等条件成熟后，再对生产性需求的采购进行分类管理。合肥市率先将国有企业采购参照集中采购目录及限额标准执行的做法，为探索国有企业采购如何借鉴政府采购制度，迈出了具有历史意义的一步，值得提倡。

## 三、

## 如何借鉴政府采购制度

鉴于我国国有企业目前采购制度缺失的现状，结合政府采购制度的有关规定，笔者认为，应当从以下三个方面对国有企业的采购进行规范：

1. 健全采购制度

一是建立集体参与的决策机制。无论是在采购前明确采购需求、划定供应商的资格条件，还是采购后确定合作供应商和其供应的产品，都应当由相关部门负责人集体讨论确定，重大事项应经企业领导层集体研究决定，一些特殊采购需求，特别是涉及国计民生的项目，应当引入专家论证制，不得由个别人掌握采购的决策权。

二是建立内部制衡的运作机制。整个采购的流程应当由不同部门的负责，采购需求由使用部门负责制定，合作供应商和具体产品由采购部门按照采购需求和程序选择，合同履行和项目验收由质检部门与使用部门联合按照合同约定执行，采购资金的支付由财务部门按照合同约定和验收报告执行，应当建立起企业内部相互配合、相互制衡的运作机制，不能将全部采购流程交由一个部门负责。

三是建立相互考核的合作机制。为保证企业和整个供应链的竞争力，国有企业与其合作供应商之间（尤其是长期合作关系）应当定期相互进行考核，可以采用标杆管理的方式，考核合作者在行业内是否有一定的竞争优势；定期检查各自的管理系统，核对各自独立运行的管理系统是否能够相互兼容；定期组织相互交流，寻找企业文化是否存在隔阂。

四是建立外部独立的监督机制。国有资产监管机关应当承担起对国有企业采购行为的监管职责，督促其建立健全相关的管理制度，对其制度执行情况应组织不定期检查，对重大采购项目应进行全程跟踪，对社会各界反映的违法违纪行为应及时进行核查。审计机关应当对国有企业的采购进行审计监督。监察机关应当加强对国有企业参与采购活动的人员实施监察。

### 2. 公开采购信息

国有资产监管机关应当指定统一的国有企业采购信息发布媒体，免费向国有企业提供服务。国有企业的相关采购信息，应当在指定媒体上发布。如没有合适的发布媒体，由于政府采购指定发布媒体的受众面非常大，也可要求国有企业在政府采购指定媒体发布采购信息。一是借鉴政府采购不同的采购方式，发布不同的采购信息。二是确定合作供应商后，也应及时发布成交公告。公告中应提供所有必要的信息以证实采购活动的公平性和无私性，包括成交供应商的特点和相对优势的信息。对没能成交的供应商，应告知其原因，以便于供应商在以后参与采购时能够表现得更加优秀。三是公开内部和外部监督机构的联系方式，主动接受社会各界的监督。相关信息的发布要求也可参考政府采购信息发布的有关规定。

### 3. 规范采购程序

一是明确采购方式。国有企业应对采购需求事先进行分类，对于不同的采购需求应选择不同的采购方式。尽管政府采购以公开招标方式为主，但国有企业如果严格按照公开招标方式组织采购，可能并不能达到其预期目的。笔者认为，借鉴邀请招标或竞争性谈判采购方式，对供应商事先进行资格预审，将有助于选择到更合适的合作供应商。无论采用何种采购方式，都应当遵循此种方式的基本规则，但对有些项目应允许国有企业在操作过程中有更多的灵活性。

二是告知采购流程。国有企业应根据选择的采购方式不同，明确相关的内部采购流程，并在采购文件中告知供应商相关采购将遵循的基本采购流程，以便于供应商根据流程要求做出相应的响应。

三是公开评价标准。对于任何采购项目，无论采用综合评价，还是最低报价，国有企业选择合作供应商的评价标准必须公开，既给予市场上相关供应商公平竞争的机会，也有利于企业寻找到最适合自己的合作者，同时，也可以预防腐败行为的发生。

至于采购项目是否由集中采购机构代理采购，由于《政府采购法》尚无相关的规定，因此，各地可根据具体实际情况做出相应规定。

## 四、

## 借鉴政府采购制度需要注意的事项

鉴于我国的政府采购制度也刚起步不久，相关法律法规也在不断完善过程中，因此国有企业在借鉴政府采购制度的同时，必须结合企业采购的特点，有针对性地予以"扬弃"，才能更好地服务于企业的竞争战略。

### 1. 建立备选供应商库

由于企业的生产经营活动必须保持连续性，只选择一个合作供应商将给经营活动带来较大的风险，事先对供应商进行考察、认证，将通过认证的供应商纳入备选供应商库，是防范风险的最佳途径。但备选供应商库应当公开征集，认证的过程也可参考政府采购，通过认证入库的供应商数量不能太多，否则会增加企业的管理成本。对于合适的供应商特别少的个别项目，应注重对相关供应商的培育，努力增加通过认证的供应商数量。

### 2. 采购项目分类管理

大型国有企业的采购项目相对较多，对于这些项目必须分类进行管理，ABC分类法、利用供应定位模型分类都可行。借鉴政府采购制度，并不代表无论何种项目都需要定期重新组织采购，对价值高、风险大的采购项目，应尽量与供应商签署长期合作合同；对价值低、风险小项目，为降低管理成本，可采取类似协议供货的方式与供应商签署"一揽子"合同，但合同中应标明具体的执行价格；长期合同必须考虑到价格的调整机制，大宗货物可考虑与国际期货市场同期的远期价格相挂钩。

## 3. 采购程序相对灵活

政府采购对于每种采购方式的适用情形和采购基本程序都作出了明确的规定，在执行过程中非常注重程序的规范性，强调结果的合法性和政策性。企业采购的结果应更注重是否符合本企业的竞争战略，强调结果的合理性，因此，国有企业执行的采购程序应相对灵活，不能完全拘泥于政府采购的法定程序，应允许有一定的创新。

## 4. 适当考虑转换成本

政府采购的目的是为了保证国家机关和公共机构的正常运转，大多为通用产品，供应商之间的转换成本相对较低，因此，不同的供应商中标对政府采购结果影响不大。但国有企业与不同的供应商合作，有些项目的转换成本非常高，在采购前必须将转换成本加入对供应商的评价因素中，才能保证采购结果的合理性。同时，还应考虑与现有的ERP系统的衔接问题，尽量减少因供应商的更换而影响系统的正常运行。

（本文刊登于2012年4月27日《政府采购信息报》第2版）

# 如何加强政府采购评审专家管理

评审专家在当前政府采购工作中名声一直不是太好,许多专家经常声讨评审专家存在权责利不对等的问题,认为其权利无限大,其决定了评审结果,又认为其基本不承担责任,评审结果即使有问题,也无法追究其责任,对其是既爱又恨。但这些问题的存在是由评审专家造成的吗?笔者既是本省的评审专家,曾参加过多个项目的评审,又是评审专家的使用者,每个项目都要依靠评审专家出具评审结果,客观地认为问题的存在并不来自评审专家自身,而应当由目前中国的政府采购制度设计来承担这些问题存在的责任。本文收集了评审专家管理、使用过程中存在的问题,分析了问题存在的原因,并提出了相应的对策。本文发给《中国政府采购》杂志殷亚红主编看后,她问笔者的观点"是否否定目前的政府采购专家评审制度?"笔者答复是"目前的政府采购专家评审制度是与当前的政府采购制度设计相配套的,有其存在的合理性,但并不代表其没有缺陷,随着社会法制、诚信体系、政府采购制度的不断完善,专家评审制度将被职业采购人制度逐步替代。"

随着我国政府采购规模和对社会经济影响力的不断扩大,政府采购行为的规范越来越受到社会各界的重视。由于政府采购评审环节决定了采购的最终结果,评审专家在政府采购领域扮演着越来越重要的角色,我国的政府采购已经演变成专家采购,评审专家的问题得到了更多的关注。尽管一些欧美发达国家已较少采用专家评审的方法决定政府采购的结果,但专家采购是否适合我国的政府采购不在本文的探讨范围,本文仅依据目前我国已制定的政府采购评审专家相关管理制度,结合评审工作的实际情况,归纳出评审专家管理、使用过程中存在的一些问题,分析导致这些问题发生的原因,并提出笔者认为可行的对策,以供全国政府采购同行参考。

## 一、政府采购评审专家管理、使用过程中存在的问题

2003年12月1日，财政部、监察部联合印发了《政府采购评审专家管理办法》（以下简称管理办法），该办法对评审专家资格管理、权利义务、使用和管理、违规处罚等方面作出了规定，并确定了"统一条件、分级管理、资源共享、随机选取、管用分离"的管理方法，对完善我国政府采购评审专家的管理，起到了积极的促进作用。但在评审专家的实际管理、使用过程中，还是遇到了一些客观存在的问题：

1. 评审专家库中专家不足。专家不足的现象主要体现在三个方面：一是专家库中专家总体数量较少。在一些经济不发达地区，符合管理办法规定资格条件的专家很少，出现以党政机关的官员来充数现象；二是专家库中专家总体数量不少，但分具体评审项目后，不同项目之间的专家数量冷热不均，如计算机、工程设备、建筑方面的专家较多，专业设备、服务类等采购项目的专家较少；三是随着政府采购范围的不断扩展，许多新纳入政府采购范围的项目基本未建专家库，导致评审专家在一年内连续三次参加评审工作的现象经常发生。

2. 个别评审专家长期不来。管理办法规定：每次抽取所需评审专家时，应当根据情况多抽取两名以上候补评审专家，并按先后顺序排列递补。目前本省抽取的专家已经设定为正常需要的三倍，按照顺序通知后，还是经常出现专家不够的现象，个别专家自建立专家库以来，基本未参加过评审活动，这种情形的出现导致另一个极端现象，即为了满足评审活动对专家数量上的要求，只能请一些知识老化、退休在家的老专家和"万金油"似的假专家，因此在采购任务比较繁忙时，经常会看到一些老面孔。

3. 评审专家组成结构不一。一些地方政府采购监管部门设立的专家库基本上都是技术性专家，评审时对一些基本的政府采购常识不知道、对采购文件的商务条款和资格要求理解不了，造成对供应商的投标或响应文件的资格性审查把握不住；有些采购代理机构抽取的评审专家虽然包含了经济、法律方面的专家，但在独立评审时，这些专家对采购文件中技术方面的内容又无法把握；个别采购代理机构依然存在工作人员参加由本机构代理的政府采购项目评标的现象。

4. 专家回避制度执行不力。执行不力的问题主要体现在：一是评审专家不知道有回避制度；二是评审专家对哪些情形需要回避认识不够；三是具体评审时

才发现可能需要回避，再更换专家时间不允许；四是评审专家明知道需要回避，但由于利益关系，故意不回避；五是采购代理机构对评审专家是否需要回避无法把握。

5. 评审专家水平参差不齐。在许多项目的评审过程中，发现不同的评审专家之间的专业水平相差很大，有的专家对评审项目的市场情况、价格变化非常了解，能对采购文件中的技术方案提出一些合理化的建议，有的专家则可能对评审的项目根本不了解，自评审开始，一言不发，经常按照采购人代表的意见进行评审，有一定的倾向性，或给各供应商的评价结果都非常接近，有滥竽充数之嫌，违背了公平、公正原则。

6. 针对采购项目了解不够。有些评审专家对采购项目的实施背景不做深入了解，存在凭经验评审的问题；对评审办法和具体评分标准不认真分析，对供应商的投标或响应文件不是认真核对，存在凭印象评审的问题；根据自己使用或道听途说的消息，评审时不依据投标或响应文件中的内容，存在凭个人喜好评审的问题。

7. 政府采购评审方法不懂。不同的采购方式和评审方法，评审的程序和要求也不同。有的评审专家在采用招标方式时与投标人就投标报价进行讨价还价，在采用竞争性谈判方式时以一个供应商的报价去压别的供应商报价，在采用询价或单一来源方式采购时，只看供应商的报价，忽视其他方面的响应内容；有的在以最低评标价法评审时，却推荐非最低评标价的供应商为第一中标或成交候选人。

8. 评审过程专家把关不严。笔者所在单位发生的供应商质疑，经事后详细核查，有相当一部分是由于评审专家在评审过程中把关不严所造成：一是对实质性条款审核不严，造成不符合实质性要求的供应商成为中标或成交候选人；二是综合评分时滥用自由裁量权，该给供应商分数的不给，不该给的乱给。

9. 对倾向性评审结果不怕。一些供应商之间综合水平差距不大的项目，一个评审专家的倾向性评审意见可能就决定了最终评审结果。一些评审专家在评审初期，就会表现出对某些供应商的偏爱，并直接对其他专家施加影响；个别评审专家被发现评审结果有明显倾向性时，一点儿都不在意，竟然称倾向性评审是评审专家的权利，还有些参加评审的采购人代表直接表示是领导的决定。

## 二、

## 存在问题的主要原因

1. 综合因素造成专家库数量不足。一是体制因素，目前我国政府采购监管部门的人员普遍较少，专家库大多委托采购代理机构或其他单位代建，部分地方的监管部门对专家库未给予足够的重视；二是有些地方由于经济、文化、教育等方面的社会因素，符合管理办法中规定的评审专家资格条件的人员本来就少；三是建设专家库时缺乏预见性，仅对已开展政府采购比较成熟的项目建库，对可能出现的新采购项目未能及时建库；四是由于经费等方面的因素，跨区域评审推广力度不大，外地专家资源共享很难实现，造成局部地区某些项目的评审专家不足。

2. 政府采购评审工作吸引力不大。评审专家不参加评审活动，有的是根据管理办法，只能提前半天或一天才能抽取和通知专家，由于评审时间与专家的工作安排有冲突，专家在短时间内无法调整；有的专家确实为相关领域内的权威，与其他工作相比，政府采购的评审工作对其并不重要；有的只要政府采购评审专家之名，以提高自己的身价，并不在意是否参加评审工作；有的可能是由于采购代理机构支付的评审费用较低，专家认为得到的报酬与自己的付出不对等；有的还可能是由于委托采购，造成单次采购的数量、金额较少，频繁重复评审这些项目使有些专家感到缺乏效率和意义，没有成就感。

3. 专家独立评审的执行尺度不一。管理办法要求评审专家在评审过程中不受任何干扰，独立、负责地提出评审意见，并对自己的评审意见承担责任。由于每个采购项目一般都会涉及商务和技术两大部分的评审，在独立的评审过程中要求评审专家不仅需要具备一定的专业知识，而且需要了解基本的经济、法律知识，但在当前社会分工越来越细的情况下，独立评审对评审专家的知识结构提出了很高的要求，评审专家不可能因为需要参加政府采购的评审工作，而花费一定的时间专门去学习对自身工作影响不大的经济、法律或技术知识。因此，采购代理机构在实际工作中，也不容易把握专家如何组成最合理、独立评审应该严格到什么程度？独立评审不严，相互影响，评委相互之间、采购人或"个别权威"对结果影响较大；独立评审过严，技术专家不懂商务、政府采购相关法律，经济、法律专家不懂技术，不同评委评出的结果相差很大。

4. 管理办法的规定造成回避不力。为了防止评审专家的名单泄密，管理办法要求评审专家的抽取时间原则上应当在开标前半天或前一天进行，特殊情况不得超过两天，个别地方甚至是当天抽取、当天通知、当天评审。保密制度严格执行了，但也带来了一些负面作用，即评审专家不知道评审项目的具体情况，也不知道哪些供应商来参加，无法主动执行回避制度；同时，由于评审专家实行管用分离，采购代理机构对随机抽取出的评审专家的工作经历、背景资料不太了解，也无法主动提醒评审专家进行回避，造成在实际评审过程中，需不需要回避完全凭评审专家个人自觉。

5. 多种原因使专家水平参差不齐。一是有些地方监管部门为了弥补评审专家数量上的不足，放宽资格条件，个别不符合条件的专家滥竽充数；二是由于设立专家库时，库的结构、分类不合理，造成评审专家评审自己不熟悉的项目，无法发挥专家的作用；三是评审专家之间水平存在差距，真正既精通本领域专业知识和市场情况，又了解政府采购法律规定的专家少之又少，相当一部分专家在评审时只能看别人的脸色行事；四是评审专家本身的公正性有问题。个别评审专家表面上是某行业的权威，背后可能就是某些供应商的代言人，监管部门在设立专家库时不可能了解到专家背后的内容，这种情况在一些专业设备的采购中经常出现。

6. 评审程序造成对项目了解不够。根据目前的评审专家管理制度，事先参与采购方案论证、对项目有了解的专家不能参与评审活动。未参与方案论证的专家，只有在评审当天才能知道评审内容，一些采购代理机构在组织评审时，给专家的评审时间较短，个别项目有时在半天内就评审结束，专家在有限的时间内只能对供应商的投标或响应文件进行审核，很少有时间对采购项目的实施背景和市场情况进行了解，而这些内容往往对采购项目的有效实施产生直接的影响，最终导致评审专家凭经验、印象和个人喜好来评审的现象。

7. 缺乏培训造成对政府采购不懂。政府采购的评审工作与一般招投标的评审要求不一样，不仅体现在政府采购方式的多样化，不同采购方式的评审程序和要求各不相同，而且体现在即使采用招标方式，政府采购的评审环节与招标投标法的规定也不完全相同，造成即使曾经参加过招标投标评审活动的专家，初次参加政府采购评审时，也不能够完全胜任。政府采购的复杂性对专家的综合素质提出了更高的要求，而这不是评审专家在较短的时间内能够迅速改变的，需要经过有针对性的专业培训，总结实际的政府采购评审经验，才能改变这一现状。

8. 缺乏监督使评审专家把关不严。一是管理制度问题。管理办法对评审专家在评审过程中如何规范未做规定，对采购代理机构在评审中的作用也未予以明确，同时，管理办法规定评审专家应独立评审，自己对评审结果负责，造成评审专家的自由裁量权过大，对评审专家的评审结果，采购代理机构不好评价，导致对评审专家的监督缺失。二是工作责任问题。个别采购代理机构为了迎合采购人，在评审标准上设定明显不合理的内容或在评审过程中对评审专家进行暗示，致使中标或成交结果事前内定，参加评审的专家成为摆设，长此以往，评审专家对认真评审失去耐心，主动迎合采购人和采购代理机构的意见，使评审活动流于形式。

9. 违规处罚的缺失造成乱评不怕。政府采购授予评审专家的独立评审权，和违规处罚对评审专家的威慑力不够，造成评审专家对明显倾向性评审的后果不怕。同时采购人代表虽然在评标委员会或评审小组总人数中所占比例不高于三分之一，但在评审活动中，却代表着采购人的意志，对其他评审专家能产生很大的影响，个别评审小组中的采购人代表，由于政府采购法律意识的欠缺，直接不按事先确定的评审标准评审，由于采购人代表的肆意妄为，给其他评审专家带来非常恶劣的影响，导致个别评审专家在评审过程中也出现滥用自由裁量权的情形。

## 三、

## 规范政府采购评审专家行为的对策

1. 细化违规处罚情形，建立权利和义务相对等的管理制度

管理办法虽然对评审专家在政府采购活动中应承担的义务和违反规定的各种情形，以及将受到的处罚作出了规定，但在实际工作中，许多违规情形却难以认定，如第二十八条第二款："在评标工作中，有明显倾向性或歧视现象的"，评审专家在何种情形下是有明显倾向性或歧视现象，管理办法没有规定，是由采购代理机构还是监管部门来认定这种行为，管理办法也未作说明，如是监管部门来认定，监管部门是否所有政府采购项目都必须到采购现场监督？管理办法的可执行性不强，造成评审专家即使未在政府采购活动中承担其义务，监管部门和采购代理机构也不能对评审专家进行实质上的处理，管理办法已发布了近四年，笔者尚未在财政部指定发布媒体上发现有多少评审专家被通报过，但目前每个政府采购项目必须由评审专家决定，却是实实在在的事实，造成实际评审工作中评审专家的义务和权利不对等。因此，必须对评审专家的处罚规定进行修改，进一步细化对评审专家的违规处罚情形，明确监管责任人，缩小评审专家的自由裁量权，杜绝评审过程中不负责任、胡乱评审的现象。

## 2. 完善专家管理规定，建立管理与使用相协调的监管制度

管理办法对评审专家的资格条件进行了详细规定，但对评审专家的具体评审过程缺少规定，管用分离的结果是：监管部门"管"有办法，采购代理机构"用"却无从下手。评审过程监管规定的缺失，是评审专家自由裁量权过大的原因之一，因此，应建立日常管理与评审过程管理相配套的监管制度，关键是增加评审过程中采购代理机构如何对评审专家（包括采购人代表）监管的内容，使采购代理机构有"法"可依，应授权采购代理机构对评审专家的评审结果进行审核，明确采购代理机构可以拒绝违法、违规采购结果的情形，防止评审专家滥用自由裁量权。

监管部门应建立全国性的评审专家监管体系，与采购代理机构紧密联系，对采购代理机构反映的有关评审专家问题，应及时调查核实，符合通报批评、不良记录或停止从事政府采购评审资格情形的，及时做出相应的处罚，并将处罚决定在全国政府采购指定发布媒体上通报。

同时，管理办法中还需增加对采购文件预审、供应商质疑、供应商投诉处理时评审专家的使用规定，减少对评审专家评审次数的规定，鼓励真正有水平、责任心强、愿意参与政府采购工作的评审专家多参加评审活动，明确对评审专家违规处罚的行政主体，以及处罚决定的适用范围，进一步完善管理办法。

## 3. 夯实专家基础建设，建立结构与分类相适用的评聘制度

专家库的建设是整个评审专家管理体系的基础工作，所有评审环节出现的问题，都与专家库的建设相关联，因此，建立一个既能满足评审时对专家数量要求，又能保证评审质量的专家库，是目前评审专家管理迫在眉睫的一项工作：

（1）在数量上应多多益善。在设库的初期，对有兴趣参与政府采购评审工作的社会各界人士应敞开大门，尽量掌握最广泛的人力资源。不应简单地在有关媒体上发布征集公告，真正有水平的专家需监管部门去挖掘、去发现，个别专家还应主动上门邀请。

（2）在质量上应严格把关。不仅对是否满足管理办法规定的资质条件进行把关，而且需对相关专家的从业背景、工作经历、业内人员的反映进行审核，必要时，还应该了解以前相关专家参加社会招标或政府采购的评审经历，以及采购代理机构对其的评价，对评审专家要有充分的了解，以便在实际管理和使用时做到"疑人不入库，用时不疑人"。

（3）在分类上应满足需要。建立专家库的目的，就是为政府采购项目提供

满足其评审需要的专家,因此,必须对符合资质条件的专家进行合理分类。笔者认为,分类可以遵循以下原则:一是按照政府采购目录分成不同的大类;二是根据每大类的实际情况,进一步细化,如医疗设备可分成生化、影像等小类,充分发挥专家的专业化水平;三是根据实际采购的需要,适时增加、调整专家库的分类。

(4)在时效上应定期更新。随着信息化时代的到来,专业技术知识的更新速度越来越快,评审专家的专业水平必须及时更新,否则将落后于时代的发展,对政府采购的评审工作产生不利影响,因此,评审专家库必须定期更新,及时吸纳新的、符合资格条件的专家入库,淘汰知识老化、不了解市场变化的老专家,建立专家能进能出、定期更新的动态管理机制。

### 4. 讲求专家合理搭配,建立商务与技术相兼容的构成制度

目前,评审专家库大多按照采购项目的专业类别设立,库中的专家大多为相关行业的技术专家,在评审过程中有时对供应商的投标或响应文件中商务、法律部分把握不住。为了保证对供应商公平、公正的评价,建议在评审专家库中单独设立经济、法律方面的专家,这类专家要求必须对《政府采购法》、《合同法》、政府采购相关规定以及其他基础经济、法律知识有一定层次的研究,能够对评审现场中出现的商务、法律方面的问题做出权威的解释,避免因类似问题造成供应商不必要的质疑。在抽取评审专家时,需兼顾法律、经济方面的专家,建立法律、经济与技术专业相结合的评审专家小组,可以避免评审过程中出现盲点,使评审结果更公平、公正。

### 5. 加强评审现场监督,建立独审与合议相互补的评审制度

为了避免评审专家独立评审时出现的乱评、错评现象,应充分发挥出评审小组中每个专家的特长,取长补短,促进评审结果的公平、公正:

(1)应允许采购人代表适当介绍,但不得干涉专家独立评审。在正式评审前,允许采购人代表对项目做适当的介绍,可以使评审专家在较短的时间内对项目实施的背景情况有大致的了解,有利于评审出的结果更能符合采购人的实际需要。但采购人代表只能在评审开始前对项目的基本情况进行介绍,在评审过程中不得对评审专家施加任何影响。

(2)应允许专家适当合议,但不得影响其他专家独立评审。在现场评审的资格性审查或符合性审查时,应允许评审专家对供应商的投标或响应文件中有关内容集体研究,特别是关系到供应商是否有资格进入详细评价的问题,应由专家

集体讨论决定。在进行详细评价阶段，建议应由每个专家独立评审，不允许个别专家暗示或影响其他专家的评审。

（3）应允许专家对评审方法和标准进行讨论，但必须严格按公布的标准评审。允许评审专家对评审方法和标准进行讨论，既有利于采购代理机构发现评审方法和标准中存在的不足，又可以促进评审结果的进一步合理。但即使已公布的评审方法和标准存在不足，专家在评审时也必须按照既定的方法和标准评审，除非方法和标准中存在明显的歧视性或影响公正的内容。

### 6. 提高评审费用标准，建立付出与所得相配套的报酬制度

为了节约采购成本，许多采购代理机构支付给评审专家的评审费用标准相对较低，造成一些真正有水平的评审专家不愿参加政府采购项目的评审，影响了政府采购项目评审结果的质量，增加了误评、错评、乱评的概率，最终会对政府采购的形象产生不良影响。评审专家的评审费用标准，不能简单按照社会个人平均收入水平来衡量，而应该按照同等水平专家的实际个人收入来计算，例如某地区具备副主任医师及以上职称的医生年平均实际收入为10万元，按照平均每年250个工作日计算，该类医生的平均每个工作日的收入应为400元，参加政府采购项目的评审工作，将占用该类医生的正常休息时间，因此，评审费用应按照其加班的情形来计算，即评审一天时间其应获得的评审费用应不少于800元，才能够与其实际收入相吻合，如实际获得的评审费用低于以上水平，政府采购的评审活动对该类专家将不会产生吸引力，除非该项目在其他方面对该类专家具有一定的意义。

### 7. 普及政府采购常识，建立专业与常识相结合的培训制度

鉴于目前评审专家大多为技术专家，不能完全符合政府采购评审要求的现状，监管部门应加大对评审专家的培训力度，不仅应让其了解政府采购相关的法律、法规等普及性知识，而且需针对不同的采购方式，强化政府采购专业知识的培训，如招标方式和竞争性谈判方式的评审过程不同，对专家的知识结构要求也不同，招标方式要求专家必须按照既定的评标方法和标准进行评审，而竞争性谈判则需要专家掌握一定的谈判技巧。同时，应根据已开展的政府采购项目，分不同的项目组织相关专家进行交流、培训，力争把评审专家培养成满足政府采购评审需要的复合型人才。

（本文发表于《中国政府采购》杂志2007年第10期）

# 实战篇

本篇主要收集了笔者在实际采购工作中总结的一些经验。毛主席说过：从实践中来，到实践中去，这就是检验理论和发展理论的过程，是整个认识过程的继续。笔者既有幸于跟随中国政府采购的不断发展而成长，又有幸一直在采购工作一线，得以接触到大量具体的项目、鲜活的事件、生动的案例、烦恼的质疑，许多内容已经超过了法律法规和规章制度涵盖的范围，只能边摸索、边思考、边总结。本篇所收集的文章，与其说是笔者在实战中的经验总结，不如说是笔者在过政府采购这条不知深浅的河时摸着的一块块石头。路漫漫其修远兮，吾将上下而求索。

# 以法律规定为依据　靠细节取胜

——关于招标文件发售和投标文件接收环节应注意的事项

自1999年从事政府采购工作以来，笔者一直想对政府采购运行的每个环节都做一点细致的研究，以规范采购行为，提高采购效率，降低被供应商质疑的风险。但在实际工作中一直没能静心系统研究，基本是"东一榔头西一棒子"，想到哪儿就写到哪儿。捋一捋政府采购的操作环节，应从接受采购人委托开始，再进行市场调研、需求论证，再到制作采购文件环节，由于这些操作环节与供应商关系不大，很少引起供应商质疑，因此笔者仅在给系统内从业人员培训时讲解过相关内容，未形成正式论文。本文是笔者第一篇对操作环节的具体研究，虽然放在整个采购环节而言并不重要，但也值得大家关注，毕竟是细节决定成败。

在政府采购整个招标过程中，招标文件发售和投标文件接收这两个环节显得并不重要，可能不会引起太多的关注，但越是不关注的地方，越是容易出问题。古人云：细节决定成败，政府采购从业人员只有认真对待政府采购每一个细节，才能保证整个招标流程规范、有效运行，避免出现不必要的问题。

## 一、

## 招标文件发售环节应注意的事项

1. 招标文件发售的时间。招标文件发售的起始时间，应从招标公告中确定的开始发售日期为准，可以与公告发布的时间不一致；发售的截止时间，在相关法律、规定中都没有明确规定，有的招标采购单位在招标公告中限定于投标截止时间前几天，不违背法律规定。但笔者认为，为鼓励更多的供应商参与政府采购活动，只要供应商在投标截止时间前能够完成投标文件的制作，不应限制向供应商发售招标文件。

2. 招标文件发售的地点。招标文件的发售地点应与招标公告中列明的地点相一致，招标采购单位不得随意进行变更。如确实发生了意外情况，需要变更发售地点的，应及时在政府采购监管部门指定发布媒体上发布变更公告。

3. 招标文件的发售形式。《政府采购货物和服务招标投标管理办法》（以下简称18号令）规定，招标采购单位应当制作纸质招标文件，也可以在政府采购监管部门指定的网络媒体上发布电子招标文件，电子招标文件与纸质招标文件具有同等法律效力。招标采购单位如同时采用两种形式发售，则必须保持两种形式招标文件内容的一致，否则后果将由招标采购单位承担。

4. 招标文件售价的确定。如招标采购单位是党政机关、事业单位或社会团体，欲收取招标文件工本费的，应事先获得物价和财政部门的批准，招标文件的售价应在物价和财政部门批准的限额之内，否则属于乱收费行为。采购代理机构应按照弥补招标文件印制成本费用的原则确定，不得以营利为目的，更不得以招标采购金额作为确定招标文件售价依据。

外地供应商购买招标文件需要招标采购单位代为邮寄的，招标采购单位应根据邮政部门的收费标准适当收取一定的邮寄费用，并在招标公告中事先确定；采用电子招标文件的，笔者认为招标采购单位不应在招标文件售价的基础上另行向供应商收取任何费用。

5. 招标文件的发售程序。需收取工本费的招标文件，招标采购单位应按照招标公告确定的价格和时间，向供应商发售。发售前，应允许供应商查看招标文件，以便供应商自行确认是否愿意参加本次招标。以现金或支票方式在招标采购单位指定地点当场购买的，在收取相应费用后，应及时将招标文件和发票或其他符合财务报销规定的票据移交给供应商，并请供应商做好名称、地址、联系人、联系电话等基本信息的登记手续，以便在开标前有关情况变化的联系和通知；外地供应商以电汇方式购买招标文件的，招标采购单位应请供应商将电汇凭证及时传真给财务部门，在确认费用（包括招标文件工本费和邮费）到账后，招标采购单位应及时将招标文件和发票或其他符合财务报销规定的票据邮寄给供应商，并做好相关供应商基本信息的登记手续。

采用邀请招标方式采购的，只有接到投标邀请书的供应商才有资格购买招标文件。

6. 招标文件的免费发放。目前一些招标采购单位，特别是财政全额拨款的集中采购机构，已经开始将招标文件以电子形式在政府采购监管部门指定的网络媒体上免费向供应商发放，好处是可以降低供应商的投标成本，鼓励供应商积极参与政府采购活动，不利之处是招标采购单位对参加投标供应商的数量把握不住，给开标现场的准备带来一定难度。建议可以由拟参加投标的供应商填写一份投标确认函，以便招标采购单位对投标供应商数量事先大致有所了解，但投标确认函不能作为是否有资格参加投标的必要文件。

7. 招标文件的更正处理。招标文件发售期间，招标采购单位发现招标文件存在缺漏，或在组织供应商答疑或现场考察时，招标采购单位认为有必要对已发出的招标文件进行澄清或者修改的，应当于投标截止时间十五日前，在政府采购监管部门指定的政府采购信息发布媒体上发布更正公告，并以书面形式通知所有招标文件收受人。这就要求一旦发布更正公告的时间距投标截止时间已不足十五日的情况下，招标采购单位必须延长投标截止时间，如9月1日开始发售招标文件，投标截止时间为9月21日，招标采购单位于9月10日认为必须对招标文件进行澄清或修改，则相应的投标截止时间必须延长至9月25日以后，相关投标截止时间的更改应一并在更正公告中发布。

同时，根据18号令第28条规定，在投标截止时间前三天内，招标采购单位不应当再延长投标截止时间和开标时间，即要求在此时间内也不得再对招标文件内容进行修改或澄清。在此期间由于客观原因确实必须延长投标截止时间和开标时间的，则应当经政府采购监管部门批准，取消本次招标活动，重新组织招标或采用其他采购方式进行采购。

8. 发售期间的保密要求。18号令规定：开标前，招标采购单位和有关工作人员不得向他人透露已获取招标文件的潜在投标人的名称、数量以及可能影响公平竞争的有关招标投标的其他情况。这就要求招标采购单位在发售招标文件时，负有保密义务，尤其在登记供应商信息时，应该对每一个购买招标文件的供应商单独登记，不得将供应商信息登记在同一份表格中，以免后购买招标文件的供应商看到已购买招标文件供应商的信息，这样对先购买招标文件的供应商不公平。

9. 发售期间的质疑处理。《政府采购法》规定：供应商认为采购文件使自己的权益受到损害的，可以在知道或者应知其权益受到损害之日起七个工作日内，以书面形式向采购人提出质疑。这就要求供应商必须在购买或收到招标文件之日起七个工作日内，向招标采购单位提出质疑，否则招标采购单位可以拒绝接受供应商的质疑。招标采购单位需对供应商的有效质疑进行充分论证，并在七个工作日内给予书面回复，回复内容中如涉及招标文件内容的修改或澄清，必须发布更正公告，并以书面形式通知所有招标文件收受人。

## 二、

## 投标文件接收环节应注意的事项

1. 投标文件的接收时间。招标采购单位只能在招标文件规定的投标截止时间前接收供应商的投标文件，为了不影响招标采购单位的正常工作和保证投标文件的安全性，招标采购单位可以在招标文件中规定一定期限的投标文件接收时间，但该时间应足以保证招标采购单位在投标截止时间前，能够顺利地接收每一个供应商的投标。

2. 投标文件的接收地点。投标文件的接收地点应与招标文件规定的地点相一致，招标采购单位不得随意进行变更。如果确实发生了意外情况，需要变更接收地点的，应至少于投标截止时间三天前，在财政部门指定媒体上发布变更公告。由于招标采购单位的办公地址和投标文件的接收地址有可能不一致，因此，招标采购单位必须在招标文件或更正公告中明确详细的接收地址，否则，将可能引起供应商投标的延误，给招标工作带来不必要的麻烦。

3. 投标文件的接收程序。招标采购单位接收供应商投标时，首先，应核对供应商的投标保证金是否按规定金额和方式缴纳。供应商以电汇方式缴纳的，应请供应商出示相应的电汇凭证；有的项目投标保证金数额较大，不方便收取现金的，应事先在招标文件中约定投标保证金的形式，并请供应商提前到银行办理现金缴款手续；招标文件规定按不同的分包收取不同的投标保证金的，应详细核对所投分包和投标保证金是否相符。其次，应检查投标文件的密封情况，不密封的投标文件，招标采购单位一律不得接收，否则在开标时会遇到麻烦，投标文件的封袋未按要求加盖公章的，招标采购单位应善意地予以提醒；一个招标项目分包较多的，应与供应商详细核对所投分包的具体情况。再次，供应商未在开标现场提交投标文件的，招标代理单位接收投标文件后，应向投标人出具接收凭据，注明投标人名称和标书编号，并派专人负责保管。招标采购单位在开标现场接收投标文件的，笔者认为没必要再给供应商出具接收投标文件的凭据。最后，供应商提交投标文件后，招标代理单位应要求供应商进行登记，明确联系人和联系方式，以便在招标过程中出现意外情况下，能够及时通知到供应商。

4. 投标文件的迟到处理。供应商由于通过邮寄的延误，或其他原因的耽搁，未能在投标截止时间前将投标文件递交招标采购单位的，招标采购单位一律不得接收其投标。通过邮寄而延误的投标文件，招标采购单位应原封退回给供应商。

5. 投标文件的修改处理。供应商可以在投标截止时间前修改投标文件，但应以书面形式通知招标采购单位，相关的修改文件应按照招标文件对投标文件的编制、签署、密封要求一样进行，并在封袋上加注"修改"字样，同样也必须在投标截止时间前送达招标采购单位。对于需要修改的投标文件，招标采购单位不退还已收到的投标文件，只需再接收供应商的修改文件。评标时，修改文件与投标文件内容有不一致的，应以修改文件为准。

6. 投标文件的撤回处理。供应商可以在投标截止时间前，以书面形式通知招标采购单位，撤回其投标文件，同意撤回的投标文件在开标时将不予开封。但在投标截止时间后，供应商不得撤回其投标文件，否则招标采购单位可以没收其投标保证金。

7. 投标文件接收与开标环节的衔接。招标采购单位在接收投标文件时，必须注意投标供应商的数量，尤其在分包比较多的情况下，在投标截止时间已到时，如发现有的分包投标供应商不足三家的情形，应立即终止对相关分包的招标活动，对相关分包不予开标，但满足三家供应商的分包仍可以继续开标。终止招标的相关分包需变更采购方式继续采购的，招标采购单位应请该项目的评标委员会出具招标文件没有不合理内容的证明，向政府采购监管部门申请采用竞争性谈判、询价或单一来源方式采购，如政府采购监管部门审批同意，招标采购单位方可按照监管部门批准的采购方式继续采购。

8. 不可抗力情形的探讨。笔者曾参加过一次政府采购项目的评审活动，在供应商递交投标文件过程中，出现了不可抗力的情形：由于大雾天气，某供应商在投标截止时间的前一天，就开始向招标采购单位所在地出发，在公路上被大雾堵了一夜，造成正常情况下两小时的路程，第二天早上还没能到达目的地，导致该供应商的投标文件递交时间比投标截止时间约迟到半个小时。由于天气情况所有投标供应商和相关参与招标活动的人员都知道，招标采购单位在征求所有供应商、评标委员会和监管部门代表同意后，将投标截止时间延长了半个小时，使该供应商获得了投标机会。按照政府采购相关规定，在投标截止时间前三天内不允许顺延投标截止时间，但笔者认为，如确实遇到不可抗力情形，应本着以人为本的原则在保证公平、公正的前提下，招标采购单位应尽力为投标供应商提供参与政府采购的机会。

（本文刊登于2007年10月17日政府采购信息报第4版）

# 开标环节易发问题及处理方式

<small>实战篇</small>

开标看似简单，实质比较为难。《政府采购法》和《招标投标法》在开标环节上的规定并不相同，《政府采购货物和服务招标投标管理办法》（以下简称十八号令）对于开标环节的规定也不尽翔实，造成在开标现场许多问题需要研究讨论。笔者十多年的采购一线工作，少说也经历过数百场招标项目的开标，供应商数量少的项目开标仅需几分钟，多的则需半天时间，开标现场遇到的问题五花八门，出现的情况千奇百怪，采购机构稍不留意、处理得不太妥当，就会引起供应商的不满，甚至是当场闹事。本文中，笔者逐一对在开标环节遇到的八大问题进行归纳、整理，并提出了相应的处理意见和依据，有法依法，无法依理，力求做到公平公正。

公开招标之所以作为政府采购的主要方式，关键是其最能体现出政府采购的"公开、公平、公正和诚实信用"原则。开标则是招标方式的特有环节，也是最能体现政府采购公开、公平的环节，更是供应商唯一能够相互了解投标信息的环节。由于在此环节中，开标一览表中的信息都必须当场公开，一旦出现问题，如果处理不当，很容易造成供应商的质疑。笔者总结在开标环节中遇到过的问题，以及如何处理的方法，供各位同行参考，不妥之处，敬请指教。由于工程招标与政府采购的开标环节要求不一致，此文主要处理依据为政府采购相关规定。

问题一：投标文件的密封检查。某招标采购单位在正式开标前，请采购人的纪检部门代表检查各投标文件的密封情况，并当场向各投标人公布了检查结果，各投标人对检查结果均无异议。中标结果公布后，有供应商质疑，认为纪检部门代表无权检查投标文件的密封情况，该招标采购单位组织开标时程序有问题，中标结果应作无效处理。

处理：维持原中标结果。

依据：《十八号令》第四十条规定：开标时，应当由投标人或者其推选的代表检查投标文件的密封情况，也可以由招标人委托的公证机构检查并公证；经确认无误后，由招标工作人员当众拆封。该规定并没有明确投标文件的密封情况必须由投标人或者其推选的代表，或者公证机构检查，未禁止纪检部门代表或其他人员检查投标文件的权力，因此，纪检部门代表检查投标文件的密封情况，从采购程序上而言，并没有问题。

笔者认为，无论是投标人或者其推选的代表、公证机构，还是纪检部门代表、其他人员，在检查投标文件的密封情况结束，宣布检查结果后，招标采购单位最好能主动提醒各投标人，如果投标人对检查结果有异议，可以当场提出，重新检查，否则视同检查结果有效。

问题二：未单独递交开标一览表。供应商在递交投标文件时，未单独将开标一览表递交给招标采购单位，而是将开标一览表与投标文件装订在一起，连同投标文件一并递交。

处理：对照招标文件是否规定开标一览表必须单独封装，如规定必须单独密封递交，则认定该供应商的投标文件为无效投标，不再唱标；如未规定，则该供应商的投标文件为有效投标，唱标时可打开投标文件正本，直接唱文件中开标一览表的内容。虽然开标时尚未涉及评标环节，但开标环节出现的问题，构成评审环节的内容，招标采购单位应将问题提交给评标委员会，由评标委员会按上述处理意见出具书面的结论。

依据：《十八号令》第五十六条第（二）项规定：未按照招标文件规定要求密封、签署、盖章的，应当在资格性、符合性检查时按照无效投标处理。

问题三：把投标函错当成了开标一览表。供应商在递交投标文件的同时，单独将应装有开标一览表的小信封递交给招标采购单位。但在打开小信封唱标时，发现信封中没有开标一览表，而是投标函，没有开标要求的信息，但该投标人现场澄清说投标文件中有开标一览表。

处理：对照招标文件是否规定开标一览表必须单独封装，如规定必须单独密封递交，则视同该供应商未递交开标一览表，认定该供应商的投标为无效投标，不再唱标；如未规定，则唱标时可打开投标文件正本，直接唱文件中开标一览表的内容，该供应商的投标为有效投标。工程招标时，有的招标文件就没有规定要开标一览表，经常用投标函代替开标一览表，所以要特别留意招标文件的规定。

依据：《十八号令》第五十六条第（二）项规定：未按照招标文件规定要求

密封、签署、盖章的，应当在资格性、符合性检查时按照无效投标处理。

问题四：开标一览表缺少法定代表人或授权代表签字，或未加盖公章。唱标时，投标人递交的开标一览表中，出现过相关问题的情形有四种：一是加盖了公章，但没法定代表人或授权代表签字；二是没有加盖公章，但有法定代表人或授权代表签字；三是既没有加盖公章，又没有法定代表人或授权代表签字；四是表上没有加盖公章，而是加盖了合同专用章。

处理：开标时，不管出现哪种情形，都直接唱标。在评审时，要特别注意"和"和"或"的关系：如招标文件中规定，开标一览表上必须加盖公章和法定代表人或授权代表签字，则有以上四种情形的投标文件都按照无效投标处理；如招标文件中规定，开标一览表上必须加盖公章或法定代表人或授权代表签字，则出现第一种、第二种情形的开标一览表，其投标文件应为有效投标，出现第三种、第四种情形的开标一览表，其投标文件则按照无效投标处理。

依据：《十八号令》第五十六条第（二）项规定：未按照招标文件规定要求密封、签署、盖章的，应当在资格性、符合性检查时按照无效投标处理。

问题五：开标一览表未按招标文件规定的格式填报。也分两种情形：一是供应商递交的开标一览表格式与招标文件规定的格式不一致；二是开标一览表填报的内容与招标文件的规定不相符。

处理：开标时，直接按照开标一览表中内容唱标。在评审时，按下列方式处理：对照招标文件的规定，开标一览表填报的格式和内容是否必须完全按照招标文件规定的格式填报，如有规定，则有以上情形的投标文件按照无效投标处理；如没有明确规定必须，则其投标文件应为有效投标。

建议在制作招标文件时，对于开标一览表的填报可以要求投标人参照招标文件中的格式，但内容必须符合招标文件的要求。既可以提高招标的成功率，避免质疑，又可以体现出政府采购的公开、公平，保证所有投标人公布信息的一致性。

依据：《十八号令》第五十六条第（四）项规定：不符合法律、法规和招标文件中规定的其他实质性要求的，应当在资格性、符合性检查时按照无效投标处理。

问题六：投标报价的单价合计与总价不符。这种问题分三种情形：一是小写单价金额的合计数与大写总价不一致；二是小写单价金额的合计数与小写总价不一致；三是大写单价金额的合计数与大写总价不一致。还有一个特例，即把单价中的计量单位万元误认为是元，造成单价合计金额放大了四倍，如40万元，变成了40万万元，但大写总价正确。

处理：开标时，直接按照供应商填报的金额唱标。在评审时，按下列方式处理：对于第一种情形，应以大写总价为准，计算投标报价分，此类情形在开标时出现的概率较大；对于第二种情形，应以小写单价金额的合计数为准；对于第三种情形，应以大写单价金额的合计数为准；对于特例，则以大写总价为准，计算投标报价分。不论投标人出现以上哪种情形，均不能做无效投标处理，但如果审定的金额与实际可能的报价相差较大，如明显高于，则可继续评审，投标人的价格分将很低，基本失去中标的可能；如明显低于，则可让投标人进行澄清，经评标委员会审定，应允许投标人自行申请退出评标，招标采购单位可对其行为予以适当的处理，否则将严重影响其他投标人的价格得分。

依据：《十八号令》第四十一条规定：开标时，投标文件中开标一览表（报价表）内容与投标文件中明细表内容不一致的，以开标一览表（报价表）为准。投标文件的大写金额和小写金额不一致的，以大写金额为准；总价金额与按单价汇总金额不一致的，以单价金额计算结果为准；单价金额小数点有明显错位的，应以总价为准，并修改单价。因此，判定价格的标准，首先是大小写，其次是单价和总价，但对特例也应特别处理。

问题七：投标数量与招标文件要求不一致。投标人递交的开标一览表中，由于自身原因，填报的数量与招标文件要求不一致，如招标文件要求买2台，投标人只报了1台。

处理：开标时，直接按照开标一览表中内容唱标。评标委员会在符合性审查时，其投标文件按照无效投标处理。

依据：《十八号令》第五十六条第（四）项规定：不符合法律、法规和招标文件中规定的其他实质性要求的，应当在资格性、符合性检查时按照无效投标处理。《合同法》第三十条规定：有关合同标的、数量、质量、价款或者报酬、履行期限、履行地点和方式、违约责任和解决争议方法等的变更，是对要约内容的实质性变更。招标文件尽管不是要约，但对要约的内容进行了限制，不符合招标文件实质要求的，应作为无效要约处理。

问题八：分包号填报错误。在同一标号有多个分包的情况下，投标人将分包号填写错误，如准备参加分包三的投标，结果将开标一览表中的分包号填写成分包二，其他内容均按照分包三的要求进行填报。

处理：开标时，直接按照开标一览表中内容唱标。评审时，由评标委员会以书面形式要求投标人澄清和纠正，如投标人同意纠正，可以按照纠正后正确的分包参加评审；如投标人拒绝纠正，则该分包按照无效投标处理，但不影响其参加的其他分包的评审。

依据：《十八号令》第五十四条第（二）项规定：对投标文件中含义不明确、同类问题表述不一致或者有明显文字和计算错误的内容，评标委员会可以书面形式要求投标人作出必要的澄清、说明或者纠正。

（本文刊登于 2011 年 3 月 1 日《中国政府采购报》第 3 版）

# 评审现场值得关注的几个细节问题

本文撰写时间基本与上篇《开标环节易发问题及处理方式》同期，都是笔者记录的在平时工作中遇到的一些具体问题，这些问题经常会引发供应商的质疑和投诉。为了防止类似问题再次发生，笔者对这些问题进行了归纳，并在分管科室内部要求大家必须按照应对措施组织实施。后根据评审现场活动组织的时间顺序，以案例的形式整理成文，便于大家掌握理解。其中一些应对措施得到了财政部的认可，如评审专家的身份核对和回避声明、客观分必须相对统一、招标采购单位保留结果复核权等，在《关于进一步规范政府采购评审工作有关问题的通知》（财库［2012］69号）中均有所体现。

评审是政府采购活动的关键环节之一，评审现场的管理不仅关系到评审活动能否有序、顺利开展，也将对整个采购项目实施的有效性产生重大影响。许多供应商的质疑都和评审现场的管理有关，尽管采购人或采购代理机构对评审现场的管理可能制定了相应的规章制度，但制度大多侧重于规范评审专家和相关人员的行为，有些在评审现场出现的细节问题经常会被忽视，而这些细节问题往往会引起供应商的质疑和投诉，导致整个采购项目失败，不仅需要重新组织采购，降低政府采购的效能，而且对政府采购的严肃性和规范性将产生严重的负面影响。

## 一、评审专家的身份核对

案例回放：甲专家接受了某采购代理机构的邀请，参加第二天由该采购代理机构组织的某项目的评审。当天下午，又接到本单位的紧急通知，第二天需到外地出差。为了不影响第二天的项目评审，甲专家未通知该采购代理机构，即请本单位另外一名具备政府采购评审专家资格的同事代替其参加。该同事到达评审现场后，该采购代理机构经办人员未核对其身份，该同事即以甲专家的身份参加了评审。评审结果公示后，有供应商质疑，认为公布的评审专家名单与实际参加评审的专家不符，评审结果应无效。该采购代理机构经调查，发现情况属实，尽管该同事具备评审专家的资格，评审结果也客观公正，但只能宣布评审结果无效。

应对措施：由于政府采购专家库是由各级财政部门负责统一建立，为防止评审时出现评审专家身份有误的情形，在采购人或采购代理机构随机抽取评审专家时，专家库应能够提供相关专家的身份证明资料，负责通知评审专家的工作人员应提醒评审专家，在参加评审时需带上有效身份证明。由于参加评审专家抽取的有关人员对被抽取专家的姓名、单位和联系方式等内容负有保密的义务，负责评审现场管理的工作人员事先可能并不知道评审专家的名单，因此，参加评审专家抽取的有关人员应将评审专家名单在评审前移交给评审现场的工作人员。在评审专家签到时，工作人员应核对其有效身份证明是否与名单一致。如出现不一致的情形，应请该专家解释其原因，无法提供令人信服的理由的，则不能接受该专家参加评审，而应及时通知负责评审专家抽取的工作人员，重新在专家库中抽取产生，涉及专家信息变更的，应及时提请财政部门变更。

## 二、

## 评审专家的回避声明

案例回放：某采购代理机构组织某电器项目的招标，整个评审过程非常顺利，中标产品不仅质量好，价格也比较便宜，采购人对中标结果也非常满意。但中标结果公布后，却收到供应商质疑，认为公布的评标委员会成员中有位评委两年前曾在中标供应商中任职，影响了评标的公正性，中标结果应做无效处理。经该采购代理机构调查，该评委承认两年前确实曾在中标供应商中任职，目前已不在该单位任职，但在评标过程中并未有人要求其回避，自己也不知道需要回避，且在评标过程中并未做出偏向该供应商的评审，认为并未影响到评标的公正性，中标结果应有效。该采购代理机构对照《政府采购评审专家管理办法》第二十六条规定："评审专家不得参加与自己有利害关系的政府采购项目的评审活动"，发现并没有前置条件，认为尽管该评委没有做出偏向该供应商的评审，但明显与中标供应商有利害关系，属于应回避的情形，因此，最终将中标结果做无效处理。

应对措施：由于采购代理机构无法事先掌握参加评审的专家哪些需要回避，而一旦出现上述应回避未回避的情形，中标无效的后果却需要采购代理机构承担，因此，采购代理机构必须考虑如何规避类似的风险。笔者认为可以采取以下措施：一是事前预防，在随机抽取评审专家时，尽量避免通知近三年有在与采购项目相关的企业任职经历的专家；二是事中声明，事先制订好格式化的评审专家回避声明，明确需主动回避的几种情形，以及未主动回避应承担的责任；在评审现场，由评标委员会主任宣读回避声明，让评审专家了解自己的权利和义务；开标结束后，工作人员当场告之供应商名单，主动询问评审专家是否需回避，如不需要回避，则请评审专家在回避声明上签字确认；三是事后追究，一旦评审专家出现应回避未回避的情形，则可根据其签署的回避声明，提请政府采购监管部门追究该评审专家应承担的责任。

## 三、开标现场的情况反馈

案例回放：某采购代理机构组织系统集成项目的公开招标，有三家供应商参加投标，开标后，投影显示甲供应商的开标一览表上未加盖单位公章，负责唱标和记录的工作人员在开标结果后，直接将开标一览表和开标记录移交给负责评审现场管理的工作人员，没有提及未加盖公章一事。评审专家在评审甲供应商的投标文件时，其资格性检查和符合性检查均符合招标文件的要求，经综合评分，确定乙供应商为中标供应商。中标结果公示后，丙供应商提出质疑，认为甲供应商开标一览表上未加盖单位公章，按照招标文件规定，应属于无效投标，造成本次招标对招标文件作实质响应的供应商不足三家，应予废标，中标结果无效。采购代理机构组织评标委员会复核，质疑情况属实，只能宣布中标结果无效。

应对措施：随着政府采购内控制度的不断完善，一些采购代理机构将具体采购业务工作分成了几个环节，虽然建立了相互监督、防范风险的机制，但每个环节之间的无缝衔接就显得尤其重要。根据《政府采购货物和服务招标投标管理办法》（以下简称《十八号令》）第四十五条规定："评标委员会成员名单原则上应在开标前确定，并在招标结果确定前保密"，评委原则上不参加开标仪式，对于开标现场出现的异常情况无法直接了解，同时评委偏重于对投标文件的评审，容易遗漏对开标时出现的异常情况的处理，因此，采购代理机构应建立开标现场情况的反馈机制，对于开标时出现的异常情形，如开标一览表没有单独密封、表上未加盖公章或没有授权代表签字、单价或总价计量单位有误、单价合计与总价不相符等情形，负责开标现场的工作人员应及时将有关情形反馈给评标委员会，由评标委员会根据政府采购有关规定，对异常情形进行审定，无论是按照无效投标处理，还是以哪种报价为准，都应给采购代理机构出具书面意见，避免事后返工。

## 四、

## 供应商资质审查问题

案例回放：某采购代理机构组织办公家具项目的招标，招标文件中要求参加投标的供应商必须通过ISO9000系列质量管理体系认证，并提供相关证明。由于参加投标的供应商数量较多，又涉及样品实物的评审，为提高评审效率，评标委员会主任当场决定每个评委分别负责几份投标文件的资格性和符合性检查，检查后将发现的问题交由评标委员会集体讨论，再确定是否按照无效投标处理。经检查、澄清和综合评分，评标委员会最终推荐A公司为中标候选人。中标结果公示后，B公司提出质疑，认为A公司提供的ISO9000系列质量管理体系认证证书在投标时，已过期一个月，应为无效证书，并提供了相关认证机构官方网站上下载的A公司的认证证书相关内容，要求该采购代理机构取消中标结果，追究A公司弄虚作假的责任。经该采购代理机构函证，并与A公司原件核对，确认A公司递交的投标文件中的ISO9000系列质量管理体系认证证书，在投标时已过期一个月，但A公司并未弄虚作假，只是评审专家在检查时未发现其证书已过期。该采购代理机构请评标委员会复审时，负责A公司资格性和符合性检查的评审专家，虽然承认检查有误，但也大倒苦水，认为在短时间内把每本厚厚的投标文件一点儿不出差错的检查完，确实有点强人所难。最终，该采购代理机构只能宣布中标结果无效，重新组织采购。

应对措施：《政府采购评审专家管理办法》规定："评审专家应独立、负责地提出评审意见，并对自己的评审意见承担责任"，在采用综合评分法或性价比法时，如果评审专家中既有经济类专家，又有技术类专家，将出现经济类专家不懂技术、技术类专家对资质检查又不在行的情形，每个专家完全独立打分很难保证评审的公平、公正；同时，财政部门设立的专家库一般以技术分类为主，因此，在实际采购工作中，采购代理机构抽取的专家通常以技术类专家为主。对于使用这类评审专家，正常情况下，技术方面的评审不用太担心，关键应关注其资格性和符合性检查。根据笔者的实际采购经验，为避免评审专家在资格性和符合性检查环节出问题，采购代理机构可采取以下措施：一是事先制定资格性和符合性检查表。一些评审专家可能没有足够的时间去研究招标文件，需要现场工作人员将招标文件中涉及资格性和符合性检查的内容，事先汇总到一张表中，一目了然，方便评审专家对照检查。二是绝对避免一个评审专家负责检查几份投标文件。如果参加投标的供应商数量不多，应组织所有评审专家对投标文件的资格性和符合性逐一进行检查；如果参加投标的供应商数量确实很多，为提高评审效率，可以考虑分组检查，但至少保证每一份投标文件都由两个以上的评审专家共同检查，降低差错率。三是适度让评审现场的工作人员参与检查的复核。由于技术型专家对资格性和符合性检查并不在行，而公证人员或采购代理机构的工作人员已经办过大量的采购项目，对哪些资格性或符合性检查容易出问题比较有经验，可以让其参与检查的复核，向评审专家提出参考性的意见，终审权在评审专家。但工作人员仅限于参与检查情况的复核，评分时则必须让评审专家独立完成。

## 五、评标标准和细则有差错

案例回放：某采购代理机构组织电脑项目的招标，在评审前，评审现场的工作人员向评审专家发放了评分细则和评分表，评审专家随即按照评分细则的规定对各投标文件进行认真评审。在评审过程中，有位评审专家"无意"中翻看招标文件，发现招标文件中公布的评标标准与发放的评分细则有出入，有些评分项分值不同，该评审专家当场向工作人员提出了异议。工作人员解释说，在招标公告发布期间，由于国家相关政策作出了重大调整，采购人认为招标文件中的评标标准不太合理，可能导致中标结果不能让他们满意，所以修改了评分细则。采购人代表也当场确认，是他们要求采购代理机构在投标截止时间前调整了评分细则。评标委员会当场拒绝按照调整后的评分细则继续评分，经协调，该采购代理机构最终宣布该次招标作废标处理，重新再组织招标。

应对措施：《十八号令》第五十五条规定：在评标中，不得改变招标文件中规定的评标标准、方法和中标条件。由于自招标文件开始发出之日起，至投标人提交投标文件截止之日止，至少有二十天的等标期，同时招标文件中公布的评标标准必须细化到什么程度，相关法律法规并未作出明确规定，有些采购人便认为，只要为开标前，评标细则都可以改。为避免出现评分标准和细则有差错的情况发生，笔者认为：一是在制定招标文件时，对评标标准尽量做到细化、客观、可操作；二是评分细则可以在招标文件中规定的评标标准的基础上予以细化，但不能改变原来的标准和打分因素；三是招标文件一旦发出，原则上不能修改评标标准，采购代理机构应做好相关的宣传解释工作，确实需修改的，应当在招标文件要求提交投标文件截止时间十五日前，在财政部门指定的政府采购信息发布媒体上发布更正公告，并以书面形式通知所有招标文件收受人；四是采购代理机构工作人员在制订评分细则过程中，可能会与采购人进行多次沟通和修改，要注意不同的版本，应以采购人最终确认的、与招标文件规定不违背的版本为准，提供给评审专家进行评审；五是采购代理机构应制定内部管理办法，对涉及已发布的招标文件的修改（包括评分细则），必须履行严格的审批程序。

## 六、

## 客 观 分 必 须 相 对 统 一

案例回放：某招标采购单位组织某项目的公开招标，采用综合评分法进行评标。评标委员会对照评标标准，对各投标文件进行了评审，并按照综合得分的高低顺序，向招标采购单位推荐出中标候选人。中标结果公布后，有供应商质疑，认为评标标准中大多为客观分，按照他们核算，即使主观分一分不得，其综合得分也应比中标候选人高，中标结果明显不公平，使自己的权益受到了损害。招标采购单位组织评标委员会，对评审情况进行了认真复审，发现评审专家在打客观分时，给予的分值不一，质疑供应商应得的分数未给，导致质疑供应商尽管在报价较低、对招标文件的响应度很高的情况下，仍未能得到应得的分数。因此，招标采购单位决定宣布中标结果无效，重新组织招标。

应对措施：由于当前政府采购评审专家的综合素质不齐、专业水平不一、评审态度不同，同时其权利和义务关系不对等，评审结果的决定权在评审专家，评审结果的质疑和投诉却需招标采购单位负责，评审的风险发生了转移。因此，笔者认为，为了有效规避评审过程中存在的评审专家因素的风险，维护自身的权益，招标采购单位应采取以下措施：一是事前明确独立评审权。对于评标标准中哪些评分项可以由评审专家发挥自身专业优势、独立评审，在正式评审前与评审专家明确，不影响其独立评审权；二是事中控制自由裁量权。对于评标标准中客观性的评分项，除价格分统一计算外，其余的客观分在评审专家之间应相对统一，符合则给予相同的分值，不符合则不给分，不能由评审专家自由裁量；三是事后保留结果复核权。复核的前提是不影响评审专家的独立评审，因此要注意复核的内容：对于可以自由裁量的评分项，只要在标准分值范围内即可；对于客观评分项，主要复核是否存在有的给分、有的未给分，都给分但分值不一的情形。如果复核时发现相关问题，应善意地提醒评审专家，是否在查看招标文件时有遗漏，请其重新查看后再打分；确实有明显错打，拒不更正的，招标采购单位应及时将评审专家的有关情况向政府采购监管部门汇报，及时处理。

## 七、相关签字一个不能少

案例回放：某采购代理机构代理某采购人的软件开发项目，经公开招标和综合评审，确定甲供应商为中标候选人，作为评委的采购人代表在评标报告上签了字。由于评审结束时，已接近下班时间，在评标委员会签字后，经办人员未将评标报告交给参与现场监督的人员和采购人领导签字确认，评标报告的封面也未请评标委员会主任签字，直接就宣布了中标候选结果。中标公告发布后，采购人拒绝与甲供应商签订合同，理由是事先未授权评标委员会直接确定中标供应商，也从未确定过中标供应商。采购代理机构核查相关资料，发现评标报告上确实没有采购人的确认，后将评标报告送采购人补签字，遭到了采购人的拒绝。采购代理机构陷入了两难的境地，在通过各种关系做了大量的沟通协调工作后，采购人才勉强接受了中标结果。

应对措施：尽管《十八号令》第五十九条规定："采购代理机构应当在评标结束后五个工作日内将评标报告送采购人。采购人应当在收到评标报告后五个工作日内，按照评标报告中推荐的中标候选供应商顺序确定中标供应商"，对于采购人无正当理由不按照依法推荐的中标候选供应商顺序确定中标供应商，或不确定中标供应商，虽然在第六十八条规定需承担以下责任："责令限期改正，给予警告，可以按照有关法律规定并处罚款，对直接负责的主管人员和其他直接责任人员，由其行政主管部门或者有关机关依法给予处分，并予通报"，但在实际采购工作中，很少有采购人经办人员，特别是强势的采购人承担过法律责任。因此，采购代理机构应主动规避类似的风险，相关评审资料必须签署完整，一个都不能少，并可以采取以下措施：一是在委托协议中明确，采购人必须按照依法推荐的中标候选供应商顺序确定中标供应商；二是项目评审结束后必须填写评审报告，由评审专家、采购人代表、相关人员签署完整，并请采购人在评审现场当场确定评审结果；三是制定内部工作流程，明确签署顺序，设置终审内容，事先准备好异常情况的处理预案；四是为预防采购人对中标结果不满意，对外散布不负责任的言论，建议事先打印好项目实施意见反馈表，评审结束后即请采购人代表当场填写，如有不满意的情形，则请其列明原因，一方面以便采购代理机构有针对性地提高自身的服务质量，另一方面也能对采购人起到预警作用。

（本文以特邀专家的身份在《中国政府采购报》开设专栏，以《话说评标现场》为标题，分（一）防范风险先管好专家，（二）开标现场应建情况反馈机制，（三）客观分必须相对统一，（四）评分细则应与评标标准相符，（五）评委签字：一个都不能少，（六）谨防因评审失误带来的风险，于2011年3月18日至4月26日六期连载）

# 没有厂家授权能参加政府采购吗？

——关于参加政府采购的代理商是否必须生产厂商授权问题的探讨

是否需要生产厂家授权一直是采购机构面临选择、但没有答案的问题，原因是有利有弊，应根据具体情形而定，笔者在实际采购工作中对此问题也没有要求经办人员必须做出选择。适逢时任南京市政府采购中心陈泽副主任电话跟笔者沟通此问题，聊得比较深入，给了笔者许多启发，通话结束后意犹未尽，遂对此问题进行了书面探讨。本文对生产厂家授权利弊进行了分析，对哪些情形需要授权、哪些情形不应该授权做出了相应的描述，同时对多个代理商参加同一个采购项目如何处理进行了探讨，希望能给大家在实践工作中有所帮助。

案例：某地采购中心受采购人委托，通过公开招标方式组织采购一批小型机，招标文件中对合格投标人的资格要求之一是：如投标人非生产厂家，则必须获得生产厂家的授权，否则将视为无效投标。某品牌小型机的代理商看过招标文件后，向该中心提出质疑，认为自己本身就是该品牌小型机的代理商，不需要生产厂家的授权，也应该有资格投标，招标文件中要求生产厂家授权才能投标的要求损害了代理商的利益，并认为这种方式可能造成生产厂家控制销售渠道，使投标价格过高，也损害了政府采购利益。中心主任就此质疑感到头疼，因为外界已经有人向其建议，取消生产厂家的授权更合理，中标价格可能更优惠，但采购人坚持认为获得生产厂家授权必不可少。这种情形在政府采购过程中经常发生，到底代理商参加政府采购需不需要生产厂家授权呢？

## 一、生产厂家授权的利弊分析

代理商是否需要生产厂家的授权，应该首先分析这种行为的利弊，笔者认为，生产厂家授权的有利之处在于：

1. 生产厂家同样受到法律约束。从合同法的角度来看，无论生产厂家授权给一个或多个代理商，这些代理商都是以生产厂家代理人的身份参加政府采购，参与政府采购活动期间的行为将受到生产厂家授权的约束，在授权范围内所有行为产生的法律后果最终均由生产厂家承担，因此，通过授权的方式，实际使生产厂家受到政府采购相关法律的约束，中标或成交后，采购人形式上是与代理商签订政府采购合同，实质上是与生产厂家建立了合同关系。通过这种方式，采购人还可以直接了解到生产厂家的最新产品和技术，生产厂家也能得到产品使用情况的一手资料。

2. 采购产品销售渠道得到保证。通过生产厂家授权的方式，可以使生产厂家了解到产品的最终用户，保证授权代理商提供的产品是由该生产厂家生产。对一些知名产品而言，产品销售渠道的正宗意味着产品质量和服务能够得到生产厂家的保证。

3. 能够获得生产厂家技术支持。尤其对于一些技术含量较高、对售后服务水平要求较严格的产品，一般的代理商不一定具备能够满足采购人需要的专业技术人员和服务水平，通过生产厂家的授权方式，可以实现产品的销售由授权的代理商完成，而相关的技术支持和售后服务直接由生产厂家承担。

4. 提高了代理商资信的可信度。为了避免政府采购遭遇"皮包公司"或信誉不良的公司，致使合同履约结果得不到保证的情形发生，在招标文件中要求生产厂家授权，其实质是要求以生产厂家的信誉对其授权的代理商的经营情况进行担保，从而提高代理商的可信度。

但代理商参加政府采购必须生产厂家授权，在实际采购过程中，确实也遇到了一些问题：

1. 政府采购价格虚高。笔者参与的采购项目中，曾经发生过生产厂家通过授权方式，控制市场销售渠道和价格的情形，造成政府采购并没得到真正优惠的价格，尤其在指定品牌采购或采购协议供货产品，以及采购文件有一定的倾向性时，生产厂家授权更是演变成了维护代理商利益的"法宝"。

2. 变相垄断采购市场。与生产厂家授权结合最紧密的是生产厂家销售中的报备制度，即生产厂家会把授权授予最先将确切的采购信息提供给该生产厂家的代理商或其他供应商，不允许其他代理商参与该采购项目，或安排其他代理商在采购过程中作陪衬，维护该代理商的利益。通过这种方式变相鼓励代理商以不正当手段获得采购人采购该生产厂家产品的承诺，达到垄断采购市场的目的，使采购人代表、代理商、生产厂家利益一体化、最大化。

3. 容易引发腐败行为。生产厂家授权还为采购人和生产厂家的代表发生腐败行为提供了便利。授权给哪个代理商，除了生产厂家的报备制外，主要还有两种情形：一是采购人与生产厂家有意向性采购意见后，采购人代表直接要求生产厂家授权给其指定的供应商；二是生产厂家销售代表知道采购信息后，直接授权给其指定的供应商。无论发生哪种情形，都可能造成采购人代表或生产厂家的销售代表发生腐败行为。

## 二、取消生产厂家授权是否更好

在政府采购过程中，对参加采购活动的代理商，取消生产厂家授权是否会比需要授权更好呢？

### （一）优势

1. 有利于市场充分竞争，采购价格更优惠。没有生产厂家授权的限制，参加政府采购活动的代理商更多，市场竞争更充分，代理商可以自行选择想参加的采购项目，根据自身的价格体系、经营实力和市场判断来制定相应的投标策略，而不必考虑生产厂家的约束，并对自己做出的决定完全负责，政府采购价格会更有竞争力。

2. 提供代理商平等机会，降低代理商成本。取消生产厂家授权，同时在政府采购信息指定发布媒体上通过采购公告的方式，可以使每个代理商参与政府采购的机会均等，避免代理商之间由于信息不对称，给个别代理商带来特别收益，同时降低生产厂家对采购项目的控制，鼓励代理商之间公平竞争，才能有效减少个别代理商支付额外的展业成本，发挥代理商各自的优势，防范腐败行为发生。

3. 借助代理商综合平台，提供更优质服务。由于地理位置、人员状况、经营理念等方面的原因，有些项目的代理商自身可能拥有比生产厂家更独立、更完善的售后服务体系，没有生产厂家授权的限制，代理商可能提供比生产厂家更优质的售后服务。

## （二）劣势

1. 生产厂家可能不供货。笔者曾遇到这样一个项目，由于招标文件中没要求代理商必须生产厂家授权，某代理商在没有经生产厂家授权的情况下直接投标，经综合评审，获得了第一中标候选人资格。之后，生产厂家以该代理商未经授权为由，拒绝接受该代理商订货，最终造成该代理商只能放弃中标结果，被招标采购单位没收投标保证金。而生产厂家由于没有授权，招标采购单位也无法对生产厂家的行为做出合适的评价。

2. 产品质量得不到保证。由于没有生产厂家的授权，生产厂家对代理商销售产品的最终去向可能并不了解，代理商在提供产品过程中，可能会出现各种问题。尤其是 IT 和电子产品，经常出现以次充好、以旧换新的现象，用销售过的返修、退货产品或已淘汰、虚假伪劣产品冒充全新产品，提供的进口设备可能是走私、逃税或在国内得不到服务保障的产品。一旦出现类似情形，生产厂家不会承担任何责任，最多尽一点协助相关部门调查的义务。

3. 履约能力得不到保障。许多产品在使用过程中需要依靠完善的售后服务，才能在设计寿命周期内保证产品的正常使用。代理商虽然具备一定的服务能力，但对一些技术复杂的项目或可能出现的突发事件，缺乏足够的支持能力。同时，有些代理商的综合能力有限，一旦出现意外情况，采购人可能无法追究代理商相应的法律责任。

4. 个别项目必须要授权。对有些项目而言，生产厂家无法直接向采购人提供产品，必须通过代理商进行销售，如非中国大陆注册的公司，或虽然在中国大陆注册，但经营范围不具备直接销售的资格；有的进口设备必须通过具有进出口代理资格的外贸公司，才能在中国大陆销售。这些情形就必须要求生产厂家给代理商授权，否则无法保证采购标的物的可获得性。

## 三、
# 多个代理商参加同一个采购项目如何处理

如果在实际采购过程中，没有生产厂家的授权，或生产厂家授权多个代理商参加同一个采购项目，又会出现什么情形？如何处理？

根据财政部2003年给河北省财政厅的《关于多家代理商代理一家制造商的产品参加投标如何计算供应商家数的复函》（财办库〔2003〕38号），做出的相关规定如下：原则上同一品牌同一型号产品只能有一家投标人，但应当在招标文件中对此作出明确规定。如果有多家代理商参加同一品牌同一型号产品投标的，应当作为一个供应商计算。公开招标以外采购方式以及政府采购服务和工程，也按此方法计算供应商家数。

虽然财政部对此问题做出了答复，但在实际采购工作中，还是遇到了答复所不能解决的问题，最无法解决的问题是：如果出现了多家代理商以同一品牌同一型号产品参加投标，应当以哪一个代理商为准？

方案1：以投标报价最低的代理商为准。在以最低评标价法为评标方法时，这一方案比较容易被接受。但如果评标方法是综合评分法或性价比法，报价最低的代理商并不一定得分最高，选择报价最低的代理商很难让其他代理商接受。同时，如果这些代理商都属于合格投标人，投标文件都没有出现《政府采购货物和服务招标投标管理办法》中无效投标的情形，招标采购单位把任何一个代理商的投标文件视为无效投标都不合理。

方案2：不以任何一个代理商为准，评标时还是按不同代理商评，计算供应商时按照一家供应商算。这样可以给每个代理商都有一个平等竞争的机会。在有许多品牌的产品参加投标时，这种方法具备一定的可行性，但有时会遇到一些特殊的情形：

1. 三家及以上代理商以同一品牌同一型号产品参加投标。按照财政部复函的意见，此情形只能按一个供应商计算，如果采用招标方式进行采购，必须终止招标。如果改为单一来源采购，是选择报价最低的代理商为成交人吗？

2. 三家及以上供应商以两个品牌的产品参加投标。如果按照两家供应商计算，则必须作为废标处理。关键是下一步怎么办？如果选择竞争性谈判方式采购，必须选择报价最低的代理商吗？

通过以上分析，我们不难发现，在政府采购过程中，如果没有生产厂家的授权,将发生很多变数,很容易引起代理商的质疑。为了避免不必要的麻烦,在有些采购代理机构的采购文件中,已经出现不接受任何级别的代理商作为投标人,必须生产厂家或其授权的中国境内最高级别专业销售公司才能作为合格的投标人。

## 四、不接受代理商参加政府采购是否合理、合法

生产厂家授权代理商参加政府采购活动的行为,根据《合同法》的规定,实质上是在生产厂家和代理商之间建立了一种委托与被委托的法律关系。生产厂家作为委托人,代理商作为受托人,代理商可以在生产厂家授权范围内参加政府采购活动,包括签订政府采购合同。采购人在订立合同时知道代理商与生产厂家之间的代理关系的,该合同直接约束生产厂家和采购人。因此,只要生产厂家在授权时明确了与代理商的委托范围和权利、义务关系,不接受具备生产厂家授权的代理商作为投标人,只能是采购代理机构给自己方便,但并不符合我国法律规定,同时,笔者参考有关国际招标文件范本和规定,也从未发现不接受经生产厂家授权的代理商投标的情形,也算是我国政府采购初期的一种"创新"吧。

## 五、如何合理运用生产厂家授权

生产厂家授权是一把双刃剑,代理商需不需要生产厂家授权,政府采购法律法规不可能细化到如此地步。笔者认为,代理商参加政府采购需不需要生产厂家授权,关键在于对具体的采购项目而言,通过授权是利大于弊,还是弊大于利。一些对工作影响不大、技术不复杂、市场上代理商较多的采购项目,不同代理商之间存在利益冲突,不需要生产厂家授权,可以促进更多代理商的竞争,有利于政府采购活动的公平、公正、公开进行;但一些对工作影响大、技术复杂、需要较完善售后服务的项目,笔者认为,应要求代理商提供生产厂家授权,毕竟代理商不是生产厂家,得不到生产厂家的保证,采购人的合法权益也无法真正得到落实。同时,应当在采购文件中明确,以什么标准确定以同一品牌同一型号产品参加政府采购活动的不同代理商中哪一个为合格代理商,或直接明确生产厂家只能

授权唯一的代理商，否则作无效投标处理。

　　本案例中，由于采购的是网络设备中比较关键、需要一定售后服务保证的小型机项目，笔者认为，要生产厂家授权比不要授权更为合理，毕竟政府采购的首要目的是满足采购人的合理需求，当风险大于收益时，节约资金应在其次，前提是采购文件中没有排他性条款。

（本文发表于《中国政府采购》杂志 2008 年第 3 期）

# 完善联合体投标,促进中小企业参与政府采购

## ——关于联合体投标有关问题的探讨

**实战篇**

  供应商组成联合体参加政府采购活动是法律赋予的权力,中小企业也毫无疑问可以组成联合体。但许多采购项目不接受联合体参加采购活动,或者即使接受联合体,但在评审时对联合体限制很多,造成供应商在参加政府采购活动时,组成联合体参加投标还不如单独参加,因此,笔者建议应当完善联合体投标,目的是能够给予中小企业参与政府采购活动的机会,增加联合体中标或成交的概率,其中部分观点在《政府采购促进中小企业发展暂行办法》(财库〔2011〕181号)中有所体现。

  据中国中小企业协会统计,截至2007年6月底,我国中小企业数已达4200多万户,占全国企业总数的99.8%,中小企业创造的最终产品和服务价值相当于国内生产总值的60%左右,上缴税收约为国家税收总额的53%,生产的商品占社会销售额的58.9%,商品进出口额占68%左右,中小企业在国民经济发展中的地位可见一斑。在一些发达国家,在中小企业就业的人数占就业人口的70%~80%,成为接纳就业人员的主要途径。中小企业已成为减少经济危机影响,保就业、保稳定、保增长的重要因素。

  虽然国家对中小企业参与政府采购一直有相应的鼓励政策,到目前为止,我国已有两部法律为中小企业参与政府采购提供了法律依据。《政府采购法》和《中小企业促进法》都提到了在政府采购中,中小企业应享有优先权。但由于没有细化的数量标准,实际操作中,中小企业在政府采购所占份额仍然很小。而美国在份额上就做出了明确规定,美国《小企业法》规定,"在联邦政府采购中,必须保证小企业获得23%的采购份额。""所有预算不超过1万美元并属于小额

购买的政府采购或服务合同必须留给小企业。"在《购买美国产品法》中规定，在政府采购项目的国外报价中，只要美国中小企业的报价不高于外国供应商报价的12%和本国大企业报价的6%，即可获得政府采购合同的订单。这些法定数据成为中小企业参与政府采购的有力保障。

但在我国政府采购实际工作中，中小企业由于资金、资质、经营业绩等方面的原因，在与大型企业的竞争中，经常处于不利的地位，占政府采购的份额明显偏少。那么如何提高我国中小企业在政府采购中的份额呢？笔者认为，除了可以像国外政府采购发达国家那样，强制规定中小企业在政府采购中的最低份额外，合理利用当前政府采购法律法规对联合体投标的有关规定，是扩大中小企业在我国政府采购中份额的有效途径。

## 一、联合体投标对中小企业参与政府采购的意义

所谓联合体投标，一般是指两个以上法人或者其他组织组成一个联合体，以一个投标人的身份共同投标的行为。《政府采购法》规定，采购人可以根据采购项目的特殊要求，规定供应商的特定条件，但不得以不合理的条件对供应商实行差别或者歧视待遇。采购人规定的这些特定条件，如对注册资金、生产经营资质、经营业绩、销售和服务网点、人员数量和素质等方面的特殊要求，对于一些中小企业而言，以独立的供应商身份参与政府采购，要么就不完全具备这些条件，要么就是与大型企业相比，明显没有竞争优势，即使参加政府采购活动，多数仅是陪衬。中小企业如果组成联合体，就可以达到以下目的：

1. 弥补中小企业资质条件的相对不足。单个中小企业在资质要求、技术力量上往往与大型企业相比处于劣势，但多个中小企业如果联合起来，可以达到取长补短的效果，弥补单个企业的不足。

2. 提高中小企业中标或成交的概率。中小企业在规模效益上处于劣势，但可以利用产品的差异化、服务的本地化等优势来抵消其劣势，尤其是多个中小企业的优势都能发挥时，更能提高其中标或成交的概率。

3. 分散中小企业各方的成本和风险。参与政府采购活动的供应商，在投标期间有投标的成本，如制作投标文件、缴纳投标保证金、参加开标活动等，都需要一定的支出；在履约期间有履约的风险，如缴纳履约保证金、项目实施过程中遇到的资金风险、采购人不按期验收、付款的风险等。这些成本和风险如由单个

中小企业承担，可能会对企业的生产经营产生较大的影响，如由多个中小企业承担，成本和风险都将弱化，使企业更容易承受。

## 二、联合体投标参与政府采购遇到的实际问题

尽管联合体投标是提高中小企业参与政府采购的有效途径，但在笔者所了解到的实际政府采购中，供应商以联合体投标的情况不多，中标的情形更少。是中小企业不愿以联合体投标，还是有其他原因呢？

### 1. 招标采购单位拒绝接受联合体投标

虽然《政府采购法》规定：两个以上的自然人、法人或者其他组织可以组成一个联合体，以一个供应商的身份共同参加政府采购。《招标投标法》也规定：两个以上法人或者其他组织可以组成一个联合体，以一个投标人的身份共同投标。但对招标采购单位是否有权拒绝联合体投标，法律未作规定。在实际政府采购招标中，一些采购项目的招标文件直接明确不接受联合体投标，或者在招标文件中明确规定，投标人必须是在中国境内注册的法人机构，由于联合体是一个临时性的组织，不具备法人资格，因此，变相地拒绝了供应商组成联合体投标。

### 2. 资格要求阻碍中小企业组成联合体

虽然在《政府采购货物和服务招标投标管理办法》中规定：以联合体形式参加投标的，联合体各方均应当符合政府采购法第二十二条第一款规定的条件。采购人根据采购项目的特殊要求规定投标人特定条件的，联合体各方中至少应当有一方符合采购人规定的特定条件，这样为中小企业组成联合体投标提供了一定的便利。但政府采购规模中占很大比重的工程项目，在采用招标方式时，却必须适用《招标投标法》，《招标投标法》规定，联合体各方均应具备承担招标项目的相应能力；国家有关规定或者招标文件对投标人资格条件有规定的，联合体各方均应当具备规定的相应资格条件。中小企业本身规模较小，资格条件不过硬，都具备相应的能力，显然对中小企业组成联合体投标不利。

### 3. 对联合体投标的评审标准存在缺陷

虽然联合体在参与政府采购（除按招标方式组织的工程项目外）时，相对

《招标投标法》而言资格条件宽松很多，但在实际评审过程中，由于相关法律法规对联合体投标的评审标准缺乏明确、具体的规定，造成联合体投标并不比单一供应商投标更占优势，反而经常处于更加不利的地位。在一些地方的政府采购文件中，对于组成联合体以一个供应商投标的，在资格评审时，需按照资格条件最差的供应商来评价联合体的投标。在评审时，涉及对供应商资质、人员、业绩等方面评分的，也要求按照联合体中最差供应商的相关数据来评价，造成有一定实力的供应商反被中小企业所拖累，联合体投标不具备任何优势。

### 4. 联合体内部自身的责权利关系不清

中小企业如果以联合体形式参加政府采购，就必须事先签订联合投标协议，载明联合体各方承担的工作和义务，并将联合投标协议连同投标文件一并提交招标采购单位。但由于我国不论政府采购，还是招标投标，对于联合体投标相关研究很少，以至于许多联合投标协议的内容不严谨、格式不规范，对联合体内部供应商之间的责权利划分不明确，招标采购单位在组织对联合体的投标评审时，无法确定每个供应商具体承担的责任有哪些，相关供应商是否具备承担相关责任的基本条件，因此，对联合体投标最终做出不利的评判。

### 5. 采购人对联合体中标履约行为担心

许多采购人在组织政府采购时，为了避免履约过程中供应商相互扯皮、推诿的现象发生，都希望能与一家供应商签署合同，即使是联合体中标，也希望供应商能做到"一人牵头，相互担保，共同承担法律责任"。但从法律意义上说，虽然联合体对外"以一个投标人的身份共同投标"，但联合体却不是一个法人组织，所以在签订合同时，必须以所有组成联合体各方共同的名义进行，不能以其中一个主体或者两个主体（多个主体的情况下）的名义进行，即必须"联合体各方""共同与采购人签订合同"，但这往往不能得到采购人的认同和支持。

### 三、

## 中小企业组成联合体投标急需解决的政策问题

为了鼓励中小企业参与政府采购活动，切实提高中小企业在政府采购合同中的份额，政府采购监管部门必须完善联合体投标的相关规定，才能发挥联合体投标作为保护中小企业有效手段的作用，真正落实保护中小企业这一宏观政策目标。

### 1. 应明确规定不得拒绝中小企业组成联合体投标

许多采购人都希望大企业、大品牌能中标或成交，不愿意接受中小企业作为中标或成交人，更是拒绝中小企业组成的联合体。但拒绝联合体投标明显有悖于《政府采购法》和《招标投标法》公平竞争的精神，联合可以使参与投标各方降低风险和成本，增加竞争力，而拒绝联合体投标则会使中小企业的竞争力下降，减少其中标的机会。同时，从法律法规的措辞来看，使用"可以组成一个联合体"的表述，说明是否组成联合体是各参加方的权利，招标采购单位不应拒绝。因此，政府采购监管部门应做出明确规定，对于中小企业组成联合体投标的，招标采购单位在招标过程中不得作为不合格的投标人处理。

### 2. 应明确鼓励中小企业组成联合体参与政府采购

一是两个以上资质类别不同的中小企业组成的联合体，应当允许按照联合体的内部分工，各自按资质类别及等级的许可范围承担相应的工作，不应要求所有中小企业都满足特定的资质条件。

二是对于全部由中小企业组成的联合体参加政府采购，应当在评审时给予一定的优惠，在政策上予以扶持，如采用最低评标价法时，只要联合体的报价不高于大企业报价的一定比例，即可获得政府采购合同；采用综合评分法时，应对符合条件的中小企业给予一定比例的加分，具体可以参照《自主创新产品》。

三是即使中小企业与大企业组成联合体参加政府采购，也应该根据中小企业在联合体中承担的工作内容和范围，给予一定的优惠，强强联合固然好，强弱搭配更能有效发挥社会综合资源。

### 3. 应明确规定对中小企业组成联合体投标的评价细则

目前对联合体投标具体如何评价缺乏相关的详细规定，造成招标采购单位在面对联合体投标时，在评审时不知道如何处理为好，这也是招标采购单位不愿意接受联合体投标的原因之一。如对联合体的生产能力和经营业绩的评价，是简单相加累计？是简单相加平均？还是加权平均？是取联合体中单个供应商的最大值？还是取联合体中单个供应商的最小值？不同的评价方法，对中小企业组成联合体投标的影响也不同。因此，政府采购监管部门应明确规定对中小企业组成联合体投标的详细评价办法，以便于招标采购单位在具体执行过程中有章可循。

### 4. 应尽快规范联合投标协议的格式内容

联合体就其法律性质来说是联合体各方组成的合伙组织，而合伙组织成员间的权利义务关系是合伙组织的内部事务，由联合投标协议来确定，一般来说，招标采购单位无权对合伙组织成员间的权利义务关系做出要求。但联合体有其特殊性，其成立的有条件性和组织的临时性特点，本身就要求其自身的组成应当满足招标采购单位对投标人的基本资格要求，同时也决定了该联合体是专为招标采购单位招标的某个项目而设立的，其内部的组成关系与其是否能正确完成合同义务有着密切的关系。因此，招标采购单位应对联合体成员间的内部关系提出具体明确的规定。法律规定，由相同资质类别的单位组成的工程建设联合体应当按资质等级低的单位的业务许可范围承揽工作，也就是说中标各单位都具备独立承担中标工程建设任务的能力，因而在这种情况下，招标人没有必要对联合体成员间的任务分担做出要求。但由资质类别不同的单位组成的联合体，应当各自按资质类别及等级的许可范围承担工作，在这种情况下从招标采购单位的角度讲一般会对各成员单位应当承担的工作按不同的资质类别及等级，要求在其联合体协议明确约定下来。因此，建议政府采购监管部门应组织相关法律、经济、工程方面的专家，加强对联合投标协议相关内容的研究，为中小企业按照法律规定组成联合体，提供规范、严谨的协议范本，提高联合投标协议的合法性、规范性和实用性。

（本文被编辑以《中小企业投标能否组成联合体?》为标题刊登于 2009 年 5 月 27 日《中国财经报》第 6 版，笔者认为标题不是很适宜，本书中仍恢复为笔者原定标题）

# 中标候选人：一个定义不明的缓冲区

笔者所在单位曾经历过采购人拒不接受第一中标候选人的情形，单位负责人和经办同志花费了大量时间协商采购人和供应商，最后结果是两头都不落好，一气之下，单位负责人要求中心以后受理的所有招标项目，在招标文件中都明确只推荐一名中标候选人，让采购人无法选择，尽管找不到法律依据，但确实减少了工作中采购人拒不接受第一中标候选人类似事件的发生。什么是中标候选人？是不是推荐一名中标候选人就合适？如不合适，那推荐几名合适？如何在中标候选人中选择中标人？中标候选人有哪些权利和义务？这些问题在当前的《政府采购法》和《招标投标法》中都没有明确的规定。笔者当时经历了下列案例，由于采购人对笔者所在单位只推荐一名中标候选人的做法颇有微词，激起了笔者对中标候选人问题的研究，因以文之。

案例：最近，某采购中心受某采购人委托，就该单位的办公家具项目组织了一次公开招标。经公开开标、唱标，评标委员会对投标文件综合打分，确定某公司为中标候选人，并发布了中标公告。中标公告发布后，有人反映该中标候选人提供的投标文件中，部分资格证明材料存在弄虚作假。经有关部门反复核查，确实发现该中标候选人的投标文件中有造假行为，采购中心最终取消了该中标候选人的中标资格，宣布该招标项目作为废标处理。

处理结果出来后，采购人非常不满意，认为既然这位中标候选人出了问题，取消其中标资格完全正确，但该项目不应作为废标处理，应当按综合得分高低，顺延至其他投标供应商。原来，采购人办公楼正在重新装修，这批办公家具就是为装修配套的，如果一旦废标，再重现组织采购，将耽搁最少两个月的时间，而采购人在外临时租赁办公场所，不方便倒是其次，关键是每月仅租赁费就高达70多万元，也难怪采购人有意见。而采购中心也有苦衷，中标公告上只明确了这一家中标候选人,这位候选人出了问题,没办法再顺延至其他投标供应商,只能废标。

## 一、中标候选人取消资格后,其他投标供应商能否替补

根据《政府采购法》第三十六条规定,采购过程中出现四种情形之一的,应予以废标。该中标候选人经查证,投标文件中提供的材料确实弄虚作假,符合废标的第二种情形:出现影响采购公正的违法、违规行为的。取消其中标资格完全应该,关键是该中标候选人取消资格后,其他投标供应商能否替补其中标资格?

笔者认为:一是由于该项目的招标文件中明确规定,只确定一家中标候选人,也就不存在确定其他中标候选人的问题;二是由于中标公告中也只公告了一家中标候选人,意味着其他投标供应商已经被排除在中标候选范围之外。因此,在本案例中,虽然废标给采购人带来了很大损失,但由于不存在其他投标供应商替补的可能,招标采购单位遇到这种情况,按照政府采购有关规定,只能选择废标这条路可走。

## 二、为什么会存在中标候选人

笔者曾查询过相关资料,咨询了法律专家,关于中标候选人的概念,《政府采购法》和《招标投标法》都没有相关的司法解释,由于篇幅问题,笔者不再就概念问题进行探讨。一些招标项目可能存在很多分包,但具体到每个分包后,每个分包大多最终只有一个中标人,存在中标候选人有什么意义?笔者认为,主要有两个原因:

一是在《政府采购法》、《招标投标法》与《合同法》之间设置一个缓冲区。不论《政府采购法》,还是《招标投标法》,都是对采购或招标的具体行为进行规范的法律。但整个采购或招标的过程,从《合同法》的角度来看,实质上就是一个要约邀请、要约、承诺的过程,如果直接产生中标人,将不再受《政府采购法》或《招标投标法》的约束,而直接受《合同法》的约束,采购

人或供应商将直接面临违约的风险。设置中标候选人，可以在法与法之间的适用上，保留了一定的缓冲空间：一旦中标候选人出现问题，以及招标项目出现意外情况，可以按照《政府采购法》或《招标投标法》处理，避免了直接对簿公堂的情形发生。

二是方便招标人的选择。政府采购规定采购人应按照评标报告中推荐的中标候选人顺序确定中标人，但《招标投标法》仅要求招标人根据评标委员会提出的书面评标报告和推荐的中标候选人确定中标人，并没有明确是否必须按照顺序确定中标人，即第一中标候选人并不一定会中标，给招标人保留了一定的选择权利。

## 三、中标候选人到底应有几个

对于一个招标采购项目，到底应该推荐一个中标候选人，还是多个中标候选人，笔者查阅了我国相关的法律法规：

一、《政府采购法》没有相关规定，《政府采购货物和服务招标投标管理办法》也没有明确，只是在第五十四条第四款要求：中标候选供应商数量应当根据采购需要确定，但必须按顺序排列中标候选供应商。

二、《招标投标法》对中标候选人的数量也未明确，在第四十条规定：评标委员会完成评标后，应当向招标人提出书面评标报告，并推荐合格的中标候选人。

三、《评标委员会和评标方法暂行规定》（一般简称为七部委令）第四十五条做出了明确的规定：评标委员会推荐的中标候选人应当限定在1~3人，并标明排列顺序。《工程建设项目施工招标投标办法》第五十八条也规定：评标委员会推荐的中标候选人应当限定在1~3人，并标明排列顺序。《建筑工程设计招标投标管理办法》明确的中标候选人的数量略有不同，其第十八条规定：采用公开招标方式的，评标委员会应当向招标人推荐2~3个中标候选方案；采用邀请招标方式的，评标委员会应当向招标人推荐1~2个中标候选方案。

四、《机电产品国际招标投标实施办法》则没有中标候选人的概念，其第三十五条第二款规定：采用最低评标价法评标的，在商务、技术条款均满足招标文件要求时，评标价格最低者为推荐中标人；采用综合评价法评标的，综合得分最高者为推荐中标人。意味着该办法直接授权评标委员会推荐唯一的中标人。

五、《江苏省招标投标条例》虽然没有直接明确中标候选人数量，其第四十条规定：评标委员会完成评标后，应当向招标人提出由评标委员会全体成员签字的书面评标报告，推荐合格的中标候选人。但在第四十二条又规定：招标人应当在接到评标委员会的书面评标报告后的十五日内，从评标委员会推荐的第一至第三中标候选人中确定中标人。意味着在江苏省内组织的招标项目，中标候选人数量应为1～3名。

笔者认为：由于我国目前《政府采购法》与《招标投标法》存在适用范围交叉、各行业主管部门各自为政的现实问题，招标采购单位组织招标采购时，应根据遵循的相关法律规定的不同，以及项目类别的不同，确定相应数量的中标候选人。总体而言，根据实际情况，确定1～3名中标候选人为宜。

## 四、采购人应如何在中标候选人中确定中标人

既然存在中标候选人，相应也存在着采购人如何从中标候选人中确定中标人的问题，笔者查阅的相关法律法规规定如下：

一、《政府采购法》没有规定，《政府采购货物和服务招标投标管理办法》第五十九条第二款规定：采购人应当在收到评标报告后五个工作日内，按照评标报告中推荐的中标候选供应商顺序确定中标供应商。意味着如果存在多个中标候选人，采购人应首先选择第一中标候选人。

二、《招标投标法》第四十条规定：招标人根据评标委员会提出的书面评标报告和推荐的中标候选人确定中标人。没有明确是否需按照顺序确定中标人，意味着如果存在多个中标候选人，这些候选人都有中标的可能，关键看招标人的选择。

三、《评标委员会和评标方法暂行规定》第四十八条规定：使用国有资金投资或者国家融资的项目，招标人应当确定排名第一的中标候选人为中标人。排名第一的中标候选人放弃中标、因不可抗力提出不能履行合同，或者招标文件规定应当提交履约保证金而在规定的期限内未能提交的，招标人可以确定排名第二的中标候选人为中标人。意味着不是使用国有资金投资或者国家融资的项目，招标人就可以在中标候选人中自行选择。

四、《工程建设项目施工招标投标办法》第五十八条规定：依法必须进行招标的项目，招标人应当确定排名第一的中标候选人为中标人。排名第一的中标候

选人放弃中标、因不可抗力提出不能履行合同，或者招标文件规定应当提交履约保证金而在规定的期限内未能提交的，招标人可以确定排名第二的中标候选人为中标人。

五、《建筑工程设计招标投标管理办法》第十九条规定：招标人根据评标委员会的书面评标报告和推荐的中标候选方案，结合投标人的技术力量和业绩确定中标方案。招标人也可以委托评标委员会直接确定中标方案。招标人认为评标委员会推荐的所有候选方案均不能最大限度满足招标文件规定要求的，应当依法重新招标。意味着招标人可以自行选择中标候选人，也可以推翻评标委员会的评审决定。

六、《江苏省招标投标条例》第四十二条规定：招标人应当在接到评标委员会的书面评标报告后的十五日内，从评标委员会推荐的第一至第三的中标候选人中确定中标人。使用国有资金投资或者政府融资的项目，招标人应当确定排名第一的中标候选人为中标人。与《评标委员会和评标方法暂行规定》的规定基本一致。

笔者认为：不同的法律法规对采购人如何在中标候选人中确定中标人的规定不同，将直接影响到中标候选人的数量和是否排序。政府采购工作中，如果遵循的法律法规不同，应当按照相关的法律法规执行。

## 五、

## 为什么不明确多家中标候选人

本案例只保留一名中标候选人的做法，最终给采购中心和采购人都带来了损失，那为什么采购中心不多明确几家中标候选人呢？在笔者所组织或参与的采购项目中，就曾保留过两个或两个以上的中标候选人，但给采购工作带来了一定的负面影响：

一是采购人不按规定选择中标人。由于不同法律法规对确定中标人的规定不同，个别采购人认为自己有在中标候选人中自行选择中标人的权利。即使遵循《政府采购法》，如果第一中标候选人不是采购人想选择的供应商，采购人就会找种种借口，不与该中标候选人签订合同，或是背后做工作，有的甚至威胁该候选人，让其自行申请退出中标候选资格。个别采购人干脆对中标人不予确认，由于《政府采购法》和《政府采购货物和服务招标投标管理办法》都没有明确规定，采购人如果没有按照规定确定中标人，将承担什么责任，招标采购单位对此情形无法可施，给政府采购的严肃性带来一定的负面影响。

二是增加了供应商质疑的频率。如果存在多名中标候选人，排名靠后的中标候选人有了中标的希望，只要把排名靠前的中标候选人排除掉，自己就可能中标。于是提高了非第一中标候选人质疑、投诉的积极性，捕风捉影的情况经常发生。笔者所了解到的质疑事件中，有相当一部分是第二、第三中标候选人提出的。由于我国政府采购对供应商的质疑没有具体的规定，只要有质疑，采购中心就必须在规定时间内予以答复，给正常的采购工作带来了额外负担。

因此，在一些政府采购项目中，招标采购单位只愿意选择一家中标候选人，断绝了采购人选择的余地，排除了其他投标供应商中标的可能性，虽然存在像本案例这样最终导致废标的风险，但不诚信、弄虚作假的供应商毕竟是少数，两弊相衡取其轻，这就是为什么招标采购单位不愿多选择中标候选人的主要原因。

## 六、如何选择中标候选人更合适

选择一个中标候选人会面临废标的风险，选择多个中标候选人又将增加招标采购单位的负担，那如何选择中标候选人更合适呢？

笔者认为，选择几个中标候选人不能一概而论，应根据相关法律规定和实际采购情况进行处理：在采购项目特殊，一定时间内必须有采购结果的情况下，应在拟订中标人数量的基础上，适当增加 1~2 名中标候选人，有利于避免出现废标，给采购人和招标采购单位带来损失。在正常情况下，只要条件允许，应按照拟定中标人数量来确定中标候选人数量，更有利于项目的执行，避免节外生枝的情形发生。

## 七、实际招标过程中，有关中标候选人还需注意哪些事项

笔者认为，招标采购单位在实际招标过程中，就中标候选人问题还需注意以下四个事项：

一是在招标文件中必须明确中标候选人数量。招标采购单位根据不同的法律法规，对中标候选人数量可以有不同的选择，哪怕只确定一名中标候选人，都必

须在招标文件中明示，同时还须向供应商告知在中标候选人中确定中标人的方法，因为中标候选人数量和确定中标人方法的不同，都将直接影响供应商决定是否参加相关的招标项目。

二是评标委员会必须按照招标文件规定的数量推荐中标候选人。评标委员会有推荐中标候选人的权利，但必须与招标文件中规定的数量相一致，并根据相关的法律法规，在推荐多名中标候选人时决定是否需排序。招标采购单位要做好相关的准备和解释工作。

三是增加发布中标预告环节。《政府采购法》和《招标投标法》都规定在采购人确定中标人后，必须发布中标公告，但没有规定公布中标候选人的环节，造成投标供应商无法获知中标候选人的信息，给投标供应商的维权行为带来一定的麻烦。因此，笔者建议各招标采购单位在正式发布中标公告前，增加发布中标预告的环节。中标预告中应明确具体的中标候选人，数量必须与招标文件中规定的一致，如相关法律法规有排序规定的，还必须明确中标候选人的排序。

四是发布中标公告时应公示中标理由。在有多名中标候选人，且有排列顺序的情况下，如中标人非排名靠前的中标候选人，应在中标公告中公示没有确定排名靠前的中标候选人为中标人的理由，以便接受社会各界的监督，维护招标行为的严肃性。

（本文分别于2009年4月1日和4月15日分上、下两期刊登于《中国财经报》第3版）

# 不完善法律法规，中标人可能永远拿不到通知书

## ——有感于《中标了 为何拿不到通知书》

2006年9月的一天，接到《政府采购信息报》编辑的电话，问笔者有没有看到该报刊登的《中标了 为何拿不到通知书》一文。因为每年的9月开始至下一年的春节前，都是采购中心业务最忙的时间段，虽然政府采购几大媒体的主要内容笔者都会浏览，但确实没过多时间研究，记得那篇文章笔者看过，是讲述供应商中标后迟迟拿不到中标通知书的案例。当时没多想，就答复说看过了，并告诉编辑，笔者也经历过，在工作中时有发生，手头就现有一个一年多都没发中标通知书的项目。编辑当时很兴奋，一定要约笔者针对中标通知书趁热打铁写篇相关文章。笔者惯例是每年的下半年一般不写文章，一则7、8、9月高温季节头昏脑热，二则9月以后就是大忙季节，不想给自己太多压力。约稿后没办法推辞，只能在工作中挤出点时间撰就本文，是笔者为数不多在下半年刊登的文章。

《政府采购信息报》2006年9月6日刊登了《中标了 为何拿不到通知书》一文，笔者深有感触，因为在实际采购工作中也确实遇到过此事，而且不止一次，有的已经妥善处理，有的已经有一年多，仍悬而未决，甚至将问题提交到政府采购监管部门，也未能得到有效解决。就此现象，笔者试图从法律层面进行一些探讨，希望能够达到抛砖引玉的目的，引起有关部门注意。

## 一、为什么要发中标通知书

《政府采购法》第四十三条规定，政府采购合同适用《合同法》。从《合同

法》的角度来看，政府采购的过程实际上就是合同订立的过程：发布招标公告或投标邀请书，就是向供应商发出要约邀请；供应商递交投标文件，就是向采购人发出要约；招标采购单位组织评标委员会对投标文件进行评审，就是按照事先确定的标准对供应商的要约进行评价，将最满足招标文件要求的要约提供给采购人，以便采购人作出承诺。承诺是受要约人同意要约的意思表示，如果采购人事先授权评标委员会直接确定中标供应商，在此情况下，评标委员会可以直接根据授权作出承诺；如果采购人未授权，则必须由采购人确定中标供应商，即作出承诺。

《合同法》第二十二条规定：承诺应当以通知的方式作出，但根据交易习惯或者要约表明可以通过行为作出承诺的除外。第二十六条规定：承诺通知达到要约人时生效，第二十五条规定：承诺生效时合同成立。按照惯例，政府采购招标项目，一般都在招标文件中约定向中标供应商发出中标通知书，即承诺将以通知的方式作出，供应商未接到中标通知书，说明采购人尚未作出承诺，承诺未生效，合同自然不能成立。反之，供应商如接到中标通知书，则采购人的承诺生效，承诺生效即表示合同成立，签订书面形式合同只是履行一个程序，将合同的内容具体化。因此，从法律的角度来看，中标通知书其实就是合同是否成立的标志，这就是为什么要发中标通知书的关键原因。

## 二、

## 何时应当发中标通知书

《政府采购法》对什么时候发中标通知书未做明确规定，仅对在中标通知书发出之日起多少日内签订政府采购合同进行了规定。在《政府采购货物和服务招标投标管理办法》（以下简称《管理办法》）第五十九条中，对发中标通知书的时间作出了一些规定：采购代理机构应当在评标结束后五个工作日内将评标报告送采购人。采购人应当在收到评标报告后五个工作日内，按照评标报告中推荐的中标候选供应商顺序确定中标供应商；也可以事先授权评标委员会直接确定中标供应商。采购人自行组织招标的，应当在评标结束后五个工作日内确定中标供应商。

根据《管理办法》的规定，笔者认为发中标通知书的时间应当分以下三种情形来确定：

一是采购人事先授权评标委员会直接确定中标供应商的，应当在评标结束后，即可向中标供应商发出中标通知书；

二是采购人自行组织招标的，应当在评标结束后五个工作日内，向中标供应商发出中标通知书；

三是采购人委托采购代理机构招标的，应当在评标结束后十个工作日内，向中标供应商发出中标通知书。

## 三、

## 应当由谁发中标通知书

《管理办法》第六十二条规定：在发布公告的同时，招标采购单位应当向中标供应商发出中标通知书。根据此规定，笔者认为：采购人自行组织招标的，应当由采购人向中标供应商发中标通知书；采购人委托采购代理机构招标的，应当由采购代理机构向中标供应商发中标通知书。

## 四、

## 为什么不发中标通知书

通过以上分析，我们已经知道为什么要发中标通知书、何时发、由谁发，但在实际工作中，为什么还会出现不发中标通知书的情形，笔者认为，出现不发中标通知书的情形主要有以下三个方面原因：

**一是采购人未确定中标供应商，不能发。**

在采购人未事先授权评标委员会直接确定中标供应商，以及未委托采购代理机构订立合同的情况下，无论采购人自行组织招标，还是委托采购代理机构招标，只要采购人对中标结果不满意，不在评标报告上确定中标供应商，招标采购单位就不能向供应商发中标通知书。因为根据《合同法》规定，合同当事人依法享有自愿订立合同的权利，任何单位和个人不得非法干预。采购人不确定中标供应商，就是不作出承诺，也就是不愿与供应商订立合同。如果采购代理机构未经采购人确认，向供应商发出中标通知书，根据《合同法》第四十八条规定，其行为应属于没有代理权或超越代理权，对采购人不发生效力，由采购代理机构承担责任。目前，笔者所在单位受某采购人委托，对某项目进行了采购，评审结束已近一年，采购人一直不肯确定中标供应商，供应商将此情况向笔者所在单位和政府采购监管部门多次反映，也咨询了专业律师，由于缺乏法律依据，各部门对此情形也是爱莫能助，无法追究采购人的法律或行政责任。因此，在采购人确定中标供应商之前，采购代理机构不能随意向供应商发中标通知书。

**二是认为中标通知书无实际意义，不必发。**

一些招标采购单位对中标通知书的法律效力认识不清，认为只要以书面形式签订了合同，中标通知书要不要无所谓，没必要非得向中标供应商发中标通知书，口头通知即可。从表面上看，两者似乎确实没什么区别，发不发中标通知书不影响合同的订立。但根据《合同法》，这种观点存在很多风险：一是如果招标文件约定了承诺以中标通知书的方式发出的，则招标采购单位有义务在确定中标供应商后，向其发出中标通知书；二是如果供应商的投标文件（即要约）约定了承诺期限，在承诺期限届满，供应商未接到中标通知书（即承诺），将有权拒绝与采购人签订合同，给采购人造成损失；三是供应商在未接到中标通知书的情况下，与采购人签订合同的过程中，可能会不得不接受采购人提出的额外条件，否则将面临采购人不签约的风险，给供应商造成损失；四是发中标通知书和采用合同书形式订立合同，从法律角度来看，其合同成立的时间是不一致的。因此，为避免出现不必要的法律纠纷，向中标供应商发中标通知书是非常有必要的。

**三是招标采购单位对评审结果有疑问，不敢发。**

根据《政府采购法》的规定，供应商认为采购文件、采购过程和中标、成交结果使自己权益受到损害的，可以向招标采购单位提出询问或质疑，对质疑回复不满的，还可以向政府采购监管部门投诉。在正常情况下，评审结束后，如果出现供应商质疑，为了不承担责任，根据谨慎性原则，招标采购单位一般会在给供应商回复，确认其对回复满意，不再向政府采购监管部门投诉后，才向中标供应商发中标通知书。因为根据《政府采购法》第七十九条和《管理办法》第六十八、六十九、七十条，一旦招标采购单位出现以上情形，除要承担民事责任，严重的还可能被取消政府采购代理资格，由于相关条款中对一些情形的认定比较含糊，如哪些情形属于以不合理的条件对供应商实行差别待遇或者歧视待遇，哪些情形属于以不合理的要求限制或排斥潜在投标供应商，这些都是招标采购单位在实际采购工作中难以把握和确认的，因此，面对供应商的质疑和投诉就不敢发中标通知书，《政府采购信息报》9月6日所刊登的案例就属于此类。

## 五、如何避免应发不发的事件发生

为了维护政府采购活动的严肃性，保护供应商的合法权益，杜绝中标后拿不到中标通知书的情形发生，笔者认为，只有立法部门、政府采购监管部门和各当事人共同努力，才能避免中标通知书应发不发的事件发生：

1. 法律先行，堵住漏洞

由于在工作中曾经处理过相关事件，笔者查阅了相关的法律法规，对于评审结束后不向供应商发中标通知书，从而导致合同不能成立的情形，法律上对导致此情形的采购人、采购代理机构未明确应承担的责任，使《政府采购法》与《合同法》在这一环节的衔接上存在漏洞，容易被采购人钻空子。因此，为了堵住这一漏洞，必须对现有法律法规予以完善，不仅需对采购人、采购代理机构发中标通知书的时限予以强制执行，而且对未及时发出中标通知书的责任人应承担的法律责任也必须予以明确，才能保证出现相关事件时做到有法可依。

2. 监管到位，不留缺口

虽然法律上存在一定的漏洞，但政府采购监管部门在监管时，还是可以利用一些行政手段，来阻止相关事件的发生。如对完全按照合法程序确定的评审结果，采购人拒绝确定中标供应商的，政府采购监管部门可以提请同级财政部门，按核定的预算停止执行招标项目，并在三年之内不再安排该项目的预算，同时，将相关事件的发生过程和责任人的名单上报监察部门备案；对采购代理机构不向中标供应商及时发中标通知书的，应责令其改正，情节严重的，应取消其政府采购代理资格等。

3. 提高认识，杜绝瑕疵

招标采购单位应提高对中标通知书法律效力的认识，完善相关的管理制度，对发放中标通知书的格式、时限、责任人、内部审批程序和承担责任予以明确，不断规范内部的采购行为。在组织采购活动结束后，采购代理机构应及时将评审结果送交采购人确认，对采购人无正当理由拒不接受评审结果的，应及时将有关情况向政府采购监管部门汇报，通过协调、沟通，寻求合适的解决方法；对屡次发生同样情形的采购人，采购代理机构可以拒绝接受其委托。对遇到供应商质疑的项目，应对供应商的质疑及时、认真处理，分析质疑的原因和可能造成的后果，必要时可以邀请相关专家和政府采购监管部门对质疑内容进行论证，对确认采购文件、采购过程、评审结果没有问题的项目，应及时向中标供应商发出中标通知书。对无正当理由、胡搅蛮缠的供应商，应提请政府采购监管部门将其列入不良供应商名录，并追究其经济赔偿责任。

### 4. 自我保护，注意维权

供应商在获得中标候选资格后，应及时主动与采购人进行沟通，消除可能存在的技术、商务、服务等方面的误解，展示自己良好的合作态度和突出的履约能力，赢得采购人的信任。对招标采购单位可能提出的资质审查、现场考核等要求，应积极准备相关材料，配合招标采购单位开展各项工作。对采购人提出的不正当要求和采购代理机构存在的不规范行为，应及时予以回绝或提醒；对涉及严重违法乱纪行为的采购人或采购代理机构，应及时向政府采购监管部门和监察部门反映，并配合相关部门做好对采购人和采购代理机构的调查工作，维护自身的合法权益。

（本文分三部分刊登于 2006 年 9 月 22 日《政府采购信息报》第 3 版）

# "习惯性流标"之会诊处方

——关于多次废标项目实施政府采购的探讨

实战篇

2011年，江苏省政府采购中心负责牵头组织全省的案例分析评审会，要求省级两中心和每个地级市政府采购监管部门各推荐了两篇案例分析参评。中心的一篇案例分析就落到了笔者头上。当时正在督办一个30多万元的工程监理项目，金额不大，但已反复了多次，历时近半年，采购人和供应商像是在"躲猫猫"，让采购中心夹在中间很不爽。项目虽然最终成功组织实施，但笔者发现类似的事件在实际采购工作中经常发生，于是将此项目的经过"记录"下来，再加以总结分析，最后提出解决的方法，为今后再出现类似的"病例"提供"处方"。后本文代表采购中心参加江苏省政府集中采购案例分析评审交流会。当时分管政府采购工作的宋义武副厅长亲自担任评审组长，特别邀请中央三家政府采购专业媒体记者和三名外省采购中心主任当评审专家，对所有案例进行"盲评"，推荐出一等奖一名、二等奖两名、三等奖三名、优秀奖若干，本文被评为二等奖，后被编入《举案说法话集采》（未公开发行）。

## 一、

### "病例"回放

1. 第一次废标。某采购代理机构受某采购人委托，就该单位的工程监理项目组织了公开招标，招标文件中的评标方法采用综合评分法。到投标截止时间，共有三家供应商递交了投标文件，采购代理机构按照政府采购有关规定组织开标、唱标、评标。评标委员会在资格性检查过程中，发现有一家供应商的资格不符合招标文件的要求,按规定应作为无效投标文件处理。根据《政府采购法》第三十六条规定,符合专业条件的供应商不足三家,评标委员会建议该项目作废标处理。确定废标后,采购代理机构的经办人请评委对招标文件中的有关内容进行论证。评委认为该项目总预算金额较小(尚未达到该省公开招标限额标准),符合资格要求的大公司可能对该项目不感兴趣,建议降低供应商资格要求,并对评分标准适当调整后重新组织招标。

2. 第二次废标。采购人与采购代理机构协商,认为该省范围内符合资格要求的供应商有十几家之多,故对供应商的资格要求未做改动,仅根据评委会的建议调整评分标准后,重新发布了招标公告和招标文件。为防止符合专业条件的供应商不足三家的情形再次发生,采购人特地与以前有过交往且符合招标文件中资格要求的多家供应商联系,有三家供应商口头答应参加投标。到投标截止时间,只有两家供应商递交了投标保证金和投标文件,还有一家供应商未按规定缴纳投标保证金,被采购代理机构拒绝接受其投标文件。由于只有两家供应商参加投标,采购代理机构当场宣布该项目作废标处理。事后采购代理机构了解到,未交投标保证金的供应商在投标前"听说"采购人已内定某供应商中标,不愿作陪衬,因此,故意放弃了投标。

3. 第三次废标。总预算金额并不大的项目,经历了两次废标,采购代理机构的经办人压力很大,主动和采购人代表协商能否改为竞争性谈判方式采购,但采购人对"符合采购需求、质量和服务相等,最终总报价最低"的成交原则并不认同。经多次协商,采购人代表拍胸脯保证"再组织公开招标,肯定会有三家以上符合专业条件的供应商参加投标",并接受了采购代理机构提出的"再次组织公开招标,如符合专业条件的供应商不足三家时,则现场改为竞争性谈判方式采购"的方案。采购代理机构就该项目第三次发出了招标公告和招标文件。到投标截止时间,依然只有两家供应商递交了投标文件。按照事先制订的采购方案,采购人勉强同意变更为竞争性谈判方式进行采购,但在征求供应商意见时,有一家供应商拒绝参加竞争性谈判,现场监督的采购人纪检部门代表坚决反对只和一家供应商进行单一来源采购,采购代理机构无奈之下,只得再次宣布废标。事后了解到,原来还有一家外地的供应商事先已承诺采购人,肯定会来参加投标,但在投标截止日期的前一天,接到当地另一家供应商的电话,告之采购人有倾向性,劝其没必要做"电灯泡",结果已承诺采购人的供应商最终选择放弃了投标。

4. 第四次成功。陷入困境的采购代理机构只得再次和采购人协商,采购人坚持还要公开招标,并通过各种途径做采购代理机构的工作,为了承揽采购人其他的采购业务，采购代理机构只好"咬牙"同意。但为防止再次出现废标的情况，采购代理机构将招标文件重新在当地省级政府采购网上征求供应商意见，并查询出全省范围内所有符合招标文件资格要求的供应商名单，逐一电话通知，请其对招标文件提修改意见，并承诺将认真听取供应商的合理化建议，保证公平、公正地对待每一个供应商。前三次对招标文件没有提出任何修改意见和质疑的供应商，这次竟出乎意料地提出了不少合理化建议。在对招标文件进一步完善后，采购代理机构第四次发布了招标公告和招标文件，并主动电话通知每一个符合招标文件资格要求的供应商参加投标。到投标截止时间，有五家供应商参加了投标，经评标委员会检查，所有供应商均符合招标文件的资格要求，并按招标文件规定的中标原则推荐出一名中标候选人。中标结果公示后，没有供应商提出质疑。该采购代理机构尽管组织了四次招标，前后历经了近半年的时间，支出的评审费和场地租赁费比节约的资金还多，但最终还是以公开招标方式完成了该项目的采购，实现了政府采购以公开招标方式为主的目的，维护了政府采购的权威性和严肃性。

　　本"病例"先后组织了四次招标，在实际采购工作中确实罕见，但废标过两次及以上的公开招标项目，从事过一段时间政府采购招标工作的人员可能都会经历过。对于废标过两次及以上的项目，如果再次组织招标，很容易继续废标，形象地比喻就叫"习惯性流标"。通常情况下，采购代理机构都会选择变更采购方式，采用竞争性谈判、询价，甚至单一来源方式进行采购，笔者把通过变更方式确定成交结果的方式比喻为"剖腹产"。就当前的政府采购法律法规环境下，"剖腹产"的成功率无疑较高，但为什么国家明确要求应"自然分娩"（即以公开招标方式为主）呢？从医学的角度看，剖腹产会带来影响母子感情等后果；从政府采购的角度看，"剖腹产"同样会出现采购人和供应商在合同履约环节的矛盾、社会各界对政府采购的公信力产生怀疑、损害公共利益等缺陷。如何能根治"习惯性流标"，让政府采购招标"自然分娩"，这是本案例重点会诊的对象。

## 二、"习惯性流标"之症状

　　笔者认为，欲根治"习惯性流标"，必须找准症状，根据不同的特征，集中会诊，才能对症下药。归纳起来，"习惯性流标"前期主要有以下几种症状：

　　1. 初次招标，投标供应商不足三家，再次招标，投标供应商还是不足三家。

2. 初次招标，投标供应商不足三家，再次招标，符合专业条件或对招标文件作实质响应的供应商不足三家。

3. 初次招标，符合专业条件或对招标文件作实质响应的供应商不足三家，再次招标，投标供应商不足三家。

4. 初次招标，符合专业条件或对招标文件作实质响应的供应商不足三家，再次招标，符合专业条件或对招标文件作实质响应的供应商还是不足三家。

5. 初次招标，经评标委员会评审后确定了中标候选人，经供应商质疑或投诉后，导致废标；再次招标，再废标。

6. 初次招标，废标；再招标，确定了中标候选人，经供应商质疑或投诉后，再废标。

## 三、"习惯性流标"之"望闻"

根据以上症状，"习惯性流标"基本由以下三种原因组合形成：投标供应商不足三家、符合专业条件或对招标文件作实质响应的供应商不足三家、供应商质疑或投诉事项成立。详细分析三种原因，发现每种原因又由三种不同的情形所引发：

投标供应商不足三家的情形：一是有意向参加投标的供应商不足三家；二是由于有的供应商迟到等原因，未能在投标截止时间前递交投标文件，导致递交投标文件的供应商不足三家；三是参加投标的供应商未按规定缴纳投标保证金，或投标文件未按招标文件规定密封、签署、盖章，招标采购单位实际接收投标文件的供应商不足三家。

符合专业条件或对招标文件作实质响应的供应商不足三家的情形：一是通过资格性检查的供应商不足三家；二是通过符合性检查的供应商不足三家；三是投标报价未超过已公开采购预算的供应商不足三家。

供应商质疑或投诉事项成立的情形：一是招标文件存在与政府采购相关规定相违背的内容；二是招标公告时间或招标程序不符合政府采购有关规定；三是中标结果出现了不公平、不公正的现象。

以上九种情形，是直接导致"习惯性流标"发生的"外在表象"。

## 四、"习惯性流标"之"问切"

通过询问政府采购相关当事人和对采购市场进行调研，笔者发现，许多"习惯性流标"与以下"内在病理"相关：

### 1. 供应商因素

一是不参与。由于当前整个社会环境存在诚信危机，造成有的供应商对政府采购不信任，即使发现招标文件中存在倾向性或排他性的内容，也不主动争取自身的合法权益，经常选择不参与、不配合，甚至相互通告、联合抵制，导致参加投标的供应商不足三家，这在一些预算金额不大的废标项目中经常出现。

二是乱参与。对于一些很少参加政府采购活动的供应商而言，由于缺乏投标经验，不认真研究招标文件，经常出现投标保证金的形式或金额有误、错过投标时间、投标文件中缺少实质性的响应内容等问题，造成投标供应商、符合专业条件或对招标文件作实质响应的供应商不足三家。

### 2. 采购人因素

一是真不懂。除常用的办公设备外，许多政府采购项目对于采购人的经办人员而言，可能一辈子都采购不到一次，缺乏采购经验在所难免，为完成采购任务，只能突击调研，提供的采购需求不是闭门造车出门不合辙，就是依葫芦画瓢，针对性很明显。

二是装不懂。一些采购人与供应商私下存在着不正当的利益关系，对个别供应商有承诺，为了达到让其中标的目的，在资格要求、采购需求和评分标准等方面设置一些不合理的条款，采购代理机构一旦发现其存在的问题，则推脱是经专家论证或上级领导审定的，经办人不清楚，也不能改动。

采购人因素很容易造成投标供应商、符合专业条件或对招标文件作实质响应的供应商不足三家的情形发生。

### 3. 采购代理机构的因素

一是盲目顺从。由于目前政府采购相关法律法规对采购人的约束力较弱，一些采购代理机构因为利益关系，不得不迎合采购人，对采购人提出的资格条件、评分标准、采购需求等内容，不认真组织市场调研和分析论证，一字不差直接粘贴，很容易导致投标供应商、符合专业条件或对招标文件作实质响应的供应商不足三家。

二是自摆乌龙。采购代理机构由于内部管理制度不完善，或经办人员未认真执行相关规定，导致招标文件中的内容前后矛盾，与政府采购法律法规不相符，或招标的时间或程序违反规定，是供应商质疑或投诉事项成立的原因之一。

### 4. 评审专家因素

一是敷衍了事。一些评审专家评标时不负责任，缺乏认真审核招标文件要求和投标文件响应情况的耐心，唯采购人意愿为转移，凭主观印象评审，资格检查马虎，评分依据随意。

二是滥竽充数。还有一些评审专家似乎什么项目都精通，昨天系统集成已来，今天办公家具又到，明天医疗设备还去，评审时基本只听不说、只看不言，别的专家说什么就是什么，问其对投标文件评审的看法和意见，一概都没有。只管埋头评审，其实不知所然。

评审专家因素是供应商质疑或投诉事项成立导致废标的主要原因。

### 5. 预算因素

一是预算核定限额较紧。为了保证预算编制、执行的准确性，许多项目在编制、审核政府采购预算时，把关较严，核定的采购预算偏紧，有的甚至达不到完成项目的要求。采购人为了争取到项目资金，即使在明知道采购预算不够的情况下，仍然会同意执行批复的预算。

二是物价上涨速度太快。根据部门预算编制、审核、批准、下达的有关规定，各采购人从编制预算开始，到最终预算的下达，通常需大半年的时间，再加上项目的需求论证、招标时间，正式开标、评标的时间距离预算编制的时间则在一年以上。由于我国当前物价上涨的速度远高于预期，下达的项目预算可能远低于供应商的投标报价，如果采购人不能从财政追加预算或以其他资金配套，则不会接受供应商的报价。

预算因素容易造成投标供应商、符合专业条件或对招标文件作实质响应的供应商不足三家，尤其是在目前政府采购相关法律法规对招标项目是否必须公开预算，以及处理方法尚未明确的情况下。

6. 市场因素

一是确实不足三家。市场上能够满足招标文件实质性要求的供应商确实没有三家，这种情形在高端的科研、医疗、检测设备，以及特殊的服务类项目招标时经常出现。

二是目标市场不同。由于一些采购人习惯于高高在上，对中标供应商要求高、态度差、支付迟，且通过招标后中标供应商的利润率相对较低，导致并非所有供应商都对政府采购项目感兴趣。

三是存在卖方市场。对于一些供应商资格需要行政部门严格审批，或带有垄断色彩的行业，卖方市场依然存在，对需要通过严格的政府采购招标程序才能中标的项目，通常是置之不理、嗤之以鼻。

市场因素通常会造成投标供应商、符合专业条件或对招标文件作实质响应的供应商不足三家的情形发生。

## 五、"习惯性流标"之"处方"

1. 针对投标供应商不足三家

主要采取市场调研法。通过市场调研，着重区分三种情形分别开方：

一是招标文件内容没有不合理条款，能够满足招标文件实质性要求的供应商确实不足三家。"自然分娩"的前提条件已不具备，应立即准备"剖腹产"，按照《政府采购法》规定的适用情形，向政府采购监管部门申请采用竞争性谈判、询价或单一来源方式采购，避免再次"流标"。

二是满足招标文件实质性要求的供应商有三家以上，但有意向参加投标的供应商不足三家。应主动与相关符合要求的供应商联系，传递采购信息，沟通采购需求，宣传政府采购相关规定，引导供应商积极参加招标活动；如是采购预算太低的原因，应根据市场价提请采购人调整采购预算，重新组织招标；如供应商确实不愿参加，则可向政府采购监管部门申请采用非招标方式采购。

三是满足招标文件实质性要求，且有意向投标的供应商有三家以上，但实际递交投标文件的供应商不足三家。应重新组织招标，在投标截止时间前召开答疑会，或主动与前次有意向投标的供应商联系，善意提醒其应在规定的投标截止时间前赶到投标地点、注意投标保证金是否符合招标文件的要求，以及对招标文件中的实质性内容是否已完全响应。

## 2. 针对符合专业条件或对招标文件作实质响应的供应商不足三家

主要采取因果分析法。需对评标委员会确定为无效的投标文件进行分析，了解相关文件未对招标文件作出实质性响应的具体原因，并当场公布每份被确定为无效投标文件的原因，避免再次招标时，相关供应商重蹈覆辙，并根据以下三种情形分别开列"处方"：

一是未能通过资格性检查。对于供应商因疏忽，在投标文件中未能提供相应资格证明文件的，应明确提醒其应在以后的投标文件中补齐相关资料，重新组织招标。对于供应商不符合资格要求的，应请评标委员会现场论证招标文件中关于供应商的资格要求是否合理，如评标委员会认为合理，且市场上满足该资格要求的供应商确实不足三家的，应终止招标，向政府采购监管部门申请采用非招标方式采购；如评标委员会认为不合理，则应调整关于供应商的资格要求，让更多的供应商能够参与投标，重新组织招标。

二是未能通过符合性检查。应请评标委员会现场论证招标文件中采购需求是否存在排他性或歧视性条款，如果不存在，则应征询未通过符合性检查的供应商能否提供满足招标文件采购需求的方案，连同合格的供应商，一共有三家以上供应商认为能提供且评标委员会认为方案可行的，应重新组织招标；供应商认为能提供，但评标委员会认为方案不可行，或供应商不能提供的，应向政府采购监管部门申请采用非招标方式采购。如果存在排他性或歧视性条款，则应按照评标委员会的意见，删除相关条款，修改采购需求，重新组织招标。

三是超过已公开的采购预算。应征询超过预算的供应商能否提供低于预算的投标报价，如有三家以上通过资格性和符合性检查的供应商承诺能提供，应重新组织招标；如没有三家以上供应商承诺，应根据现有的投标报价，由采购人提高采购预算或者降低采购需求，重新组织招标；如采购人既不同意提高采购预算，也不愿意降低采购需求，则应终止招标活动。

## 3. 针对供应商质疑或投诉事项成立

主要采取举一反三法。尽管政府采购尚处于不断完善的过程中，许多质疑或投诉成立的事项可以进一步探讨，但针对质疑或投诉事项成立而导致的废标，无论何种事项，都应作为招标采购单位的失误案例，在内部进行反思、总结、整改，前车之鉴，拒绝重蹈覆辙。

一是对于招标文件存在与政府采购规定相违背内容的，区分是招标文件模本存在问题，还是个别具体内容与政府采购规定相违背。如模本存在问题，应根据最新的政府采购相关规定，及时调整、修订、规范；如个别具体内容存在问题，则应加强对招标文件的论证、审核，杜绝出现明显的低级错误，避免"硬伤"导致质疑或投诉事项成立。

二是对于招标时间或程序不符合政府采购有关规定的，区分是现有的管理制度有漏洞，还是经办人员未严格按制度执行。如管理制度有漏洞，应尽快完善内部管理制度，规范采购程序，堵住漏洞；如属于经办人员未严格按制度执行，应追究相关经办人员的责任，杜绝以后再次发生类似事项。

三是对于中标结果出现不公平、不公正的，区分是评分办法或标准不公平，还是评委组成或评审出现问题。如评分办法或标准不公平，应重新修订，加强论证，在不违背法律法规的前提下，努力做到公开、公平、公正；如评委组成或评审出现问题，应完善评委抽取、身份核对、申请回避等制度，加强评审现场的管理，引入复审制度，降低错评、漏评的概率；如确属评委个人行为造成的，应提请政府采购监管部门追究相关当事人的责任。

## 六、

## "习惯性流标"之"调养"

中医认为病要"三分治七分养"，道理同样适用于"习惯性流标"的防治。

### 1. 区分废标原因，慎言变更采购方式

《政府采购法》规定，公开招标应作为政府采购的主要采购方式。根据笔者多年的政府采购实践经验，大多招标项目在废标后，都可以重新招标成功，并非一定要变更采购方式，关键应找出废标的原因，提前做好应对防范工作。因此，笔者认为，在市场条件允许的情况下，能够继续公开招标的，应尽量重新组织公开招标，避免出现"变更采购方式依赖症"。

### 2. 注重诚信建设，营造公平竞争氛围

招标采购单位作为政府采购的具体执行机构，肩负平衡采购人和供应商利益的重任，在组织招标时必须注重自身的诚信建设，无论是整个项目的废标，还是某个供应商的无效投标，认定时必须依法合规。同时，应给予参加投标的大多数

供应商中标的机会,而不能仅仅降低资质要求,给予其参与竞争的机会。

### 3. 加强宣传培训,降低无效投标概率

随着政府采购范围逐步扩大,对于新纳入政府采购,或间隔很长时间才组织一次政府采购招标的项目,由于参加投标的供应商对政府采购常识掌握不多,或缺乏参加投标的经验,出现无效投标的概率较高。针对类似项目,在投标截止时间前组织供应商答疑非常必要,一方面可以宣传政府采购的法律法规常识,另一方面可以重点解读招标文件中确定的无效投标条款,降低投标文件被认定为无效的概率。

### 4. 主动广征建议,提高招标文件质量

招标文件的质量直接影响到项目招标的成败,对于已废过标、招标采购单位对再次招标能否成功把握不准的项目,在制订招标文件时,除有针对性地征求相关专家的建议外,公开征求供应商的意见也不失为一种有效的手段。但笔者认为,就招标失败的原因主动与三家以上主流的、具备一定市场竞争力的供应商沟通,直接听取其建议,对提高招标文件的质量更有帮助。根据笔者多年的实践经历,许多供应商没意见或以前曾招标成功的招标文件,其实并不等于没问题。

### 5. 预先防范风险,杜绝经验主义泛滥

引发废标的情形很多,每次废标的原因也不尽相同,对于可能出现"习惯性流标"的项目,在招标前更要详细排查每种可能引发废标的风险,提前制订防范风险的预案,对于废标风险很高的项目,必须排除或降低风险后才能组织招标。特别需关注已公开唱标的废标项目,尽管已告知供应商废标的理由,被认定为无效投标的供应商也知道各自的原因,但绝不能想当然地认为这次参加投标的供应商,在下次招标时还会全都来投标,必须考虑到有些供应商在唱标后,预测自己中标的概率非常低而放弃再次投标的可能性。

### 6. 全面组织评审,避免再次投标无效

评标委员会在对投标文件进行资格性和符合性检查时,通常在发现其中一项不能通过检查的情形后,直接终止继续对此投标文件评审,以此为理由认定投标文件无效,并将这种情形告之相关供应商。这种做法能提高评审的效率,但发现不了投标文件中存在的其他不能通过资格性和符合性检查的情形,很容易造成供应商对此情形修改后再次参加投标时,又因为其他情形造成投标文件仍然被认定

为无效。因此，笔者认为，对于确定为废标的项目，评标委员会应对被认定为无效的投标文件进行全面评审，找出投标文件中所有不能通过资格性和符合性检查的情形，并告之供应商，避免供应商再次投标，再次被认定为无效投标。

7. 关注场外因素，谨防背后恶意搅局

正常情况下不会废标，但结果出现废标的项目背后，大多存在着违法违规的场外因素，严重干扰着正常的招标秩序。采购人或明目张胆在外扬言，非其看中的供应商不要，或内外勾结暗中使绊，评分办法和标准量身定做；有的供应商则利用当前政府采购法律法规存在的漏洞，和招标采购单位大玩"老鼠捉猫"的游戏，让招标工作进退两难，长时间不能产生采购结果。因此，招标采购单位对场外因素，必须予以足够的关注，对采购人的不法行为要勇于说"不"，对供应商的恶意搅局要坚决依法从严从快处理。

（本文发表于《中国政府采购》杂志 2011 年第 8 期）

# 督查让"阳光工程"更灿烂

2003年,是《政府采购法》实施的第一年,政府采购工作正逐步走向法制化的轨道。江苏政府采购工作历来走到全国的前列,本文真实记载了当年对省级定点采购供应商的检查情况,反映了江苏省级定点采购工作的开展状况,并总结了对定点供应商合同履行监督检查的经验,时至今日,笔者仍觉得有借鉴的价值。

近日,江苏省财政厅正式发文,对2003年度省级定点采购供应商的合同履行情况进行了通报:对能严格遵守省级定点采购的有关规定,完全履行合同条款所规定的义务,内部管理规范、服务质量优良的3家定点供应商,给予直接续签2004年度定点采购合同的奖励;对重视政府采购业务,内部管理较规范、服务质量较好的4家定点供应商,给予通报表扬,并在2004年度定点采购招标时予以一定的加分奖励;对不能完全按照合同约定履行义务、情节较轻的6家定点供应商给予通报批评,并在2004年度定点采购招标时予以一定的扣分处罚;对不能完全按照合同约定履行义务、情节较严重的5家定点供应商给予没收一定数额的履约保证金的处罚,其中3家供应商在2004年度定点采购招标时还予以一定的扣分处罚,2家供应商禁止1年进入江苏省省级政府采购市场。自此,从8月25日开始,由江苏省政府采购中心组织、参与的,对2003年度江苏省省级八个定点采购项目的供应商合同履行情况的检查工作圆满结束。

自1999年成立以来,江苏省政府采购中心就开始着手定点采购项目的实施,截至2001年,已经先后按照公开招标的方式对公务用车维修、保险、加油,办公用品印刷、办公用纸,微机及外设,空调,因公出国购买国际机票八个政府采购项目实行了定点采购。目前,每年通过定点采购方式办理的采购项目实际支出金额已超过亿元。

针对有关媒体反映的许多地方的定点采购，经常是"一定了之"，缺乏对定点采购供应商的有效监督的情况，江苏省政府采购中心自开展定点采购工作以来，每年都组织有关专家、采购人代表对相关定点采购项目进行检查，不仅严把"招标关"，更是把好定标后的"监督关"，杜绝"一定了之"的情况出现。2003年，该中心先后共派出20多人次对70家定点采购供应商的合同履行情况进行了现场检查。通过几年来的实际检查，在对定点供应商合同执行的监督管理上，该中心主要积累了以下三条经验：

**一是静态管理与动态管理相结合。**

静态管理：江苏省政府采购中心根据每个项目不同的特点和内容，设计了不同的统计报表，要求每个定点项目的定点采购供应商必须按照报表格式，在合同规定的时间内，按月或按季向该中心编报定点采购履行情况统计报表；同时对微机及外设、空调两个货物类定点采购项目，还要求定点采购供应商按月向该中心报政府采购价格表，该中心及时将有关价格信息在《江苏省政府采购网》上发布，以便采购人随时查询。

动态管理：该中心要求定点采购供应商在每月正常报价的基础上，只要市场价格发生较大变化，需立即调整政府采购价，保证定点采购的政府采购价不得高于同期市场价；同时该中心还要求相关项目经办人员随时关注市场的变化和采购人的反映，尤其是加强对销售旺季的价格监控，如5、6月对空调价格进行监控，7、8月对微机及外设价格进行监控，督促定点采购供应商严格按照合同承诺的价格标准和服务水平履行定点采购义务。

**二是日常检查与重点检查相结合。**

日常检查：江苏省政府采购中心每年在定点采购招标结束后，都编写《定点采购服务指南》，将相关定点项目的合同条款、各定点采购供应商的基本情况、定点范围、报价情况和服务承诺汇编成册，免费发放给有关省级单位，一方面告之各采购人有关定点采购的情况，另一方面也希望各采购人配合采购中心对定点采购供应商进行监督。该中心随时根据采购人的举报和投诉，对定点采购供应商进行检查，发现问题，按照《政府采购法》和合同有关规定进行处理。

重点检查：该中心在坚持日常检查的基础上，每年都要对定点采购供应商进行重点检查，并严格要求检查过程不讲形式、不走过场，现场检查要做到"一听二看三问四查"，一听：听取定点采购供应商介绍定点采购业务的开展情况、对定点采购工作的意见和建议；二看：翻看定点采购供应商的业务单据、台账、统计报表；三问：询问定点采购供应商合同履行情况，针对采购人提出的质疑，了解问题产生的原因和采取的措施；四查：检查定点采购供应商的供货记录、用户档案，检查发票数量、规格和价格是否相符。同时要求检查过后要有报告、有建议，为以后完善招标和检查打基础。

**三是检查结果和招标结果相结合。**

只有把定点采购的检查结果与定点采购的招标结果结合起来，才能达到不断提高定点采购供应商诚信履约的自觉性、不断完善定点采购管理工作水平。实施定点采购工作5年来，江苏省政府采购中心每年都把当年的合同履行检查结果与来年的招标结果有机结合起来，做到奖惩分明，有1家定点采购供应商已连续四年被免于参加招标，直接续签定点采购合同，成为该行业中在南京的模范企业；有3家供应商被禁止3年进入省级政府采购市场，其他一些定点采购供应商也得到了招标时加分的奖励或减分的处罚。通过检查结果与招标结果结合的办法，极大地调动了定点采购供应商诚信履约的积极性，同时有力地维护了政府采购"阳光工程"的形象。

江苏省政府采购中心认为检查不是目的，而是一种手段，通过几年来的不断监督检查，主要达到了以下几个目的：

**一是促进相关行业内部管理水平的提高。**

该中心在组织检查时，一般都与相关行业的主管部门联合进行。通过几年的检查，相关行业的检查代表一致认为，政府采购与行业管理相辅相成，许多行业管理不合适出台硬性规定的地方，政府采购可以合同形式进行约定，迫使定点采购供应商不断提高内部管理水平，这些定点采购供应商的内部管理水平的提高，又带动了整个行业管理水平的提高。如该中心对公务用车定点维修提出的送修单、派工单和结算单的"三单合一"归档管理模式，已在南京市机动车维修行业推广。

**二是促进采购单位内部管理制度的规范。**

江苏省政府采购中心针对不同的定点采购项目，设计了不同的审批表格，要求采购人在办理相关定点采购项目时，必须完整、正确填写相关审批表格，经采购人相关部门审批后，方可与定点采购供应商办理采购业务。该中心在对定点采购供应商的合同履行检查时，不仅要求定点采购供应商完全按合同履行，而且对相关审批表格也进行审查，促进了采购人不断规范其内部审批制度。目前，已有相当多的采购人制订了本单位的内部定点采购管理办法，相应也促进了定点采购制度的执行。

**三是促进定点采购招标文件内容的完善。**

在检查过程中，江苏省政府采购中心还不断听取相关行业管理人员、采购人代表和定点采购供应商的建议,不断对相关定点采购项目的招标文件进行完善,使制作的招标文件更科学、更规范、更公平。5年来,该中心每年的招标文件都会有所变化,以便更好地适应市场行情的变化,目前,江苏省内大多省辖市已采用该中心制作的定点采购招标文件,推动了全省定点采购工作的开展和规范。

(本文刊登于2003年12月12日《政府采购信息报》第2版)

# 采购人如何选择定点供应商

从1999年开始，江苏省即在省级单位实行定点采购，随着范围的不断扩大，影响力也逐步增强，一些国有大型企业、金融机构甚至参照省级定点采购的结果执行。但许多采购人的经办人员之前未从事过相关行业，在选择定点供应商时存在很多的困惑，经常打电话向笔者咨询，为此，江苏省财政厅曾专门组织过采购人的经办人员进行培训。由于大多定点采购项目是由笔者首次组织实施，对相关项目比较熟悉，因此多次邀请笔者在培训会上就相关问题进行讲解。本文即笔者根据培训的内容整理而成。由于当时微机及部分外设、办公用空调两定点采购项目的采购价格已经出现不易控制的现象，因此在本文具体定点采购项目选择供应商中未将这两项目纳入，现在看来，还是对的。

为了简化政府采购程序，缩短政府采购周期，提高政府采购工作效率，目前国内许多地方对一些政府采购项目实行了定点采购，大多数定点采购项目都不止一个定点供应商，虽然这些定点供应商都是通过公开招标方式确定、在本行业中综合条件名列前茅，但每个定点供应商的报价、服务、基本条件都不可能完全相同，确保采购人挑选出最适合自身需要的定点供应商，事关政府采购形象和政府职能履行之大局。自1999年起，江苏省政府采购部门先后对省级单位的公务用车维修、保险、加油、办公用纸、办公印刷、微机及部分外设、办公用空调和因公出国购买国际机票八个项目实行了定点采购，收到了相当好的实际效果。随着政府采购制度的逐步推进，采购人应当进一步规范采购行为，同时对如何选择定点供应商的问题也应予以高度重视。为此，笔者结合近几年来的实际定点采购招标经验和对定点供应商合同履约的检查情况，谈点个人看法。

## 一、认真执行相关制度，明确可选单位

常言道：隔行如隔山。每项定点采购项目都会涉及不同行业，每个行业又有每个行业的特点，因此政府采购监管部门对纳入定点采购的范围、办理定点采购的程序和有关规定不同，采购代理机构在组织招标时，制定的招标文件和对相关供应商的资质要求也各异，如江苏省省级微机及部分外设定点采购，不仅明确了定点采购的品牌，同时限定了定点采购范围，定点采购品牌和范围之外的采购项目，不执行定点采购方式，必须申报政府采购计划，由采购代理机构统一组织采购；即使相同项目的定点供应商，定点采购范围也不完全一致，如在江苏省省级办公用品定点印刷项目中就分成：具有《国家秘密载体监制许可证》的一类定点印刷单位、经营范围含出版物印刷的二类定点印刷单位、具有《标准信封生产监制证书》的三类定点印刷单位，每类定点印刷单位的业务范围完全不能等同。因此，各级采购人首先要区分哪些采购项目适用定点采购；其次分清定点单位属于哪个采购项目，可以从事哪类定点采购业务，最后才能根据自身业务的需要选择当地政府采购监管部门认可的定点供应商。

各级政府采购监管部门对有关定点采购的项目和范围、定点供应商的名单和定点类别、采购人办理相关定点采购的程序都会做出明确规定，各级采购人应按照有关规定要求严格执行。由于定点采购项目涉及每个采购人的多个部门，每年的定点供应商由于市场和招标情况变化都不尽相同，因此各级采购人领导应高度重视协调工作，涉及的部门应各尽其责，加强对定点采购项目的内部管理，可以在政府采购监管部门规定的基础上，进一步完善相应采购项目的内部管理制度，强化内部定点采购制约机制，规范本单位的定点采购行为。

## 二、详细分析合同条款，缩小选择范围

每个定点采购项目中每个定点供应商的详细资料一般都可从政府采购监管部门或采购代理机构获得，江苏省省级集中采购机构每年通过公开招标确定定点供应商后，在有关政府采购信息必须刊登媒体发布定点供应商名单的同时，还编制

该年度的《定点采购服务指南》免费向本级各采购人发放,公布每个定点项目的合同条款、基本服务承诺和所有定点供应商的详细资料。因此采购人可从以下几个方面对相关项目定点供应商的有关资料进行详细分析、评价,缩小定点供应商的选择范围。

1. 收费标准

定点采购项目与通常的物品采购不同,大多没有固定的、一目了然的价格,很多情况下仅有一些折扣率,在办理定点采购业务时,定点供应商需对采购人的具体需求进行核价,但核价都会遵循一定的规律,如南京市汽车维修的费用由工费、料费和材料管理费三部分组成,省级公务用车维修时工费按《南京市机动车维修行业收费标准》中一类维修企业收费标准直接乘以定点供应商承诺的收费系数即可算出,料费是定点供应商的材料进货成本,材料管理费 = 料费 ×(1 + 材料管理费率),由于工费的收费系数、材料的管理费率不同,因此每个定点维修单位的收费也不同,采购人可以在《服务指南》的合同条款中,找到每个采购项目的核价方法,自行比较每个定点供应商的价格。

2. 质量保证

即使像微机及外设定点采购范围内的一些标准产品,在生产厂家标准质保的基础上,每个定点供应商提供的质量保证期限也是不同的,其他定点项目如空调定点供应商提供的免费更换期、定点维修厂提供的质保里程也各不相同,因此在选择定点单位时尽量优先选择质保期限长的单位,以减少不必要的维修开支和更新费用。

3. 售后服务

许多采购人现在对定点供应商提供服务需要收费还不能完全认可,但服务确实需要成本,送货上门和客户自提、上门维修和客户送修、维修时无条件拖车和有条件拖车、保险理赔立等赔付和隔几天赔付对定点供应商而言,不仅有成本,同时成本也完全不同;同时对定点供应商提供的相同免费服务项目,也一定要分清服务是无条件免费、还是有条件的,无条件的免费服务项目越多,定点供应商需支出的成本也越大,从而变相降低了产品的价格。因此在产品报价相同的前提下,应优先选择无条件免费服务项目多的定点供应商。

4. 基本情况

集中采购机构在组织定点采购项目招标时,对参加投标的供应商都会根据项目的特点设定一些基本条件，并在评标过程中也会适当考虑供应商基本条件的不同，以利于定点供应商向采购人提供的服务能够得到保障。采购人应详细了解各定点供应商的基本情况，分清各定点供应商的特点，如哪些供应商有较强的技术实力，能够弥补自身技术力量不足的缺陷；哪些供应商拥有特殊的专用设备，能够解决一些疑难杂症；哪些供应商具备特约服务或维修的资格，能够提供更多的免费项目、更快捷的服务；哪些供应商办公地点离自己较近，能够变成自己的后勤服务部。

通过以上四个方面的综合比较，可以进一步缩小选择的范围，为最终确定适合自己的定点供应商打下基础。

## 三、深入研究项目特点，确定定点对象

每个定点采购项目都具有相关行业的一些特点，因此采购人应进一步深入研究相关定点采购项目的特点，以确定最终与自己合作的定点供应商，以下重点介绍目前全国比较普遍实行定点采购的六个服务类项目：

### 1. 公务用车定点维修

按照目前政府采购的收费标准，各定点维修厂的利润空间已很小，工时收费基本仅够支付工人工资，主要靠收取材料管理费来获取盈利，因此采购人在办理定点维修业务时应注意以下几点：一是督促车辆驾驶人员做好车辆的定期保养，以养代修，减少维修费用；二是应以修复为主，确实不能修复或修复不经济的，方可更换配件，更换下的零部件应带回本单位交车管领导查验；三是选择定点维修厂应尽量选择更换零部件少的维修厂。

### 2. 公务用车定点保险

2003年起机动车辆保险已实行个性化保险条款和费率，各定点保险公司针对采购人的保险条款和费率也不完全相同，但政府采购监管部门一般对采购人投保的险种都有一定的限制，如江苏省政府采购监管部门明确规定投保险种限于以下五种：即车辆损失险、第三者责任险、全车盗抢险、车上责任险、不计免赔特约险，超过上述险种，应报政府采购监管部门批准。因此在办理定点保险业务时，应注意以下几点：一是在规定范围内投保；二是尽量按车辆的净值计算保险

费；三是可以将本单位的车辆集中后，列明每辆欲参加投标车辆的品牌、型号、使用年限等基本情况，请各定点保险公司统一报价，综合考虑第二条中所叙述的四项因素，确定最终投保公司。

3. 公务用车定点加油

根据几年来江苏省省级单位公务用车定点加油的招标结果来看，由于成品油价格透明度较大，因此定点加油站油价的优惠幅度相差不大，但其油品质量、加油工具的计量、油站的消防安全都有严格的保障措施，因此各采购人可按照"就近、方便"的原则确定定点加油站。

4. 办公用纸定点采购

目前市场上的各类纸张，尤其是办公中使用量较大的中高档复印纸，原纸木浆配比大多为100%，各项技术参数基本达到A类纸的标准，完全能够满足正常办公的需要，采购人可以在定点品牌范围内自行选择。如采购人对新入围的供应商和其代理的产品不太了解，可以采取先少量购买试用，一旦确定哪种纸张比较适合自己使用，再进行批量采购的方法确定定点供应商。

5. 办公用品定点印刷

确定定点印刷单位首先需明确该印刷单位可以承印哪类印刷品，不同类别的定点印刷单位的经营范围、印刷设备条件都不一样；其次，江苏省省级单位定点印刷的一类、二类印刷中的印刷工费包括了录入排版费、制版费、上版费、印工费、装订费和其他与印刷有关的所有费用，但不包括纸张费，如印刷量较大时，各采购人可以请相关的定点印刷单位，填写定点印刷审批单，明确纸张费和印刷总费，最终确定该批次印刷业务的印刷单位；最后，三类印刷信封的价格已包括了纸张费和印刷工费，因邮政管理部门对信封的尺寸和印刷质量都有严格的标准，如各采购人对信封的色彩和样式无特殊要求，只需用印制数量乘以相应的单价，选择价格低者为定点供应商即可。

6. 因公出国国际机票定点采购

因公出国选择的航线、航空公司和乘坐的时间、机型、舱位不同，购买国际机票的费用也相差很大，各定点售票单位虽然在投标时都明确了收费标准，即在国际航空协会中国委员会出具的银行开账计划（BSP）上的加价比例，如果是单次出国往返，仅涉及单个航班，则机票费用很容易测算出，但由于大多因公出国涉及不同的地点、航班，每个定点售票单位在售票时一般都根据国内外航空公司的授权情况设计线路、选择航班，机票费用较难以简单的 BSP 加价比例测算，因此各采购人如组织涉及多个城市的因公出国，可预先请定点售票单位设计航线、测算费用，从中选择适用自身的出国计划、费用合理的定点售票单位。

## 四、强化定点执行监督，适时进行调整

确定定点供应商后，采购人并不等于可以放任具体经办人员随意与定点供应商进行采购，而应该继续规范定点采购的内部管理，配合政府采购监管部门和执行部门加强对定点供应商履约行为的监督检查，并根据与定点供应商合作的实际情况，适时调整自己确定的定点供应商，使自己从定点采购工作中得到更多实惠。

### 1. 规范内部管理，要求程序合法

政府采购监管部门对各项定点采购项目的执行程序都制定了相应的规定，包括各种定点采购单据的填写，如江苏省针对不同的定点项目，制定了省级单位公务用车送修单、定点加油卡、办公用纸定点采购单、定点印刷审批单等，各采购人应根据规定的程序，完整填写各种单据，同时规范内部的审批手续，明确各级领导的责任，才能切实做好本单位内部的定点采购管理工作。

### 2. 强化对外监督，维护合法权益

通过最近几年来定点采购工作的不断完善，各定点供应商的收费标准逐年降低、质量保证期限不断延长、免费服务项目不断增加、落实措施不断完善，各采购人应充分利用政府集中采购带来的实惠，要求定点供应商严格按照合同约定履行义务、兑现承诺。主动配合政府采购监管部门加强对定点供应商履约行为的监督检查，对不认真履行合同的定点供应商，应及时将有关情况向监管部门反映，并适时调整、重新选择确定的定点供应商，维护自身的合法权益，促进全社会诚信机制的建立。

（本文发表于《中国政府采购》杂志 2004 年第 3 期）

# 江苏省良种政府采购的启示

<small>实战篇</small>

良种推广补贴政府采购项目，曾经是江苏政府采购对外宣传的一张闪亮的名片，也是江苏省政府采购中心从通用型项目向专业型项目华丽转型的标志性项目，其经验甚至在全国得以推广。目前，在外省继续实施良种补贴的情况下，江苏却在全国率先实施良种补贴、后又率先取消了良种补贴，这方面工作早已实现了"两个率先"。据说取消的原因有三：一是个别种子公司以次充良，造成了恶劣的社会影响；二是增加了基层农业和财政部门工作量，相关部门积极性不高；三是取消良种补贴，可以使"特惠制"变成对农民的普惠制，提高农民种粮的积极性。本文不是探讨良种补贴政策的优劣，而是笔者参与组织、实施了全省水稻、小麦、棉花良种补贴政府采购项目后，对相关项目的一次经验大总结，总结出的启示对于当前正在大力推广的政府购买公共服务也具有一定的借鉴意义，如政府采购应以适度市场竞争为基础、政府采购应以不断创新服务为核心等。

2008年8月19日，江苏省政府采购中心（以下简称采购中心）对全省小麦良种推广补贴项目再次成功组织实施了政府采购，这已是采购中心自2004年在全国率先对全省水稻良种推广补贴项目实施政府采购后，连续第五年为良种推广补贴项目提供采购服务。目前，采购中心所启动的良种推广补贴已涉及水稻、小麦、棉花等项目，使江苏良种推广补贴在全国范围内成为实施时间最长、补贴资金最多、涉及项目最广、农民受益最大的精品采购项目。2006年，农业部更将江苏省国家优质专用小麦良种推广补贴项目实施政府采购的经验在全国推广，专门组织全国近二十个省（自治区）农业部门代表到采购现场进行全程观摩。

在全国有些省（自治区）良种推广补贴项目尚未得到有效实施，大多省（自治区）该项目未纳入政府采购的情况下，为什么在江苏能取得成功，并在纳入政府采购后结出更丰硕的成果？该项目的成功实施，又能给政府采购工作带来哪些经验和启示？

## 一、良种推广补贴的意义

良种推广补贴起源于中央 2002 年启动的对东三省、内蒙古地区高油大豆良种补贴，2003 年开始对优质专用小麦良种进行推广补贴，2004 年扩大到专用玉米、水稻良种，2007 年又增加了棉花、油菜良种。2003 年，虽然江苏尚未纳入中央财政的良种推广补贴范围，但对良种推广补贴的积极意义非常认同，当年由省级财政安排资金，开始对水稻良种推广实施省内补贴，随后又通过中央财政对小麦、棉花良种实施推广补贴。经过几年来的实践，充分证明了良种推广补贴的积极意义：

一是增加了农民的总体收入。良种推广补贴的意义不仅在于对农民的直接经济补贴，关键是具有"一补多效"的政策放大效应：第一，通过补贴直接降低了农民的购种成本；第二，通过"良种与良法配套"，提高了单产，实现了增产增收；第三，良种能够提高农产品质量，通过优质优价订单收购，实现了优质增收。今年 2 月，笔者曾陪同中央电视台记者到良种推广补贴地区，现场对种植良种的农民进行了采访，了解到通过良种推广补贴的方式，可以使农民每年每亩增收 100～200 元，是粮食直补效果的 5～10 倍。

二是提高了良种的覆盖范围。通过良种推广补贴，以扣除补贴后的优惠价格统一供种到户，可以降低农民购买良种的价格，提高购买良种的积极性。实行良种推广补贴的项目区统一供种率和良种覆盖率均可达到 100%，品种布局基本实现"一主两辅"、"一乡一品"，彻底改变了品种布局"多、乱、杂"的局面。通过良种推广补贴项目的实施，探索出了市场条件下大面积生产统一供种的有效模式。2007 年全国水稻优质率达到 72.3%，小麦优质率 61.6%，玉米优质率 47.1%，大豆优质率 70.3%，分别比上年度提高 3.2、6.4、5.1、4.6 个百分点。

三是促进了区域化布局进程。当前，我国农业生产以户为单位小规模经营的现状一时难以改变，但通过良种推广补贴，同一品种或同一品质类型的优良品种实行区域化布局，集中连片规模化种植水平大大提高，有利于做到"五个统一"，即统一品质、统一播栽、统一肥水管理、统一病虫防治、统一收购加工储藏，从而提高标准化生产技术水平，有利于提高农产品生产加工龙头企业预约订单生产的积极性，促进优质粮食产业带的形成。据统计，2007年优质专用小麦、专用玉米、高油大豆的订单率分别达到了60.1%、68.1%、88%，分别比上年提高5.2、5.2、3.8个百分点。

四是完善了良种的进退机制。与发达国家相比，我国农业生产中推广应用的种子品种较多，但突出的优良品种少，且品种使用寿命短，不利于充分发挥良种的利用价值，主要原因之一就是品种推介和淘汰制度不完善，育种者重审定、轻选育，经营者重市场营销、轻良繁复壮。通过良种推广补贴，可以使综合抗性不强、丰产性和稳定性差，或严重退化的老品种限制在补贴范围之外，加快优良新品种的推广应用，同时促进相关育种企业加强优良品种的繁育和提纯复壮工作，提高商品种子的质量。

## 二、引入政府采购的成效

自2004年江苏省在全国率先对良种推广补贴项目引入政府采购后，对规范项目的实施，扩大补贴的效果起到了锦上添花的作用：

### 1. 免费搭建了公平竞争的平台

通过政府采购，由专业的采购中心具体负责采购程序的组织：一是采购信息在政府采购指定媒体和农业部门门户网站公开发布，所有愿意参加良种推广补贴项目的供种企业，都可以从网站上免费直接下载统一、规范的采购文件；二是所有参加评审的专家都在政府采购监管部门监督下，采用随机方式抽取产生，评审当天，才告知评审专家具体的评审地区和品种；三是评审现场的谈判程序、谈判语言、谈判记录都事先统一规范，避免因评审专家的不同而在谈判的把握上存在差异；四是在种子质量、供种服务相当的情况下，一律按照报价最低的原则确定成交供应商；五是整个评审过程都由政府采购监管、纪检监察、公证等部门现场进行监控；六是所有采购活动的组织，采购中心不收取一分钱费用，真心实意为农民办实事。以上措施都为供种企业搭建了一个公平竞争的平台。五年多来，供应商从未因采购程序不规范和评审结果不公正，而对采购中心提起过质疑和投诉。

## 2. 有效控制了良种供应的价格

为了防止供种企业之间相互恶意串标，尤其是独占许可品种的繁种企业囤积居奇，造成良种采购价格居高不下的情形发生，每次采购前，财政、农业、物价等部门都将联合组织有关专家，根据《关于种子销售指导价格的测算依据》及有关规定，综合考虑良种繁育、加工、经营以及独占许可品种的转让成本等因素，合理测算出每个品种的最高限价。在采购过程中，如发现经过谈判，供种企业的报价仍超过最高限价，则由财政、农业部门当场建议项目区更换种子品种，重新组织政府采购，从而有效遏制了哄抬种子价格的情形发生。通过近几年的实际采购结果证明，政府采购价比市场平均价便宜10%左右。即使在今年繁种期江苏受灾情况较为严重，市场上小麦良种供不应求，价格居高不下的情况下，政府采购的最终成交价也比市场价便宜近5%，为农民节约资金2000多万元，同时保证了小麦良种的正常供应，实现了农民、企业、政府"多方共赢"。

## 3. 依法确保了供种服务的到位

为了保证供种企业被确定为成交供应商后，对农民的供种服务不走样，采购中心采取了两项措施：事前将供种企业必须承担的服务内容在采购文件中明确，让供种企业明白一旦成交，自己该干什么。事后以政府采购合同的方式约定供应商的权利和义务关系，以法律手段取代行政手段，更有利于服务承诺的兑现，保护农民的利益。项目实施过程中，各级财政、农业部门按照合同要求，负责对供种企业的履约情况进行全面检查和不定期、不通知抽查，通过实地走访基层干部和农户，核实供种清册，对供种企业不规范行为及时查处并通报。对于发生重大种子质量事故的供种企业实行一票否决，取消其参加政府采购谈判的资格，确保供种质量和服务落到实处。

## 4. 大力推动了诚信机制的建立

通过政府采购，更有效地促进了供种企业诚信机制的建立：一是在采购前明确参加采购供种企业的资质要求，即必须具备种子生产和经营资质的独立法人，注册资金在100万元以上，具有种子生产基地、加工、储藏仓库、检验设施等种子生产或经营条件；二是参与采购的企业必须与农业行政主管部门和种子管理部门脱钩，保证项目实施和监管的力度；三是供种企业必须具备谈判供种地区的供种能力，能提供与谈判供种地区实施小麦良种推广补贴项目相匹配的小麦品种及种子数量；四是种源必须合法，对独占许可品种，必须有独占许可使用权单位的授权委托证明；种子质量要有保证，必须提供种子质量检测报告；五是必须具备良好的市场和售后服务信誉，未出现过重大供种质量事故。为全力打造种子经营企业遵章守法、诚信履约的良好氛围创造了条件。

## 三、

## 江苏实施补贴的经验

良种推广补贴并非在江苏省首先开始，其他省份也尝试着引入政府采购机制，但为什么在江苏取得的成效比较显著呢？总结五年来的采购历程，有四条经验值得推广：

一是财政和农业两个部门领导高度重视的结果。江苏良种推广补贴项目取得成功，关键在于两个部门的领导高度重视：分管农业、政府采购的财政厅领导主动与农林厅协调，要求将良种推广补贴纳入政府采购范围，同时要求政府采购一定要围绕中心工作，服务财政大局，集中精力办大事，对引导政府采购及时将工作重点转移到良种推广补贴等关系民生项目上来，起到了关键作用；农林厅分管领导积极参与整个良种推广补贴项目实施方案的制订，多次亲临采购现场指导，及时协调采购过程中出现的问题，为采购工作的顺利开展奠定了基础。

二是采购和技术两个单位同志分工合作的结果。对每一个良种推广补贴项目，具体承担采购工作的采购中心和省作物栽培技术指导站的全体干部职工，都把农民利益放在第一位，想方设法使农民的收益最大化。指导站具体负责提出项目计划和实施方案，组织开展生产管理、技术培训和咨询服务，了解每年种子的市场行情，确定各项目区主推品种和配套技术，及时对项目实施过程和效果进行监管和评估。采购中心则负责具体采购程序的组织，从采购信息的发布、采购方式的申报、采购文件的制作、评审专家的抽取、评审现场的组织、成交结果的公布，一直到成交合同的见证。许多工作两个单位都相互配合、取长补短，使良种补贴项目在几年的采购过程中得以不断完善和发展。

三是经济与行政两种调控手段灵活运用的结果。良种推广补贴的资金一旦落实，即由省级财政、农业部门联合发文下达补贴计划金额拨付专项资金至项目区。项目区财政部门在收到补贴资金10天内，凭政府采购供种合同，预拨70%项目资金给供种企业，其余30%资金在项目实施后由供种企业凭供种合同、供种清册和种子购销票据等，经项目区财政、农业部门审核验收同意后，办理结算。同时，各项目区农业部门在项目实施前，还向省级农业部门签订责任书，如在供种期间，由于农业部门的原因，造成良种推广补贴项目出现问题的，不仅一律追究相关领导的行政责任，还要按照合同追究违约方的经济赔偿责任。运用经济与行政两种调整手段，保证了政府采购结果的落实，真心实意为农民办实事，因此得到了项目区农民的广泛欢迎。

四是市场和法制两个运行环境相对健全的结果。为了鼓励更多的企业加入到供种行业中，江苏省打破种子经营基本由农业部门下属种子公司垄断的局面，2003年颁布的《江苏省种子条例》第三十二条明确规定："农业、林业行政主管部门和所属的种子管理机构及其工作人员不得参与和从事种子生产、经营活动；种子行政主管部门和所属的种子管理机构与生产经营单位在人事和财务上必须分开。"许多原来隶属于农业部门的种子公司纷纷改制，为现在有更多的供种企业能够参与政府采购，打下了良好的市场竞争基础。而根据国务院办公厅《关于推进种子管理体制改革加强市场监管的意见》（国办发〔2006〕40号）文件精神，其他省份才开始推进种子管理体制改革，实行政企分开，与江苏的改革步伐相差了近三年的时间。采购中心组织的每次良种推广补贴项目政府采购，基本上每个项目区都有三家以上符合资质要求的供种企业参与，保证了采购活动的竞争性。同时，江苏省级政府采购自1999年开始启动，经过几年的实践和探索，许多采购模式和操作方法在国内都属于创新，尤其是2003年《政府采购法》实施后，政府采购的程序和做法不断完善，为良种推广补贴成功引入政府采购奠定了基础。整个采购过程都受到《政府采购法》的约束，每次采购的结果均以政府采购合同的形式来确定，项目的实施受到《合同法》的约束，保证了供种企业必须履行好自己的合同义务。

## 四、

## 对政府采购工作的启示

通过江苏省良种推广补贴项目的成功实施，可以给政府采购工作带来以下启示：

### 1. 政府采购应以服务财政大局为宗旨

部门预算、政府采购、国库集中支付是我国财政支出管理体制改革的三驾马车，政府采购必须发挥起部门预算和国库集中支付之间的桥梁作用。近几年来，三农、教育、社保等涉及民生的领域一直是财政支出的重中之重，通过 2004 年在全国率先对水稻良种推广补贴实施政府采购后，江苏省级政府采购找到了服务财政大局的契机，即财政支出重点在哪，政府采购就要主动服务到哪。目前，采购中心已涉及水稻、小麦、棉花等良种推广补贴、农机补贴、救灾化肥、防汛物资、畜禽疫苗、农药、全省义务教育阶段学生国家课程和省级课程教科书、磁带、全省中小学校"校校通"工程、全省农村初中"四项配套工程"、全省农村基层医疗设备等多项民生方面的采购，使江苏的民生采购在全国范围内成为实施时间最长、补贴资金最多、涉及项目最广、农民受益最丰的精品采购项目。仅今年上半年，采购中心接受专项补贴方面的采购预算金额就达到了 24.99 亿元，比去年同期增长 108%，占接受委托总预算金额的 89%，对强化财政资金跟踪问效、扩大政府采购规模探索出了一条有效途径。

2. 政府采购应以适度市场竞争为基础

江苏良种推广补贴项目引入政府采购的成功，与该省在项目实施前即推进种子管理体制改革，实行政企分开，把原先隶属于农业部门的种子公司推向市场，引入市场竞争机制是分不开的。有些省份一直无法将良种推广补贴项目引入政府采购，主要原因就在于当地的种子经营还处于垄断状态，市场竞争机制不健全，种子公司还是农业部门的下属单位，财政、农业部门无法采用政府采购的方式组织实施。如同公务用车的定点加油，全国只有中石化、中石油两家公司经营成品油，市场竞争度小，造成有些地方已将公务用车的加油服务纳入政府采购范围后，由于没有任何的优惠，有些地方不得不将该项目从政府采购目录中取消。从西方国家政府采购的发展史看，政府采购都是伴随着市场经济的不断完善，国民对政府支出的透明度要求越来越高后才产生的。我国的政府采购也是在计划经济过渡到市场经济，社会对财政支出管理体制要求改革后出现的。因此，政府采购的健康发展离不开健全的市场竞争机制，这为划定政府采购范围提供了参考依据：对市场竞争机制相对健全的项目，政府采购应实行应采尽采；对涉及垄断性行业的项目，应首先采用法律、行政的手段打破垄断，经过一段时间的市场培育后，再引入政府采购，才能有效发挥出政府采购的作用，否则将没有任何实质性的意义。

3. 政府采购应以发挥各方作用为前提

江苏的良种推广补贴，项目资金不仅涉及中央、省级，有的还需实施项目的市、县配套资金，各级财政部门上下协调，齐心协力，共同确保项目资金的及时到位。尤其是省级财政部门，为各个项目区的良种推广补贴专门安排工作经费，提高了基层农业部门的积极性，保证了合同履行的监管到位。而在其他一些省（区），由于农业部、财政部规定："为保证良种推广补贴项目的顺利实施，所需工作经费由省（区）级财政统筹安排，不得挤占中央财政下拨的补贴资金"。各省在实施过程中所需工作经费由地方财政统筹安排，但有些省（区）实际配套到位较少或根本没有安排，导致在实施过程中各地仍存在重良种招标和供应，轻供种后良种良法培训指导的现象，未能最大限度地发挥良种潜力，最终影响到政府采购结果的实施成效。

在良种推广补贴项目上，各级财政、农林、物价、政府采购、监察、公证等部门各司其职，财政、农业部门共同负责申报补贴面积和资金，制订实施方案；财政部门具体落实项目资金和经费，农林部门负责确定本地区主推品种和配套技术，物价部门主动参与良种最高限价的合理确定；政府采购部门负责整个采购活动的组织，监察部门对参与项目的所有工作人员进行监督，公证部门则对采购程序的合法性进行把关。一个重大政府采购项目的成功，其实就是中央和地方之间相互联动、部门与部门之间密切协作的结果。

### 4. 政府采购应以不断创新服务为核心

创新是社会发展的不竭动力，政府采购同样也需要不断创新才能保证其健康发展，尤其是我国的政府采购才起步不久，许多法规、政策都需要在实践中不断探索和完善，更不能故步自封、闭门造车，必须要有创新和主动服务意识：一是采购项目的创新。随着政府采购的不断深入，大多通用型采购项目基本已纳入政府采购范围，如何继续保持采购规模以较快的速度增长，是政府采购当前面临的一大瓶颈。从统计数据来看，2006年全国实际政府采购预算4122.2亿元，实际采购规模3681.6亿元，服务类采购仅为270.3亿元，虽比上年同期增长38.1%，但仅占采购总规模的7.34%，因此，政府采购应主动介入财政投资项目，尤其是政府花钱买服务的项目，除定点维修、定点保险、会议定点等项目外，公务机票购买、银行代理、财务审计、工程监理、物业管理等服务类采购项目应积极争取纳入政府采购。二是采购手段的创新。随着信息和通信技术的日新月异，政府采购的手段也应与时俱进，电子化已被证明是提高政府采购效率的重要手段，集约化应成为政府采购区别一般社会招标的重要标志，区域联动将是带动政府采购水平普遍上升的重要方法。三是采购方式的创新。在目前《政府采购法》的法律框架下，应积极灵活运用法定的六种采购方式，大胆尝试几种方法的集合使用，如借鉴国外已经比较成熟的二阶段招标法；对于采购结果可能最有成效的竞争性谈判方式，应鼓励不断加以探索和完善。只有通过不断创新，才能推动我国政府采购质量和服务水平不断上升，为落实科学发展观，迎接政府采购协议的冲击提前做好充分准备。

（本文与吴建明同志合作，发表于《中国政府采购》杂志2008年第10期）

# 论专用设备的政府采购

1999~2002年，笔者一直从事具体采购项目办理的业务工作，从2002年下半年开始，笔者担任采购中心综合科科长（之前中心未设科），直接经办的采购项目较少，但采购中心首次组织的专业设备采购还是由笔者具体负责，深刻体会到专业设备的采购与通用设备采购区别较大，尤其是涉及进口设备的采购。组织过几次专业设备采购后，笔者即想将采购过程中的一些体会写出来，但在综合的岗位上杂事较多，一直未能成文。2004年下半年，适逢一大学同窗从外地派驻南京工作，某晚邀请其到家小酌，谈笑甚欢，酒兴渐浓，不自觉中明显超量，但笔者当时未能及时感受。几天后身体明显不适，妻强烈要求赴医院诊断，检查认定是胃出血，大夫当场开具住院通知书。住院期间，只有饮食需要注意外，其他生活基本无碍，无聊中突然想起有一篇文章尚未成文，于是在住院期间完成了本文的撰写。本文可算是笔者第一篇真正意义上发表的专业论文，从中可以了解到当时专业采购的状况，之前虽然也写过不少东西，但不是汇报，就是总结，还有就是编入本书第一篇未发表的文章。

随着《政府采购法》的正式实施和政府采购制度在中国的不断推广，各地政府采购像汽车、计算机、办公设备等通用项目基本上都实行了政府采购，专用设备也正逐步纳入政府采购范围，据财政部统计，2001年全国专用设备的采购金额为70.79亿元，占总采购金额的10.84%，2002年全国专用设备的采购金额为114.53亿元，占总采购金额的11.34%，面对日益增多的专用设备采购项目，采购人、采购代理机构如何正确认识专用设备的采购特点，规范组织专用设备的采购？即使委托给社会招标代理机构采购，如何从政府采购的角度规范其采购行为？都将是采购人、政府采购监管和执行机构值得研究的问题。笔者近几年有幸亲自组织了多起大型专用设备的采购，涉及预算金额过亿元，从中了解到一点皮毛，积累了一些经验，愿与大家共飨。

## 一、
## 专用设备采购的特点

根据财政部的统计口径，专用设备采购一般指除公务用车、办公设备等通用项目以外的设备采购，如各类监测设备、检验检测设备等。笔者认为，专用设备采购不同于一般通用设备的采购，除其单位价格普遍较高以外，其特殊性还体现在以下五方面：

一是对技术性能的专业性。专用设备之所以专用，是因为受使用范围所局限，仅在有限的部门、地方使用，不同供应商提供的产品在技术性能、参数上经常存在一定的差异，因此与一般通用设备相比，了解其技术性能的专业技术人员不多，采购人、采购代理机构在组织采购时，对其技术性能、参数不太容易把握，必须依靠相关专家进行把关。

二是对系统工程的重要性。许多专用设备并不能够单独使用，经常是一些系统工程中的核心部件，其质量、性能的优劣对整个系统的运行都将产生直接的影响，这也是为什么许多采购人在采购专用设备时倾向于采购进口设备的主要原因。

三是对国民经济的影响性。随着我国政府功能的逐步服务化，许多市场不能运作、不愿运作的服务项目需要政府提供，各级政府需要通过采购许多专用设备对当地的国民经济运行环境进行监测，如对环境、食品、药品等质量的监测，才能不断改善国民经济的运行环境，达到间接影响国民经济运行的目的，因此专用设备采购的结果对国民经济的运行具有不可估量的影响。

四是对采购时间的衔接性。具体体现在：一方面专用设备由于需要的投资额较高，维护的费用较大，采购时间必须与财政预算相衔接；另一方面，政府采购专用设备，是为社会提供公共服务的，不能充分有效发挥其作用，就是浪费纳税人的钱，因此，采购时间应与实际需要相衔接；最后，专用设备还需要通过许多附属设施，才能充分发挥其功效，因此，采购时间最好与配套设施的采购时间相衔接。

五是对技术更新的前瞻性。专用设备由于其技术含量较高，因此面临技术更新的风险也越大。专用设备采购越强调系统的先进性，对设备的技术性能、参数要求越高，整个系统的采购价格越昂贵，将超出整个系统的实际应用价值；不重视系统的技术先进性,又有可能造成设备采购不久,就面临技术落后遭淘汰,带来重复建设的风险。因此,从政府采购的角度看,专用设备的采购既不能过于追求先进,造成不必要的浪费,也不能落后,避免不适应技术发展的形势要求。

## 二、目前专用设备采购主要存在的问题

1. 政府采购法制意识淡薄

《政府采购法》明确规定,除工程项目采用招标方式进行的,适用《招标投标法》外,货物和服务采购均应适用《政府采购法》,专用设备一般可以单独购买,即使与工程建设有关,但由于专用设备一般在整个采购项目中比重较大,在分类中应属于货物类采购项目。现阶段,许多采购人在专用设备采购问题上,片面强调专用设备的特殊性,完全忽视政府采购的普遍性。笔者认为,虽然专用设备在采购过程中有其特殊性,但也适用《政府采购法》,必须按照《政府采购法》有关规定进行采购。

2. 政府采购操作程序违规

许多采购人对使用财政性资金采购专用设备,组织实施的政府采购操作程序还不甚了解,在采购过程中习惯按照往常的经验进行采购,不经政府采购监督管理批准,随意乱用、套用法定的政府采购方式;不按照规定公开采购信息和结果;采购方案中对供应商有歧视性条款、变相指定供应商;与投标人在招标过程中讨价还价、不与中标或成交供应商签订合同等违规行为时有发生,同时采购人领导的意见对采购结果影响很大,容易滋生腐败现象。

3. 变相规避政府集中采购

专用设备的采购一般都与设备相关的工程或系统建设时间有直接联系,专用设备的采购往往会直接影响到整个工程或系统建设的进度,同时专用设备确实在技术上有其特殊性,因此许多采购人认为专用设备不能纳入政府集中采购,应实行部门集中采购。笔者认为,采购人实行部门集中采购,是否符合政府采购监管部门的规定,具备相应的既精通专业技术,又了解政府采购的人才?能否有效消除部门各级领导对采购结果的影响,公平、公正地完成政府采购任务?现实工作

中，采购人对实行部门集中采购的项目大多采取了委托社会招标代理机构进行招标采购，如何选择社会招标代理机构？如何对招标代理机构的招标行为进行监管，都是专用设备实施政府采购过程中必须解决的问题。

## 三、

## 规范开展专用设备的政府采购工作

针对以上专用设备的采购特点和存在的问题，笔者认为，无论是采购人，还是采购代理机构都必须在专用设备的采购活动中，建立一套行之有效的采购制度，才能确保采购程序的合法性和采购结果的合理性。

### 1. 慎重组织采购前期方案的论证

每项专用设备的采购，都有其特殊性，不参与采购前期的论证，不能充分了解采购人的需求，就不能把政府采购法律的普适性同专用设备采购的特殊性结合起来，因此采购人、采购代理机构在采购前，都应充分认识前期方案论证的重要性，积极参与到前期方案的论证中去。

这一阶段的方案论证，应分为两个方面进行：

一方面是采购技术方案的论证。这方面的论证首先应充分发挥采购人的主动性，让他们将对专用设备技术上要求的特殊性以文字形式表现出来，因为采购人长期从事专用设备的应用，对需要采购的设备了解最直接。其次是充分发挥相关专业方面专家的积极性，专家不仅专业知识丰富，同时对相关设备的接触更广泛，邀请严谨、负责的专家对采购人提出的技术要求进行论证，可以避免采购人提出技术要求的局限性和倾向性，同时还可以给采购人提出更客观、更公正的意见；对方案论证专家的邀请，如果采购代理机构对相关设备不熟悉，最好与采购人共同邀请，熟悉后则可以由采购代理机构单独邀请。最后可以适当征求相关设备供应商的意见，供应商的意见对避免技术方案的歧视性很有帮助，同时通过与相关供应商交谈，可以了解到专用设备所处特殊行业的大致情况、不同产品之间的区别，以及供应商与采购人的了解情况。只需征求在相关行业中有代表性的供应商意见即可，不需要所有供应商的都提意见，否则在时间和精力上不允许。

技术方面的论证应把握两个原则：一是方案技术不能太超前。太超前的弊端是：可选择的供应商太少、财政资金花费很大、相关配套实施跟不上、采购人需承担技术是否稳定的风险。二是方案技术不能落后。落后就可能造成项目建成后，短时间内面临淘汰的风险，造成更大的浪费。

另一方面是采购方式方案的论证。专用设备的专业性，造成能满足其专业性的供应商并不很多，经常是全世界也仅有几个供应商生产，因此必须事先对采用何种采购方式进行采购的方案进行论证，否则会造成不必要的时间浪费。采购代理机构最好在方案确定前，在财政部指定的有关媒体，如《中国财经报》、《中国政府采购网》和《中国政府采购》杂志，以及相关专业性的网站上发布采购预告，最广泛地了解相关产品供应商的情况，对供应商确实达不到3家的，或供应商明确仅有几家能满足的，应及时向政府采购监管部门申请采用非公开招标方式进行。对在采购技术方案论证时，专用设备的技术要求复杂，事先不能明确其采购需求的，或采用公开招标方式的采购时间确实不能满足采购人需要的，可以向政府采购监管部门申请采用竞争性谈判方式进行采购。

在此方案论证过程中，采购代理机构尤其需注意，专用设备许多是由国外生产的，有些采购代理机构，尤其是新成立的集中采购机构，尚未取得商务部认可的国际招标资质，因此如果专用设备的采购预算金额达到10万美元以上，且产品在商务部发布的《国际招标产品目录》内的，最好将这些设备再委托给具有国际招标资质的招标代理机构进行国际招标，否则在采购结束后将给采购人带来不必要的麻烦。

### 2. 规范开展采购中期程序的组织

既然专用设备的采购已纳入政府采购范围，因此在采购过程中必须严格按照《政府采购法》规定的程序进行组织。主要应从以下几方面进行规范：

一是采购信息的发布。如果专用设备的采购采用公开招标方式进行，则招标公告、中标公告都必须在财政部指定的媒体上发布，建议相关公告在当地的媒体和相关产品的专业网站上同时发布，最大限度地扩大信息的覆盖面，对一些有一定知名度的供应商最好能电话通知，否则就可能造成因投标供应商人数的不足而流标。对于采用国际招标方式进行的，也必须要求招标公司在《中国招投标网》上发布公告的同时，在财政部指定的媒体上发布公告，否则将以违规处理。

二是采购时间的要求。由于专用设备的采购一般技术要求相对复杂，同时供应商大多不在本地，因此，无论采用招标方式，还是采用非招标方式进行采购，都必须给供应商留下较充足的时间准备采购方案，采用招标方式一定不能少于20天，采用竞争性谈判一般也不能少于10天。供应商采购方案制订的越详细，评标或谈判时越容易，方案实施的可行性越强。

三是采购程序的组织。在采购过程中，为了保证专用设备采购程序流畅、采购结果合法，除严格按照《政府采购法》有关规定进行组织外，还应注意以下事项：（1）专用设备的采购涉及整个工程或系统的安装、调试的，或与以前的建设项目有关系的，最好能组织供应商到设备应用现场进行勘察或召开答疑会，以便供应商更准确地核算投标报价。（2）专用设备按照招标方式进行采购的，在评标过程中一定不能与投标人就投标价格、技术要求等实质性内容进行谈判，而仅能要求投标人对投标文件中含糊的表述进行澄清。笔者在组织多次专用设备的采购过程中，发现许多采购人领导喜欢在评标过程与投标人讨价还价，因此，在评标前一定要做好相关法律法规的宣传、解释工作，避免违法违规的情况发生。（3）专用设备采用竞争性谈判进行采购的，必须按《政府采购法》规定的程序组织，谈判文件中对技术要求和商务条款能明确的，尽量予以明确，以减少谈判的往返次数，节约谈判的时间；在采购人明确了最后的需求后，应给每个参与谈判的供应商公平竞争的机会，最后必须按照最低价成交的原则，确定成交供应商。（4）专用设备采用单一来源方式进行采购的，首先应保证选择的产品在技术性能能够满足采购人的需求；其次要保证价格合理，笔者认为价格合理的标准为：与同期市场平均价格相比要低；同其他单位采购价格相比不高。

　　四是确定成交的标准。由于不同供应商生产的专用设备在技术性能一般都存在一定的差异，同一类型的产品档次不同，产品价格相差也比较大，同时专用设备的采购往往与设备使用的培训、零部件和耗材的供应，以及售后服务的收费标准都存在着直接的关系。因此，单纯以产品报价最低为标准确定成交供应商并不妥当，而应该综合考虑产品报价、产品的性能和质量、零部件和耗材价格、质量保证时间、售后服务响应时间和收费标准、人员培训安排和费用处理、付款方式等因素，对以上因素进行量化打分，按照性能价格比最优，即得分最高的原则确定成交供应商。如果在实际操作过程中，对上述因素确实不好量化的项目，也可以考虑采用产品设计寿命周期成本最低为标准，确定成交供应商。

　　五是国际招标的委托。许多专用设备由于种种原因，有些采购代理机构，尤其是集中采购机构无法组织采购，必须将项目再委托给具有国际招标资质的采购代理机构采用国际招标方式进行采购。发生这种情况时，集中采购机构应配合采购人、政府采购监管部门共同做好对采购代理机构的委托和采购程序的监管工作：首先，应签订委托招标协议，约定大致开始招标的时间、招标文件的售价、中标服务费的收费标准，以及双方的违约责任，招标文件的通用部分可以采用原外经贸部制定的统一格式，但采购项目的特殊要求应经过采购人、集中采购机构审核后方可发售；其次，因《政府采购法》对合格投标人的要求与《招标投标法》不同，应要求采购代理机构按照《政府采购法》的规定确定合格投标人，而不是《招标投标法》；最后，评标委员会的成员可以由采购代理机构在《中国招标投标网》上随机抽取，但应按照满足招标文件要求，最低价中标的原则确定中标人。

六是国产设备的保护。实际采购工作中，专用设备中许多进口产品确实在技术性能上比国产设备优越，但随着我国国际化进程的不断提高，许多国产设备的技术水平也在不断提高，尤其是一些军转民企业生产的设备，无论是内在的技术含量，还是外在的实用程度上，都不比某些知名进口设备逊色，在产品价格上一般比进口设备便宜很多，同时零部件、耗材供应、售后服务提供也较及时、价格也低廉。因此在政府采购专用设备时，应尽量扭转采购人盲目追求进口产品的思想观念，为国产供应商提供平等竞争的机会非常重要，只要产品质量可靠，技术性能能够满足目前和今后一段时间内的使用需要，都应采购国产设备，达到了提高财政性资金使用效率的目的。政府采购监管部门和采购代理机构有责任在政府采购工作中，切实采取各项有效措施，鼓励国产供应商积极参与政府采购工作，并真正落实《政府采购法》有关规定，维护国产供应商的合法权益。

### 3. 严格监督采购后期合同的签订

专用设备内贸合同的签订，与通用设备合同的有关条款基本一致，关键是涉及外贸合同的签订。专用设备的采购经常会出现中标人以外币（通常为美元或欧元）报价，由于国内财政部门或采购人只能以人民币支付货款，因此采购合同的签订和货款的支付与国内的设备采购不同。一般情况下，首先，采购代理机构可以组织采购人以中标外币为计量单位与中标人签订内贸合同，根据招标文件的要求明确中标标的物、付款方式、售后服务；其次，需组织采购人与有进出口权的外贸公司签订委托代理进口协议，协议中最关键的是要明确外币与人民币的兑换汇率、该汇率是否含进口关税和增值税、外汇风险由采购人还是外贸公司承担；再次，由外贸公司与中标设备的国外生产厂家签订外贸合同（一般有固定的格式），外贸公司向国外生产厂家开出100%或90%信用证；最后，设备运到指定地点后，经采购人验收合格后，由财政部门或采购人将货款以人民币支付给外贸公司。在此过程中，中标人应负责组织货源，对设备进行安装、调试，配合采购人做好验收工作，而与资金结算可以没有直接的关系。

### 4. 完善项目现场跟踪服务的制度

合同签订并不等于整个采购项目的结束，尤其对于政府采购监管部门和集中采购机构而言，对专用设备的实施现场进行跟踪回访服务，是非常必要的。笔者在实际工作中，通过对一系列项目实施现场的跟踪监督，充分证明建立项目跟踪回访服务制度，不仅效果明显，而且很有必要：一是可以掌握合同履行情况的一手资料。由于一般采购项目的验收使用均由采购人自行组织，政府采购监管部门和集中采购机构对供应商和采购人是否完全按照采购合同履约，知之甚少。通过重大采购项目跟踪回访服务制度的建立，能够保证重点项目的如期进行，促进供应商和采购人诚信机制的建立；二是可以检验政府采购结果的真实情况。政府采购是否能够真正满足采购人的需求，特别是大型、全系统的建设项目，基层使用单位能否满意，是政府采购工作真正成功与否的关键，通过跟踪服务，使政府采购监管部门和集中采购机构能够了解到采购人对政府采购工作的真实想法，得到广大采购人对政府采购事业的衷心支持；三是提供相关采购方案的制订依据。如何在实践中不断完善采购方案，保证采购方案既能体现出采购人的需求，又能保护供应商的合法权益，通过实地考察，可以为日后相关采购项目方案的制订提供更加有效、合理的依据。

（本文发表于《中国政府采购》杂志2004年第12期）

# 关于做好服务类政府采购项目的探讨

尽管政府采购服务类项目的采购规模在逐年上升,但却很少有人单独对服务类项目进行过专门研究,到 2010 年,财政部还只是将服务外包作为政府采购工作的一项要点,尚未提出政府购买公共服务的概念,更没上升到目前以国务院的名义要求各级政府不断扩大政府购买公共服务。即使财政部没有要求,江苏省的服务类项目每年也都在不断扩大,这点在每年公布的集中采购目录中即可反映出来。笔者从 2009 年下半年开始分管采购中心的采购一科——专门负责采购文件的制作,参与了许多服务类项目,目前江苏省省级纳入政府购买公共服务的项目大多在那时已经开始实施政府采购,只是没有这个名头。2010 年,为提升全体员工专业素质水平,笔者所在单位组织了一场内部案例分析活动,中心顾岳良主任带头,要求每个员工结合自身工作编写一篇案例分析,并邀请省级政府采购监管部门代表和各地市采购中心主任进行客观评审,推荐出一二三等奖各若干名。笔者即对服务类项目进行了归纳、整理、参评,获得了一等奖,并汇编成《反身内省自洞然》一书(未公开发行),其中一些观点和做法笔者认为仍适用于当前的政府购买公共服务项目。

随着政府采购工作的不断推进,服务类项目的政府采购范围和规模也在不断扩大,2009 年,全国服务类项目采购规模已达到了 544.2 亿元,比上年同期增长 20%。2010 年,财政部更是将服务外包作为政府采购工作的一项要点:制定支持服务外包发展的政府采购政策,利用政府采购手段鼓励政府服务外包,促进服务外包产业发展。服务类项目的政府采购工作越来越需要给予足够的重视,但如何规范服务类项目的采购,尤其在具体操作方面,国内相关的专题研究还较少。近年来,本中心先后组织实施过多个服务类项目,内容涉及物业管理、投资评审、档案数字化加工、环境影响评价、移民安置计划、可行性研究报告编制、外债风险管理方案、设计展陈、学生人身伤害事故责任险等多项服务,其中有些项目在国内尚属首次实施政府采购,对促进政府服务外包起到了一定的推动作用。笔者总结从事政府采购工作以来所经办过的各类服务类项目的经验教训,希望能抛砖引玉,与全国同仁一起探讨。

## 一、服务类项目采购中出现的主要问题

### 1. 招标文件的规范性不够

服务类项目大多采用公开招标方式,主要遵循《政府采购货物和服务招标投标管理办法》(以下简称《十八号令》),对照《十八号令》的相关规定,服务类项目的招标文件经常会出现下列问题:一是文件模本乱套用。服务类项目对供应商资格条件、文件内容、合同条款、报价方式等都有自身的特殊要求,一旦套用货物或工程类项目的招标文件模本,又没有根据服务类项目的特点进行适当调整,给人以风马牛不相及的感觉。二是采购需求不明确。有些招标文件中列出的采购需求,不符合招标的要求,不是过于粗放,造成供应商根据各自的理解,在制订投标方案时差异很大,导致专家无法进行评审,就是过于细化,有指定供应商的嫌疑。三是合同条款欠完备。有的招标文件中合同条款非常简单,有的干脆就没有合同条款,而合同条款是《十八号令》明确规定,一份招标文件应包括的主要内容。

### 2. 参加投标的供应商数少

除财务审计、工程造价、项目监理等市场比较成熟的服务类项目外,许多服务类项目存在满足招标文件实质性要求的供应商数量达不到法定要求的情形,即便像市场上许多供应商符合招标资质条件的物业管理项目,还是会出现只有一、两家供应商投标的现象,造成只能重新组织招标或更改采购方式进行采购,使采购工作非常被动。

### 3. 中标供应商老面孔居多

笔者发现,有些服务类项目的供应商成了中标专业户,尤其是有一定连续性的服务类定点采购项目,如国际机票、保险、印刷等,中标供应商基本上总是那

几个老面孔。虽然老面孔有利于为采购人提供服务的便利性和延续性，但对促进市场的有效竞争却有一定的阻碍作用。

4. 评审专家的质和量齐缺

与货物和工程类项目相比，许多服务类项目的评审专家更不能满足评审的需要：一是有些服务类项目专家库内没有对应的类别；二是专家库内的专家数量极少，每次评审时基本总是那几个人；三是专家库内专家不专，由于服务类项目涉及的行业不同，隔行如隔山，一些评审专家根本就没有从事过相关工作的经验。因此，为了保证评审工作能正常进行，许多服务类项目基本采用从库外选择性方式确定评审专家。由于采用选择性方式确定的评审专家名单大多由采购人提供，一些专家与采购人或供应商关系密切，在评审过程中，很难保证其评审的独立性和公正性。

## 二、相关问题的原因分析

笔者认为，造成上述问题的出现，主要存在以下原因：

1. 招标文件的制作难度较大

没有经验。我国对货物和工程类项目实行招投标管理制度已经有较长一段历史，招标经验相对比较丰富，相关项目纳入政府采购后，对制作招标文件有一定的借鉴价值。而服务类项目在纳入政府采购前大多从未要求实施过招标，缺乏制作招标文件可借鉴的经验。

不能套用。目前，大多采购代理机构对于货物和工程类项目都有自己的招标文件模本，由于服务类项目之间的专业性差距较大，即使有招标文件模本，也仅能套用招标程序，而招标文件中的采购需求、合同条款，没有现成、可照搬的，必须要由招标采购单位根据每个行业服务的内容和特点重新制订。

无从下手。许多服务类项目的采购人未参加过类似项目的政府采购，不知道如何提合理的采购需求，有的干脆由关系密切的供应商代劳，有明显的倾向性，无法直接用于招标文件的制作。同时，采购代理机构的经办人由于受专业知识和采购经验的限制，对采购人提出的需求也不知道如何审核和修改。

乱设门槛。个别采购人官本位思想严重，招标门槛设置过高，服务标准过严，片面追求供应商资质条件越高越好、企业规模越大越好，不接受中小企业招标，或给中小企业中标设置一定的障碍，造成大企业不愿为采购人服务、中小企业又没有提供服务的机会。

### 2. 服务类项目的供应商特殊性更多

专业性。每个服务行业基本上都有相关的特殊资质要求，或实行经营许可，或设定从业资格，同时还存在相关的监管机构，造成有些服务类项目只能由取得许可或资格的少数专业供应商才能参加投标。

垄断性。有些服务类项目，如特殊行业的咨询服务、评估服务、可行性研究服务，全国范围内有资质的供应商不多，省内更少，造成实质上的地区垄断。有些供应商与政府机关、科研机构、大专院校有密切的联系，有的直接就是其下属机构，经费不紧张，缺乏市场竞争意识，对政府采购的关注度不够，有的干脆不愿参加政府采购这类严肃、规范的活动，等活上门。

独占性。实行经营许可或从业资格的服务类项目，只能由取得许可或资格的供应商参加投标，这些供应商不允许再授权或转让其资质给其他供应商投标，这也是服务类项目参加投标供应商少的原因之一。

猜疑性。根据《十八号令》规定，服务类项目采用综合评分法评审时，其价格分值只占总分值比重的 10%~30%，报价已经不是中标的主要因素，导致经常出现报价很低的供应商不能中标的情形，容易被供应商误解有内定的嫌疑。同时在评分标准的设定时，经办人不知道哪些内容应该作为评分项，有时分值设置也不合理，给人以依葫芦画瓢、指定供应商的感觉，影响了其他供应商参加投标的积极性。

### 3. 招标文件的制作缺乏变化

一些招标采购单位缺乏不断创新的意识，缺乏严谨规范的态度，不认真研究市场变化，不主动完善招标文件，认为只要没有供应商提出质疑，招标文件就完美无缺，没有再完善的必要，造成相同项目每次招标的招标文件和评审标准千篇一律，供应商一旦中标，在自身经营没发生意外的情况下，以后基本上每次都能中标。

### 4. 专家库不能满足评审需要

目前政府采购评审专家库的维护、更新、升级速度不够，不能适应服务类项目范围和规模不断扩大的需求：一是分类不合理，造成库内评审专家不专业，在评审服务类项目时滥竽充数；二是结构不配套，专家库与每年制订的集中采购目录和采购数额标准脱节，造成目录有项目，库内没专家；三是数量不扩充，一些服务类项目的专家库，多年来一直未补充过新专家，造成参加评审的专家老面孔、老龄化。四是库外专家缺乏相应的管理制度。目前《政府采购评审专家管理办法》（以下简称《管理办法》）仅对纳入专家库的评审专家的资格条件、权利义务、使用管理和处罚办法作出了规定，而对参加政府采购评审的采购人代表、库外专家缺少监督管理的办法，造成采购人代表倾向性明显、库外专家鱼目混珠，对服务类项目评审的负面影响尤其明显。

## 三、

## 做好服务类项目采购的对策

为防止服务类项目采购过程中出现上述类似的问题，笔者认为，可以从以下几方面着手：

### （一）尽快研究制定服务类项目的采购文件模本

1. 统一内容，规范通用性。尽管不同的服务类项目有其独特的一面，但采购的基本程序、文件的大致格式、投标的应知事项等方面还是存在一定的通用性，把这些内容统一规范起来，制订出相对统一的采购文件模本，能够起到减少采购文件的差错率，提高采购效率的作用。

2. 逐一分析，突出特殊性。针对不同的服务类项目，应深入分析其行业特点，研究其行业规定，加强与其行业主管部门的联系，借助外力，把握采购文件制作的基本要领，成熟一个，模本化一个。同时，应加强全省，乃至全国的采购代理机构之间的联系，互通有无，取长补短，减少每个采购代理机构各自为战、闭门造车，浪费资源的行为，推动采购水平的共同提高。

3. 强制淘汰，保持流动性。流水不腐，户枢不蠹，对连续性的服务类定点采购项目，在制定招标文件时，对中标供应商数量多的项目可以设置一定的淘汰比例，数量少的实行末位淘汰，将表现较差的中标供应商淘汰出局，不断补充新的供应商，保持中标供应商之间的良性竞争。

## （二）事先分析了解供应商必备的资格条件门槛

1. 尽量降低供应商的资格线。政府采购应以满足采购人合理需求为主，不应过分追求资格条件越高越好、供应商规模越大越好。笔者认为，在符合国家有关规定的情况下，对服务类项目供应商的资格条件应尽量放低，鼓励中小企业积极参加投标，可以有效降低废标的概率。

2. 主动联系有实力的供应商。对有些供应商数量确实较少的服务类项目，采购信息不仅要在政府采购指定媒体发布，更应在相关专业媒体发布，同时，还应通过市场调研，主动、有针对性地与有实力的供应商联系，引导其参与政府采购活动。

3. 充分考虑供应商的特殊性。对一些涉及科研类的服务类项目，许多供应商并不一定是企业法人；对涉及金融、通信类的服务类项目，很多供应商都是全国性的大型公司，省级及以下的公司都是其分支机构。笔者认为，只要供应商能独立承担民事责任即可参加采购活动，适当减少授权环节，可以有效提高供应商的积极性。个别事业性质的供应商还具有双重身份，委托采购时是采购人，参加投标时又变成了供应商，在组织采购时应考虑其身份的转换。

## （三）不断强化重视专业化队伍的综合素质建设

许多服务类项目由于没有可借鉴的、成熟的采购文件，组织相关项目的采购，才真正能考验采购代理机构水平、体现政府采购创新意识，就要求政府采购从业人员不断提高自身的综合素质和能力。

1. 要勤于学习。《政府采购法》及其相关配套制度是政府采购从业人员必须掌握的基础知识，《招标投标法》、《合同法》及其他法律法规是应该掌握的相关知识，市场环境分析、供应商评估、国际贸易、项目管理、供应链管理、绩效评价等内容是建议掌握的扩展知识。学会把货物类、工程类项目采购文件中的内容融合进服务类项目，学会把已做过、相对成熟的服务类项目采购经验借鉴到新的服务类项目中。

2. 要勇于实践。实践是检验真理的唯一标准。只有不断在制作文件、组织评审的过程中，才能检验采购文件的制作是否合理；只有不断在总结成功的经验、失败的教训基础上，才能提高自身的政府采购操作水平；只有不断在创新工作思路、采购模式的进程里，才能推动政府采购事业的健康发展。

3. 要善于沟通。加强与采购人沟通，毕竟是他们在亲身体验着各类服务，引导其把合理需求写入采购文件；加强与行业管理部门沟通，了解相关行业的规定，把握住行业的特点，把行规融入采购文件；加强与供应商沟通，主动征求供应商对采购文件的意见，有选择地吸纳，把不合理内容排除出采购文件。

## （四）及时掌握更新专家库内容的基本数据信息

1. 优化专家库。对于不断扩大的政府采购服务类项目，专家库的管理机构应结合每年制定的集中采购目录和采购限额标准，提前着手，不能等需要时才考虑建库；对现有的专家库，应努力扩大库内专家的数量，科学、合理地对专家进行分类，建立规范、有序的更新、淘汰机制，将更多年轻、专业化的人才吸收进库。

2. 完善管理法。政府采购监管部门应尽快完善《管理办法》：一是加大对评审专家的培训、考核力度，建立优留劣汰的动态管理机制，完善评审专家的黑名单制度，加大对不良评审专家的处罚力度。二是规定库外专家参加政府采购评审的基本资格条件，可以在《管理办法》规定的入库专家条件基础上适度放宽，但必须明确其参加政府采购评审时，其权利、义务关系与库内专家一致。三是加强对采购人代表参加政府采购评审的管理，也应规定其基本条件、权利、义务，必须纳入《管理办法》进行管理，并承担相应的法律责任。

3. 考虑回避制。由于有些服务类项目的评审专家过少，一些科研机构的专家，其工作单位可能就是参加政府采购的供应商，或者与供应商存在《管理办法》规定的需回避的情形，应预防出现因专家回避而给评审工作带来的负面影响：一是事前回避，在抽取评审专家时，应事先对可能参加政府采购的供应商情况进行了解，需要回避的专家，尽量在抽取时予以回避；二是事中回避，要做好备选专家的准备，防止评审现场出现专家回避的情形。

纳入政府采购的服务类项目尚处不断扩大的过程中，笔者经验有限，对服务类项目中出现的问题、原因分析和对策都存在考虑不周的现象，望各位读者不吝指教。

（本文分别于2010年12月17日和12月24日以《为服务类项目采购"诊脉"——关于做好服务类政府采购项目的探讨（上）》和《给服务类项目采购支招——关于做好服务类政府采购项目的探讨（下）》为标题刊登在《中国政府采购报》第3版）

# 换个角度看政采：7小时评审经历全记录

笔者作为江苏省的政府采购评审专家，曾参加过一些非本单位组织的政府采购项目评审，但本文所记载的评审经历，一直让笔者记忆犹新，一方面是因为对基层政府采购工作的体验；另一方面也是因为对政府采购评审制度的反思，尝一脔肉，而知一镬之味，一鼎之调，希望政府采购从业人员都能多个角度去体会政府采购工作，才能全方位、更客观地做好政府采购工作。

## 1. 受邀

去年，笔者应某县政府采购中心的邀请，参加了一次该县政府空调项目的评审。原本不是很想参加县级的政府采购评审工作，一是觉得项目预算金额不大，太普通；二是评审地点离市区确实有点距离；三是当时手中工作也挺忙。但在该中心异常热情的邀请和希望笔者能到现场指导的客套话下，笔者最终没抹开面子。确实有一段时间没参加政府采购的评审工作了，以前也没怎么深入接触县区一级的政府采购，媒体上反映县区一级政府采购存在一定的问题，是不是真实存在呢？就当作是一次去基层调研吧，笔者心里这样想着。

## 2. 赶场

开标时间定在14：30。13：30，笔者从市区开车出发，由于该县和市区有一江之隔，中午大桥正处于比较畅通的时间段，果然在大桥上没有耽搁多少时间，听司机说，如果在通行高峰期，多长时间能过大桥是没法估计的。一路通行基本正常，等该中心项目经办人焦急地打通笔者手机时，笔者刚好赶到评审会议室的大门外，才发现原来距开标时间已经不到五分钟了。

其他四名评委已落座。五名评标委员会成员中有四名是在该市政府采购监管部门设立的专家库中随机抽取产生的（包括笔者），一名是该县政府办公室负责基建的副主任，作为采购人代表。其他三名专家中有一位是笔者以前就认识的某知名高校的教授，十一年前，笔者组织本单位第一次公开招标时，曾经请教过他，所以影响比较深刻，当时他已经六十多岁了，现在的他更是满头银发。其他两位专家观其神态，听其语气，基本肯定也在六十开外了。听他们说，他们是在家吃过午饭就往这里赶了，到评审会场大约花了2个多小时的时间，笔者不禁暗自庆幸。

### 3. 前奏

本项目的经办人是该中心有多年政府采购工作经验的中年人。利用开标前的短暂时间，经办人把该项目的采购情况向评委做了简单的介绍。本次招标已经是此项目第二次组织公开招标，第一次公开招标时，有三家供应商参加了投标，其中有两家供应商的报价明显高于采购预算，采购人又不能支付多出的部分，中心最终将那次招标作废标处理。本次再招标，采购人在时间上已经没有多少空余了，预留一个多月的交货、安装、调试时间，即使当天完成评审，顺利的话，也要到6月才能正式使用，正好赶在7月酷暑到来之前，否则，该县政府的部分办公室将无法办公，县领导已经责成县办公室必须尽快落实。

可能是受场地限制，笔者发现评标室和开标室就在同一房间（后来经办人告诉笔者，由于该中心一直没有固定的开标场地，经费也比较紧张，一般是为哪个采购人采购，评审现场基本就由该采购人负责解决），因为开标前已经有两个供应商代表也坐在了评审会议室内。等到投标截止时间下午2：30，结果也只有这两家供应商向该中心递交了投标文件。中心经办人决定终止开标仪式，并请两位供应商代表到会议室外等候，告之等评委会研究后，再决定如何进行下一步的采购活动。

### 4. 变更

经办人明确告诉评委，由于投标供应商只有两家，不符合公开招标的条件，所以中止了招标，并向评委解释，鉴于采购人需求比较紧急，如果当场变更采购方式，需由采购人向中心提出申请，中心再向市级政府采购监管部门申请变更采购方式（该项目的预算超过了该市规定的公开招标数额标准）。采购人代表当场表示，该项目已经不能再拖了，否则无法向县领导交代，并指派一名工作人员，立即回办公室写申请；同时，经办人也与市级政府采购监管部门通过电话取得了联系，汇报了本项目进行的大致情况，监管部门口头同意变更为竞争性谈判方式进行采购,并要求该中心尽快将书面申请报送审批。

经办人在征得口头同意后,又向评委解释,要当场变更为竞争性谈判方式采购,还必须满足两个前提条件:一是评委会要出具一个书面证明,证明招标文件中没有歧视性条款;二是两家供应商都要自愿参加竞争性谈判,如果两个条件不满足,采购方式当场还是不能变更。解释完后,专门客气地征求了一下笔者的意见,询问是否有不妥当的地方。笔者表示,今天是来当评委的,对该市政府采购的具体规定也不是很了解,只要按照有关规定办理即可。评委们表示,既然按照这个程序,还是先征求一下供应商的意见为好,以免浪费时间。

经办人随即将两个供应商代表喊进评审室,向他们大致介绍了一下情况,表示准备现场变更为竞争性谈判方式采购,并将竞争性谈判方式的成交原则做了简单的介绍,即符合采购需求、质量和服务相等且报价最低,征询两个供应商,是否愿意参加竞争性谈判。两个供应商都表示愿意参加。这时,笔者看了一下时间,已经15:30了。

5. 初审

在确定变更采购方式期间,笔者把招标文件大致看了一遍。招标文件的格式和内容与该市采购中心制作的基本一致,没有明显的差错,只有个别地方在套用时没有调整过来。由于需要评委会写证明,笔者和评委又把招标文件看了一遍,技术参数上做实质性要求的地方不是很多,只是在品牌要求上,推荐了三个品牌,仅就招标文件而言,排他性不是很强。评委会一致推荐笔者来写证明,根据当地政府采购的文件要求,用规范的语言表示为:本次招标的程序和时间符合政府采购有关规定,招标文件没有明显的歧视性条款。评委们都签字确认。

以上程序都完成后,经办人才把两个供应商的投标文件拆封,分发给各位评委。两个供应商都是本地的代理商,甲公司参加过前次招标,代理的产品是推荐的三个品牌之一,乙公司没参加过上次的投标,代理的产品不在推荐的三个品牌之内。甲公司比乙公司的第一次报价便宜了2000多元,都比预算低几千元(预算约65万元)。笔者对照招标文件的要求,首先审核了一下两个供应商的资格证明文件,工商营业执照、生产厂家的授权证书、法定代表人授权书,都满足招标文件的要求。时间已悄然走到了16:00。

6. 谈判

初审后,经办人征询评委意见,投标文件中是否存在需澄清的内容,评委们都说没有。笔者也将两份投标文件翻了一遍,两家代理商提供的产品、质量、服务其实还是存在一定的区别，乙公司代理的产品在该地区的销售业绩很少，不禁担心如果乙公司成交，售后服务如何保障。但由于竞争性谈判的规则，笔者也附和同意了其他评委的意见。经办人随即把两个供应商都喊进评审室，要求两个供应商再做一次报价，并以最后一次报价为准，报价低者成交。两个供应商出门后分别向生产厂家请示价格。笔者利用这个时间，又把两份投标文件详细看了看，结果发现乙公司投标文件中提供的《工业产品生产许可证》中没有投标产品这一型号，没有不仔细审查，很难发现。笔者将此问题提交给了其他评委。其他评委审查后，都认为有必要请乙公司做出解释。这时，两个供应商都已把第二次报价以书面形式递交了进来，经办人单独要求乙公司就评委的问题做出解释。笔者发现乙公司对此问题并不明白，与生产厂家联系了半天后，乙公司解释说生产厂家可能把证书放错了，生产应该是没有问题的。这时，有个评委介绍其在工程招标评审时，遇到类似问题的处理方法，即先要求生产厂家将许可证传真过来，成交后再核查原件。其他评委都表示同意，笔者没表态。时间已是16：45。

## 7. 成交

又等了很长时间，传真一直未到，评委有点不耐烦，笔者也在考虑赶时间过大桥的事。这时有评委建议经办人，让乙公司做出书面承诺，如果成交，即让生产厂家提供原件核查，抓紧时间对两个供应商的报价进行比较，尽快确定成交人。笔者考虑招标文件中没有明确要求必须提供《工业产品生产许可证》，事由我起，如果再坚持，可能谈判就没法再继续进行下去，采购人、采购中心、其他评委都会对笔者有意见，也就同意了先比较报价的建议。结果两个供应商不约而同，都维持原报价不变，根据最低价成交的原则，甲公司应为成交人。经办人征求采购人代表和评委们的意见后，当场宣布了成交结果。在完成一系列的签字手续后，笔者获得了300元的报酬（经办人特地说明，因为是从市区里来，所以报酬从优，一般只有200元）。一位一直坐在评审室未发言的女同志热情地邀请大家吃过晚饭再回去，笔者发现已到下班的晚高峰17：30了。

## 8. 交流

经办人介绍说，这位女同志就是采购中心新来的主任。考虑到高峰期过大桥不知要等多长时间，笔者和其他评委接受了晚饭的邀请。通过和主任的交流，笔者了解到该县采购中心隶属县财政局，正式编制仅三人，全年采购规模在三千万元左右，大多项目预算为几十万元，少的只有几千元。主任到中心任职才三个月，但编制仍挂在县财政局某科室。由于评审专家必须在市政府采购监管部门设立的专家库中抽取，而本地符合条件的专家不多，很多抽到的专家不愿来该县评审，所以主任对笔者的到来非常感激。通过和其他专家交流，证实了笔者事前的猜测，几位专家都已退休在家，但身体尚属健康，所以才有时间参加政府采购的评审工作。笔者不禁有些担心，如果在参加评审的路上或过程中，他们一旦出现意外，采购中心能否承担得起责任？晚饭结束，已是19：30。

### 9. 返程

笔者开车，带着其他几位专家一起返程，错过晚高峰，果然大桥上一路通行。过桥后，几位专家坚持不让笔者再送到家，各自分头回家。到家已近20：15，其他专家可能还在回家的路上！入睡前，又想起该县采购中心的热情邀请和主任的感激之情，只是笔者不知道，以后会不会再去该县参加评审。

（本文刊登于2011年4月11日《政府采购信息报》第3版）

# 经验篇

  本篇收纳了笔者在采购中心时报道的一些有特色的采购项目和一定历史时期的工作总结。许多项目笔者都亲自参与过，体现了江苏政府采购不断追求创新的特点，有的属国内首创，在全国产生了一定的影响，如批量集中采购、政府采购龙芯电脑"首购"、良种补贴项目采购等。同时，几篇工作总结可以客观地反映出十年前采购中心的工作实况，虽然前后几年的工作总结笔者都有存档，但由于未曾发表，且有些内容较雷同，故未收录本书中。如今后遇有心人需要，笔者可倾囊相授。由于收集的一些报道性文章都已涉及当时的写作背景，因此不再一一作篇首。读这些文章，不经意即将笔者带回当时的工作情景。再回首，背影已远走，再回首，泪眼朦胧，还有那难舍的旧梦。

# 因地制宜，适时推行批量集中采购

——江苏省级单位首次批量集中采购的实践与探索

本文是笔者历时半年，自准备江苏省省级批量集中采购实施方案开始，至首次批量集中采购公开招标结束为止，对江苏的批量集中采购所作的一个阶段性总结。期间，专程到中国人民银行集中采购中心学习垂管系统的批量集中采购、到中央国家机关政府采购中心学习中央单位的批量集中采购，得到了两个中心的大力支持和无私奉献，尽管江苏的批量集中采购与中央单位的批量集中采购最终存在着较大的差异，但他们的帮助使江苏的批量集中采购得以快速进入实施阶段，在此，特别感谢两个中心领导和朋友。

2012年11月30日，江苏省政府采购中心成功地组织了江苏省级单位首次台式计算机、便携式计算机和打印机（含一体机）批量集中采购的开标、评标和定标，标志着前期已准备近半年的江苏省级单位批量集中采购试点工作终于取得了明确的成果。本次江苏省级单位共采购台式计算机1177台、便携式计算机326台、打印机（含一体机）311台，从中标结果看，与下达的采购预算937.95万元相比，节约资金273.789万元，节约率为29.2%，与可查询到的协议供货入围价相比，平均资金节约率为26.7%，再次验证了批量集中采购在价格方面对协议供货方式的明显优势。

自2012年7月以来，在江苏省财政厅宋义武副厅长的亲自指挥下，江苏省正式开始推行省级单位批量集中采购的试点工作。具体落实本项工作的江苏省财政厅政府采购管理处和江苏省政府采购中心在试点过程中，相互配合，大胆创新，稳扎稳打，讲求实效，探索出一条适用于地方批量集中采购的新模式。

## 一、

## 抓住时机，适时推进

从协议供货方式调整为批量集中采购，需要极大的勇气。江苏省级单位试点批量集中采购，并非一时兴起，而是有其适宜的时间背景。

1. 财政部要求。财政部 2012 年政府采购工作要点中明确要求：推进批量集中采购改革工作，逐步扩大中央单位批量集中采购品目范围，适时选择部分省（区、市）进行改革试点工作，逐步将改革推广到省级单位。王保安副部长（时任）在纪念《政府采购法》颁布十周年庆祝活动上的讲话中也提出：大力推进批量集中改革，发挥集中采购的规模优势。江苏的政府采购工作历来走在全国的前列，尽管还未被财政部选择为批量集中采购改革试点省份，但大胆探索、勇于创新的脚步却从未停止。

2. 厅领导重视。2012 年，江苏省财政厅刘捍东厅长尽管到任时间不长，但对政府采购工作高度重视，多次指示本省的政府采购要深化改革，积极探索，大胆创新，为本省的经济发展做出更大的贡献。分管政府采购的宋义武副厅长已有多年的政府采购管理经验，对每项政府采购工作都非常熟悉，对批量集中采购工作高度重视，亲自参与了试点工作中每个重大事件，是本次批量集中采购的总指挥。

3. 人大代表视察。2012 年 6 月，以江苏省人大丁解民副主任为首的省人大代表，对《政府采购法》颁布十年来南京地区政府采购的贯彻落实情况进行专题视察，对省级政府采购工作取得的成绩给予了充分肯定，但也着重提到了社会普遍反映政府采购价格高的问题，强调要通过推广批量集中采购、网上竞价机制等进一步提高政府采购效率和质量。经仔细分析，省、市两级政府采购工作人员一致认为，人大代表提出的价格高的问题，集中体现在协议供货品目上，必须对此问题给予足够的重视，并尽快解决，否则将影响到政府采购的公信力。

4. 中央单位的示范效应。从中央国家机关试行一年多的批量集中采购情况来看，规模效益十分明显。从 2011 年 8 月至 2012 年 10 月，批量集中采购共实施了 15 期，采购台式机 78682 台，金额 27708.57 万元，平均价格为 3531.58 元，打印机 17216 台，2040.4 万元，平均价格为 1185.18 元，节约率 15%。以上采购结果也增加了江苏省级单位试点批量集中采购的信心。

## 二、

## 因地制宜，讲求实效

确定省级单位试点批量集中采购后，江苏省认真研究了财政部《关于进一步推进中央单位批量集中采购试点工作的通知》和《关于更新中央单位批量集中采购试点台式计算机和打印机基本配置参考的通知》，江苏省政府采购中心还专程派人到中央国家机关政府采购中心和中国人民银行集中采购中心，学习其开展批量集中采购的先进做法和成功经验。在结合江苏省级单位采购实际的基础上，2012年9月27日，省财政厅正式下发了《关于开展省级部门单位部分办公设备批量集中采购试点工作的通知》，通知中体现了江苏与中央单位批量集中采购的明显差异，更符合当地的实际情况，更讲求采购的实效。

1. 实施品目不同

江苏将台式计算机、便携式计算机和打印机（含一体机）三个品目纳入了批量集中采购的试点，中央纳入批量集中采购的品目是台式计算机和打印机。江苏将便携式计算机纳入批量集中采购，实现了对计算机品目集中采购的全覆盖，只要属于计算机品目，都一律实行集中采购。将一体机纳入批量集中采购，主要考虑一体机也具有打印功能，防止采购人以购买一体机为名，规避打印机的批量集中采购。这些不同也符合财政部不断扩大批量集中采购品目范围的总体要求。

2. 实施范围不同

江苏批量集中采购的范围仅限于在宁省级预算单位使用财政性资金购置的试点品目，而中央批量集中采购的范围涵盖了所有中央单位。鉴于中央单位在实施批量集中采购的初期，合同履约率不高的情况，江苏将范围缩小到在宁省级预算单位，一方面便于供应商精确核算成本；另一方面也有利于提高合同的履约率；缩小到财政性资金，一方面是与《政府采购法》规定相一致；另一方面也有利于缓解来自采购人的压力，自筹资金可自行申请纳入批量集中采购，但不做强制要求。等试点期过后，如果实际成效显著，实施的范围可能会进一步扩大。

3. 采购周期不同

江苏规定的采购周期原则上是：计算机每两个月采购一次，打印机（含一体机）每季度采购一次。中央是对每个品目每月采购一次。由于江苏实施批量集中采购的范围限制，如每月采购一次，可能数量较少，形成不了批量采购的规模效应，因此，目前规定的采购周期基本符合江苏省级单位批量集中采购的实际需要。

### 4. 配置标准不同

江苏目前确定的配置标准中，台式计算机有3种，对应的采购预算限额分别为6000元/台、4000元/台和3000元/台；便携式计算机有4种，对应的采购预算限额分别为12000元/台、8000元/台、6000元/台和7000元/台（显示屏≤12英寸）；打印机有5种，对应的采购预算限额分别为1000元/台、2500元/台、5000元/台、15000元/台、4000元/台（一体机）。中央目前确定的配置标准中，台式计算机有7种，打印机有8种。江苏配置标准少，主要是考虑批量集中采购的总体数量不多，如果配置标准过多，则分散到每个配置标准中的采购量可能过少。由于江苏的配置标准是经多方讨论，最新确定的，因此总体上比中央的配置标准要高，更贴近于市场。

### 5. 计划申报不同

江苏的批量集中采购计划申报，是在预算执行系统"政府采购"模块中，计算机于单月18日前、打印机于每季度18日前申报，当月最后一天生成计划。中央是通过中国政府采购网"政府采购信息统计及计划管理系统"每月5日前报送，财政部于每月10日前汇总下达。江苏在预算执行系统"政府采购"模块中申报计划，可以直接与国库集中支付相结合，计划申报后，只要采购人验收合格，直接在此系统中点击"支付"，即可通过国库将货款支付给供应商；存在的问题是，缺少具体采购人的联系信息，造成采购中心需花费大量的时间去联络采购人，否则供应商无法向采购人供货。中央的计划申报系统的优缺点则与江苏正好相反。

### 6. 履约方式不同

江苏的批量集中采购在招标结束后，由江苏省政府采购中心代表采购人统一与中标供应商签订合同，具体每个采购人的联系信息、采购的数量和对应的配置标准，也由采购中心统一提供给中标供应商。中标供应商按名单与采购人联系、供货，并向采购人提供合同复印件和发票原件。采购人验收合格后，使用财政性资金的，自行在计划申报系统中申请国库直接支付，使用自筹资金的，自行支付。如果说这种模式就是实物配发也不为过，仅在资金支付上还未能实现统一支付。中央则是在招标结束后，要求中央单位应按当次批量集中采购确定的品牌、型号、价格、数量、服务、送货期限等内容，与中标人或授权供货商签订采购合同，合同获取、供货、验收及支付等具体操作方式可参照现行协议供货方式执行。

### 7. 衔接方式不同

江苏在试行批量集中采购后，相应品目立即全部停止协议供货，一律执行批量集中采购。中央单位如果因时间紧急等特殊原因，不能参加批量集中采购的，各中央单位经主管部门同意后，可以从协议供货渠道采购。主管部门应建立紧急采购或特殊需求采购内部审核管理制度，要将协议供货渠道采购的台式计算机和打印机数量控制在本部门上年同类采购品目总数的 10% 以内。江苏推进批量集中采购的力度更大，但风险和压力也更大。

### 8. 特殊处理不同

江苏规定对确有特殊原因，批量集中采购产品不能满足实际需要的，由采购人提交申请报告，经财政厅批准后，在预算执行系统"政府采购"模块中，申报需要采购产品（用品目＋X表示）数量、单价、金额，自动委托采购中心代理采购。中央规定各主管部门可根据实际工作需要，制定本部门统一的台式计算机和打印机配置标准。因特殊需要，中央单位台式计算机采购项目预算金额在 50 万元以上，打印机采购项目预算金额在 30 万元以上的，可以经主管部门同意后，确定本次采购项目的特殊配置标准。

## 三、

## 三位一体，互动共进

通过江苏近半年来的实践证明，推进批量集中采购工作，必须构建"以系统为支撑，以制度为保障，以执行为纽带"的"三位一体"批量集中采购体系，才能满足批量集中采购工作运行的需要。

### 1. 以系统为支撑

早在 1999 年，江苏省级单位刚开始执行政府采购制度时，江苏省政府采购中心就曾尝试对计算机、打印机、空调等实行集中采购。由于当时缺乏相应的信息软件系统，政府采购计划的编制、申报、批复、汇总都是在纸质上进行，整个采购周期基本需要半年左右的时间，同时缺乏统一的配置标准，效率低下，差错率高，采购人意见很大，最终导致对相关品目取消集中采购，实行协议供货。

批量集中采购的信息系统应能实现三大功能：计划申报与跟踪、结果录入和核对、履约支付与反馈。目前，江苏省级虽然未开发单独的批量集中采购信息系统，而是借助于省财政的预算执行系统，但三大功能基本都能在系统中实现。

一是计划申报与跟踪。在该系统的"政府采购"模块中，对于纳入批量集中采购试点的品目，省级单位申报政府采购计划时，将进入单独的"批量集中采购"界面，直接按照预算选择对应的配置标准，如配置标准不能满足需要，则可以申请"配置X"，但必须将申请理由以书面形式报财政厅审批。只要省级单位在系统中提起申报，财政厅各有关处室和采购人都可以看到计划的执行状态。

二是结果录入和核对。每个集中采购的当月初，采购中心从该系统中接收计划，直接按不同的配置标准进行汇总，放入招标文件模本后，就可以发出招标公告。中标结果产生后，由采购中心直接与中标供应商集中签订合同，并将合同结果直接输入到预算执行系统中。

三是履约支付与反馈。供应商履约后，省级单位验收合格，直接在预算执行系统中点击支付，即可通过国库将货款支付给供应商，并可在系统中对供应商的履约情况进行反馈。

通过以上系统的设置，可以大幅缩短计划的申报、核对、接收时间，提高合同签订和履行的效率，最终达到让采购人、供应商、采购中心、监管部门都比较满意的状态。如果没有信息系统的支撑，将无法准确、高效地完成批量集中采购工作。

## 2. 以制度为保障

从协议供货方式调整为批量集中采购，表面看是方式上的变化，实质是利益的重新调整。以协议供货方式进行采购时，采购人的选择余地很宽，可以根据自身的喜好选择产品品牌，可以根据关系的亲疏选择供应商，采购人与供应商形成了利益共同体，购买价格尽管可能比市场高，但通常情况下供应商的服务会更好。批量集中采购实质上是取消了采购人的选择权，切断了采购人与供应商的利益通道，即使购买价格再低，只要自身利益没能得到满足，都会用各种方式表达对批量集中采购工作的反对，众口铄金，可能会导致批量集中采购最终半途夭折。尤其本次江苏省级单位的批量集中采购，直接彻底终止了对应品目的协议供货，更会引起采购人的反对。因此，推行批量集中采购，必须建立完整的规章制度，以制度为保障，才能保证改革措施的落实到位。

批量集中采购的规章制度至少应包含三项基本内容：明确品目和范围、明确配置和标准、明确流程和职责。江苏已经建立了较完善的部门预算、国库集中支付制度，为政府采购制度的推行奠定了基础。2011年，江苏制订了《省级单位办公用品配置标准》，为批量集中采购确定相关配置标准提供了依据。本次江苏省为做好批量集中采购工作，专门下发了《关于开展省级部门单位部分办公设备批量集中采购试点工作的通知》，明确规定了以上三项内容以及与协议供货的关系，标志着江苏批量集中采购制度的正式确立。

### 3. 以执行为纽带

系统和制度为执行服务，执行和系统围绕制度开展，制度和执行也必须依靠系统来运行，三者相辅相成，缺一不可，相互促进，相互完善。

批量集中采购要想取得成效，在执行过程中必须把握好三个关键环节：

一是制订配置标准。江苏在制订配置标准时，一方面参考了市场主流机型的市场参考价、本省协议供货价和中央批量集中采购的实际成交价，另一方面及时掌握主要部件，特别是核心部件的更新换代趋势，和IT产品存在价格调整、配置更新换代的预期，适度超前提高配置标准，最大程度上避免所采购的产品短期内即出现配置落后或部件停产的情况发生。配置标准不能一成不变，必须根据批量集中采购品目的市场特点，适时、动态地进行调整，尽可能满足采购人的合理需求。

二是编制招标文件。由于批量集中采购不同于一般性的货物采购，江苏的模式更与中央单位的规定存在显著区别，为批量集中采购量身定做一套招标文件模本非常必要。为此，江苏省政府采购中心在借鉴中央单位批量集中采购招标文件的基础上，先后修订十多稿，对每个细节进行了认真分析和研究，许多内容都属大胆创新，尤其是在合同条款和评分标准上。定稿前，还特地邀请上海市政府采购中心法律和业务专家对招标文件"挑刺"，保证了招标文件内容的规范和严谨。

三是监督合同履约。鉴于中央单位前期批量集中采购中标结果履约率不高的现象，江苏为了维护政府采购的严肃性，提高合同履约率，一方面通过制度设计提高采购人的履约率。由江苏省政府采购中心直接签署合同，并将采购结果直接录入预算执行系统，采购人只有两个选择，一是接受中标结果，验收后提请支付货款，二是不接受，则采购资金被锁定，无法再使用，并将面临政府采购监管部门的追责；另一方面通过合同约定提高中标供应商的履约率。在合同条款中明确供应商未完全履约应承担的责任，一旦出现违约情形，则按照合同约定进行处理。

## 四、

## 首战告捷，尚需完善

尽管江苏省级单位首次批量集中采购取得了明显的成效，但通过实践的检验，还是有一些问题需要在以后的工作中进一步探索和完善。

### 1. 积极探索与"公物仓"制度的对接

江苏在首次批量集中采购中，尽管已经考虑到两次采购周期中如何满足采购人的紧急需求的问题，专门在招标文件中要求供应商做出"在合同数量的10%以内进行备货，并在接到采购中心通知、签订补充合同后，按照中标价格及时向采购人供货"的承诺，解决了部分紧急需求。但由于目前批量集中采购计划的严肃性不强，10%的备货还是不能完全解决采购人的紧急需求问题。因此，为弥补批量集中采购的时效性问题，探索与"公物仓"制度的对接很有必要。建议每次批量集中采购时有针对性地多采购一些，多余的设备直接送往"公物仓"，"公物仓"管理部门（也可以由采购中心负责管理）按照采购人提出的申请，直接将实物配给采购人，同时做好相关资产的登记、录入工作。在当前各地"公物仓"尚未建立的情况下，也可以借助供应商的仓库，建立"虚拟公物仓"，在一定期限内，中标供应商根据采购中心的要求，按照名单直接向采购人供货。

### 2. 努力实现与软件正版化的有效衔接

首次计算机批量集中采购，发现各采购人对计算机操作系统软件需求不一致，满足每个采购人的需求难度很大，而目前操作系统软件的价格在不断攀升，在整个采购价格中所占比重越来越大。与此同时，中央和一些地方花费了巨资，通过软件正版化的形式对操作系统软件实行了统一采购，但软件正版化与批量集中采购工作脱节，可能造成重复采购，浪费了财政资金。因此，应通盘考虑，尽快实现批量集中采购与软件正版化的有效衔接

### 3. 主动研究"配置 X"的应对方案

试行批量集中采购后，大多采购人都能按照规定选择相应的标准化配置，但还是有一些采购人由于各种原因，选择了非标准的"配置 X"。尽管政府采购监管部门已经从严把关，要求采购人尽可能地选择标准化配置，但难免还有一些"配置 X"需要采购中心单独采购。大多"配置 X"数量少、金额小，供应商参与采购的积极性不高，如何提高采购绩效也需要认真研究，予以解决，否则将加剧采购人对批量集中采购的反感。

### 4. 注重强化采购预算审批的时效性

由于江苏的批量集中采购计划，没有单独的申报系统，而是嵌入在预算执行系统中，每项计划都需要省财政厅相关业务处室、国库处审核，再汇总到采购处，最后统一下达到采购中心。在此过程中，有些业务处室审核不及时，造成采购计划的长期滞留，一旦错过近期的批量集中采购，将造成采购人至少推迟两个月才能参加下一期的采购。采购人对业务处室不敢有太多怨言，却将这些问题都怪罪到批量集中采购的制度设计上，采购中心也成为其出气筒。因此，有必要强化预算审批的时效性，共同推进批量集中采购不断前行。

（本文发表于 2013 年 2 月 4 日《政府采购信息报》第 3 版）

# 集中采购让农民二次受益

——江苏省在全国率先对水稻良种补贴项目实施阳光操作

经验篇

为贯彻中央一号文件精神，帮助粮食生产县优化水稻品种，推动江苏省农业结构战略性调整，增加苏中苏北百万农户种粮收入，经省委、省政府研究决定，由省财政安排专项资金5000万元，用于23个县510万亩的水稻良种补贴项目。受江苏省农业技术推广中心的委托，江苏省政府采购中心在全国率先对这项利民工程成功地实施了政府集中采购。

鉴于本次项目实施时间紧、任务重，按照正常的公开招标采购程序已不能满足农户对种子需求的时间要求，为确保这项支农项目公正、公平地实施，经政府采购监管部门批准，决定采用面向全省供种企业公开询价的方式进行采购，即采购信息的发布、采购文件的制作、采购现场的组织、评审专家的产生、成交结果的确定，完全按照公开招标的有关规定执行，确保采购程序的严格规范和采购结果的公平合理。在该省农业技术推广中心和财政厅农业处的大力支持和配合下，自2月13日接受委托开始，采购中心负责人亲自挂帅，带领中心工作人员连续放弃两个星期的休息时间，保证了该采购项目的如期实施。在2月22日递交报价材料截止时间前，共收到52家投标企业70份报价材料，经评审专家一整天的详细评定、监督部门认真监督和省公证处现场公证，最终确定了供种企业27家，成交种子合同数量1368公斤，合同金额7931.1万元，与采购预算金额9242.8万元相比，节约资金1311.7万元。加上省财政补贴资金5000万元，通过政府集中采购，实际节约23个项目实施县农民购种资金达6311.7万元，在保证了水稻良种质量的前提下，使农民得到了最大受益。

为了切实贯彻"百姓利益无小事"的精神，在本次组织采购过程中，采购

中心采取了一系列措施,保证了农民受益的最大化:

1. 扩大采购信息发布渠道,降低企业投标成本

虽然是询价采购,但为体现公开、公平的原则,该中心决定在《新华日报》、《江苏政府采购网》和《江苏农业网》同时发布采购信息,最大程度扩大信息的覆盖面。对采购材料严格按照物价部门批准的标准,以成本价发售,对部分来不及到中心购买的供种企业,允许先在网站上免费下载,等递交报价材料时再补交。

2. 促进供种企业参与力度,免收任何相关费用

受去年洪涝灾害的影响,今年种子供求关系处于供小于求的状况,为提高供种企业参与政府采购的积极性,降低企业的转移费用,采购中心对参加投标的企业免收任何相关费用,所有评审、组织、场地等费用均由中心先承担;投标保证金也在确定成交,签订合同后直接交到相关项目县财政部门,通过这种形式最大限度地降低了农民的购种成本。

3. 改变良种采购评审方法,确保农民受益最大

本次采购改变了按照项目县确定一家供种企业的方法,变化为按照项目区单一品种进行评审,保证了每个项目县的每个采购品种都能实现价格最低成交;同时对一些借种子市场紧俏、变相抬价的企业,经项目领导小组同意,由评审小组通过谈判的方式,降低供价,切实保证了农民受益最大。

4. 加强采购合同责任管理,依法落实采购成果

采购中心强调必须以合同的形式,明确项目县农业、财政部门和供种企业的责任和权利,将政府采购的硕果落实到每个项目县的每个农民。这是江苏省政府采购中心今年来,以加强工作作风建设为契机,真心实意为农民帮忧解困、增加收入的一项重要举措。通过尝试全省水稻良种补贴项目的政府采购,对强化财政资金跟踪问效,摸索出了一条有效途径。今后,采购中心将积极与相关部门配合,扩大财政资金补助项目的政府采购范围。

(本文与顾岳良主任合著,刊登于2004年3月3日《政府采购信息报》第2版)

# "政府采购阳光"再照"三农"

## ——江苏省政府采购中心对全省畜禽疫苗成功实施政府采购

7月8日,在江苏省财政厅和农林厅的大力支持下,江苏省政府采购中心首次成功地对本省范围内7~12月所需的畜禽疫苗组织实施了政府采购。据了解,该项目整个采购预算达到了4761万元,是目前全国省级相关政府采购项目中规模最大的一次,共吸引了通过国家农业部认可的生产规模最大的7家供应商参与。通过激烈的竞争,中牧实业股份有限公司和金宇集团内蒙古生物药品厂最终成为该项目的成交单位,合同金额约为4077万元,与预算相比,节约财政资金近684万元,资金节约率达到14.37%。

为了规范本省畜禽疫病防治专项资金管理,提高资金使用效益,加快本省畜牧业和养殖业发展,促进农业增效、农民增收和农村经济全面发展,江苏省财政厅、江苏省农林厅联合下文规定对全省免疫疫苗实行省级统一购买,逐级供应;疫苗供应单位按政府采购办法确定;为了保证专款专用,疫苗货款统一由省级财政负责与疫苗供应单位直接结算。

自6月16日江苏省政府采购中心接受项目委托开始,该中心本着"百姓利益无小事"的认真态度,中心领导全程参与,调集中心主要业务骨干,在省财政厅农业处和畜牧兽医总站的积极配合下,在短短十几天内,完成了采购方案的拟订、初稿、论证和定稿,并顺利地组织实施了采购,受到了采购人和参与采购活动供应商的一致好评。本次采购是今年江苏省政府采购中心继本省水稻良种补贴、水稻插秧机补贴项目后,以加强工作作风建设为契机,真心实意为农民帮忧解困、增加收入的又一项重要举措。通过尝试以上项目的政府采购,为规范本省专项资金管理,强化财政资金跟踪问效,摸索出了一条有效途径。

(本文刊登于2004年7月29日《新华日报》第D4版)

# 江苏加速启动"民生采购服务专列"

——江苏对全省 2008 年小麦良种推广补贴项目组织实施政府采购

2008 年 8 月 19 日,江苏省政府采购中心在南京市金盾饭店对全省 2008 年小麦良种推广补贴项目成功组织实施了政府采购。

本次小麦良种推广补贴项目,是为了进一步推进优质专用小麦优势区域布局,建设优质专用小麦优势产业带,提高优质专用小麦市场竞争力,稳定提高粮食综合生产能力,促进粮食增产、农民增收和农业增效,农业部、财政部安排江苏省补贴规模 1700 万亩,由中央财政补贴资金 1.7 亿元,补贴项目实施区域包括 58 个小麦生产县(市、区)和省农垦 13 个农场,涉及 32 个小麦良种,共 14196.5 万公斤,总预算 5.423 亿元,全部通过政府采购竞争性谈判确定供种企业和价格。由于今年繁种期江苏受灾情况较为严重,市场上小麦良种供不应求,价格居高不下,但经过 8 组 24 个评审专家的艰苦谈判,共 75 家供种企业最终笑到了最后,成交金额 5.2079 亿元。既为农民节约资金二千多万元,又保证了小麦良种的正常供应。

这是该中心自 2004 年在全国率先对水稻良种推广补贴实施政府采购后,连续第五年为民生采购提供了优质服务。该项目的成功实施,使江苏的民生采购在全国范围内成为实施时间最长、补贴资金最多、涉及项目最广、农民受益最丰的精品采购项目。目前,该中心所启动的民生采购项目已涉及水稻、小麦、棉花等良种推广补贴、农机补贴、救灾化肥、防汛物资、畜禽疫苗、农药、全省义务教育阶段学生国家课程和省级课程教科书、磁带、全省中小学校"校校通"工程、全省农村初中"四项配套工程"、全省农村基层医疗设备等有关民生方面的采购,为民生采购提供了全方位的优质服务。仅今年上半年,中心接受民生方面的采购预算金额就达到了 24.99 亿元，比去年同期增长 108%，占接受委托总预算金额的 89%，以实际行动为该中心推动科学发展观，落实厅领导"围绕中心工作、服务财政大局"的指导精神做出了最好回答。

（本文刊登于 2008 年 9 月 3 日《中国财经报》第 1 版）

# 农机招标启动江苏"民生专列"

为深入贯彻落实中央强农惠农政策，进一步扩大内需，改善农民生产生活条件，拉动农机工作发展，受江苏省财政厅、省农业机械管理局的联合委托，江苏省政府采购中心分别于 2 月 12 日对通用类农机在农业部选型的基础上组织竞争性谈判、2 月 17 日对非通用类农机选型组织公开招标，确定江苏省内的农机购置补贴具体目录。自此，该中心 2009 年度服务民生专列正式开始启程。

本次江苏农机购置补贴的范围覆盖全省所有县（市、区），补贴资金总规模达到 5.3 亿元，其中：中央财政安排 3.8 亿元，省级财政安排 1.5 亿元，比去年的 2.7 亿元增长近一倍，创下近年来的历史新高。本次采购中心组织的采购共涉及 6 大类 28 种机具，共计 23.2795 万台套，采购总市值达到 17.583 亿元，两次采购，来自全国各地农机生产厂家递交的谈判相应文件和投标文件达到了 237 份，各项数据均创下中心采购历史上的新高。

在中央积极扩大内需、主动服务民生的政策号召下，本次采购体现了鲜明的特点：

一是减少环节购买国货。本年度农机购置补贴不准层层选型，通用类机具由农业部负责，非通用类农业机械由各省农机管理部门统一选型，严禁省以下层层选型。补贴资金必须全部用于购买我国境内生产的农机产品。

二是价格要求低于去年。考虑到经济危机下原材料价格下降等因素，本着适当盈利、让利于民的原则，科学合理确定最高承诺价，原则上不得高于 2008 年价格，且不得高于同一地区该产品的市场价，否则，农业部将立即中止该产品的目录资格，并在下一年度的选型中拒绝该产品的参选。

三是生产企业直接负责。本次农机补贴，虽然补贴产品的经销商可以由生产企业根据实际情况自主指定，但生产企业将直接对经销商的行为负责，一旦出现经销商违规操作或服务不到位,将直接追究生产企业的责任。

四是所有项目取消收费。为最大限度降低生产企业成本,真正实现让利于民的原则,做好农机补贴的选型工作,本次通用类农机的部级选型、非通用类农机的省级选型,将不再向生产企业收取任何费用。

(本文刊登于2009年2月25日《中国财经报》第2版)

# 江苏政府采购为新农村建设"添砖加瓦"

农业丰则基础强,农民富则国家盛,农村稳则社会安。加强"三农"工作,积极发展现代农业,扎实推进社会主义新农村建设,是全面落实科学发展观、构建社会主义和谐社会的必然要求,是加快社会主义现代化建设的重大任务。

为贯彻中央一号文件精神,帮助农民减支增收,推动江苏省农业结构战略性调整,加速江苏的社会主义新农村建设,自2004年起,江苏省政府采购中心在该省财政厅相关业务处室配合下,率先在全国对全省水稻良种补贴项目组织实施了政府采购,正式拉开了政府采购服务"三农"的序幕,开通"政府采购照三农"服务专列,对凡涉及"三农"的项目一律实行"优先、专人、限时、跟踪"服务,当年即对全省水稻、小麦良种、插秧机、收割机、畜禽疫苗、救灾化肥以及基层农村医疗装备等七项财政补贴项目成功地组织实施了政府采购,实现采购规模3.68亿元,执行合同金额3.20亿元,节约财政资金0.48亿元。由于组织规范,成效显著,当年,江苏省将涉及"三农"的财政支出补贴项目纳入政府采购的做法得到了财政部的高度赞扬。2006年,该中心更是在总结开通"政府采购照三农"服务专列经验的基础上,不断扩大为"三农"项目服务的范围和规模,累计组织实施的涉及"三农"项目的总预算金额达到了11多亿元,合同金额约为10亿元,为省级财政和农民共节约资金超过亿元,国家农业部还将江苏省2006年国家优质专用小麦良种推广补贴项目实施政府采购的经验在全国推广,特地组织全国近二十个省(自治区)农业部门代表到采购现场进行全过程观摩。

由于涉及"三农"的财政支出补贴项目一般预算金额较大,不仅对政府采购的整体规模产生影响,而且对社会的影响面巨大,关系到农民的直接利益,各级政府领导对此也都比较关注,是只能成功不能失败的项目,因此,对涉及

"三农"的财政支出补贴项目都必须给予高度的重视，精心组织，才能保证项目的顺利实施。通过几年来的实际采购，该中心总结出一套行之有效的操作方法：

**一是要加强组织协调，制订详细可行的实施方案。**

由于涉及"三农"项目社会影响面广，通常采购时间要求紧急，项目责任重，这就要求必须有强有力的组织领导作保证，才能保证采购工作的正常运转。因此，对所有涉及"三农"的采购项目，该中心都会成立由政府采购监督管理部门、采购人、采购中心等各部门有关领导组成的项目领导小组，负责项目的总体领导与决策，中心明确一名主任直接分管具体项目实施，选配中心业务骨干作为项目具体负责人，采购程序严格按照法律法规运行，采购方式、实施方案、采购文件等重大事项提交项目领导小组集体讨论研究后决定。

同时，对每个涉及"三农"的项目，在中心接到委托后，都要求项目经办人和采购人共同制定详细、全面的采购工作计划时间表。对采购需求提交、总体实施方案、采购方式、项目分包形式、资金解决途径等内容的确定、招标文件制定、招标文件论证、招标地点、日程安排、开标、评标现场布置等各个环节都事先进行周密、详细的部署。在项目具体实施时要求严格按时间表执行，每个环节只准提前，不能延误，确保了采购进度按时、保质保量的完成。

**二是要强化项目论证，力求采购方案的公平公正。**

由于涉及"三农"的项目预算金额较大，对相关行业的影响面广，供应商关注度很高，一旦出现任何小差错，都可能给政府采购工作带来非常不利的影响，因此，就要求中心在制作采购方案时，必须对采购方案进行多方论证，力求方案尽量做到公平公正。一般情况下，中心按以下程序进行论证：

首先，在与采购人充分沟通的基础上，中心内部对采购方案进行讨论，征求各方面的意见，积极吸取以往类似项目成功经验，通过中心内部审核，完成了采购文件的初稿。

其次，提前将采购文件在政府采购网上公开发布，征求供应商意见，再召开供应商座谈会，广泛听取与会供应商的意见，对认为供应商提出的合理性建议，积极采纳，并根据起建议对采购文件进行修订。

最后，召开采购文件专家论证会，与会专家全部从省级政府采购专家库中随机抽取，并且此批专家不再参加评标，专家组对采购文件技术参数、商务条款等进行逐条审议，同时对前期供应商座谈会汇总的供应商建议进行论证，专家论证会的召开对采购文件的完善提供了全面支持。

**三是要加强团队协作，确保评审过程的合理运转。**

正常情况下，涉及"三农"项目的采购过程比一般项目要复杂，有关领导也比较关注，尤其在评审环节，要求中心在每个细节上都要衔接合理，安排有序。因此，在正式评审前，该中心都会成立了一个由中心各科室组成的现场工作小组，事前对每个工作人员的任务、职责进行详细分工，从会场布置、接受投标文件和保证金、开标、唱标、记录、评标，一直到采购结束的资料整理，都要落实到具体负责人，确保开标、评标现场秩序井然，开标、评标程序高效运作。

同时，在评标环节要求评委在评审时，严格遵循下列工作程序：（1）对投标文件初审，包含资格性检查、符合性检查。（2）澄清有关问题。（3）比较与评价。（4）推荐中标候选人名单。（5）编写评标报告。评审期间因特殊情况必须离开评标会场时，由采购中心工作人员陪同，同时邀请公证、纪检及政府采购监管部门的对评审工作进行全程监督，确保评审环节的公平、公正。

**四是要加强事后跟踪，确保采购成果的完全到位。**

合同签订并不等于整个采购项目的结束，尤其对涉及"三农"项目的实施现场进行跟踪回访服务，是非常必要的：一是可以掌握合同履行情况的一手资料。通过对"三农"项目跟踪回访服务制度的建立，不仅能够保证"三农"项目在执行过程中不变形、不走样，使财政资金的投放真正落到实处，同时还可以促进供应商和采购人诚信机制的建立；二是可以检验政府采购结果的真实情况。政府采购是否能够真正满足采购人的需求，特别是基层使用单位、农民能否满意，是政府采购工作真正成功与否的关键，通过跟踪服务，使政府采购监管部门和集中采购机构能够了解到采购人和农民对政府采购工作的真实想法，得到广大采购人和农民对政府采购事业的衷心支持；三是提供相关采购方案的制订依据。如何在实践中不断完善采购方案，保证采购方案既能体现出采购人和农民的需求，又能保护供应商的合法权益，通过实地跟踪服务，可以为日后相关采购项目方案的制订提供更加有效、合理的依据。

通过采取以上一系列措施，几年来，江苏省政府采购中心围绕政府工作大事，想农民所想，急农民所急，主动服务"三农"的做法，不仅为强化财政资金支出的跟踪问效，探索出了一条有效途径，也为江苏省新农村建设做出了应有的贡献。该中心更是由于时刻保持创新精神和服务理念，被中共江苏省团委授予财政厅首家"省级青年文明号"光荣称誉，取得了采购工作和精神文明"双丰收"。

（本文2007年1月发表于中国财政依法管理实务——基层财政科学理财9（上卷）新华出版社）

# 服务财政大局　情注民生采购

## ——江苏省政府采购中心五年民生采购回顾

经验篇

2009 年，江苏省政府采购中心（以下简称"采购中心"）在忙碌中已悄悄地迈入了成立的第十个年头。"十年磨一剑"，在走过的十周年光阴中，采购中心留下了许多令人难忘的足迹，除了开创阶段的艰辛外，最让人记忆深刻的，就是采购中心五年来一直倾注大量心血的民生采购。

自 2004 年首次为全省水稻良种推广补贴项目实施政府采购以来，采购中心服务的民生采购已涉及水稻、小麦、棉花等良种推广补贴、农机补贴、救灾化肥、防汛物资、畜禽疫苗、农药、全省义务教育阶段学生国家课程和省级课程教科书、磁带、全省中小学校"校校通"工程、全省农村初中"四项配套工程"、全省农村基层医疗设备等多个项目，仅 2008 年，采购中心接受民生项目的采购预算金额就达到了 31.94 亿元，使江苏的民生采购在全国范围内成为实施时间最长、补贴资金最多、涉及项目最广、农民受益最丰的精品采购工程。

## 一、

## 民生采购实施的背景

### 1. 厅长讲话的启发

2004 年，时任江苏省财政厅厅长、现任省政协副主席的包国新同志，在全省财政工作会议上明确指示：财政工作不能埋头干事，只管分钱，要跳出财政看财政，创新工作思路，发挥财政资金"四两拨千斤"的作用，尤其是要加强对财政专项资金支出的管理。政府采购本身就是财政支出管理体制改革的三驾马车之一，如何更有效地发挥政府采购为财政改革服务的作用，是当时采购中心思考的主要问题。厅长的一席话，让采购中心茅塞顿开：采购中心的主要工作，已经不能仅仅满足于为采购人购买一些通用的办公设备，而是要紧紧贴近财政支出的主要方向，围绕财政工作大局，才能更充分地发挥政府采购的功能作用。

### 2. 分管厅长的支持

光有想法，没有办法也不行。每一笔财政专项资金安排的项目都有相关的配套政策，政策中已经明确了资金拨付的金额和方法，政府采购如何介入这些财政专项资金的分配，是采购中心面临的具体问题。2004年，国家财政分配政策已经明确要向"三农"、社保、教育、卫生等民生领域倾斜，中央"一号"文件更是将解决"三农"问题放在了首位，如果能在"三农"方面找到突破口，其他领域将会迎刃而解。当时分管政府采购的黄小平副厅长，恰好也分管农业、社保方面的业务处室，采购中心的想法，得到了他的大力支持。在他的组织协调下，当年全省水稻良种补贴资金的分配政策中，明确了对补贴资金的发放，必须通过政府采购确定供种企业，从直接将"钱"发到农民手中，转变成购买良种时直接扣减种子的价格，更好地发挥出补贴资金的效果。经过采购中心的精心组织，该项目组织得非常成功，省财政厅将专项补贴资金纳入政府采购的做法汇报给财政部，得到了财政部的充分肯定。当年先后有水稻、小麦良种、插秧机、收割机、畜禽疫苗、救灾化肥以及基层农村医疗装备七个民生项目实施了政府采购，实现采购规模3.68亿元，执行合同金额3.20亿元，节约财政资金0.48亿元，资金节约率达到13.11%，从而为越来越多的民生项目逐步纳入到政府采购范围奠定了基础。现任分管政府采购的王正喜副厅长，也多次明确要求采购中心的核心工作，就是必须围绕财政工作，服务财政大局，更加坚定了采购中心的努力方向。

### 3. 中心主任的执着

2004年，江苏省省级集中采购目录中并没有相关的民生项目，民生项目能逐步纳入政府采购，完全与采购中心各位主任的执着努力分不开。当时采购中心顾岳良主任，为了能让民生项目纳入政府采购，经常向分管厅长汇报中心采购的动态，分析将财政专项资金纳入政府采购的利弊关系，冒着一定的政治风险，争取到了分管厅长的支持；主动上门与相关业务处室的处长沟通，宣传政府采购的好处，化解外界对政府采购的误解；只要项目一旦确定由中心采购，主任都亲自挂帅，组织精兵强将，精心部署落实，只准成功，不许失败，得到了财政相关部门和采购人的好评，采购的项目和范围也随之不断扩大。几年来，正是依靠这种执着的精神，才从2004年民生采购的3.68亿元起步，迅速上升到2008年的31.94亿元。

### 4. 相关部门的配合

每一个民生项目的顺利实施，背后都离不开相关部门的密切支持、配合。如财政厅农业处的李建平处长不仅在项目的实施过程中给予了大力协助，而且亲自与采购中心工作人员，深入项目实施地区的地头、农户的家里，了解项目通过政府采购后的落实情况；财政厅科教文处、社会保障处的同志多次亲临采购项目，了解项目的实施情况，解决遇到的难题；政府采购管理处参与了每一次民生项目的采购现场监督，为民生项目的采购保驾护航，并本着成熟一个，加入一个的原则，及时将民生项目纳入省级集中机构目录，为民生项目纳入政府采购从制度上起到了保护作用。农林厅、教育厅、卫生厅等相关厅局也积极响应政府采购的有关规定，提前做好采购方案的论证，主动配合采购中心做好采购现场的组织，为民生项目的顺利实施发挥了巨大作用。

### 5. 化解压力的需要

采购中心将工作中心转移到民生项目，与当时面临的采购压力也有部分关系。2003年，采购中心发现与前几年相比，采购规模增长速度明显放缓，经对已采购的项目类别进行分析，发现通用型的采购项目，如汽车、计算机等，应纳入采购范围的都已实施了政府采购，虽然付出了更多的努力，但每年仅增长约10%~20%，这说明仅依靠采购通用型项目，已经满足不了采购业务进一步发展的需要，采购中心必须寻求新的出路，才能化解采购规模不断增长的压力。由于当时的政府采购管理体制问题，采购规模大的工程采购、药品采购、大型进口机电设备的采购，采购中心都无法插足，而服务民生采购不仅符合财政支出管理体制改革的要求，更是满足了采购中心采购规模不断扩大的需要。自2004年借助民生采购，突破采购规模的瓶颈后，采购中心的采购规模一直处于加速上升的趋势，为采购中心获得省级青年文明号，保持在全国省级集中采购机构中的领先地位奠定了基础。

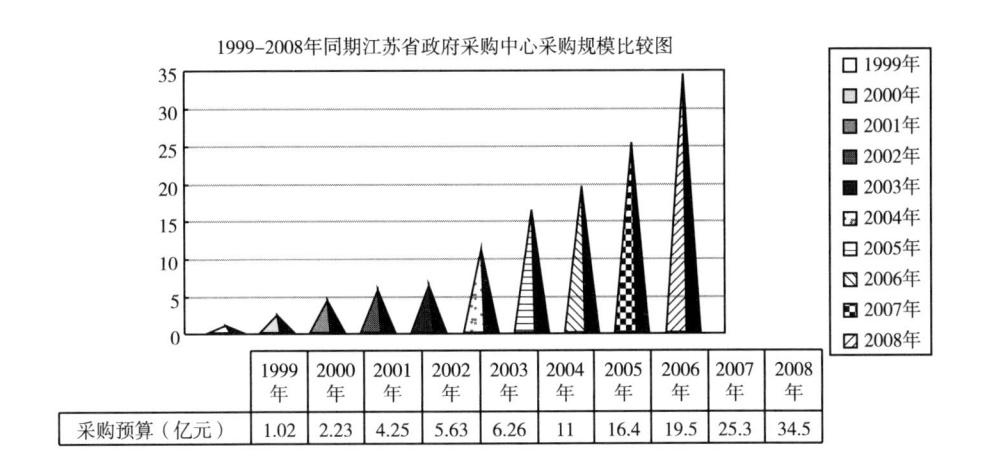

1999-2008年同期江苏省政府采购中心采购规模比较图

| | 1999年 | 2000年 | 2001年 | 2002年 | 2003年 | 2004年 | 2005年 | 2006年 | 2007年 | 2008年 |
|---|---|---|---|---|---|---|---|---|---|---|
| 采购预算（亿元） | 1.02 | 2.23 | 4.25 | 5.63 | 6.26 | 11 | 16.4 | 19.5 | 25.3 | 34.5 |

## 二、民生采购遇到的困难

民生采购也不是一帆风顺，期间也遇到了不少困难，主要体现在：

### 1. 压力大

民生采购都与最广大的老百姓利益息息相关，仅江苏的水稻、小麦等良种补贴项目就涉及500多万农户的利益，采购中心的压力可想而知。一是来自社会的压力。由于事关民生，生怕采购过程中出差错，买错了，买贵了，都无法向老百姓交代，将被全社会唾弃。二是来自领导的压力。政府采购是财政支出管理体制改革衍生出的财政新职能，与财政原来的业务有一定的区别，且是一项高风险的工作，一旦出差错，不仅政府采购成绩前功尽弃，更有可能影响到领导的政治生涯。三是来自采购人的压力。民生项目专项资金以前基本切块给各个行业主管部门，由行业主管部门进行具体的再分配，引进政府采购机制后，分配权变得更为公开，将损害部分采购人的既得利益。四是来自供应商的压力。一些民生项目的供应商，以前就是行业主管部门的下属单位，虽然有的供应商已经与主管部门脱钩，但还是存在千丝万缕的关系，有的参加政府采购的供应商的报价、服务根本没有一点优惠，个别供应商甚至威胁采购中心，拒绝参加政府采购活动。

## 2. 时间急

民生项目通常预算金额大、政策性强，不是一个部门、几个领导就能决定的大事，需要通过反复研究才能确定。刚开始实施政府采购时，由于对政府采购程序了解不够，一些项目资金落实后，再组织政府采购时，距离实施的时间已经非常之近，无法按正常程序组织政府采购。如2004年的全省小麦良种补贴项目，资金落实时，都已经过了小麦播种期，只能按种植面积将补贴直接发放到农民手中。在最近几个年度，通过反复宣传，相关部门对政府采购的程序有了一定了解后，这种状况才有所好转。

## 3. 经验少

每一个民生项目第一次组织采购时，对采购中心而言都是陌生的，不仅在全省没有做过的案例，在全国可借鉴的经验也非常少。许多民生项目都非常专业，如同样的种子，在不同的土壤、不同的气候、不同的培育方法下，种植出的成果就完全不一样，直接影响农民的收入，最终将影响到全社会对政府采购成效的认定。

## 4. 工作量重

民生项目相对于其他采购项目而言，整个采购组织的工作量非常繁重，涉及采购中心的工作人员、评审专家都比较多，给项目的实施带来了一定难度。如2008年11月实施的全省小麦良种推广补贴项目，农业部、财政部安排江苏省补贴规模1700万亩，由中央财政补贴资金1.7亿元，补贴项目实施区域包括58个小麦生产县（市、区）和省农垦13个农场，涉及32个小麦良种，共14196.5万公斤，总预算5.423亿元。仅采购当天，采购中心20多名工作人员基本是全体出动，组织了8组24个评审专家，共进行了近12个小时不间断的艰苦谈判，共有75家供种企业被确定为成交人，成交金额5.2079亿元。

## 5. 市场发育不健全

从西方国家两百多年的政府采购历程来看，政府采购制度必须建立在成熟的市场竞争基础之上，从而形成具有竞争力的政府采购市场。对于许多民生项目而言，由于历史的原因，采购市场的发育不健全，供应、代理、销售的渠道不畅通，使得民生项目行业垄断的现象比较严重。如果不是《种子法》的颁布，江苏大多种子公司仍然会是当地农业部门的下属机构，即使放开了种子的特许经营，许多地方的种子供应依然存在着垄断的现象，这也是为什么在江苏良种补贴项目纳入政府采购能得以施行，而在其他省市不能推广的主要原因。即使中小学免费课本的出版、发行渠道，国家已经要求引入竞争机制，但目前在全省能承担此项目的供应商却只有一家。

## 三、民生采购服务的经验

### 1. 加强沟通

政府采购法尽管已经正式实施了六周年，但社会各界对政府采购的相关规定、作用和程序，真正了解的并不多，即便是财政内部的业务处室，对政府采购也只是一知半解。因此，加强与财政业务处室、行业主管部门、供应商的沟通非常重要。采购中心在每次民生项目实施前，都主动与财政相关业务处室、行业主管部门进行沟通，讨论具体的采购方案，落实各自的职责分工，商榷采购过程中可能出现的各种意外情形的处理方法。采购方案拟订后，再召开相关供应商座谈会，征求供应商意见，确保采购方案的公平、公正，降低了供应商质疑和投诉的概率，提高了政府采购的公信度。

### 2. 规范组织

由于每一个项目都关系到国计民生，要求每一个采购环节都不能出问题，必须严格按照政府采购有关规定组织，确保万无一失。对于每一个民生项目，采购中心都提前成立由财政相关业务处室、采购人、采购中心等各部门有关领导参加的项目领导小组，负责项目的总体领导与决策；采购中心明确一名主任直接分管具体项目实施，选配中心业务骨干作为项目具体负责人。

同时，要求项目经办人和采购人共同制定详细、全面的采购工作计划时间表，对采购需求提交、总体实施方案、采购方式、项目分包形式、资金解决途径等的确定、采购文件制定、采购文件论证、采购地点、日程安排、采购现场布置等各个环节都事先进行周密、详细的部署。在项目具体实施时，要求严格按时间表执行，每个环节只准提前，不能延误，确保了采购进度按时、保质保量的完成，得到了采购人和供应商的共同认可。

### 3. 注重积累

针对民生项目采购时缺乏经验的问题，采购中心在首次采购时，只能与采购人携手，共同"摸着石头过河"，探索如何将专业性的民生项目，与普适性的政府采购有机地结合起来。每次采购结束后，采购中心都与采购人共同回顾采购过程中的收获与遗憾，把每次采购经验教训总结下来，作为下一次采购的借鉴。经过多次的尝试，采购中心从采购方式的选择开始，采购文件的制作、评审标准的拟订、评审现场的组织，一直到采购合同的签订，终于摸索出自己的一套经验。2006年，国家农业部将本省良种推广补贴项目实施政府采购的经验在全国推广，特地组织全国近二十个省（自治区）农业部门代表，到采购现场进行全过程观摩。

### 4. 借助外力

每一个民生项目的实施，都是一起繁杂的系统工程，仅依靠采购中心的力量，无法保证该工程的顺利实施，因此，采购中心必须借助外力，共同完成这项系统工程。如良种推广补贴项目，各级财政、农林、物价、政府采购监管、监察、公证等部门各司其职，财政、农业部门共同负责申报补贴面积和资金，制定实施方案；财政部门具体落实项目资金和经费，农林部门负责确定本地区主推品种和配套技术，物价部门主动参与良种最高限价的合理确定；政府采购监管部门负责整个采购活动程序的监督，监察部门对参与项目的所有工作人员进行监督，公证部门则对采购程序的合法性进行把关。正是借助了这些外力，采购中心才顺利完成了一个又一个的民生项目。

### 5. 事后跟踪

采购结果确定后，签订了政府采购合同，并不等于采购中心完成了所有的使命。就民生项目而言，对项目实施情况进行跟踪回访服务尤其必要：一是可以掌握合同履行情况的一手资料。通过对民生项目跟踪回访服务制度的建立，不仅能够保证项目在执行过程中不变形、不走样，使财政资金的投放真正落到实处，同时还可以促进供应商和采购人诚信机制的建立。二是可以检验政府采购结果的真实情况。政府采购是否能够真正满足采购人的需求，特别是老百姓能否满意，是检验政府采购工作真正成功与否的关键。三是提供相关采购方案的制订依据。只有通过实地跟踪服务，才能为以后民生项目采购方案的制订提供更加有效、合理的依据。

## 四、民生采购带来的启示

**1. 民生采购离不开财政支持**

从采购中心五年来服务民生采购的情况来看，民生项目能够纳入政府采购范围，并一直呈现扩大的趋势，最为关键的是得到了财政部门的大力支持。财政专项资金的分配，可以通过直拨，也可以通过政府采购后再拨付，虽然政府采购法已经颁布，但最终是否采取政府采购，决定权仍然在财政部门。同时，面临部门集中采购、分散采购越来越扩大的趋势，民生项目能否纳入集中采购的范围，决定权最终依然在财政部门。

**2. 民生采购必须经事实验证**

财政部门的支持是基础，但民生项目通过政府采购必须要见到成效，才能对得起领导的信任、老百姓的期盼，让采购人无刺可挑、供应商心悦口服。2004年，采购中心在全国率先对全省水稻良种补贴项目实施了政府采购，随后又对全省范围内 7~12 月所需的畜禽疫苗项目组织实施了政府采购，两个项目的采购总预算金额约为 1.4 亿元，最终成交合同金额约为 1.19 亿元，资金节约率约为 15%，成效非常显著。两个项目的成功组织，不仅规范了民生项目资金的支出管理，直接为农民节约了成本，而且农业部门满意，更得到了财政部门的高度评价，同时能够快速扩大政府采购规模，最终形成"四赢"的局面。五年来，采购中心累计实施民生项目采购总预算 72.87 亿元，节约资金约 5 亿元。以事实说话，为江苏省民生采购的不断扩大奠定了基础。

**3. 民生采购要注重市场培育**

对于民生项目政府采购市场不健全的问题，采购中心在实施过程中要有主动对市场进行培育的意识，为供应商创造参与政府采购的机会，在采购方案制订过程中，一是要降低对供应商的特殊资质要求，允许更多的供应商参与，打破体制垄断；二是要放宽对地域条件的限制，鼓励外地供应商参与本地的政府采购，打破地域垄断；三是在适当条件下，应允许和鼓励供应商以联合体的方式参加政府采购，提高中小型企业参与政府采购的积极性，并在评审时给予适当的优惠，打破行业垄断。只有政府采购市场的健康运行，才能保证民生采购的长期健康发展。

### 4. 民生采购应强化法制观念

许多民生项目在引入政府采购机制之前，基本是以行政命令的形式对资金使用的范围、拨付的金额和方式等方面进行明确，至于资金使用的效果，一般一笔带过，是典型的重分配，轻管理的分配模式，结果造成各部门职责不清，责任不明。采购中心在项目实施过程中，必须强化相关采购当事人的法制观念，将所有采购环节纳入法制轨道：一是明确整个采购过程必须接受政府采购法的约束。二是事先将供应商必须承担的合同义务在采购文件中明确，让供应商清楚，一旦中标或成交，自己应承担哪些义务。三是每次采购的结果均以政府采购合同的形式来确定，项目的具体实施受到合同法的保护。以法律手段取代行政手段，更有利于服务承诺的兑现，一方面保证了中标或成交供应商必须依法履行自己的合同义务，另一方面，也明确了采购人在合同履行过程中的权利和义务，为采购人和供应商维护自身的合法权益，提供了有力依据。

### 5. 民生采购还存在拓展空间

尽管采购中心在民生采购上已经取得了一定成绩，但采购规模与全省涉及民生方面安排的专项资金相比较，仍然存在着很大的差距，如2007年，采购中心实施的涉及"三农"项目的采购总预算金额为15.02亿元，与上年同比增长近20%，然而同年仅省级财政对"三农"的实际投入就达到了210亿元，说明民生采购还存在着巨大的空间可以拓展，关键是政府采购需找准热点方向，主动贴近服务，才能开拓出一片新天地。2008年，采购中心紧贴全省义务教育的专项资金支出项目，当年接受委托采购预算金额13.02亿元，与上年同比增加了10.84亿元，是该年度采购中心保持采购规模快速增长的主要推动因素。2009年，采购中心的工作重点仍将继续围绕"三农"、社保、教育等民生采购，特别将加大对环境保护方面采购的服务力度，力争全年采购规模突破40亿元大关。

(本文发表于《中国政府采购》杂志2009年第2期)

# 乐器采购奏出和谐音符

## ——江苏省政府采购中心首次进行乐器集中采购

2005年7月26日、27日，南京艺术学院某教室内不时传出阵阵音乐之声，不明就里的人们一定以为又是在进行一场普通的乐器升级考试，但弹奏者的娴熟技艺却不是一般学生可以比拟的。原来，这里正进行着江苏省全省青少年校外活动中心相关乐器的现场采购，也是江苏省政府采购中心组织的首次乐器集中采购。

### 悉心备战　胸有成竹

为了保证江苏全省青少年校外活动中心的顺利开张，江苏省政府采购中心根据省财政厅的委托，先后对活动中心所需的电脑、乐器、多媒体设备等项目实施了政府集中采购。

这次集中采购的乐器主要包括钢琴、手风琴、电子琴和古筝四个品种，经省政府采购监管部门批准，采用竞争性谈判方式进行采购。虽然预算金额不高，合计约110多万元，但数量较多，仅钢琴就有60架、手风琴、古筝各近100只、电子琴200只，因此还是吸引了国内许多中低档相关乐器的生产和经销商参与竞争。

由于是首次对乐器进行集中采购，没有多少类似经验可以借鉴，而乐器采购和其他的货物采购有很大区别。其一是不能因为外形美观、材质优良，就能得出产品质量好的结论；其二是质量的好坏无法通过任何仪器客观检测出来，主要通过专家对弹奏的声音和手感来评判；其三是专家评审过程中无法回避主观因素，因为技术标的评审结论只能由专家最后定夺，所以专家的个人偏好对评标结果可能造成一定影响。因此，政府采购中心在标书制作前期进行了大量的调研工作：一是主动与南京市内艺术院校的有关专家取得联系，通过请教专家，掌握相关乐器的主要特点和技术参数，以及乐理的基本常识，尤其是如何把乐器采购特点同政府采购法定程序有机结合起来；二是项目经办人员还同省内多家乐器制造厂家和销售商进行联系，了解相关产品的价格、规格、型号和功能，拟订初步的采购方案；三是将拟订的采购方案重新征求专家和供应商意见，避免采购方案中存在歧视性条款，力求给所有供应商一个公平竞争的机会；四是项目经办人员把专家和供应商的意见反馈给委托人，综合各方面的意见后，最后制定正式的采购文件。

## 评审创新　力求客观

经验篇

　　乐器采购的评审，也是采购过程中的一个难点，主要是评审专家的主观因素在技术标评审过程中不可避免。一方面，评审专家对采购的乐器一般都了如指掌，即使不看品牌，光看外形，甚至是依赖触觉和听觉就能基本辨出是哪个制造商的产品；另一方面，由于乐器音质的优劣全凭专家个人音乐素养决定，专家的偏好和水平对评分肯定会产生一定影响。所以，为了最大限度地降低打分时评审专家的人为因素，尽管标书制作前期已经进行了大量的调研论证工作，但为了使采购尽量做到公平、公正，政府采购中心的经办人员还是格外谨慎，在评审环节也采取了一系列不同于其他类货物采购的措施。

　　首先，在招标文件中明确规定，实物必须运抵现场。由于乐器不同于一般的商品，光看技术文件和样本，专家和采购人根本无法了解乐器的内在质量。因此，本次采购要求参加采购的供应商必须将与报价文件品牌、型号、规格相一致的产品统一运到采购现场，以便评委现场进行评价。

　　其次，现场实物统一随机编号。为了尽量减少评委对乐器品牌、型号的主观印象的影响，所有实物进场后统一由江苏省公证处的公证员随机进行编号，评委按照编号进行打分评审。

　　再次，评审专家手、眼、耳并用，综合打出技术分。本次采购所有评审过程要求都在采购现场完成。对实物评审时，该中心特地聘请了一名专业人员按照编号依次对每个实物样品进行演奏，由评审专家根据音色、音质、手感、材质等方面进行打分；对报价文件评审时，严格按照谈判文件中制定的评审标准进行打分，保证了成交结果的公平合理。

　　最后，评审完实物后，才进行书面评审，确保商务打分的客观性。由于技术分的主观影响无论如何努力也不能完全避免，所以，为了避免评审专家主观愿望左右评审结果，评审过程中，先对实物进行打分，然后才拆封报价文件。在对包括价格和服务等在内的商务条款打分后，商务分和技术分相加，取总分高的成交，最大限度减少了人为因素，保证了评审过程的相对客观公正。

  经过2天的评审，南京密尔顿钢琴有限公司、南京新辉琴行有限公司和江阴金杯安琪乐器有限公司等五家供应商最终夺标，成交单价比市场价约便宜了20%，得到了省财政厅的充分肯定。近日，这些乐器将陆续发送到有关市县，有力地推动了江苏省青少年校外活动中心的建设。

  （本文与许滢合著，许滢为第二作者，发表于2005年8月26日《政府采购信息报》第3版）

# 出国买机票 五家可比选

——江苏因公出国定点采购国际机票项目一波三折后花落五家

经验篇

6月9日，南京市北京西路63号1A楼会议室，南京中国国际旅行社等五家具有中国国家民航总局颁发的一类《航空运输销售代理业务经营批准证书》、持有国际航空协会[IATA]下发的《国际航协国际客运代理人认可证书》的供应商被江苏省财政厅、江苏省政府采购中心授予2006-2007年度江苏省省级机关、事业单位因公出国购买国际机票定点采购单位称号，并举行了授牌仪式。至此，两年一度的江苏省省级机关、事业单位因公出国定点采购国际机票项目的政府采购工作落下帷幕。

为了加强对因公出国购买国际机票的管理，减少购买国际机票的中间环节，节约财政开支，财政部、中国民用航空总局于1998年就下发了《关于加强因公出国机票管理的通知》，要求因公出国人员均应乘坐中国民航班机，对机票实行定点购买。根据江苏省的实际情况，江苏省财政厅专门针对因公出国购买国际机票制订了《江苏省省级机关事业单位因公出国机票管理办法》，明确规定因公出国国际机票定点售票单位由省财政厅定期通过公开招标确定，并在有关媒体上公示。受江苏省财政厅委托，江苏省政府采购中心自1999年开始即对江苏省省级机关、事业单位因公出国定点采购国际机票项目实施公开招标，确定定点售票单位。

针对今年的招标工作，江苏省政府采购中心和江苏省财政厅具体承办因公出国定点采购国际机票管理的行政政法处都非常重视，采取了一系列措施，对招标前、招标中、招标后每个环节都认真对待，努力将招标工作做到公开、公平、公正：

# 一、

# 标前准备充分

鉴于本次招标已不是新的采购项目，而是对原有采购项目的一个延续，既需要对原先定点售票单位的履约情况进行总结，并对照合同条款兑现奖惩，还应根据两年来的市场变化情况，对招标方案进行调整和完善，因此，采购中心和行政政法处做了大量的准备工作：

## （一）检查不走过场

为了体现本次检查对每个定点采购单位的公平、公正，中心和政法处想了很多有效的办法：

1. 检查前认真准备。4月6日，中心和政法处商定对现有五家定点售票单位进行全面检查。本次检查采取了改变了以前凭检查人员的主观印象对定点单位评价的方法，对采购合同的执行情况等12项检查内容赋予相应的分值，实行量化打分；邀请省监察厅、财政厅财政监督局和采购人代表，组成六人检查小组，共同讨论检查的方案和内容，并提前通知相关定点采购单位做好检查的准备。

2. 检查中认真核对。4月13～14日，检查小组主动上门，对所有原定点单位进行了详细检查。检查时，首先，查看经营场所是否有明显的专门对省级采购人服务的标识（原合同中有相关要求）；其次，现场听取定点采购单位两年来为省级采购人提供因公出国采购国际机票服务的概况、经验和问题；再次，根据事先准备好省级采购人的购票记录，查看定点采购单位的出票和付款凭证，重点核对是否按合同约定的加价比例收取服务费；最后，征询定点采购单位对该项目重新招标的建议。根据检查结果，由检查小组按事先确定的标准，对每个定点采购单位进行打分。

3. 征集采购人意见。为多方面了解定点采购单位的实际履约情况，在上门检查的同时，政法处专门向省级采购人发放征求意见表，就航线设计、机票价格和服务质量三项内容，按满意、基本满意和不满意三个等次对定点采购单位进行测评，并对测评结果也予以量化打分。

4. 检查后兑现奖惩。中心和政法处综合检查小组检查和采购人反馈的打分结果，对检查考核的情况进行通报，指出定点采购单位存在的问题，对新一轮的招标工作进行布置。并结合原定点采购合同的有关规定，对检查考核中得分前两名的定点采购单位直接续签下一轮定点采购合同，对其他定点采购单位要求根据检查中发现的问题，认真提出书面整改意见，该意见作为这些单位参加下一轮投标时投标文件的组成部分，对未按照规定和要求进行整改或整改不到位的定点单位，将在评标时予以扣分。

### （二）方案完全公开

为了做好本轮次的因公出国定点采购国际机票的政府采购工作，中心和政法处将采购方案和评分标准完全向社会公开，杜绝任何"暗箱操作"的可能性。

1. 检查时听取意见。采购中心和政法处根据采购人的反映和定点采购单位的建议，结合近两年来国际机票销售市场的实际情况，尤其是检查时发现新的问题，如近年来越来越多的售票单位与航空公司直接结算现象，重新对招标文件和评标标准进行修订，特别是对评标标准予以细化，突出对供应商国际机票销售能力的考核，并首次在招标文件中将详细的评标标准向供应商公布。

2. 网站上征求意见。中心将拟订的招标文件（征求意见稿）和评标标准在江苏政府采购网上予以公示，并电话通知所有在宁具有国际机票销售资格的供应商及时下载、审核，请相关供应商提修改意见。

3. 座谈会统一意见。4月27日，中心和政法处专门召开供应商座谈会，听取每个供应商对招标文件和评标标准的修改意见。结合供应商的意见，中心重新对招标文件和评标标准进行完善。

通过以上一系列的措施，所有准备参加本轮因公出国定点采购国际机票项目招标的供应商一直认为，本轮次的招标工作真正做到了公开、公平、公正，能不能中标，关键在于自身的实力。4月29日，中心正式发布招标公告，向供应商发出招标文件。

## 二、标中监督到位

由于因公出国定点采购国际机票项目一定两年，对一些供应商的业务有一些影响，因此，在招标公告发布后，个别供应商还是通过各种关系，向中心和政法处施加影响。为了保证评审环节不出差错，中心主动接受政府采购管理部门和纪检部门监督，保证评审环节不出任何差错。

1. 评委名单严格保密

鉴于本次招标项目比较特殊，政府采购管理部门设立的专家库中无此类专家，社会上了解国际机票销售的人很少，通过随机方式很难确定合适评标专家，因此，经中心和政法处协商，决定邀请几家经常购买国际机票的省级单位代表和高校中与国际机票销售相近的旅游专业教授，共同组建评标委员会，为了体现公正，中心和政法处都不派代表参与评标。经向政府采购管理部门申请，最终采取选择性方式确定评标专家。所有专家都提前一天才通知确认，评审当天，专家事先不与供应商见面，直接进入评审现场，征询专家是否需回避的意见后，要求专家关闭所有通信工具。因此，尽管在评审过程中要求供应商澄清时，供应商有机会与评委见面，但直到评标结束、公布评标结果时，供应商对大多数评委仍不知来历，直到中心发布中标公告时，供应商才知道几位专家的名字，想做手脚为时已晚。

2. 纪检部门亲临监督

中心组织的一般采购项目的评标现场，通常由政府采购管理部门和纪检部门的派驻机构代表到场监督即可，由于本次采购的影响面较大，不仅财政厅监察室派出代表，政府采购管理部门还专门邀请了省纪委执法监督处的领导亲临评标现场，对整个评标过程进行严格监督。

3. 行管部门保驾护航

为了防止供应商在投标过程中有不正当竞争行为的发生，中心专门邀请江苏地区机票销售的行业管理部门——民航江苏安全监督管理办公室的负责同志，到采购现场进行监督。由于行业管理部门对所有供应商的基本情况都非常熟悉，但参与评标又可能出现倾向性，因此，邀请其参与评标的监督工作，对供应商投标文件中内容能够解释清楚，但又不影响评委的独立评标工作。事实证明，行业管理部门的积极参与，对整个招标活动的有效组织起到了关键的指导作用。

4. 公证人员全程公证

为了保证整个评标过程的公正性，中心还特地邀请公证人员，从审查招标文件的密封开始，开标、唱标、评标等活动都在公证人员的监督下进行，评审现场，如评审专家对评标情况有疑问的，一律经公证人员根据相关法律和招标文件的规定进行解释，为评委的评标活动提供法律咨询，同时，对评委、监委、工作人员行为的规范性可以当面进行讨论，确保整个评标过程在合法、合理的范围内运行。

5月19日，经采取多种防范措施，整个评标过程进展顺利，所有参与投标的供应商对整个评审过程没有任何异议，中心根据招标文件事先规定，确定了四名供应商为本次招标项目的中标候选人，并当场按顺序公布了候选人名单。

## 三、

## 标后措施有力

评标环节的结束，不代表整个招标过程的结束，中心和政法处在评标结束后，又采取了两大措施，力保采购结果的公正和整个项目的顺利实施。

### 1. 主动对投标可疑材料进行核查

由于本次招标事先已将详细的评标标准对供应商公布，为了获得中标资格，供应商在投标时针对评标标准，提供虚假证明材料的可能性很大。在公开唱标时，有心人已经发现投标人提供的国际航空协会颁发的国际机票销售资格证书明显比当地供应商实际拥有数多，但根据招标文件规定，在评标环节，评标的依据仅是招标文件、投标文件以及其有效的补充文件，而不寻求其外在依据。中标候选人名单公布后，中心和政法处已经意识到，中标候选人中可能存在提供虚假材料的情况，因此，当场就要求中标候选人作好现场检查的准备。5月22日，中心接到供应商质疑，质疑的主要内容就是怀疑中标候选人存在提供虚假证书行为。

5月23日，中心组织评标委员会和监督委员会代表，到四名中标候选人经营场所，现场核对投标文件中相关资料的真实性，重点检查国际航空协会颁发的国际机票销售资格证书。经现场核查，发现个别中标候选人虽然提供了证书的原件，但有从外单位借用的可能性，中心立即向有关公司发出协助调查函，并组织核查组上门核对，发现个别人员的证书确实属于外借，因此，中心、政法处、采购处联合将有关检查结果及时向厅领导做了汇报，决定取消有虚假投标行为的中标候选人的中标资格，确定其他三家中标候选人为最终中标人。

5月31日，中心以书面形式正式向质疑供应商作出答复，告知核查结果，质疑供应商表示对答复表示满意。

### 2. 事先与定点采购单位约法三章

6月8日，中心正式向中标人发出中标通知书，并邀请新的五家定点采购单位召开座谈会,就共同做好江苏省省级机关、事业单位因公出国定点采购国际机票进行讨论。座谈会上,中心和政法处同志对定点采购单位提出了四点要求:一是对获得定点采购资格要有正确的认识。获得资格不仅是一种荣誉,更是一种责任,需要五家定点采购单位的全体员工共同努力,为省级采购人提供更优质的服务;二是对投标时做出的承诺必须严格兑现。自觉信守合同,严格按照与采购中心签订的合同内容完整履约;三是五家单位应充分利用本次获得定点采购资格的机会,以国际机票销售为契机,挖掘自身优势,为省级采购人提供更广泛的服务;四是特别强调了定点采购单位应自觉配合有关部门做好省级采购人的反腐倡廉工作,坚决杜绝商业贿赂行为的发生。

五家定点采购单位代表纷纷发言,对本次招标为所有供应商提供了一次公平竞争的机会表示感谢,表示将认真履行合同规定的各项义务,自觉接受财政厅的各项检查,并要求全体员工继续努力工作,为省级采购人提供更优质的服务。

## 四、值得探讨之处

本次招标前后做了大量的准备工作,虽然招标结果得到了社会广泛的认可,但有个现象值得深思:在本项目以前招标过程中,只公布了大致的评标标准和分值,未发现供应商有弄虚作假行为,本次招标将详细的评标标准公布后,反而造成了供应商为了中标而作假,为了核实投标资料的真实性,中心花费了大量的时间和精力,深深体会到了造假容易打家难的滋味,而且原定的6月1日执行新的定点采购合同,也被迫推迟。有人可能认为,为什么不能对供应商提供的资料事先进行审核?但《政府采购法》明确规定,政府采购应以公开招标为主,而公开招标是邀请不特定的供应商投标,是一种对供应商的投标资格后审的方式,如事先对供应商的资格进行审核,只能按照邀请招标或竞争性谈判方式进行,不仅与政府采购的要求不一致,而且需要政府采购管理部门的批准。因此,公开招标方式公开评标标准,到底应公开到什么程度合适,也是所有政府采购从业人员值得讨论之处。

(本文刊登于2006年6月21日《政府采购信息报》第3版)

# 一堂生动的招标采购课

——江苏省2004年省级公务用车定点维修暨全省政府采购招标观摩会

经验篇

　　市县政府采购工作如何进一步规范，一直是困扰我国政府采购工作的一个难题。为了全面规范江苏省各级政府采购工作，11月19日，江苏省财政厅政府采购管理处和江苏省政府采购中心联合组织全省13个市级政府采购监管机构和集中采购机构的负责同志计50多人，在南京现场观摩了由江苏省政府采购中心组织的2004年度江苏省省级机关、事业单位公务用车定点维修项目的公开招标活动。

　　本次招标共有26家汽车维修厂参与了投标，与往年相比，今年招标允许具备一定资质条件的二类汽车维修厂参加投标，并明确了二类汽车维修厂的中标名额，扩大了公务用车定点维修的选择范围；同时将主修车间和停车场面积纳入评分范围，使本次招标工作更科学、更公平。在江苏省公证处的现场公证下，经评标委员会综合评审和项目领导小组确认，最后确定了一类汽车维修中标候选人13家，二类汽车维修中标候选人3家。江苏省政府采购中心将组织有关评委对相关中标候选人现场考察后，再确定最终的2004年度江苏省省级机关、事业单位公务用车定点单位。

　　为组织后本次公开招标和现场观摩，江苏省政府采购中心和江苏省财政厅政府采购管理处认真研究制订了详细、规范的操作规程，从开标前评委的抽取、评分标准的制订，到开标、评标现场的组织，直至评标结果的公布，都提出了详细的要求，为确保公开招标结果的公平、公正、公开，设置了一堵严密的"防火墙"。通过这次全省观摩活动，促进了省、市间政府采购工作的相互交流，同时也为全省政府采购工作的不断规范起到了积极的推动作用。据悉，江苏省以此次现场观摩会为突破口，不久将出台一整套适用于全省所有公开招标的管理操作规程，全面规范各级政府采购机构公开招标行为。

(本文刊登于 2004 年 12 月 3 日《政府采购信息报》)

# 抓大放小　灵活运用各种采购模式

## ——江苏省政府采购中心2007年家具采购回顾

经验篇

2007年在忙忙碌碌中已经过去，回顾全年的采购工作，江苏省政府采购中心（以下简称采购中心）工作中可总结的地方不少，作为一般货物之一的家具采购，呈现出以下几方面特点：

## 一、采购规模总体不大

2007年是采购中心家具采购的小年，全年接受采购人委托近十次，采购总预算不到一千万元，基本采用公开招标方式进行采购，中标供应商比较分散，南京、浙江、上海、广东企业均有，采购预算最大一笔家具项目的中标企业为杭州宏达办公家具制造有限公司，中标金额为325.314万元。

规模不大的主要原因在于：一是采购中心家具采购的主要服务对象是省级各单位和省属各大高校，省级各单位2007年大规模更新办公家具的很少，省属各大高校前几年大规模扩建后，形成近期的采购真空；二是2007年度江苏省省级集中采购目录将批量20万元以上的家具项目纳入集中采购，20万元以下的家具均由采购人自行采购，一些采购人为规避集中采购，化整为零，以致集中采购规模不大；三是江苏省省级政府采购尚未对家具项目实行协议供货方式采购，造成总体采购规模统计数字上的减少。

## 二、采购模式稳中有变

2007年采购中心的家具采购相对于往年而言，从采购方式、评审方法、操作模式等方面均有所变化，具体体现在：

1. 采购方式由全部公开招标改变为以公开招标为主，竞争性谈判方式为辅。2007年采购中心组织的家具项目公开招标，由于投标人的资质、实物样品等原因，出现了一些废标的情形，个别项目由于采购预算偏少，投标成本较高，参与采购的供应商不多，造成采用公开招标方式不能成立，最终有些项目选用了竞争性谈判方式进行采购。

2. 评审方式由全部综合评分改变为以综合评分为主，最低评标价方法为辅。一般情况下，采购中心对家具项目的评审都采用综合评分法，2007年由于采购方式的变化，以及有些采购人对家具采购的要求不高，只需满足其采购文件的要求，愿意选择价格最低的供应商，因此，有些项目采用了最低评标价法进行评审。

3. 操作模式由全部提供实样改变为以提供实样为主，不要求提供实样为辅。以前采购中心采购家具项目时，都要求供应商按照招标文件要求提供实物样品，提供实物样品的优点有：一是可以对供应商投标样品的材质、工艺、颜色有直观的了解；二是可以封样保存，确保采购结果与样品的一致性。缺点有：一是供应商在等标期内，按照招标文件的要求做实样，时间不一定来得及，造成个别供应商以现有的、与招标文件要求有一定差异的样品应标，或者粗制滥造；二是增加了供应商的投标成本，制作、搬运样品都会给投标人带来了额外负担。因此，2007年采购中心开始对一些采购预算金额小、单个采购品种少的项目，不把提供实物样品作为投标的必要条件，降低了供应商投标成本，提高了供应商参与政府采购的热情。

## 三、采购特点相对明确

1. 环保意识较强。江苏省省级采购人的环保意识普遍较强，采购中心根据采购人的委托，在制订招标文件时一般对通过国际环境保护ISO14001认证的投标企业有一定的加分，对家具使用的主材、油漆，也要求是环保材料，同时对属于环境标志政府采购清单中品目的产品，在性能、技术、服务等指标同等条件下，实行优先采购。

2. 讲究真材实料。采购中心对家具采购使用的材料要求较严，一些采购项目无论使用木质、还是钢制的主材，都要求必须符合国家相关质量标准，对一些材料，甚至五金件的选择，都明确了生产厂，要求做到真材实料。

3. 对款式、颜色、做工比较讲究，对售后服务也比较关注。采购人不仅对材料讲究，对家具的款式、颜色、做工同样讲究，采购文件一般都提供家具图样，投标供应商按图生产即可。同时，不仅对产品要求严格，对产品的安装调试和售后服务同样关注，在评审时都给予了一定的分值。

## 四、

## 供应商出现的问题

2007年，在有些家具项目采购过程中，供应商由于各种原因，出现了无效投标的情形，给自己带来不利后果，严重的还导致废标情形的出现。总结供应商出现的问题，主要有以下三个方面：

1. 资质不符。有些家具采购项目对合格投标人的注册资本、质量管理认证体系、环境保护认证体系、业绩等方面做出了实质性的要求，个别供应商不论自己是否有投标资格，都来参加投标，导致被认定为无效投标。

2. 实物走样。对于一些要求提供实物样品的采购项目，有些供应商虽然提供了实物，但有的与招标文件要求的款式、尺寸、颜色相差甚远，有的提供的实物粗制滥造，不仅中不了标，而且损害了供应商在评审专家和采购人心目中的形象。

3. 报价超额。正常情况下，家具采购的资金节约率较高，但在一些项目中还是出现了个别供应商投标报价超过采购预算的情形，导致采购人不能接受。

## 五、

## 给供应商的一些建议

1. 不要盲目追求每个采购项目。虽然政府采购赋予每个供应商公平竞争的机会，但由于招标文件对供应商的资质、产品的选材、款式等方面的要求，并不是每个家具项目都适合每个家具供应商参加，同时，参加投标活动需花费一定的费用，如做样品、运输、旅差费等，供应商应加强对投标成本的核算，不应盲目追求每个采购项目，而是参加对本企业具备一定优势的项目，才能做到有的放矢，提高中标概率。

2. 参加采购活动应该全力而为。如果供应商决定参加采购活动，就应该竭尽自己全力，将自身优势充分展示出来，而不应粗制滥造，浪费资源；对于投标报价应在成本的基础上合理定价，不应盲目低价应标，最终害人害己。

3. 中标后应依据合同完整履约。不论中标过程如何，只要供应商中了标，签订了采购合同，就不能有蒙混过关的想法，必须按照合同约定的质量、时间提供产品和服务，否则违约的后果很严重。

对于采购中心而言，2008年的家具采购与2007年相比，将有所变化，具体体现在：

1. 集中采购数额标准更高。2008年，江苏省省级集中采购目录已将家具集中采购的数额标准提高到批量采购30万元及以上，单次采购的金额将更大，采购中心也将有时间更加精心做好每一个家具采购项目。

2. 各种采购模式运用更熟。采购中心将在平衡要求供应商提供实物样品优缺点的基础上，更加熟练地灵活运用各种采购模式，尽量降低供应商的投标成本，减少提供实样的范围和批次，能不要实样的尽量不要供应商提供实样。

3. 合同履行环节监督更严。目前，政府采购对履约环节的监督还相对比较薄弱，2008年，采购中心将加强与采购人在履约环节的合作，对供应商的履约行为进行更严格的监督。

（本文与许滢同志合作，刊登于2008年1月18日《政府采购信息报》第5版）

# 2009年江苏全省联动公务用车协议供货凸显政府采购宏观政策导向功能

经验篇

1月12日,南京爱涛利园酒店前的停车场变成了汽车的海洋,来自全国39家汽车生产厂提供的200多辆新车,把高高悬挂的"热烈祝贺江苏省汽车协议供货招标大会顺利召开"的标语衬托得格外醒目。

1月13日,江苏省政府采购中心组织了15位评审专家,在省纪委、政府采购监管部门和公证人员的现场监督下,对涉及六类、共15个分包的全省联动公务用车协议供货招标项目进行了详细评审,最终上海汽车股份有限公司乘用车分公司、南京名爵汽车贸易有限公司、广州丰田汽车有限公司等38家汽车生产厂家分别入围对应分包。

在当前全球经济下滑的背景状况下,为了响应中央号召,充分发挥政府采购的宏观政策导向功能,本次江苏全省联动公务用车协议供货,尤其凸显了这一功能:

### 1. 没有一辆进口车入围

自《政府采购进口产品管理办法》实施后,江苏省政府采购中心严格按照相关规定,从严控制进口产品的采购。在本次招标文件中,明确要求投标车辆必须是在中国境内生产,适合作为公务用的车辆,拒绝接受进口车辆的投标。据了解,实施协议供货后,该省对通过公开招标确定的协议供货车型,采购人将可以直接选择购买,而购买进口车辆,将受到层层审批的限制。通过协议供货的招标和后续管理等措施,为协议供货范围内国产车辆的采购开设了一条绿色捷径,凸显了政府采购优先购买国货的宏观政策功能。

## 2. 节能产品和环境标志产品有加分

根据财政部、国家发展和改革委员会联合印发的《节能产品政府采购实施意见》，以及财政部、国家环保总局联合印发的《关于环境标志产品政府采购实施的意见》，要求各级国家机关、事业单位和团体组织用财政性资金进行采购的，要优先采购节能产品、环境标志产品。但意见中仅要求在技术、服务等指标同等条件下，应当优先采购相关政府采购清单中所列的产品。由于在具体采购中，不同的产品，很难保证其技术、服务等指标相等，因此，大多项目无法落实优先采购。但在本次招标时，该中心认真贯彻了意见的精神，对凡属于节能产品、环境标志产品政府采购清单内的车辆，每一项都可以得4分，得分可以累计，凸显了政府采购优先购买节能产品、环境标志产品的宏观政策功能。

## 3. 鼓励自主创新

鉴于我国国产品牌汽车市场占有率不高的现状，为了顺应国内汽车生产厂家的呼声，保护汽车民族品牌，根据财政部印发的《自主创新产品政府采购评审办法》，本次协议供货招标加大了自主创新产品的分值，由以前的4分增加到5分。同时为了鼓励自主创新，投标产品只要具有中国自主知识产权的，也可得5分，凸显了政府采购鼓励自主创新的宏观政策功能。

在评审过程中，国产某品牌汽车由于以上三项条件都满足，一共得到了13分，远高于同一分包其他产品的得分，被列入该分包第一中标候选人，更加充分证明了江苏全省联动公务用车协议供货落实宏观政策功能的成效。

（本文刊登于2009年3月16日《经济参考报》）

# 江苏政府首购"龙芯"电脑

为深入贯彻落实促进自主创新有关政策,江苏省政府采购中心于2009年12月正式启动政府首购"龙芯"电脑程序,这是江苏省首个自主创新首购产品。此次采购我们分为三步骤。

## 购前

"龙芯"系列处理器是我国自主研发的第一款高性能通用处理芯片,曾两次入选我国年度十大科技进步,是我国自主创新的重大标志性成果,"龙芯"电脑于2007年入选江苏省首批自主创新产品目录,2009年入选国家级自主创新产品目录,该产品符合《国务院关于印发实施〈国家中长期科学和技术发展规划纲要(2006－2020)〉若干配套政策的通知》和《江苏省政府关于鼓励和促进科技创新创业若干政策的通知》中首购产品要求。

## 购中

为推动自主品牌发展,经江苏省政府批准,本次政府首购将一次性向江苏龙芯梦兰科技股份有限公司整体打包采购4679套"龙芯"多媒体互动教学系统(含近15万台"龙芯"电脑、配套设备、材料)及相关的系统集成、使用维护培训和售后服务等服务,用于改善江苏农村中小学的办学条件,整个项目计划三年时间完成,所需经费由省级财政全额承担。

江苏省政府采购中心受理该项目后,领导高度重视,要求在不违反政府采购相关规定的情况下,本着特事特办的原则,主动与省财政厅、教育厅联系,详细了解相关政策,认真核对采购需求,迅速制订采购方案。12月底,该中心组织谈判专家与江苏龙芯梦兰科技股份有限公司进行了首购谈判，就采购价格、技术需求、交货时间、安装集成、培训服务等方面内容逐一达成了一致意见。

## 购后

该项目的顺利实施，不仅开创了本省自主创新产品政府首购的先河，体现了采购中心坚持服务财政工作重点，为组织自主创新政府首购积累了经验。

（本文发表于《经济》杂志2010年第1~2期）

# 百尺竿头　更进一步

## ——江苏省政府采购中心连续四年采购规模高位增长

经验篇

2003年，江苏省政府采购中心认真学习"三个代表"重要思想，坚决贯彻《政府采购法》，大力提倡"团队协作、自加压力、求真务实、勤于学习"四种精神，按照"求创新、谋规范、边创新、边规范"的工作理念，以创建青年文明号、厅机关文明处室和学习型团队为载体，顺利实现由计划采购向委托采购的平稳过渡，自主研发并开通了网上采购项目，采购规模连续四年高位增长，实施采购预算首次突破6亿元；同时获得了"省级机关青年文明号"的光荣称誉，被江苏省财政厅授予"2002-2003年度厅机关文明处室"，为维护政府采购的法律秩序，维护厅机关良好形象作出了应有的努力。

## 一、主要数据

2003年，该中心共组织采购活动636次，其中公开招标73次，邀请招标12次，竞争性谈判59次。采购物品数量21599台（套）。实施采购预算62623.39万元，比去年同期增长11.28%；执行合同金额55735.37万元，比去年同期增长8.24%；与预算相比共节约资金6888.02万元，资金节约率为11%，同比增长2.5个百分点。五年来，该中心已为江苏省级财政节约资金达到了1.92亿元。

自2003年7月江苏省省级政府采购由计划采购转为委托采购起，截止到12月底，该中心已与149家采购人签订了委托采购协议，共接受委托385次，委托预算金额达到38201.36万元。据统计，同期同级政府采购管理部门批复采购计划的预算总金额为 31078.94 万元，其中由该中心组织实施的委托采购预算金额为 22577.32 万元，占批复计划的 72.65%。

## 二、主要特点

### 1. 采购规模连续四年高位增长

今年尽管受到"非典"的不利影响，该中心上半年采购规模比去年同期下降了 24.3%，下半年又面临省级政府采购由计划采购向委托采购的转变，但该中心全体干部职工始终大力提倡"团队协作、自加压力、求真务实、勤于学习"四种精神，不断创新采购方式、完善服务质量，力保今年采购规模在去年高位基础上又有明显增长，采购预算首次突破 6 亿元大关。

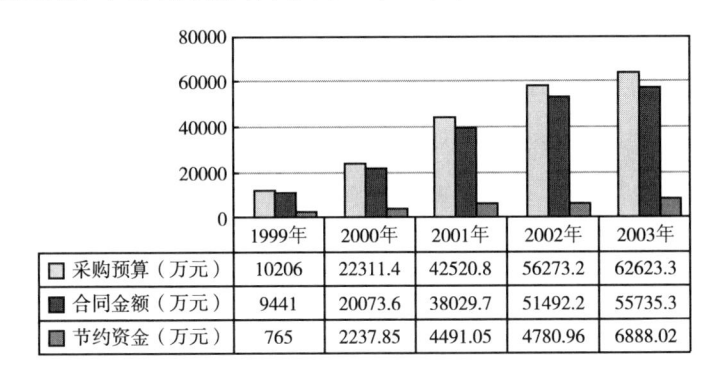

| | 1999年 | 2000年 | 2001年 | 2002年 | 2003年 |
|---|---|---|---|---|---|
| 采购预算（万元） | 10206 | 22311.4 | 42520.8 | 56273.2 | 62623.3 |
| 合同金额（万元） | 9441 | 20073.6 | 38029.7 | 51492.2 | 55735.3 |
| 节约资金（万元） | 765 | 2237.85 | 4491.05 | 4780.96 | 6888.02 |

图1 1999-2003年江苏省政府采购中心采购规模对比

### 2. 公开招标主体地位更加巩固

2003 年该中心通过公开招标方式组织的采购合同金额达到 31376.49 万元，占合同总金额的 56.3%，比去年同期增加了 1.56 个百分点，加固了公开招标方式在各种采购方式中的主体地位；同时其他采购方式所占比例更加合理，竞争性谈判由去年的 9.34% 上升到 12%，询价采购从去年同期的 25.84% 下降到 8.82%，单一来源采购从去年同期的 1.72% 上升到 14.61%。

今年该中心明确规定，凡采购预算超过 20 万元而不采用公开招标方式进行的，必须严格按照有关规定履行报批手续，并确定相应的采购方式，经办人擅自采用非公开招标方式的，将追究有关当事人责任，因此，保证了公开招标比例比去年同期又有明显增加，而询价采购比例明显下降。同时由于今年新品牌汽车的大量涌现和专业设备采购量的增加，这些产品往往只有一家供应商生产或经销，造成单一来源采购的比例有所上升。

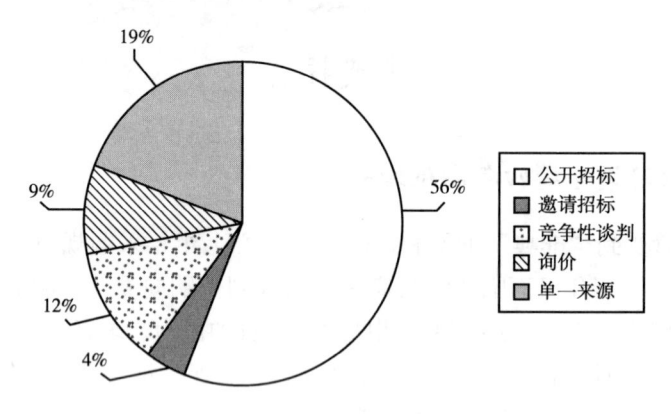

图 2  2003 年各种采购方式比例

### 3. 采购项目合同比例变化较大

从采购项目看，今年该中心交通工具类采购项目合同金额为 18002.67 万元，比去年同期下降 27.1%，给中心整体采购规模继续大幅增长带来一定影响；专业设备的采购规模比去年同期有明显增加，达到了 19812.25 万元，增长一倍有余；计算机及外设和其他通用设备的采购规模与去年同期基本相当。服务类采购规模达到 4364.25 万元，比去年同期增长 12.99%。工程类采购今年仍然未能实现零的突破。

交通工具采购规模的下降主要是今年省级政府总体采购量较少。专业设备采购规模的上升主要是今年监测设备和医疗设备采购规模明显上升，监测设备中无线电监测、环境监测、电视信号监测设备增加明显，医疗设备也比去年同期增长 25%。服务类采购规模上升的原因与今年江苏省加强了对省级采购人政府采购执行情况检查有关。

### 4. 采购资金节约效果显著上升

今年该中心采购资金的节约率比往年明显上升，与采购预算相比，资金节约率达到了 11%，创造了该中心成立以来最高水平，节约预算资金 6888 万元。主要原因是专业设备的采购规模不断扩大和资金节约率明显，扣除医疗设备，其他

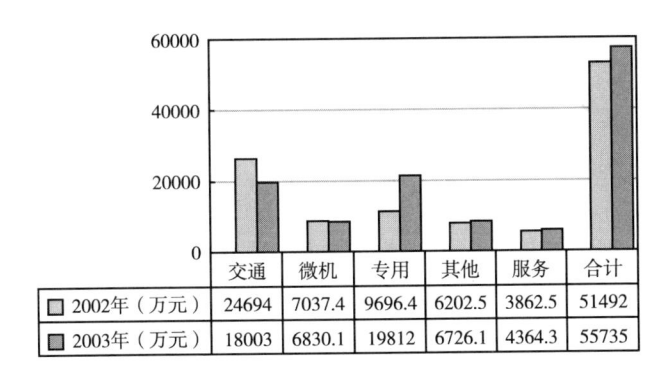

| | 交通 | 微机 | 专用 | 其他 | 服务 | 合计 |
|---|---|---|---|---|---|---|
| 2002年（万元） | 24694 | 7037.4 | 9696.4 | 6202.5 | 3862.5 | 51492 |
| 2003年（万元） | 18003 | 6830.1 | 19812 | 6726.1 | 4364.3 | 55735 |

图3　2003年与去年同期分项采购金额比较

专业设备的采购预算金额为13269.53万元，合同金额为11502.09万元，节约资金1767.44万元，与采购预算相比资金节约率达到了13.32%；同时资金节约率较低的交通工具采购金额占总采购金额比重的下降，也相对提高了今年资金节约的数额和比率。

## 三、主要做法

**1. 团队协作，消除"非典"影响**

一场突如其来的"非典"，不仅影响了正常的采购工作，而且对该中心提出了严峻的挑战和考验。上半年，该中心组织实施的采购预算金额仅为14899.74万元，比去年同期下降24.3%，签订合同金额为13373.7万元，同比下降26.22%。面对困难和压力，该中心全体干部职工充分发扬团队协作精神，想采购人所想，急采购人所急，尤其在"五一"期间，中心干部职工加班加点，有的甚至推迟了既定的结婚日期，力保采购工作的正常运行；进入下半年后，该中心更是主动出击，多方争取，经过艰苦努力，克服了计划采购向委托采购的转型压力，保证了该中心连续四年采购规模的高位增长，最大限度地降低了"非典"对该中心的不利影响。

**2. 自加压力，力争"三个创建"**

自2003年以来，该中心多次召开全体干部职工会议进行动员，要求大家思想再重视、措施再得力，尤其是结合中心工作实际，自加压力，明确了 2003 年 "三个创建" 的奋斗目标是：二次创建厅机关文明处室、创建省级机关青年文明号，把采购中心建设成为采购当事人满意、厅党组放心的学习型机关。为此，中心专门成立了文明处室创建工作办公室，明确工作责任，形成党员分片包干、科长分工负责、个人积极参与、严格监督检查的创建局面，为实现 "三个创建" 目标打下良好的组织和群众基础。目前，该中心已被省级机关团工委授予 "省级机关青年文明号"，成为江苏省财政厅首家获此荣誉的处室单位；在 2002－2003 年度的厅机关文明处室创建活动中，该中心又获得 "厅机关文明处室" 的殊誉。

### 3. 求真务实，践行 "三项承诺"

为了提高中心的服务质量，让采购人和供应商得到实实在在的服务，该中心 2003 年大力践行 "三项承诺"，一是首问负责：任何到采购中心联系工作的人，找到采购中心任何第一位工作人员，该同志都需负责将所有问题解决或找相关经办人员解决，杜绝出现一件事跑两趟的情况发生；二是限时采购：对有关采购项目的采购时间进行了限制，杜绝办事拖拉的现象发生；三是跟踪服务：要求凡列入该中心的重点跟踪项目，中心经办人员必须从接受委托采购开始，要主动与采购人联系，上门核实项目需求，征求用户意见，与采购人共同研制招标文件，组织招标活动和合同签订，直至合同的履约、验收、付款，实行一站式的跟踪检查管理。在此基础上，该中心内部还明确提出了三个 "一票否决" 制度，即在党风廉政建设、违法违规采购、文明服务态度三个方面，任何工作人员如被人投诉或举报，一经查实，即使平时表现再好，也立即实行 "一票否决"，在年度考评时确定为 "不合格"，从制度上保证了 "三项承诺" 的有效践行。

### 4. 勤于学习，明确 "三二一制"

今年是江苏省省级机关创建 "学习型机关年"，该中心要求全体干部职工除做好本职工作之外，还需深入采购人和供应商就政府采购工作进行调研，并在中心内部下达了 "三、二、一" 的调研指标，即中心领导在省级以上媒体刊登稿件三篇以上、科级干部两篇以上、一般干部一篇以上，营造出人人勤于学习，个个勇于争先的良好学习氛围。目前，该中心干部职工已在《中国财经报》、《政府采购信息报》、《中国政府采购网》、《江苏经济报》、《江苏财会》等媒体上发表各类文章 20 篇，在《江苏财政简报》刊登 2 篇，同时还参与编辑了《江苏政府采购指南》，提供了各种专业材料，并发表文章 4 篇，扩大了该中心在全国政府采购系统的知名度。

### 5. 开拓创新，组织全省观摩

市县政府采购工作如何进一步规范，一直是困扰我国政府采购工作的一个难题。为了全面规范该省各级政府采购工作，2003年11月19日，该中心与省级政府采购管理部门联合组织全省13个市级政府采购监管机构和集中采购机构的负责同志50多人，现场观摩了2004年度江苏省省级机关、事业单位公务用车定点维修项目的公开招标活动，从开标前评委的抽取、评分标准的制订，到开标、评标现场的组织，直至评标结果的公布，该中心认真研究制订了一整套详细、规范的操作规程，为确保公开招标结果的公平、公正、公开，设置了一堵严密的"防火墙"。通过这次全省观摩活动，促进了省、市间政府采购工作的相互交流，同时也为全省政府采购工作的不断规范起到了积极的推动作用。

### 6. 科学公正，实施现场采购

今年，为了增强采购结果的公正性，该中心大胆创新，打破过去仅靠投标文件进行抽象评判的评标方式，在江苏省委扶贫办和省卫生厅的积极配合下，对全省农村基层卫生机构医疗装备实施现场采购，即要求供应商把所有投标产品搬到采购现场进行演示，使评委"零距离"接触投标产品，评委结合现场展示结果和性能技术参数对相关产品分类进行评判，提高了评判结果的准确性。通过现场采购，不仅给供应商提供了一个公平竞争的平台，降低了采购成本，有效缓解了苏北地区卫生院条件落后、资金紧张的"两难局面"，而且为江苏省今后政府采购医疗设备起到了良好的示范和借鉴作用。

### 7. 文明服务，强化跟踪问效

为了保证政府采购成果能够得到有效贯彻实施，2003年，该中心加大了跟踪问效的力度，先后派出数十人次，不仅参与了对因公出国购买国际机票、公务用车定点维修、保险和加油、办公用纸、定点印刷、微机及外设、空调等全部八项定点采购项目，涉及70家定点采购供应商的合同履约情况的全面检查，并根据检查结果制订了奖惩实施，同时还派人深入无锡、泰州等地对全省无线电管理系统的合同履行情况进行实地跟踪。通过跟踪问效，一方面掌握了供应商合同履行的第一手资料，促进了供应商内部管理水平的不断提高；另一方面也为今后不断完善相关采购项目的采购工作打下了良好基础，此举得到了广大采购人的普遍认同。

### 8. 高效廉洁，开通网上采购

实行委托采购后，为了进一步提高政府采购效率，该中心在借鉴各地经验的基础上，研制开发了具有江苏特色的网上采购系统，较好地做到了"三个结合"：一是合理与合法相结合；二是灵活与实用相结合；三是简便与规范相结合。网上采购系统的成功开发，不仅解决了其他地方网上采购系统中存在的合理不合法的问题，而且极大地提高了采购中心的采购效率，采购人和供应商也可以足不出户就通过网上采购系统进行采购，同时与非网上采购相比，节约了组织询价采购的时间，避免了人为因素的干扰。目前，该中心已成功地对传真机、复印机等办公设备类采购项目实施了网上采购，今后将逐步推广到其他采购项目。

## 四、主要经验

2003年的工作取得了一定成效，该中心的主要经验是：求创新、谋规范，边创新和边规范。

### （一）突出创新意识，寻求创新路子

由于我国的政府采购工作目前尚处于初创阶段，许多具体的采购项目需要各级集中采购机构在实践中不断探索、不断总结、不断创新、不断完善，该中心在今年的采购工作中，主要从以下三个方面进行创新：

#### 1. 根据客观条件的变化勇于创新

每个政府采购项目都涉及不同行业的具体法律法规和行业规定，有关法律法规和行业规定有所变化，政府采购工作必须及时与之相适应，该中心在办理政府采购的过程中，随时关注外部客观条件的变化，及时创新采购方案，如根据南京市对机动车维修收费标准的变化对公务用车定点维修招标进行创新，今年又根据全国机动车辆保险条例和费率的变化，在全国率先按照公开招标的方式对公务用车定点保险重新组织招标。

## 2. 根据财政管理的要求适时创新

今年是《政府采购法》正式实施的第一年，江苏省对省级政府采购制度也相应进行了重大调整，该中心根据财政管理制度的改革要求，不断创新采购程序和内部管理方式。上半年对微机和外设定点采购进行创新，改变了原来的采购程序和对定点供应商的管理，下半年又对委托采购进行创新，使采购程序越来越简化、各项管理越来越规范。

## 3. 根据实际操作的需要主动创新

该中心今年工作中最突出的就是顶住随时机构改革的压力，主动创新：根据委托采购后，采购人对采购效率不断提高的要求，主动开发实施网上采购；根据医疗设备采购项目多、单台金额小、生产厂家多、采购数量不明确的特点，主动创新组织现场采购；根据重大采购项目可能涉及全省人民的利益，主动建立跟踪服务制度。

## （二）制订规范措施，强化规范管理

该中心在坚持创新的基础上，一手抓内部管理制度的规范，一手抓各项采购程序的规范，建立和完善了一系列相配套的规章制度，真正做到以制度约束程序，用程序规范行为。2003年，该中心制定或修订的内部规章制度有：

1. 关于委托采购的各项规定；
2. 关于网上采购的各项规定；
3. 关于公开招标的开标评标议程和操作规程
4. 采购方式的审核报批制度；
5. 招标方式的评委抽取制度；
6. 评委工作纪律和招标现场工作纪律；
7. 招标采购的监督、公证制度；
8. 非招标采购方式的内部审核制度；
9. 重大采购项目的跟踪服务制度；
10. 采购资料档案管理制度；
11. 内部业务相互制约制度；
12. 内部政治、业务学习制度；
13. 内部考勤、卫生检查制度；

14. 内部工作人员"四不准"制度；

15. 谈话戒勉、警示教育制度。

在制订相关管理制度的基础上，采购中心加大了监督检查力度，2003年仅对采购档案就组织了四次专项检查。通过检查发现的问题，及时纠正、及时完善，有力保障了各项制度的贯彻实施。

## 五、

# 2004年工作思路

2004年，该中心将继续以"三个代表"重要思想为指导，深入贯彻《政府采购法》，紧紧围绕"凝练素质、树德建人"目标，全力塑造一流的政府采购专业人才，为把采购中心构建成高效廉洁的"阳光之旅"而努力工作。主要工作思路是：

1. 加大市场调研力度，扩大网上采购项目范围；
2. 加大沟通协调力度，突破政府工程采购瓶颈；
3. 加大委托采购力度，拓展省级政府采购规模；
4. 加大培训考核力度，凝练政府采购专业素质；
5. 加大跟踪服务力度，营造诚信采购良好氛围；
6. 加大争先创优力度，提升文明服务窗口形象。

（本文与顾岳良合著，发表于《中国政府采购》杂志2004年第5期）

# 历史性的突破

## ——江苏省政府采购中心2004年采购规模首次突破10亿元大关

2004年，江苏省政府采购中心在有关部门的正确领导和大力支持下，全体干部职工以"三个代表"重要思想为指导，深入贯彻《政府采购法》，紧紧围绕"凝练素质、树德建人"目标，在全国率先开通政府采购照"三农"服务专列，顺利通过省级监管部门集中考核，连续五年实现采购规模高位增长，采购规模首次突破10亿元大关，全年实施采购预算达到11.04亿元，连续六年保持各种有效投诉"零"记录，为该中心构建成创新、诚信、高效、廉洁的"阳光之旅"付出了艰辛的努力。

## 一、数字说真话

### 1. 采购强度渐进式加大

2004年，该中心共组织采购活动1116次（平均每个工作日组织采购活动4.5次），与上年同比增加近1倍，其中公开招标128次，同比增加55次；邀请招标3次，同比减少9次；竞争性谈判194次，同比增加135次；询价602次，同比增加193次，单一来源189次，同比增加131次。采购物品数量128790台（套），其中：各类汽车743辆、微机及外设11352台、医疗设备644台（套）、各种专业设备2980台（套）。与此同时，该中心严格按照有关政府采购法律法规的规定，对超过预算金额达到50万元，采用非公开招标方式进行采购的项目，一律要求必须经过政府采购监管部门批准后，方可实施采购活动；对于预算金额未达到50万元项目采购方式的确定，该中心也进行了规范：30万元以下的，由科室负责人审批；30万~50万元的，由中心主任审批。这表明该中心的采购程序已渐趋规范，采购强度已日益加大。

2. 采购规模跳跃式增长

2004年，该中心实施采购预算11.04亿元，与上年同期相比增加了4.78亿元，同比增长76.36%；执行合同金额为9.83亿元，同比增长76.48%；与预算相比共节约资金1.21亿元，同比多节约5217万元；资金节约率为10.96%，同比基本持平。这意味着该中心自1999年成立以来，经历了5年时间才达到了5亿元的采购规模，而从5亿元突破到11亿元，短短的1年时间就实现了跳跃式的增长，为中心成立以来实现增量最多、增幅较大的一年，这是一个令人振奋的工作业绩，也是该中心全体同志共同努力的结果。

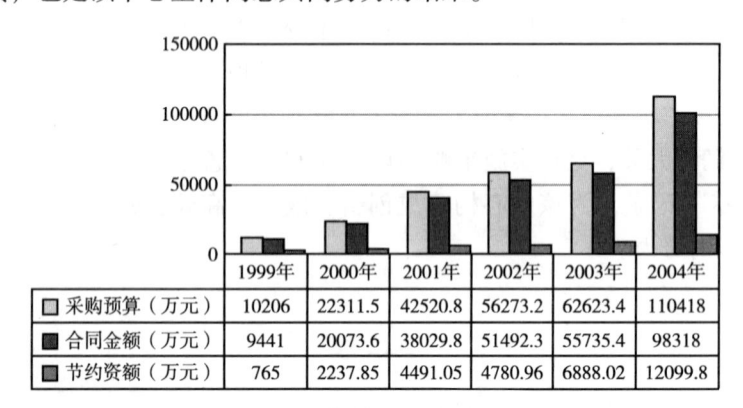

| | 1999年 | 2000年 | 2001年 | 2002年 | 2003年 | 2004年 |
|---|---|---|---|---|---|---|
| 采购预算（万元） | 10206 | 22311.5 | 42520.8 | 56273.2 | 62623.4 | 110418 |
| 合同金额（万元） | 9441 | 20073.6 | 38029.8 | 51492.3 | 55735.4 | 98318 |
| 节约金额（万元） | 765 | 2237.85 | 4491.05 | 4780.96 | 6888.02 | 12099.8 |

图1 1999－2004年江苏省政府采购中心采购规模对比

3. 委托采购健康式发展

2004年是江苏省省级政府采购全面实施委托采购的第一年，采购人是否委托该中心办理采购业务，完全由采购人自己决定，中心只能依靠自己的优良服务，吸引采购人前来办理委托采购。为此，该中心想方设法，一手抓提高服务质量，一手抓提高采购效率，最终赢得了采购人的充分信任。该中心在上年已与156家采购人签订委托协议的基础上，2004年又与124家采购人签订了委托采购协议，其中新签协议为100家，共接受委托1090次，委托预算金额达到12.04亿元，充分展现了该中心强大的竞争实力和健康的发展态势。

### 4. 采购方式多元化变动

2004年，从采购方式看，呈现多元化变动态势，通过公开招标方式组织的采购合同金额达到34723.04万元，比上年同期增加了3346.55万元，占全年合同总金额的35.32%，同比下降了20.98个百分点；以邀请招标方式组织的采购合同金额为3330.77万元，同比略有增加；以竞争性谈判方式组织的采购合同金额为24924.86万元，同比增加了18233.65万元，增长了2.73倍；以询价方式组织的采购合同金额为17478.39万元，同比增加了12561.18万元，增长了2.55倍；以单一来源方式组织的采购合同金额为17860.9万元，同比增加了7510.47万元，增长了72.56%。货物及服务类定点项目的采购合同金额为11388.26万元，同比略有增加。

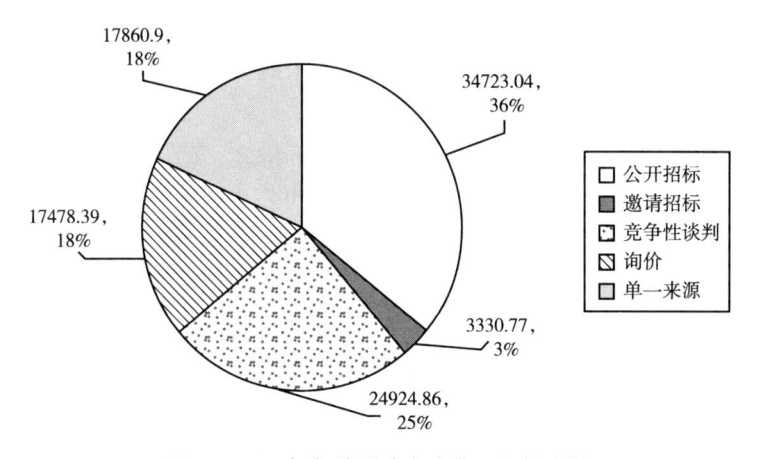

**图2　2004年各种采购方式合同金额比例**

公开招标合同金额比例偏低，竞争性谈判、询价、单一来源等方式合同金额较高的主要原因：一是农业专项补贴项目由于首次纳入集中采购，采购准备时间要求偏紧，经政府采购管理部门批准，基本上都采取询价和竞争性谈判方式进行采购，造成询价和竞争性谈判采购的比例偏高；二是汽车按单一来源方式采购金额过大，全年达到12339.56万元，占全部汽车合同金额的69.03%，占整个单一来源采购合同金额的69.09%。从总体情况看，五种法定采购方式的实现比例较往年相比，更趋合理，基本达到了政府采购法规定的法律目标。

## 二、

# 实践出真知

**1. 创新思路,推动财政专项资金跟踪问效**

自 2004 年以来,该中心为贯彻中央一号文件精神,主动与有关部门联系,在全国率先开通了政府采购照"三农"服务专列,先后对水稻、小麦良种、插秧机、收割机、畜禽疫苗、救灾化肥以及基层农村医疗装备等七项财政补贴项目成功地组织实施了政府采购,实现采购规模 3.68 亿元,执行合同金额 3.20 亿元,节约财政资金 0.48 亿元,资金节约率达到 13.11%;同时积极做好全国十运会专项设备采购,纵深突破防治肺结核药品采购,主动介入省级储备粮管理系统软件开发。

为扩大政府采购影响,该中心通过采取以下措施,确保财政专项资金的收益最大化:一是扩大采购信息发布渠道,力求采购公开透明;二是免收供货企业投标费用,帮助农民减负增收;三是完善项目采购评审方法,确保补贴效果最大;四是加强采购合同责任管理,依法落实采购成果。通过对财政专项资金的政府采购,为增强政府宏观调控能力,强化财政资金跟踪问效,探索出了一条有效途径。《中国财经报》、《新华日报》等媒体先后进行了多次报道,并在全国政府采购工作会议上作为经验材料进行了交流。

**2. 循序渐进,扩大网上采购项目实施范围**

2004 年,该中心针对网上采购运行中出现的问题,对系统多次进行优化,开通了成交供应商网上查询成交结果的统计功能,对成交供应商拖欠服务费的现象进行了规范,避免了人为因素的干扰,同时成功地将网上采购扩大到投影设备、非定点采购的微机及外设等项目。该中心全年通过网上采购方式实施的预算金额已达到 2250.7804 万元,成交金额为 1987.1459 万元,尽管占总体采购规模的比重仅为 2.04%,但采购次数达到 168 次,占总采购次数的 15%,使该中心能够集中精力干大事、办要事。目前,通过网上采购的成功运行,该中心已基本形成了通用项目定点采购、零散项目网上采购、重大项目公开招标的多种采购方式灵活运行的采购局面,最大限度地提高了中心的采购效率。

### 3. 未雨绸缪，探索省级工程采购操作方案

2004年，由于各种客观原因，该中心对省级使用财政性资金的工程类项目虽未实施采购，但该中心提前做好实施工程采购的各项准备，一是明确专人搜集各种相关资料，二是多次在内部就如何开展工程类政府采购进行探讨，三是组织多人到上海、安徽、广东、广西、陕西和河南等已开展工程类政府采购的地区，对工程项目如何实施政府采购进行调研，汲取当地的先进经验，并就该省省级单位如何开展工程类政府采购工作，向有关领导做了专题汇报，为以后该省省级工程类政府采购能够有所突破做了一些准备工作。

### 4. 规范操作，通过省级监管部门严格考核

2004年，该中心一方面组织全体干部职工认真学习、贯彻相关规定，一方面根据工作实际需要，为完善中心内部操作规程，规范采购服务行为，先后研究制订了七项内部管理规定：（1）邀请招标操作规程；（2）竞争性谈判操作规程；（3）询价采购操作规程；（4）单一来源采购操作规程；（5）采购资料归档管理暂行规定；（6）质疑处理暂行规定；（7）关于贯彻财政部第18号令的实施意见。

与此同时，为配合该省省级政府采购监管部门做好对集中采购机构的考核工作，在时间紧、任务重、内容多、要求严的情况下，该中心全体同志思想认识统一，领导高度重视，积极主动地梳理、查摆工作中可能存在的问题，按时上报相关材料，对考核组提出的意见认真进行整改。经考核组的严格考核和认真打分，中心以较高得分顺利通过了考核。鉴于该省审计部门连续两年的财务审计评价，在2004年的例行审计中，该省审计厅明确该中心为免审单位。通过考评，大大提升了该中心的服务形象。

### 5. 跟踪检查，促进政府采购诚信体系建设

自2004年以来，该中心坚持以提高服务质量为核心，采取各种有效措施，严把招标关和履约关，在促进政府采购诚信体系建设方面做了一些工作：一是先后派出几十人次主动上门，配合有关采购人对采购货物质量进行验收、核查；二是对因公出国购买国际机票、公务用车定点维修、保险和加油、办公用纸、定点印刷、微机及外设、空调等全部八项定点采购项目，涉及70余家定点采购供应商的合同履约情况进行重点检查，并根据检查结果对相关存在违约行为的供应商及时进行了处理；三是配合有关部门到苏北农村现场对全省良种补贴项目进行跟

踪检查，并将有关检查情况及时反馈给相关部门，使政府采购的阳光真正洒向每一个农户；四是配合该省无线电管理局对全省无线电监测系统运行情况进行现场跟踪。通过主动上门、深入基层、有的放矢式地跟踪检查，不仅规范了供应商的履约行为，最大限度地满足了采购人的公务需要，而且为进一步拓展政府采购工作打下良好基础。

### 6. 强化培训，凝练采购专业人员执业素质

2004年，该中心围绕"凝练素质，树德建人"的目标，除坚持日常的政治、业务知识学习之外，还采取各种灵活方式，加强对干部职工的培训考核，不断提高干部职工的综合业务素质：

组织一次知识竞赛。竞赛以《政府采购法》和《采购中心内部操作规程》以及相关法律法规为主要内容，以提高该中心干部职工从业素质和业务水平为主要目的，对取得竞赛成绩前3名的同志通报表扬，并予以一定奖励，有力地促进了全体干部职工学法、知法、守法，进而在实际采购中自觉规范操作行为。

开展两次教育活动。一是请分管领导到中心作重要讲话，进一步鼓舞了工作信心，落实了工作责任，提高了工作作风和党风廉政建设的思想意识；二是邀请纪检监察部门负责人给全体干部职工上了一堂生动的党课，强化了全体同志的党风廉政责任观念。

参加三次法规考试。一是全国财政法规知识竞赛；二是2004年江苏省省级机关党员干部党内法规知识测试；三是2004年江苏省省级机关"依法治省、执政为民"法律知识考试。通过各种考试，有效更新了干部职工的财政、法律知识。

同时，该中心以各种方式鼓励干部职工参加有关职称和学历考试、各种专业知识培训，目前该中心已有4人取得了研究生学历，三人通过了高级会计师的评审、两人取得工程师中级职称，有两人参加了工程硕士考试、两人参加了省专业技术人员信息化素质考试。通过培训考核，对中心内练素质、外树形象起到了催化剂作用。

### 7. 着力宣传，提升政府采购专业队伍形象

为了让采购人和供应商更客观地了解该中心的办事程序和服务内容，为政府采购当事人提供更优质的服务，树立自身良好的政府采购专业队伍形象，该中心今年精心编印了《我们的事业正年轻》宣传服务手册，介绍了5年来中心所取

得的主要工作成绩和成功经验，公开了办事程序和服务承诺，促进了中心内部采购程序和操作规程的进一步规范。通过免费向采购当事人发放，加深了采购当事人对中心的了解和工作的理解，有力地提升了该中心的对外形象。

同时，该中心主动通过有关新闻媒体，宣传政府采购工作的开展情况。2004年，《中国财经报》、《经济日报》、《新华日报》、《中国政府采购》、《政府采购信息报》、《中国政府采购网》、《江苏经济报》等媒体，先后报道或发表该中心的各类信息文章近40篇，比上年增加近一倍，既扩大了该中心在全国政府采购系统的知名度，又树立了中心政府采购专业队伍形象。

### 8. 真抓严管，落实工作作风廉政建设责任

该中心作为廉政建设的前沿阵地和厅机关文明服务的窗口，在工作中积极响应省委、省政府提出的加强工作作风建设的号召，坚决落实党风廉政建设责任。一是中心主任作为机关作风和廉政建设的责任人，严格按照厅有关规定，认真履行一岗双责，确保带好队伍、抓好业务、管好财务；二是要求中心全体干部职工，坚持创建青年文明号、厅机关文明处室、学习型团队"三个创建目标"不动摇，履行首问负责、限时采购、跟踪服务"三项服务承诺"不走样，落实党风廉政建设、违法违规采购、文明服务态度"三条责任措施"不含糊；三是坚持诫勉谈话制度，做到科长找科内同志谈话两次，中心主任对所有工作人员至少谈话一次；四是根据厅机关的"七项承诺"，中心将有关制度、程序在有关媒体上予以公示，加大了公开办事的力度；五是专门召开作风建设研讨会，认真查摆工作中存在的问题，并就如何解决这些问题进行了热烈的讨论，对促进中心的党风廉政建设，取得了显著效果。在日常工作中，坚持党员分片包干、科长分工负责、个人积极参与、严格监督检查，业务工作实行AB岗位、廉政建设实行甲乙互证，保证了中心党风廉政建设各项责任制的落实，也为该中心全年组织的1116次采购活动，未受到采购当事人的任何有效投诉，起到了保障作用。

## 三、

## 细微见真章

2004年，该中心无论是从采购规模，还是采购质量上，都创出了自己的特色，主要有：

## 1. 创新不停步

创新，是社会不断前进的不竭动力，我国的政府采购工作尚处于不断完善的过程中，更需要政府采购从业人员去不断实践、不断创新。2004年，该中心主要从两个方面拓展创新之路：

一是思路创新。自1999年以来，该中心办理的采购项目基本局限于集中采购目录内，对目录外的项目很少关注。今年，该中心意识到，政府采购工作不能局限于集中采购目录，不能局限在城市和机关，各种财政专项补助项目和集中采购目录外的项目，是一片广阔的天地，政府采购应该大有作为。通过思路创新，该中心积极与有关部门联系，率先开通"政府采购照三农"服务专列，主动介入十运会专项设备、药品、土地承包经营证，精心设计全省医疗急救指挥系统等财政专项补贴项目；同时，主动协助省属高校做好集中采购目录外科研仪器和相关专业设备的采购，目前，已有多所高校将所有设备的采购都交由该中心来办理，有效地推动了省级政府采购规模的扩大和采购行为的规范。

二是方法创新。2004年，该中心改变以前坐等采购人上门委托，按照采购人制订的方案组织采购的方法，对重大采购项目主动建立全程跟踪的制度。变事前不知为事前介入、变事中不管为事中规范、变事后不问为事后跟踪，如对全省水稻、小麦良种补贴和储备粮信息管理系统等项目，该中心工作人员事前就积极参与，和采购人共同调研、论证、拟订前期采购方案；对事中采购方式的选择、采购程序的组织、评标标准的拟订、采购结果的评审都进行反复磋商，依法规范进行；同时，加大了采购后期对合同履约的跟踪，先后多次派人到农村农户了解项目的实施情况，对部分供应商供货不及时、数量不保证、品质不合格等行为进行了纠正处理，维护了采购人和贫困农户的权益，赢得了有关方面的一致好评。

## 2. 服务上水平

服务不断提高，也是该中心不断追求的目标。今年，该中心采取了三项措施，促进服务水平更上一层楼：

一是上门服务。该中心今年要求项目经办人必须至少上门服务一次，对一些采购人无法提供具体采购需求的项目，主动上门考察采购人的实际应用环境，帮助采购人拟订满足公务需要的采购方案，对一些技术复杂、零配件较多的采购项目，主动上门配合采购人对项目进行验收，受到了采购人的欢迎。

二是跟踪服务。该中心今年继续加大对重大采购项目的跟踪服务力度，要求项目经办人必须至少跟踪一个重大项目，先后派出数十人次对相关项目进行了跟踪服务，尤其是对涉及"三农"的项目，中心主任亲自带队到农村、地头，对良种补贴、插秧机、收割机等采购项目进行实地跟踪，有力地维护了政府采购的"阳光工程"形象。

三是现场服务。该中心今年还配合有关部门组织在宁的一类汽车维修厂，集中到获得连续三年免招标的该省省级定点维修单位——南京苏星汽车服务有限公司，现场交流管理经验，促进了南京市维修企业整体管理水平的提高，受到了广大汽车维修厂和汽车维修行业管理部门的高度好评。

（本文发表于《中国政府采购》杂志2005年第4期）

# 用先进性助服务专列飞驰

## ——江苏省政府采购中心上半年采购规模又创历史新高

经验篇

2005年上半年，江苏省政府采购中心一边按照厅保持共产党员先进性教育领导小组的统一部署，积极开展各项先进性教育活动，深入查摆工作中存在的问题，认真落实各项整改措施，把先进性教育和政府采购工作有机地结合起来，真正做到了"两不误、双促进、共提高"。

上半年，该中心共组织采购活动401次，采购物品数量31054台（套），实施采购预算94007.81万元，合同金额为84819.34万元，分别比去年同期增加了5.48亿元和4.91亿元，创造了该中心成立以来半年采购规模增幅的最新纪录。同时，还完成了2005年下半年省级机关、事业单位打印机定点采购、全省财政票据定点印刷两项定点采购的公开招标。

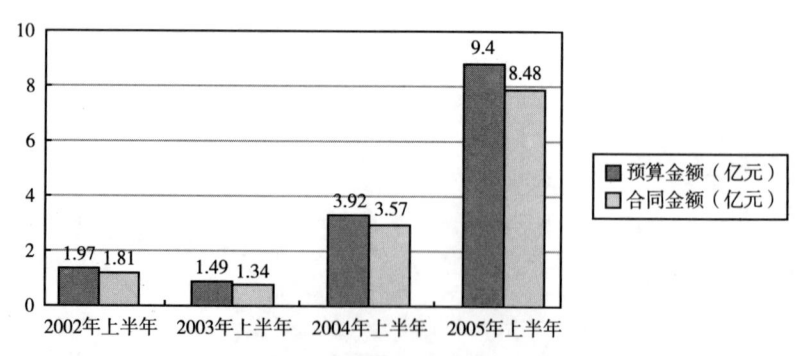

图1 2002~2005年上半年采购规模比较

近年来，随着该省财政支出管理体制改革的不断深入，部门预算、国库集中支付等方面取得了明显进展，但作为财政支出管理体制改革"三驾马车"之一的政府采购，在推进过程中遇到了一些困难，尤其是财政专项资金支出纳入政府采购的项目较少，影响了政府采购规模的进一步扩大。因此，该中心以保持共产党员先进性教育活动为契机，主动出击，在财政厅有关处室的大力支持下，不断扩大财政专项资金支出的政府采购范围，不仅为突破现有的政府集中采购范围和规模，也为强化财政资金支出的跟踪问效，探索出了一条有效途径。围绕近年来的社会热点问题，该中心把政府采购如何服务社会的问题，具体落实到了开好"三条服务专列"上来：

1. 继续开通"政府采购照三农"服务专列。该中心继于去年在全国率先开通"政府采购照三农"专列后，继续把为"三农"服务作为中心工作的重中之重。今年上半年，仅组织实施的全省水稻良种补贴、农业机械补贴、救灾化肥等涉农项目的预算金额就达到了4.62亿元，占全部采购预算金额近50%，采购合同金额达到了4.28亿元，比去年同期增长近3亿元，为农民减少支出资金3400万元。

2. 全力开通"甘露渗透生命线"服务专列。卫生问题关系到人民群众的健康安全，是构建和谐社会的重要内容之一。目前，中心除每年组织全省农村基层卫生设备的采购活动外，主动介入全省构建公共卫生突发事件应急防御体系的政府采购，仅上半年就接受了全省公共卫生体系、防疫应急体系、全省防治血吸虫病的灭螺药品和警示牌、全省卫生信息网门户网站等项目的采购任务，委托预算金额达到了1.2亿元。上半年该中心组织实施的医疗设备类项目的预算金额达到了8754.3万元，合同金额为6492.25万元，既为提高全省卫生设施和信息管理水平做出了应尽的义务，也为切实保障人民群众的生命安全和健康生活做出了应有努力。

3. 努力开通"阳光相随助学路"服务专列。今年，该中心加大对基层、贫困地区教育事业的关注力度，主动寻找为基层、为教育服务的机会，在省教育厅和财政厅科教文处的大力支持下，中心上半年组织了为苏北、苏中等部分经济薄弱地区农村义务教育阶段家庭经济困难学生免费提供课本的专项采购，共惠及全省56万贫困学生；同时，该中心主动与教育部门联系，派专人负责预算达3.4亿元的全省中小学校建设"校校通"项目，据有关电脑生产厂家介绍，一旦项目实施，仅该项目的电脑采购数量和预算金额，将成为今年以来全世界单次采购中最大的一笔。目前，该中心已完成采购前的方案论证和供应商座谈会等各项准备工作，正式采购即将开始，全部采购任务将在年内结束，这项采购也将成为该中心落实先进性教育的具体措施之一。

该中心除在不断扩大采购规模、规范采购行为上下功夫外，同时还深入基层,强化作风建设。上半年,该中心集合省委省政府提出的"三走进三服务"主题教育活动,中心领导亲自带队,先后多次上门到参与政府采购工作时间长、服务对象较多的供应商处了解中心员工服务态度、采购程序是否规范等方面的情况;到省级有关单位了解中心采购效率、工作态度等方面的情况;向采购人和供应商发放《开展"三走进三服务"意见调查表》,征求社会各界对政府采购工作的意见,主动接受采购人和供应商对中心工作的监督。同时,中心全体党员干部发起献爱心活动,与鼓楼区清河新寓社区的"心手相牵爱心园"联系,中心共捐助4000多元钱物,并组织党员干部深入该社区,慰问孤寡老人和困难家庭,通过这些家庭的现实条件和自身比较,让大家现场接受教育,更加珍惜自己来之不易的工作岗位和环境,进一步促进了中心的党风廉政建设。

该中心通过先进性教育的学习、讨论、查摆和整改,不断提高对自身工作目标的要求,在获得"省级机关青年文明号"和"2002-2003年度厅机关文明处室"的基础上,力争在2005年度获得"省级青年文明号"和"2004-2005年度厅机关文明处室"。目前,中心已成立了创建"省级青年文明号"工作领导小组,正按照省级机关团工委的要求,扎扎实实,努力工作,逐步向"省级青年文明号"迈进。

(本文刊登于2005年9月2日《政府采购信息报》第3版)

# 扩大规模　开创新局面

——江苏省政府采购中心明确2007年六项工作重点

2006年，江苏省政府采购中心在江苏省财政厅党组的正确领导和政府采购各当事人的大力支持下，全体干部职工团结一致，努力工作，在政府采购规模和治理商业贿赂等方面均取得了良好成绩。2007年，江苏省政府采购中心根据全国政府采购工作会议和全省财政工作会议精神，围绕全省财政工作大局，明确了六项工作重点，即全力提高反腐倡廉、依法采购和项目创新"三大意识"，完善分段采购模式，合理运用规范采购行为和提高采购效率"两大手段"，最终实现扩大采购规模"一大目标"，努力开创工作新局面。

## 一、

## 围绕财政工作重点，加大财政专项支出项目跟踪力度，继续扩大政府采购规模

2007年，财政部已经强调要将财政专项支出项目纳入政府采购范围，继续扩大政府采购规模。2006年该中心的采购规模已达到19.5亿元，连续七年保持了高速增长的势头，其中最主要的原因就是及时转变思想观念，主动跟踪财政专项支出项目，取得了显著成效，仅2006年该中心接受"三农"项目的委托预算金额即超过了11亿元，为该中心近年来采购规模的高速增长奠定了基础。但与该省财政2006年对"三农"的实际投入相比，仍然有相当大的差距，根据该省财政工作会议资料，仅该省省级财政2006年对"三农"的实际投入已达到180亿元，2007年更将达到了210亿元，说明该中心在此方面还有巨大空间可以挖

掘，同时社会保障、教育、环境保护等方面也将是财政支出的重点，而该中心所涉及的采购项目尚且有限。因此，2007年度，该中心将继续围绕全省财政工作重点，加大对财政专项支出项目的跟踪服务力度，工作重点仍将放在"三农"、社保、教育、环境保护等财政支出热点方向，全力拓展采购范围，扩大中心的采购总规模，力争全年采购规模超过22亿元。

## 二、

## 细化业务工作流程，加大内部信息管理系统建设力度，努力提高政府采购效率

2006年，该中心已经根据中心内部政府采购业务流程和机构设置的特点，尤其是分段采购的要求，初步建立了中心内部政府采购业务管理和办公自动化系统，对每个采购环节都进行标准化设计，并于下半年开始投入试运行，取得了一定成效。但由于运行时间不长，还存在着网上、网下并行的现象，增加了员工的负担，影响了采购效率。2007年，该中心将进一步细化业务工作流程，明确每个工作环节的工作职责和采购时间要求，扩大内部信息管理系统的功能，增强信息管理系统的使用力度，减少网下运行的概率，逐步过渡到中心内部所有信息均在网上运行，提高政府采购效率。工作重点是加强信息管理系统的建设，保证采购流程的流畅，加强采购方式和采购文件的审核，减少网络回路，以程序约束每个员工的采购行为，进一步提高采购效率。

## 三、

## 完善分段操作模式，加大中心内部互相监督管理力度，继续规范政府采购行为

2006年上半年，该中心在分管厅领导的大力支持下，对实施已久的一人负责到底的操作流程进行了大胆改革，按照采购流程的顺序，把采购业务分成接受采购委托——制作采购方案——现场组织评审——合同监督审查四个环节，每个环节由不同部门的人员负责，加大了内部相互监督的力度，减少了商业贿赂、腐败行为的发生机会，取得了明显成效。但通过半年多的实际运行，分段操作在每个环节的衔接上尚存在一定问题，影响了中心的采购效率，尤其在采购业务繁忙

季节，该情况比较突出。因此，2007年，该中心将进一步对分段操作采购流程予以完善，在保证中心内部相互监督力度不降低的情况下，理顺采购程序，规范采购行为，工作重点将放在每个环节的衔接问题和采购方案制作的效率和质量问题上，提高采购人的满意度，保证采购规模和采购质量"双增长"。

## 四、

### 建立长效管理机制，加大政府采购项目跟踪服务力度，提高采购项目创新意识

2006年，该中心对因公出国购买国际机票、公务用车定点维修、保险、轮胎、空调、传真机和复印机等六项协议供货或定点采购项目，涉及数十家定点采购供应商的合同履约情况进行检查；配合财政厅综合处分别到苏南、苏北等地对全省财政票据定点印刷项目进行跟踪检查，并将有关检查情况及时反馈给相关部门，同时，做好了在全国有一定影响力的2007年（第一期）全省联动汽车协议供货招标工作，促进了政府采购诚信体系建设。以上协议供货或定点采购项目的成功与否，关键在于合同执行过程中的日常跟踪和监督，因此，2007年，该中心的工作重点将加大对协议供货或定点采购项目的日常管理和重点检查，维护采购人和供应商的合法权益；对有一定社会影响的重大采购项目实行全过程跟踪服务，促进政府采购成果落到实处；同时，通过对以上项目跟踪，及时发现合同履行过程中存在的问题，按照合同约定认真处理，主动对采购方案进行调整，不断创新采购新模式、新方法和新内容，适应政府采购市场的新变化。

## 五、

### 强化管理制度建设，加大询问质疑投诉事项处理力度，增强政府采购法律意识

2006年，国家财政部由于政府采购方面的工作原因，已经有两次被法院裁定为败诉，江苏省财政厅也由于政府采购方面的原因首次被供应商告上法庭，虽然法院驳回了供应商的诉讼，判财政厅胜诉。但从这件事来看，说明我国的法制环境在不断完善，供应商的法律意识也在不断增强，要求集中采购机构必须随时关注国家和本省政府采购相关政策法规的变化，及时组织全体干部职工认真学

习、贯彻，提高依法采购、规范采购意识，及时制订相应的内部管理制度，调整采购流程和行为，避免违法法规的情形出现。2007年，该中心将重点加强询问、质疑、投诉的处理力度，对每一件询问、质疑、投诉都要进行认真分析，及时组织论证，谨慎答复，把好供应商投诉前的最后一道关口，并配合政府采购监管部门对相关事件进行处理，同时，对供应商提出的合理合法建议、询问和质疑，及时改正中心内部可能存在的问题，对由于中心员工个人原因造成的失误，将追究个人责任，提高中心员工的工作责任心。

## 六、狠抓党风廉政建设，加大反腐倡廉宣传教育处理力度，巩固中心争先创优成果

该中心目前既是该省财政厅对外服务的文明窗口和反腐倡廉的前沿阵地，又是"省级青年文明号"和2002-2003年度厅机关文明处室，更要时刻狠抓党风廉政建设，2007年，中心将采取切实措施，巩固来之不易的成果：一是按照厅党风廉政建设和作风建设工作的统一部署，及时组织全体干部职工学习相关反腐倡廉的规章制度、文件文章、资料案例，强化思想品德教育，引导干部职工建立正确的世界观、人生观和价值观，同时，提前上好紧箍咒，建好防火墙，将一切不合法合规的念头消灭在萌芽状态；二是继续施行党风廉政建设和反腐败工作责任制，将有关工作责任逐项分解到每个科室，落实到具体的责任人，中心主任为党风廉政建设和反腐败工作的第一责任人，坚持做到业务工作和反腐倡廉工作"两手抓、两手都硬"，在日常工作中，做到业务工作和反腐倡廉工作一起研究、一起部署、一起检查、一起考核；三是中心内部继续实行"四个不准"，即不准违背原则替任何单位、个人说情，不准泄露影响政府采购的资料，不准与供应商有影响政府采购的任何交往，不准接受投标人礼金、礼品、有价证券和宴请，坚决落实"三个一票否决制"，确保全年中心不出廉政方面的案件，继续保持中心成立以来有效投诉为"零"的记录，真正维护政府采购"阳光工程"的形象，巩固中心来之不易的创建成果。

(本文发表于2007年3月21日《政府采购信息报》第三版)

# 供应商技巧篇

  2004年，应某培训机构所约，笔者准备了针对企业参与政府采购的培训讲义，由于当时政府采购的影响力不够，供应商对政府采购工作的重视程度不足，培训工作最终流产。本篇是笔者在讲义的基础上，对其内容进行归纳提升所撰写的一篇文章。后经本厅领导同意，笔者又在此基础上制作成培训用PPT，为某大型企业做了半天的内训，受到受训者的普遍好评。提高供应商参与政府采购活动的水平，一直是笔者追求的方向之一，本篇由于撰写时间较早，其中有些内容可能与当前的政府采购要求不一致，为保持发表时的原貌，笔者并未做修订，请读者自行甄别、参考运用。

# 供应商获取政府采购订单的"七种武器"

随着政府采购工作在我国的不断深入,供应商越来越对政府采购表现出浓厚的兴趣,笔者从事政府采购工作六年多时间,发现有两个现象比较突出:一是知道、参与过政府采购的供应商比较多,真正了解政府采购的供应商少;二是政府采购的订单越来越集中到少数供应商手中,大多供应商不知道如何去获取政府采购订单。笔者认为有必要就此问题进行探讨,以解决供应商与供应商之间信息不对称的问题,促进政府采购的充分竞争。

## 一、读,供应商应认真了解政府采购的概念特点

### 1. 政府采购的概念和特点

虽然中国已经于2002年6月29日正式颁布了《中华人民共和国政府采购法》,但许多供应商目前还是将政府采购简单理解为招标,原因在于:一是由于政府采购以公开招标方式为主,二是许多地方政府采购的具体执行由社会招标机构代理,造成供应商把政府采购混淆为一般社会招标。《政府采购法》明确规定:政府采购是指各级国家机关、事业单位和团体组织(以下简称采购人),使用财政性资金采购依法制定的集中采购目录以内的或者采购限额标准以上的货物、工程和服务的行为。从以上概念可以总结出,政府采购与个人采购、家庭、企业采购或团体采购相比,具有以下特点:

(1)采购主体的特定性。在我国政府采购的主体是指行使有关国家权力或从事某种公共职能的国家机关、事业单位和社会团体。按照世界贸易组织(以

下简称 WTO）的政府采购协议规定，政府采购的主体是"由直接或基本上受政府控制的实体或其他由政府指定的实体"，不仅包括政府机构本身，而且包括其他实体，如政府代理机构；不仅包括中央一级的政府实体，还包括地方政府采购实体。各缔约方在加入《政府采购协议》时应提供一份采购实体清单，列入《政府采购协议》附件。只有被列入清单的采购实体才受《政府采购协议》的约束。因此无论是中国，还是《政府采购协议》的缔约方，政府采购的主体都是特定的；

（2）资金来源的公共性。政府采购所使用的资金都为财政性资金，资金的来源是纳税人的税收或政府公共服务收费；

（3）采购活动的单向性。政府采购不同于商业性采购，不是为卖而买，而是通过买为政府部门提供消费品或向社会提供公共利益；

（4）采购对象的广泛性。政府采购的对象包罗万象，大到宇宙空间站，小到一张办公用纸，既有有形产品又有无形产品，都是政府采购的范围，国际惯例是按其性质分为三大类：货物、工程和服务；

（5）采购过程的规范性。政府采购不是简单的一手交钱，一手交货，而是要按照有关政府采购的法律、法规，根据不同采购规模、采购对象及采购时间要求等，采用法定的采购方式和程序组织采购，使每项采购活动都要规范运作，体现公开、竞争的原则，接受社会监督；

（6）采购结果的政策性。政府采购必须遵循国家政策的要求，如节约支出、购买国货、保护中小企业、环境保护等。同时在很多国家，政府采购金额已占一个国家国内生产总值的 10% 以上，成为各国政府经常使用的一种宏观经济调控手段。

## 2. 政府采购与招标的区别

招标一般是指由招标人发出招标公告或通知，邀请潜在的投标商进行投标，最后由招标人通过对各投标人所提出的价格、质量、交货期限和该投标人的技术水平、财务状况等因素进行综合比较，确定其中最佳的投标人为中标人，并与之最终签订合同的过程。从政府采购与招标的概念上分析，很容易发现两者之间存在的区别：

（1）行为主体不同。政府采购主体是国家机关、事业单位和社会团体，招标主体主要是企业、个人或其他经济组织。

（2）资金性质不同。政府采购使用的是财政性资金；招标使用的是企业、个人或其他经济组织使用的任何性质的资金，包括部分财政性资金。

（3）遵循法律不同。我国的政府采购除工程类项目采用招标方式进行的，适用《招标投标法》外，其余均遵循《政府采购法》；而招标除政府采购的招标项目外，均遵循《招标投标法》。

（4）采购方式不同。我国的政府采购方式包括公开招标、邀请招标、竞争性谈判、单一来源采购、询价和国务院政府采购监督管理部门认定的其他采购方式。而招标仅有公开招标和邀请招标两种方式。

（5）采购结果不同。政府采购必须遵循国家政策的要求，如节约支出、购买国货、保护中小企业、环境保护等，采购结果不以寻求单个采购人的最大受益为目的，是各国政府经常使用的一种宏观经济调控手段。而招标则只要不违反国家法律、政策，采购结果应体现对单个招标人的最大受益，是完全的一种自由市场竞争行为。

## 二、

## 看，供应商应事先知道政府采购的资质要求

并不是所有的供应商都可以参加政府采购活动，根据我国的政府采购法律，对于供应商参加政府采购活动的资质要求，可以分成三部分内容：

### 1. 一般条件

由于我国尚未签订世界贸易组织的《政府采购协议》，因此我国的政府采购市场仅对所有国内符合条件的供应商开放。根据《政府采购法》规定，对符合一般条件供应商的要求是：

（1）具有独立承担民事责任的能力；
（2）具有良好的商业信誉和健全的财务会计制度；
（3）具有履行合同所必需的设备和专业技术能力；
（4）有依法缴纳税收和社会保障资金的良好记录；
（5）参加政府采购活动前三年内，在经营活动中没有重大违法记录；
（6）法律、行政法规规定的其他条件。

以上条件必须同时满足。

### 2. 特定条件

虽然政府采购市场对所有符合一般条件的供应商都是开放的，但由于政府采

购的范围很广，供应商的数量繁多，所有符合一般条件的供应商都参加某一特定项目的政府采购是不现实的。因此，《政府采购法》规定：采购人可以根据采购项目的特殊要求，规定供应商的特定条件，但不得以不合理的条件对供应商实行差别或者歧视待遇。这里所规定的特定条件，笔者认为主要有：

（1）国家制订的强制性执行标准；
（2）特殊行业的经营许可或资格认证；
（3）实行注册制度销售的特殊产品；
（4）供应商的生产、供应或服务能力。

对于不合理的条件，笔者认为主要有：

（1）品牌限制；
（2）地域限制；
（3）特有的技术参数限制；
（4）注册资金限制。

供应商应根据自身的条件，对照采购项目提出的特殊条件，判断自己是否有资格参加相关项目的政府采购活动，对于采购人或采购代理机构提出的合理条件，必须满足；对于一些不合理的条件，供应商可以向采购人或采购代理机构质疑，对采购人或采购代理机构质疑答复不满意的，可以向同级政府采购监管部门投诉。

3. 联合体

以上的一般条件和特定条件，都是针对单个供应商而言，在一些情况下，许多中小供应商可能具有某一方面的优势，但却不能满足采购人提出的特定条件，为了鼓励中小企业积极参与政府采购活动，《政府采购法》同时规定：两个以上的自然人、法人或者其他组织可以组成一个联合体，以一个供应商的身份共同参加政府采购。采购人是否接受供应商以联合体形式参加政府采购，应当在采购文件中明确。

以联合体形式参加政府采购的，参加联合体的供应商均应当符合一般条件，各方之间应当签订联合协议，载明联合体各方承担的工作和义务，并将联合协议连同投标或报价文件一并提交采购人或采购代理机构。联合体各方签订联合协议后，不得再以自己名义单独参加同一政府采购项目，也不得组成新的联合体参加同一政府采购项目。对于货物和服务类的政府采购项目，联合体各方中至少有一方符合采购人规定的特定条件；对于工程类的政府采购项目，联合体各方均应符合采购人规定的特定条件。联合体中标或成交后，联合体各方应当共同与采购人签订采购合同，就采购合同约定的事项对采购人承担连带责任。

对于一般条件，供应商只要遵纪守法、诚信经营，基本都能够满足；对于特定条件，则需要供应商具备一定的实力，在参加政府采购活动前就应当向有关部门申请获取相关的资质；对于一些供应商确实想参加、又无法满足特定条件的项目，采取联合体投标亦不失为一条参加政府采购的捷径。

## 三、

## 通，供应商应开拓掌握政府采购的信息途径

目前，全球已进入信息化时代，供应商掌握政府采购信息量的大小，将直接影响到获取政府采购订单的多少。尽管政府采购信息大多是公开、无偿提供的，但从什么途径获取与自己相关的政府采购信息，则应成为供应商着重开拓的工作内容之一。

政府采购信息，是指规范政府采购活动的法律、法规、规章和其他规范性文件，以及反映政府采购活动状况的数据和资料的总称。政府采购信息根据其公开程度，分成必须公告的政府采购信息和可以不公开的政府采购信息两类，决定了供应商获取政府采购信息的途径有也两类，即官方媒体和个人渠道。

### 1. 官方媒体

官方媒体即政府采购监管部门指定的政府采购信息的发布媒体。中国财政部负责确定必须公告的政府采购信息的基本范围和内容，并负责指定全国性政府采购信息发布媒体。目前，全国性的官方媒体主要由"一报、一刊、一网"组成，即：《中国财经报》、《中国政府采购》杂志、《中国政府采购网》（www.ccgp.gov.cn）。同时，省级（含计划单列市，下同）财政部门可以确定本地区政府采购信息公告的具体范围和内容，并指定本地区政府采购信息发布媒体。目前，财政部规定必须公告的政府采购信息有：

（1）有关政府采购的法律、法规、规章和其他规范性文件；

（2）省级以上人民政府公布的集中采购目录、政府采购限额标准和公开招标数额标准；

（3）政府采购招标业务代理机构名录；

（4）招标投标信息，包括公开招标公告、邀请招标资格预审公告、中标公告、成交结果及其更正事项等；

（5）财政部门受理政府采购投诉的联系方式及投诉处理决定；

（6）财政部门对集中采购机构的考核结果；

（7）采购代理机构、供应商不良行为记录名单；

（8）法律法规和规章规定应当公告的其他政府采购信息。

三种国家级官方媒体发布的信息各有特色：《中国财经报》侧重于各地政府采购动态的报道，兼有部分的招标公告；《中国政府采购》杂志是我国政府采购理论研究的权威，许多重大政府采购法规、政策都有较详细介绍；但由于报纸、刊物受篇幅和发行时间的限制，供应商感兴趣的具体采购信息不能及时刊登，而网络上的采购信息不受篇幅的限制，能做到实时更新，且都是免费浏览，因此，对于关注具体采购信息的供应商，可以指定专人，定期（一般一周一次）浏览省级以上政府采购官方网站。财政部曾于2000年通过在"中国政府采购网"上建立虚拟主机的方式，为省级政府采购部门分别设计风格统一的网页并注册域名，但目前部分省级政府采购网站并未完全采用，笔者最近对正在使用的省级政府采购网站进行了归集，并根据其网站内容的更新速度，略做比较，以方便查阅。

表1　　　　　　　　全国省级以上政府采购官方网站一览表

| 序号 | 网站名称 | 网　址 | 内容 |
|---|---|---|---|
| 01 | 中国政府采购网 | www.ccgp.gov.cn | 新 |
| 02 | 北京市政府采购网 | www.ccgp-beijing.gov.cn | 新 |
| 03 | 上海政府采购网 | www.shzfcg.gov.cn | 新 |
| 04 | 天津政府采购网 | www.ccgp-tianjin.gov.cn | 旧 |
| 04 | 天津政府采购网 | www.tjgp.gov.cn | 新 |
| 05 | 重庆政府采购网 | www.ccgp-chongqing.gov.cn | 旧 |
| 05 | 重庆政府采购网 | cq.chinaecai.com | 新 |
| 06 | 江苏政府采购网 | www.ccgp-jiangsu.gov.cn | 新 |
| 07 | 河北政府采购网 | www.ccgp-hebei.gov.cn | 新 |
| 07 | 河北政府采购网 | he.chinaecai.com | 新 |
| 08 | 河南政府采购网 | www.ccgp-henan.gov.cn | 新 |
| 09 | 湖北政府采购网 | www.ccgp-hubei.gov.cn | 新 |
| 10 | 湖南政府采购网 | www.ccgp-hunan.gov.cn | 新 |
| 11 | 山西政府采购网 | www.ccgp-shanxi.gov.cn | 新 |
| 12 | 山东政府采购网 | www.ccgp-shandong.gov.cn | 新 |

续表

| 序号 | 网站名称 | 网　　址 | 内容 |
|---|---|---|---|
| 13 | 黑龙江政府采购网 | www.ccgp-heilongj.gov.cn | 空 |
| | | www.hljprocurement.com | 未开 |
| 14 | 吉林政府采购网 | www.ccgp-jilin.gov.cn | 旧 |
| | 吉林省政府采购中心网 | www.jlszfcg.gov.cn | 新 |
| 15 | 辽宁政府采购网 | www.ccgp-liaoning.gov.cn | 新 |
| 16 | 广东政府采购网 | www.ccgp-guangdong.gov.cn | 旧 |
| | | gd.chinaecai.com | 新 |
| 17 | 海南政府采购网 | www.ccgp-hainan.gov.cn | 新 |
| | 海南人民政府网 | www.hainan.gov.cn/style1/service/zfcg.php | 新 |
| 18 | 内蒙古政府采购网 | www.ccgp-neimenggu.gov.cn | 新 |
| 19 | 陕西政府采购网 | www.ccgp-shaanxi.gov.cn | 新 |
| 20 | 甘肃政府采购网 | www.ccgp-gansu.gov.cn | 新 |
| | | www.gszfcg.gansu.gov.cn | 新 |
| 21 | 青海政府采购网 | www.ccgp-qinghai.gov.cn | 新 |
| 22 | 宁夏政府采购网 | www.ccgp-ningxia.gov.cn | 旧 |
| | | nxgp.nxnews.cn | 新 |
| 23 | 江西政府采购网 | www.ccgp-jiangsu.gov.cn | 旧 |
| | | jx.chinaecai.com | 新 |
| 24 | 新疆政府采购网 | www.ccgp-xinjiang.gov.cn | 未开 |
| | | www.xjzfcg.gov.cn | 新 |
| 25 | 西藏政府采购网 | www.ccgp-xizang.gov.cn | 新 |
| 26 | 四川政府采购网 | www.ccgp-sichuan.gov.cn | 未开 |
| | | sc.chinaecai.com | 新 |
| 27 | 浙江政府采购网 | www.ccgp-zhejiang.gov.cn | 旧 |
| | | zj.chinaecai.com | 新 |
| 28 | 广西政府采购网 | www.ccgp-guangxi.gov.cn | 旧 |
| | 南宁市政府采购网 | www.purchase.gov.cn | 新 |
| 29 | 云南政府采购网 | www.ccgp-yunnan.gov.cn | 未开 |
| | | www.yngp.com | 新 |
| 30 | 贵州政府采购网 | www.ccgp-guizhou.gov.cn | 新 |

续表

| 序号 | 网站名称 | 网　　址 | 内容 |
|---|---|---|---|
| 31 | 福建政府采购网 | www.ccgp-fujian.gov.cn | 旧 |
|  |  | fj.chinaecai.com | 新 |
| 32 | 安徽政府采购网 | www.ccgp-anhui.gov.cn | 新 |
| 33 | 新疆兵团政府采购网 | www.xjbt.ccgp.gov.cn | 新 |
| 34 | 深圳政府采购网 | www.ccgp-shenzhen.gov.cn | 旧 |
|  |  | www.szzfcg.cn | 新 |
| 35 | 大连政府采购网 | www.ccgp-dalian.gov.cn | 旧 |
|  |  | www.ccgp.dl.gov.cn | 新 |
| 36 | 厦门政府采购网 | www.ccgp-xiamen.gov.cn | 旧 |
|  | 厦门市政府采购信息网 | www.xmzfcg.gov.cn | 新 |
| 37 | 青岛政府采购网 | www.ccgp-qingdao.gov.cn | 旧 |
|  |  | zfcg.qingdao.gov.cn | 新 |
| 38 | 宁波政府采购网 | www.ccgp-ningbo.gov.cn | 新 |
|  |  | ningbo.chinaecai.com | 新 |

## 2. 个人渠道

除在官方媒体公布的采购信息外，还有一部分供应商感兴趣的涉及具体项目的采购信息，可能并不在官方媒体公告，如采用非招标方式组织的采购项目，要得到相关信息，就只能通过个人渠道来搜集：

### （1）主动到采购代理机构进行供应商的资料备案

采购代理机构为了保证采购业务的正常开通，通常会设立供应商资料库，尤其是各地方的集中采购机构，由于集中了大量的、不同类型的政府采购业务，需要有足够的、分门别类的供应商资料库来支撑正常的采购活动。许多不公告的采购项目，采购代理机构经常会从相关项目的供应商资料库中随机抽取出数名符合条件的供应商，邀请其参加政府采购活动，因此供应商应根据采购代理机构的要求，主动将相关资料送交采购代理机构备案，以增加参与政府采购的机会。

### （2）经常与采购代理机构项目经办人员保持联系

由于现代社会的知识更新越来越快，专业化分工也越来越细，采购业务同样需要专业的技术人员，因此许多采购代理机构的项目经办人员也相对固定。许多项目经办人员为了提高采购效率、减少不必要的麻烦，也希望一些有实力、信誉好的供应商参加政府采购活动，经常与相关项目的经办人员保持良好的沟通，不仅有利于供应商获得更多的采购信息，而且容易在采购过程得到更公正的评价。

（3）继续与采购人项目经办部门的人员加强沟通

供应商如想获得第一手的采购信息，还是需要直接从采购人处获取。采购人的需求一是往往有一定的周期性；二是随着国库集中支付的力度加大，许多转移支付的采购项目由拨钱逐步转为给物，一般由上级主管部门统一布置，因此，供应商可以根据产品的更新换代周期，定期与采购人沟通，获取正常的采购信息，同时注意与省级以上行业主管部门保持密切的联系，以提前介入大的采购项目。

## 四、

懂，供应商应充分知晓政府采购的法定方式

《政府采购法》明确规定了我国的政府采购必须采用以下方式：公开招标、邀请招标、竞争性谈判、单一来源采购、询价和国务院政府采购监督管理部门认定的其他采购方式。

### （一）公开招标

公开招标是指招标采购单位以招标公告的方式邀请不特定的供应商投标的采购方式。

1. 供应商应知晓的一般事项

（1）公开招标是政府采购的主要方式，只要达到公开招标数额标准以上的采购项目，原则上都应采用公开招标；

（2）招标公告和中标公告都可以从官方媒体查阅；

（3）对供应商的数量不限制，只要满足一般条件和招标公告中对供应商的特定条件要求，所有供应商都可以参加招投标活动；

（4）法律规定了等标期：即自招标文件开始发出之日起至投标人提交投标

文件截止之日止,不得少于20天;

(5) 根据采购项目需要,采购机构可能组织潜在投标人现场考察或开标前答疑会;并可在投标截止时间15天前,对招标文件进行必要的澄清或修改,修改的内容对投标人具有约束力;

(6) 投标人必须按照招标文件的要求编制投标文件,并在投标截止时间前,将密封的投标文件送达投标地点;

(7) 采购机构将在招标公告确定的时间和地点组织公开开标,宣读投标人名称、投标价格和投标文件的其他主要内容,并做开标记录;

(8) 评标委员会由采购人代表和有关技术、经济等方面的专家组成,成员人数为5人以上单数,其中技术、经济等方面的专家需以随机抽取的方式确定,人数不得少于成员总数的2/3;

(9) 评标委员会将在严格保密的情况下,独立完成全部评标,评标委员会可以向采购机构推荐合格的中标候选人,或者根据采购机构的授权直接确定中标供应商;

(10) 中标通知书是确认供应商中标的书面文件,对采购人和供应商均具有法律效力;采购机构和中标人在自中标通知书发出之日起30天内,按照招标文件和中标人的投标文件订立书面采购合同。

2. 供应商应知晓的重点事项

(1) 投标报价是一次性报价,在确定中标候选人前是不能更改的;

(2) 投标文件中开标一览表(报价表)内容与投标文件中明细表内容不一致的,以开标一览表(报价表)为准;

(3) 招标文件中明确了重要技术参数的(一般打*号),投标时必须满足;

(4) 对于货物与服务招标采购项目,供应商必须熟悉其评标方法:

① 最低评标价法。

是指以价格为主要因素确定中标候选供应商的评标方法,即在全部满足招标文件实质性要求前提下,依据统一的价格要素评定最低报价,以提出最低报价的投标人作为中标候选供应商的评标方法。该方法适用于标准定制货物及通用服务项目。

② 综合评分法。

是指在最大限度地满足招标文件实质性要求前提下,按照招标文件中规定的各项因素进行综合评审后,以评标总得分最高的投标人作为中标候选供应商的评标方法。

③ 性价比法。

是指按照要求对投标文件进行评审后，计算出每个有效投标人除价格因素以外的其他各项评分因素的汇总得分，并除以该投标人的投标报价，以商数（评标总得分）最高的投标人为中标候选供应商的评标方法。

综合评分法和性价比法都适用于技术复杂、不能简单以价格为主要因素确定中标候选供应商的货物及服务项目

（5）供应商在投标时，必须注意以下情况：

① 应按照招标文件的要求，及时、足额交纳投标保证金；

② 必须按照招标文件中规定，对投标文件进行密封、签署、盖章；

③ 招标文件要求附资格证明材料的，投标文件必须按其要求完整、顺序排列提供；

④ 法律、法规和招标文件中规定的所有实质性要求都必须予以满足。

## （二）邀请招标

是指采购机构以投标邀请书的方式邀请特定的供应商投标的采购方式。

### 1. 供应商应知晓的一般事项

（1）邀请招标一般适用于对供应商的资格有特殊要求，而符合其要求的供应商数量是有限的采购项目，或采用公开招标的费用占采购项目总价值的比例过大的项目，如金额较小的工程类采购项目；

（2）邀请招标必须在省级以上人民政府财政部门指定的官方媒体发布资格预审公告，公布投标人的资格条件；

（3）供应商应当在资格预审公告期结束之日起3个工作日前，按公告要求提交资格证明文件；

（4）采购机构对拟参加投标供应商的资格条件进行审查；

（5）采购机构从评审合格的供应商中通过随机方式选择3家以上的供应商，并向其发出投标邀请书；

（6）其他一般事项与公开招标相同。

### 2. 供应商应知晓的重要事项

（1）供应商认为采购机构对投标人的资格条件要求不合理的，可以向采购机构提出质疑；

（2）投标邀请书是最终决定供应商能否参加相关政府采购活动的重要凭证；

（3）其他重要事项与公开招标相同。

## （三）竞争性谈判

是指采购机构按照规定的程序，通过与符合项目资格的供应商就采购事宜进行谈判，最终确定成交供应商的采购方式。

### 1. 供应商应知晓的一般事项

（1）竞争性谈判一般适用于技术复杂，采购人不能明确具体需求，或采购人对采购时间比较紧急的项目采购；

（2）谈判由谈判小组负责。谈判小组由采购人的代表和有关专家共3人以上的单数组成，其中专家的人数不得少于成员总数的2/3。

（3）参加谈判的供应商名单由谈判小组从符合相应资格条件的供应商名单中确定，数量不少于3家。

（4）供应商可以从采购机构提供的谈判文件中，了解到谈判程序、谈判内容、合同草案的条款以及评定成交的标准等事项。

（5）谈判由谈判小组所有成员集中与单一供应商分别进行谈判；

（6）谈判结束后，谈判小组会要求所有参加谈判的供应商在规定时间内进行最后报价，该价格是确定成交供应商的重要依据；

（7）谈判小组将按照谈判文件中规定的成交标准来确定最终的成交供应商。

### 2. 供应商应知晓的重要事项

（1）竞争性谈判是招标采购的主要后备采购方式，一旦招标未能成立，采购机构可能随即就采用竞争性谈判方式开始采购；

（2）供应商必须在谈判文件规定的时间、地点递交相关文件及报价；

（3）在只有两家供应商的情况下，采购机构经监管部门批准，也可以直接与供应商谈判，确定成交供应商；

（4）参加谈判的供应商报价是不公开的；

（5）谈判小组可以对谈判文件进行实质性调整，供应商必须按照调整后的内容重新报价；

（6）谈判是分别进行的，但每个正在参加谈判的供应商的谈判次数是相等的；

（7）最后一次报价是最重要的，直接决定了供应商能否成交。

## （四）单一来源采购

指只能有一家供应商能够满足采购需求的采购方式。

**1. 供应商应知晓的一般事项**

（1）单一来源采购是政府采购法定方式中的特例，它不能体现政府采购的竞争性原则，因此，采购机构使用该方式一般比较慎重；

（2）单一来源采购在一般情况下，采购机构会直接与单一供应商进行谈判，以确定是否成交；

（3）对于达到公开招标数额标准，只能从唯一供应商处采购的项目，有关信息应当在财政部门指定的官方媒体上发布公告，以听取相关供应商的意见，接受社会各界的监督；

（4）供应商认为单一来源采购损害了自己利益的，可以向采购机构质疑；

（5）供应商应根据采购机构的要求，制作报价材料；

（6）单一来源采购由采购小组与供应商谈判，双方达成一致意见后，即确定成交；

**2. 供应商应知晓的重要事项**

（1）在符合下列条件的情况下，供应商才有可能被确定为单一来源采购的对象：

① 供应商在技术上具有垄断性，采购人只能从唯一供应商处采购；

② 供应商在时间上具有垄断性，由于发生了不可预见的紧急情况，采购人从其他供应商处采购满足不了项目对时间的要求；

③ 供应商在配套上具有垄断性，为了保证原有采购项目一致性或者服务配套的要求，采购人需要继续从原供应商处添购，但添购资金总额不能超过原合同采购金额的百分之十。

（2）单一来源采购并不代表采购机构一定会与供应商成交。一般情况下，只有符合以下两个条件才会成交：一是保证质量，是价格合理，否则采购人可以通过变更采购需求的方式重新选择供应商。

保证质量的含义有：一是满足采购人的技术要求；二是满足采购人数量、交货时间、服务、付款方式等方面的要求。

价格合理的标准是：一不能突破采购预算；二不能高于其他单位的采购价；三不能比同类相近产品价格高出太多。

（3）尽管是单一来源采购，供应商还是必须与采购人签订政府采购合同，明确技术要求、数量、现场和售后服务要求、交货时间和地点、付款方式，以及合同主要条款等内容，避免事后的法律纠纷。

## （五）询价

是对三家以上供应商提供的报价进行比较，根据符合采购需求、质量和服务相等且报价最低的原则确定成交供应商的采购方式。

1. 供应商应知晓的一般事项

（1）询价一般适用于货物规格、标准统一、现货货源充足且价格变化幅度小的采购项目；

（2）询价由询价小组负责，询价小组由采购人的代表和有关专家共3人以上的单数组成，其中专家的人数不得少于成员总数的2/3；

（3）询价对象由询价小组根据采购需求，从符合相应资格条件的供应商名单中确定，数量应不少于3家；

（4）供应商应根据收到的询价通知书来报价；

（5）确定成交供应商的原则是符合采购需求、质量和服务相等且报价最低。

2. 供应商应知晓的重要事项

（1）询价要求供应商一次性报出不得更改的价格；

（2）供应商必须按照询价通知书的要求，在规定时间、地点将报价单送交采购机构；

（3）价格是确定供应商能否成交的最重要因素；

（4）在确定成交供应商前，采购机构不能与供应商就价格进行谈判。

## （六）其他采购方式

1. 协议供货

是指通过公开招标，确定中标产品的品牌、规格型号、价格或价格折扣率、服务承诺、供货期限，以及具体的供货供应商等内容，由采购人在供货期限内，按照确定的价格或价格折扣率，采取一定的方式自主选择中标产品和供货供应商的一种采购方式。协议供货一般由集中采购机构定期组织，中标结果具有一定的时限性和排他性，即在供货协议规定的时限内，采购人只能在中标的供应商中按照确定的价格采购中标产品，未中标的供应商在此期间则不能向采购人供货。

2. 网上采购

一般是指采购机构在因特网上发布采购需求，供应商在网上直接报价，采购机构按照事先确定的成交原则，直接在网上确定成交供应商的一种采购方式。供应商如要参加网上采购，首先需向采购代理机构申请网员资格，取得资格后方能在网上报价，价格是决定供应商能否成交的首要因素。

## 五、

## 研，供应商应详细分析政府采购的活动程序

1. 获取采购信息。目前，政府采购信息主要以网站为主，供应商可以定期在中国或省级政府采购网上查询相关招标或采购信息，也可以直接向各采购代理机构询问。

2. 通过资格审查（公开招标一般不需要）。对许多政府采购项目而言，由于采购人或采购代理机构对市场不了解，或者担心参与采购的供应商过多，因此需要在正式采购前对供应商的资格进行审查。资格审查应在政府采购监管部门指定媒体发布资格预审公告。资格审查的内容一般为：供应商的营业执照、税务登记证、经营许可证、产品生产或销售许可证书、质量认证体系证书、人员状况、主要业绩情况等。供应商应按照资格审查的要求，在规定的时间前，将有关资格证明材料送交指定地点。

3. 购买或领取采购文件。供应商应按照招标公告或邀请书上规定的时间，到指定地点购买或领取采购文件。如果采购文件标明是出售的，则应注意金额大小和收取费用的形式。对个别采购文件收费很高的项目，供应商应事先测算参加采购是否划算，再确定是否购买采购文件，以减少不必要的支出。

4. 现场勘察要认真对待。对于一些复杂的采购项目，招标或采购文件不能详细描述其项目实施的现场状况，采购机构有可能会组织购买招标或采购文件的供应商到现场勘察。由于有些现场并不是可以随意勘察的，因此，供应商应按照

采购机构的安排，派遣得力人员尽量仔细勘察，尤其是对"交钥匙工程"类似的项目，勘察的结果将会直接影响到供应商的报价。

5. 制作投标或报价文件。如何制作投标或报价文件，一般在招标或采购文件中都有详细的说明，供应商应根据招标或采购文件的具体要求，认真制作投标或报价文件，重点是报价和资质证明文件一个都不能少，对招标或采购文件内容有疑问的，最好以书面形式尽早向采购机构询问，避免出现不必要的差错，因为招标或采购文件制作的好坏将直接影响到供应商能否中标或成交。

6. 采购实物样品的制作。为了避免出现投标或报价文件与实际情况相差过大的现象发生，对于某些政府采购项目，如办公家具、制服等，采购机构不仅会要求供应商制作投标或报价文件，还可能要求供应商制作符合投标或报价文件内容的实物样品，作为评审的依据。由于供应商一旦中标或成交，样品有可能被采购人封存，作为以后验收的依据，因此，供应商制作实物样品，应在自身工艺水平和价格允许的情况下，实事求是地提供优质的样品，不能为了获取订单而提供超出自身工艺水平或与投标报价不符的样品，防止出现履约验收时的纠纷。

7. 参加投标或报价活动。供应商应在招标或采购文件规定的递交投标或报价截止时间前，将投标或报价文件送达指定地点，采购机构组织完开标或其他仪式后，将转入专家评审阶段，在采购机构没有明确供应商可以离开采购现场的情况下，供应商应派代表留在采购现场，以防专家提出答疑的要求。

8. 了解中标或成交结果。供应商应及时了解所参加采购项目的结果，因为公布结果的时间与供应商质疑的期限是直接相关的。供应商了解中标或成交结果的渠道共有三条：

一是采购人或采购代理机构当场宣布。对于有些采购内容并不十分复杂、评审时间不长的项目，采购人或采购代理机构可能会当场宣布采购结果，供应商应做好记录。

二是通过政府采购监管部门指定媒体发布。对于通过招标方式组织的或重大的采购项目，采购人或采购代理机构都必须在省级以上政府采购监管部门指定的媒体发布中标或成交结果公告，供应商一般可以在相关网站查阅结果。

三是等采购人或采购代理机构通知。如果采购人或采购代理机构既没有当场宣布，也没有在指定媒体发布公告，则必须将中标或成交结果通知每个参与相关项目采购的供应商。

9. 做好现场考察的准备。供应商知道自己已经成为中标或成交候选人，但并不能代表就可以与采购人签订采购合同，由于在招标或谈判过程中，对供应商的评判依据仅是其提供的投标或报价文件，因此，一些采购机构在确定中标或成交候选人后，可能会对中标或成交候选人进行现场考察，考察内容一般为：中标或成交候选人提供的各项资质证明是否真实有效、内部管理水平、履约能力、人员素质和财务状况等，供应商应提前做好考察的准备工作。

10. 领取中标或成交通知书。采购人确认中标或成交候选人中标或成交后，将以中标或成交通知书的形式正式通知供应商已经中标或成交。中标或成交通知书具有法律效力，一旦供应商接到中标或成交通知书，即说明其提交的投标或报价文件已正式被采购人接受，采购人和供应商的缔约行为已经成立，双方的权利和义务都将受到《合同法》保护。

11. 订立政府采购合同。在中标或成交通知书约定的时间和地点，采购人与供应商订立采购合同。招标或采购文件要求交纳服务费和履约保证金的，供应商应足额交纳。

12. 全面按时履行合同。民事合同的性质决定了政府采购合同的双方都必须按照合同约定全面履行自己的义务，即使采购人属于行政执法部门。在目前政府采购实际工作中，供应商、采购人除可以直接按照《合同法》要求对方全面履约之外，也可以将对方未能全面履约的行为向政府采购监督管理部门反映，该部门能够起到一定的调解作用，同时可以在《政府采购法》规定的权限范围内，对双方进行处理。

## 六、

## 钻，供应商应深入研究政府采购的参与技巧

供应商参与政府采购活动，最关键的就是要不断积累经验，研究参与的技巧，才能提高中标或成交的概率。笔者认为，供应商应在以下三个环节着重予以研究：

1. 投标或报价文件的制作环节。由于政府采购的评审主要以供应商递交的投标或报价文件为主，因此，投标或报价文件的制作特别需要掌握一些技巧：

一是避免出现实质偏离。对招标或采购文件应进行认真分析，尤其是对一些实质性条款，必须逐一核实，逐一响应，不能响应的，宁可放弃不参加，否则白白浪费时间；

二是研究制作标准模本。由于财政部尚未制定统一的招标或采购文件，许多采购人或采购代理机构制定的采购文件格式并不完全相同，但商务部分基本固定，因此，在第一次参加相关采购人或采购代理机构组织的采购活动时，无论是

对采购文件的商务部门、还是技术部门，都应认真研究，制作出投标或报价文件的标准模本，以后参加相关机构组织的采购活动，可以采用以前制作的标准模本，再结合具体的技术方案，很快就能制作出一份符合规定的投标、谈判或报价文件，既提高了制作效率，减少了制作时间，同时也降低了制作成本；

三是区别不同方式报价。对于按招标或询价方式组织的采购，由于只允许一次性报价，因此，一定要在投标或报价前核准价格，尽量报出有竞争性的价格，才有中标或成交的可能；对于按照竞争性谈判或单一来源方式组织的采购，由于有多轮报价的机会，因此，第一次报价可以报得略高一点，留有一定的降价空间，在采购活动过程中占得主动，争取合理的利润；

四是留意不同评标办法。供应商在投标报价时，应留意采购人或采购代理机构制定的招标文件中明确的评标办法和评标标准。如果采用的是最低评标价法，投标时选择的产品只要能够满足招标文件即可，价格越低，中标的可能性就越大；如果采用的是综合评分法或性价比法，则选择的产品是在满足招标文件要求的基础上，性能价格比最好的。供应商可以事先对照评标标准给自己打分，再与评标结果比较，就能够大致推测评标结果是否合理；

五是注重讲求美观整齐。一份制作精美的投标或报价文件，能体现出供应商对参与项目的重视，会赢得评审专家的好感，不一定装订得像精装书籍那样精美，但也绝对不能出现纸张散乱的现象。投标或报价文件的顺序应按照招标或采购文件的要求排列，最好编有页码，以便专家查阅；招标或采购文件要求签署、盖章的，一定要按其要求办理；供应商递交投标或报价文件时，切记必须按照规定要求密封。

2. 投标或报价活动的现场组织环节。许多供应商认为其投完标或报过价以后，就任由评审专家选择，与自己无关了，其实在具体参加采购活动过程中，有一些事项必须予以重视：

一是提前着手准备。要注意采购活动开始的时间和地点，提前赶到采购现场，保证金和投标或报价文件必须在投标或报价截止时间前递交给采购机构，最好能够在截止时间前一天递交，以免出现意外情况，保证金尽量不要以现金形式交纳；检查投标或报价文件是否已按照招标或采购文件的要求予以密封、签章；对于采购人或采购代理机构已经更改投标地点或投标地点和开标地点不一致的情况，供应商必须予以足够重视，以免在小河沟翻船。

二是成员组成合理。现场参加采购活动的成员一定要组成合理：首先，必须有法定代表人或其授权代表，最好在参加采购时，要带上自己的身份证，以防查验；其次，主要负责答疑或谈判的成员要对本采购项目的技术、商务条款非常熟悉，有一定的语言表达能力和专业知识水平；最后，现场参加采购活动的成员中，最好要有在公司中担任较高职务的人，尽管不一定亲自负责答疑或谈判，但能向采购人或评标委员会传递该公司对相关采购项目非常重视的信息；

三是现场组织到位。《政府采购法》规定，采购机构按照招标方式组织的采购项目，都必须现场开标、公开唱标，并做好开标记录。开标时，供应商除认真核对自己的报价是否准确外，还应做好其他投标人报价的记录，作为以后投标报价的分析材料；同时，必须了解：开标一览表的报价与投标文件中的报价不一致时，以开标一览表的报价为准。开标结束后，如果采购机构没有要求供应商离开采购现场，供应商代表应在指定的休息场所，等待评审专家可能做出的澄清要求，否则，在评审专家要求供应商澄清时，由于无人回答，而使评审专家做出对自己不利的评审。即使不要求答疑，由于有些采购机构当场宣布采购结果，因此，参加采购活动的供应商代表一定要坚持到采购结果公布，第一时间掌握采购结果，有利于事后的维权行动。

四是掌握答疑要点。采购过程中，评审专家有可能会要求参加采购的供应商进行答疑，因此，供应商在答疑必须掌握要点：首先，要详细记下评审专家提出的问题，不清楚的可以当场提问；其次，回答时一定要以书面形式，逐条对照评审专家提出的问题，逐一回答，答疑材料要有法定代表人或授权代表签字；对答疑时间有限制的，一定要在规定的时间内做出准确答复；最后，除竞争性谈判外，评审专家并不是要求每个供应商都答疑，未接到答疑要求的供应商，说明其投标或报价文件已经非常明确，评审专家认为已没有答疑的必要，并不表示评审专家对该供应商有歧视。

五是注意谈判报价。由于竞争性谈判采取的是多轮报价，根据最终报价确定成交供应商，因此，供应商在谈判过程中应根据参与谈判供应商的数量和实力，重新核定自己的报价。一般情况下，采购机构在确定需求后，会给每个参与谈判的供应商最后一次报价的机会，供应商一定要把握好这次机会，报出最优惠的价格；同样，供应商也有在整个谈判过程中不调整价格的权力，但会给评审专家留下不好的印象，影响成交结果。

3. 政府采购合同的签署环节。政府采购合同虽然属于民事合同范畴，但与普通的商业合同相比，还是有其特殊性，因此，供应商在签署政府采购合同时应注意以下事项：

一是采购合同的主体可为采购代理机构。《政府采购法》规定，采购人可以委托采购代理机构代表其与供应商签订政府采购合同。但采购代理机构以采购人名义签订合同的，应当提交采购人的授权委托书，作为合同附件。由于我国设区的市、自治州以上人民政府一般都设有集中采购机构，对于许多通用类办公设备或服务采购项目，通过集中采购后，供应商与每个采购人都签合同，理论上可以，实际操作时给供应商增添了不必要的麻烦，因此，目前，许多通过集中采购的通用类办公设备或服务项目的采购合同，通常会由集中采购机构统一与供应商进行签署。

二是采购合同的内容应以采购文件为准。采购人和供应商签订合同的依据必须是采购人的招标或采购文件、供应商的投标或报价文件以及澄清材料，超出以上文件规定的内容，供应商可以拒绝签订。

三是采购合同的价格可以相互协商确定。政府采购规定：在确定中标供应商前，采购人或采购代理机构不得与投标供应商就投标价格、投标方案等实质性内容进行谈判。但并不代表在订立合同时，合同双方也不得谈判，因此，合同双方可以就合同价格进行协商，供应商可以对价格进行下调，也可以不调整。

四是采购合同的形式应当采用书面形式。虽然《合同法》规定合同当事人订立合同，可以有书面形式、口头形式和其他形式。但《政府采购法》明确规定，政府采购合同应当采用书面形式，而不能是其他形式，否则就不是有效合同。

五是采购合同的义务必须双方平等自愿。虽然政府采购合同具有一定的行政合同色彩，但由于《政府采购法》明确规定了政府采购合同适用《合同法》，要求采购人和供应商之间的权利和义务关系，应当按照平等、自愿的原则以合同方式约定，这就决定了政府采购合同还是属于民事合同，合同双方的法律地位是平等的，订立合同的行为是双方自愿的，采购人不得以不合理要求强迫供应商签订合同。

## 七、

## 官，供应商应合理利用政府采购的救济机制

《政府采购法》为了保护供应商的合法权益，制订了多种救济机制，它们之间的顺序如图1所示：

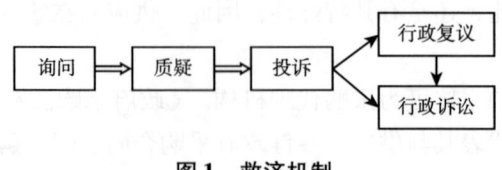

询问 → 质疑 → 投诉 → 行政复议 / 行政诉讼

**图1　救济机制**

供应商在维护自身的合法权益时，就像围棋下到官子，不能乱来，对以上救济机制一定要合理利用：

## 1. 理清维权顺序

《政府采购法》虽然赋予了供应商多种救济机制，但并不代表供应商可以任意选择其中一种来维护自己的权益，而是只能按照规定的顺序进行维权，越过顺序的维权行为将会被相关部门拒绝。

## 2. 找准维权对象

每种救济机制的受理主体是不同的：询问和质疑的受理主体是采购人或采购代理机构、投诉的受理主体是同级政府采购监管部门（一般为财政部门的政府采购管理处或科）、行政复议的受理主体是同级人民政府（法制办公室）或上级政府采购监督管理部门、行政诉讼的受理主体一般是事件发生所在地的基层法院。如果找错受理主体，一则该机构不会受理，二则耽搁了维权时间。

## 3. 注意维权时限

为了不影响政府采购工作的正常开展，《政府采购法》对供应商的维权行为设置了一定时限，一旦过了时限范围，供应商的行为将无法受到法律保护。供应商维权的时限起点应为"在知道或应知其权益受到损害之日"，之后的维权时限都是相衔接的，即上个救济机制的结束时间就是下个救济机制的开始时间，供应商一旦进入救济机制，除非中途退出，不然就必须连贯进行。

## 4. 承担维权后果

供应商的救济机制中除询问外，其余都必须以书面方式进行，并且实行实名制。供应商应当有具体事项和事实根据，不得进行虚假、恶意维权，尤其是进入投诉程序以后，如果供应商在一年内三次以上投诉均查无实据，捏造事实或提供虚假投诉材料的，政府采购监管部门有权力将其列入不良行为记录名单，使其丧失参加政府采购活动的资格，并可依法予以处罚；如果政府采购监管部门在处理投诉过程中发生了鉴定费用，过错方还必须承担。因此，供应商在维权时，一定要以事实为依据，掌握确切证据后再进行维权。

（本文从2005年5月30日起，8月1日止，每周一期，连续九期以《供应商获单加油站》为标题刊登于《政府采购信息报》第5版）

表2　　　　　　　　　政府采购供应商救济机制比较

| 形式\内容 | 询问 | 质疑 | 投诉 | 行政复议 | 行政诉讼 |
|---|---|---|---|---|---|
| 主体 | 供应商 | 供应商 | 质疑供应商 | 投诉人 | 投诉人 |
| 前提 | 对政府采购活动事项有疑问 | 认为采购文件、采购过程和中标、成交结果使自己的权益受到损害 | 对质疑答复不满意或采购人、采购代理机构未在规定时间内作出答复 | 对投诉处理决定不服或政府采购监督管理部门逾期未作处理 | 对投诉处理决定不服或政府采购监督管理部门逾期未作处理 |
| 时限 | 不限 | 在知道或应知其权益受到损害之日起7个工作日内 | 在质疑答复期满后15个工作日内 | 在知道侵犯其合法权益的具体行政行为之日起60日内 | 在知道侵犯其合法权益的具体行政行为之日起60日内 |
| 方式 | 口头、书面均可 | 书面形式 | 书面形式 | 书面或口头形式 | 书面或口头形式 |
| 对象 | 采购人 | 采购人或采购代理机构 | 同级政府采购监督管理部门 | 同级人民政府或上级政府采购监督管理部门 | 一般从基层人民法院开始 |
| 答复时限 | 及时 | 在收到书面质疑后7个工作日内 | 在收到投诉后30个工作日内 | 自受理行政复议申请之日起60日内 | 从立案之日起3个月 |
| 答复方式 | 口头、书面均可 | 书面形式 | 书面形式 | 书面形式 | 书面形式 |

# 案例篇

　　本篇收集的几个案例，都是笔者亲自组织、全程参与过的，既有被企业提起诉讼、值得反思的案例，也有成功组织、值得推广的案例。笔者十多年来经手的项目近千个，值得推敲的案例很多，鉴于本书不是案例选编，因此仅收集了四篇有代表性的案例供读者参阅。许多案例笔者曾有心去想，但无力下笔，编纂本书时，才发现自己蹉跎了太多的岁月。

# 解读家具采购投诉第一案（首例江苏省政府采购行政诉讼案）

本案例是江苏省首例供应商提起行政诉讼的案例。笔者从供应商询问、质疑开始，到配合政府采购监管部门处理完供应商的投诉和行政诉讼，一直对本案保持着密切的关注，并投入了较大的精力去处理。本案例也是笔者第一次走进法庭，代表第三方被告出席了两次庭审，加深了笔者对法院行政庭的了解，对我国的庭审过程有了直接的认识。本案虽然省高级人民法院最终判定省财政厅胜诉，但其整个过程仍然值得大家进行反思，在此之后，采购中心完善了内部供应商质疑处理相关制度，财政厅也细化了供应商投诉处理相关规定，反映出本案例对于进一步规范采购行为所起到的推动作用。

2007年1月22日，经\*\*省高级人民法院（以下简称省高院）终审判决，维持\*\*市中级人民法院（以下简称市中院）的审判结果，驳回原告南京某公司（以下简称甲公司）要求撤销\*\*省财政厅2006年5月16日作出的《政府采购供应商投诉处理决定书》（以下简称处理决定书），并责令\*\*省财政厅重新作出处理决定的诉讼请求。自此，\*\*省省级政府采购行政诉讼第一案最终以宣布\*\*省财政厅胜诉，终结了此案。

作为\*\*省省级政府采购第一起行政诉讼案，自该案所涉及项目的组织者\*\*省政府采购中心（以下简称采购中心）2005年12月31日发布招标公告开始，历时一年多，先后经过询问、质疑、再质疑、投诉、行政诉讼和再上诉过程，除行政复议外，涉及《政府采购法》（以下简称采购法）中规定的供应商所有救济机制，经过也是一波三折，真正用司法判决的方式检验了采购法及其相关配套制度的完整性和缜密性。

## 一、

## 事件起因

2005年12月31日，采购中心受省级某单位委托，就该单位所需公寓家具发布了招标公告，整个招标项目共由三个分包组成，在2006年1月20日9：30投标截止时间前，共有六家供应商参加了投标。甲公司由于自身不符合招标文件中合格投标人的规定，在投标中与北京某公司（以下简称乙公司）组成联合体，并以甲公司的名义进行投标。经评标委员会对投标人提交的家具实物和投标文件进行综合评审，当天确定三个分包的第一中标候选人均为甲公司。1月23日，采购中心发布了中标公告，公布甲公司为中标候选人，中标金额合计为211.229万元。

采购中心本以为本项目到此为止即可宣告结束，不料后面发生的一系列事情，竟将该项目演变成该省省级政府采购行政诉讼第一案。

## 二、

## 询问和质疑

1月25日，投标人之一杭州某公司（以下简称丙公司）就该项目的中标结果向采购中心提出书面质疑，要求核对中标候选供应商出具的本单位和投标联合体的相关资质证明材料的真实性。采购中心随即对质疑情况进行了核实，经与乙公司联系，乙公司以书面形式向采购中心回复，否认自2005年1月1日至今，以任何形式直接或间接参加过该地区的采购招标工作。

采购中心又与甲公司就质疑内容进行核实，核实过程中，甲公司又出具了一份乙公司委托甲公司联合参加该项目投标的书面证明，同时于2月21日向采购中心提出书面质疑，质疑丙公司如何知晓甲公司招标文件内容。

采购中心邀请该项目的原评审专家，重新对甲公司的投标资格进行认定，经对比乙公司两次出具的证明材料的印鉴章，专家认为乙公司向采购中心出具的两次证明材料，内容虽然相左，但加盖的印鉴章一致。

然而，当专家在比对乙公司出具的证明材料的印鉴章与甲公司在投标文件中提供的联合协议书上，乙公司加盖的印鉴章与之明显不一致，认定甲公司提供的乙公司的授权函有作假行为，投标文件为无效文件。并建议采购中心取消甲公的中标候选人资格,鉴于该项目采购人的工期较紧,同时建议顺延该项目的第二中标候选人为中标人。

根据评审专家的建议,采购中心以书面形式向丙公司和甲公司作出了回复,取消了甲公司的中标候选人资格,顺延第二中标候选人丙公司和江苏某公司(以下简称丁公司)为中标候选人,中标金额合计为207.92万元,并于3月7日重新发布了中标公告。

得知被取消中标候选人资格后,3月13日,甲公司以书面形式向采购中心提出质疑,要求核对丙公司相关资质证明的真实性,确认丙公司所提供的公章与质疑函上公章的真实性、合法性。3月14日,甲公司又以书面形式质疑,认为丙公司与丁公司在同一地址办公,使用同一个电话,是否属于串通围标行为?丙公司的第二标段报价明显偏高,是否属于故意哄抬价格行为?采购中心对甲公司的质疑非常重视,与丙公司法定代表人取得联系,以书面形式要求丙公司确认投标文件中加盖的公章为合法公章,丙公司在一小时内即予以回复,确认了公章的合法性,经与招标文件中公章比较,认为印鉴章一致,是合法公章;鉴于甲公司提供的证据,尚无法证明丙公司和丁公司有串标行为;同时丙公司所中标段是第三标段,与其第二标段的投标报价无关,且报价合理。3月20日,采购中心据此向甲公司作出质疑回复。

## 三、

## 投 诉

3月31日,甲公司就采购中心的质疑回复向××省财政厅投诉。财政厅根据《政府采购供应商投诉处理办法》(以下简称投诉处理办法),受理了甲公司的投诉,于2006年3月31日向甲公司开具了政府采购供应商投诉受理通知书。4月3日、4日,财政厅分别向采购中心、丙公司、丁公司和采购人发出了投诉调查取证通知书。采购中心接到通知书后,为慎重起见,又派人赴杭州,经多方调查,在工商局找到了丙公司公章的印鉴式样,随后又专门委托浙江法会司法鉴定所对丙公司在投标文件及质疑函上的公章与印鉴式样进行鉴定,鉴定结果为投标文件和质疑函上的公章印文与工商局提供的公章印文特征相同,是同一枚印章所盖,采购中心将鉴定结果反馈给了财政厅。丙公司、丁公司和采购人也分别就通知书内容回复了财政厅。财政厅查验了丙、丁两公司的营业执照副本、登记的电信黄页电话号码、工商档案资料,结合其他取证结果,认为甲公司所投诉的丙、丁两公司涉嫌串标问题缺乏事实依据，丙公司的公章真实有效，于5月16日正式作出处理决定书，认定甲公司投诉不成立，并通知甲公司领取了处理决定书，但处理决定书中的内容未完全按照投诉处理办法中有关要求列明投诉人和被投诉人的姓名或名称、住所等事项，同时未要求甲公司签署送达文书的回执证明。

## 四、行政诉讼

甲公司不服采购处的投诉处理决定，于2006年6月9日，向市中院提起行政诉讼，要求撤销处理决定书。6月15日，市中院正式受理，依法组成合议庭并向＊＊省财政厅及第三方采购中心、丙公司依法送达了起诉状副本及应诉通知书。随后，市中院组织甲公司和财政厅进行调解，但未达成和解。8月4日，市中院公开开庭审理了该案，在审理过程中，涉案各方就本案诉讼的争议焦点即省财政厅作出的涉案处理决定书程序是否合法、认定的事实是否清楚进行了辩论。经市中院庭审调查，认为财政厅在送达文书程序中存在不规范之处，在处理决定书的文书格式上存在未列明投诉人和被投诉人的姓名或名称、住所等事项，但上述瑕疵问题不足以认定财政厅作出的投诉处理决定行为的根本违法，因此，驳回甲公司要求撤销处理决定的诉讼请求。

甲公司不服市中院的行政判决，向省高院提起上诉，请求省高院撤销原审判决，发回重审或改判。省高院于2006年11月21日立案受理，并于2007年1月18日公开开庭审理了该案，认为省财政厅所作出的处理决定书确实不够规范，但不足以构成法院判决撤销之理由，决定驳回上诉，维持原判。该判决为终审判决。

## 五、总结

本诉讼案的发生，缘于甲公司的作假在先，后甲公司不满丙公司的中标，明知道自己有作假行为，仍然一恼质疑，二怒投诉，三愤诉讼，一意孤行，整个过程带有强烈的感情色彩。在本起诉讼案中，采购中心、采购处基本都是按照政府采购有关法律法规公正办事，没有原则上的过错，但最后还是不免被拖入诉讼程序，耗时费力。从整个案件过程来看，笔者认为有两点值得总结：

**一是政府采购从业人员必须增强法律意识。**

随着政府采购范围和规模的不断扩大，以及相关法律法规的逐步完善，供应商对政府采购工作的关注度和参加政府采购的积极性越来越高，维权意识也日益增强，政府采购从业人员直接与供应商联系，一举一动，一言一行，都可能成为供应商日后质疑、投诉、行政复议或诉讼的证据，就要求政府采购从业人员必须增强法律意识，带头学法、知法、守法，完善相关内部管理制度，规范自身采购行为，政府采购过程中的每一个细小环节，都必须坚持文明服务，严格依法采购，才能有效减少供应商和采购人对政府采购工作的疑虑，真正维护政府采购公平、公正的形象。

**二是政府采购法律法规急需完善。**

本案的经过，较多地反映了采购法与合同法如何有效衔接的问题。采购法遵循的是公开、公平、公正、诚信的原则，要求政府采购合同应遵守法定的缔约方式，缔结、履行过程都必须保持相当的透明度，保障公众的知情权，同时需对少数民族企业、来自不发达地区的企业、中小企业、福利企业及促进公共利益的企业给予优惠待遇，需要发挥政府采购的政策功能。而合同法的基本原则包括平等原则、自愿原则、诚实信用原则、合法原则和鼓励交易原则，缔约合同的双方是建立在平等自愿基础上的，政府采购过程需要强制，政府采购结果却是自愿，最后强扭在一起，势必造成矛盾。

因此，在政府采购的具体采购程序结束之后、合同签订之前，如何对这段政府采购活动进行有效监管，是政府采购监管部门急需解决的问题，否则，随着供应商法律意识的日益增强，采购代理机构和监管部门在处理质疑和投诉活动中遇到的问题也会越来越多，将严重影响政府采购工作的正常开展。同时，作为赋有政府采购监管职能的财政部门，需要法律赋予其在合同缔结、履行过程中的指挥权、监督权甚至处罚权以及出于公共利益的目的单方面解除合同的权利，才能发挥更大的作用，而不能仅用政府采购合同适用合同法一句话来概括。

## 六、

## 针对本案的反思

**反思一：中标预告环节不可少。**

《政府采购货物与服务招标投标管理办法》（以下简称 18 号令）第六十二条规定：采购人应当在收到评标报告后五个工作日内，按照中标候选供应商顺序确定中标供应商。确定中标供应商后，招标采购单位应当发布中标公告，在发布公告的同时，招标采购单位还应当向中标供应商发出中标通知书。中标通知书发出后，采购人改变中标结果，或者中标供应商放弃中标，应当承担相应的法律责任。

从合同法的角度看，中标通知书实质上就是合同订立的标志，根据 18 号令的规定，发布中标公告，既意味着宣布合同的订立，又意味着招标采购单位开始接受供应商的质疑。一旦质疑有效，招标采购单位有没有权力宣布中标结果无效？从合同法的角度看，肯定没有，因为法律没有授予其这种权力；采购人和供应商能不能继续签署合同？从采购法的角度看，肯定不能，因为事件在没有调查清楚的情况下不能贸然签订合同。18 号令的规定，把采购人、招标采购单位、中标供应商都推向了进退两难的境地。

笔者认为中标预告环节不可少。评标结束后，应由采购人确定中标候选供应商，招标采购单位发布中标预告，公布中标候选供应商名单和顺序，接受供应商的质疑。七个工作日内如没有供应商质疑，方可发布公布正式的中标公告，并发出中标通知书，如有供应商质疑，则应视质疑处理情况，决定是否发布中标公告及公告中的内容。

增加中标预告，利用质疑期，既可以维护供应商的合法权益，又避免了采购人、招标采购单位、中标候选供应商直接面临法律纠纷的境地。

**反思二：中标候选人取消后，是顺延其他中标候选人，还是重新招标，由谁决定？依据什么？**

18 号令规定：中标供应商因不可抗力或者自身原因不能履行政府采购合同的，采购人可以与排位在中标供应商之后第一位的中标候选供应商签订政府采购合同。

本案中，甲公司只是中标候选人，谈不上履行合同，取消其中标候选人资格后，由于采购人工期较紧，直接顺延第二中标候选人，是否适用 18 号令的规定有待商榷。在实际政府采购工作中，有时遇到取消中标候选人的情况，如果顺延后的中标候选供应商是采购人中意的，采购人会同意顺延，如果顺延后不是采购人中意的供应商，采购人则会要求招标采购单位重新招标，由于缺乏明确的规定，招标采购单位也无法限制采购人的选择，无法体现政府采购工作的严肃性。

笔者的建议：应完善政府采购相关法律法规，明确在何种情形下可以直接顺延，什么时候应重新招标。如中标候选供应商之间的中标金额相差不超过 10%

或综合得分不超过 10 分,可以顺延,超过则应重新招标;或要求必须直接在招标文件中明确约定:是顺延,还是重新招标,缩小采购人的自由选择权,扩大供应商的知情权。

**反思三**:乙公司前后提供完全不同的证明,如何对其不正当的行为进行处理?依据是什么?

本案中,作为事实上并未与甲公司组成联合体投标的乙公司,在前后不到一周的时间内,向采购中心出具了两份内容完全相反的证明材料。这个事件有没有找乙公司核实?他们是如何答复的?

其行为完全违反了诚信经营的原则,但在本案中并未受到任何处理。由于其未直接参加该项目的政府采购活动,采购中心和政府采购监管部门都无法对其处理。但不处理乙公司,纵容这种情形发生,与政府采购的诚信原则相违背,处理乙公司,又未寻找到明确的依据。

笔者的建议:根据乙公司的行为,应属于故意作虚假证明行为。对于这种行为,我国仅在刑法中有相关规定:在刑事诉讼中,证人、鉴定人、翻译人,对与案件有重要关系的情节,故意作虚假证明、鉴定、记录、翻译,意图陷害他人或者隐匿罪证的,处三年以下有期徒刑或者拘役;情节严重的,处三年以上七年以下有期徒刑。本案不属于刑事案件,不适用上述规定。因此,为规范政府采购市场,急需完善政府采购法律法规,应授权政府采购监管部门对作虚假证明的公司予以一定的处罚,如列入不良供应商名单,在一定时限内拒绝其进入政府采购市场,并可考虑适当予以一定数额的罚款。

**反思四**:如何规范质疑处理的程序?

采购法规定,供应商认为自己的权益受到损害的,可以在七个工作日内提出质疑,招标采购单位应在七个工作日内答复。在本案中,供应商就此项目发生了多起质疑,仅甲公司就质疑了两次,针对两次质疑,招标采购单位是分别答复,还是统一答复,如果统一答复,答复的有效期应以哪次质疑为准?如果有其他供应商在招标采购单位答复后,认为答复损害了其权益,再发生质疑,是否招标采购单位需不停地再答复?

笔者的建议:政府采购监管部门已对供应商投诉的处理进行了规范,但对质疑如何处理却没有作出明确的规定,造成招标代理单位仅能依据采购法的原则规定进行处理,但实际操作过程中问题很多,不仅影响了招标采购单位的日常采购工作,而且增加了供应商投诉的几率,进而影响监管部门的工作。因此,希望监管部门能够早日对质疑处理的条件、程序、格式等内容进一步明确,以便于招标代理单位有章可循,也为供应商投诉筑起一道防火墙。

**反思五：政府采购活动中如何认定串标行为？**

采购法和18号令都规定：投标人之间不得相互串通投标报价，并明确了对串通投标的处罚规定，而却未明确对串标行为的认定方法。

串标一般是指供应商之间、供应商与招标采购单位之间为了个人或小团体的利益，不惜损害国家、采购人和其他供应商的利益，互相串通，人为操纵投标报价或采取其他手段，进行不正当竞争的违法行为。根据国家发改委等七部委发布的［2003］第30号令《工程建设项目施工招标投标办法》规定，有四种行为属投标人串通投标报价：一是投标人之间相互约定抬高或压低投标报价；二是投标人之间相互约定，在招标项目中分别以高、中、低价位报价；三是投标人之间先进行内部竞价，内定中标人，然后再参加投标；四是投标人之间其他串通投标报价的行为。以上办法应属于《招标投标法》的具体实施细则范畴，不能直接适应于政府采购。

本案不属于工程建设项目，甲公司质疑丙公司和丁公司有串标行为，采购中心一者无事实上的证据，二者也没有认定的依据。

笔者认为，参与该项目投标的企业有六家，而且两家公司的地址与联系方式都不同，甲公司的投诉没有依据可查，因此采购中心不能认定丙公司和丁公司存在串标行为。但政府采购监管部门在政府采购中串标行为的认定存在缺失问题，如何对其认定已成为当前政府采购工作中的一大难点。规范政府采购行为，维护采购人和供应商的合法权益，还需相关监管部门将"串标行为的认定"在法律条文里作出细致的规定。

**反思六：处理投诉需注意细节**

处理决定书是对采购人、供应商、采购代理机构都具有强制执行力的行政决定。投诉处理办法规定：投诉处理决定书的送达，依照民事诉讼法关于送达的规定执行。民事诉讼法规定：受送达人是法人或者其他组织的，应当由法人的法定代表人、其他组织的主要负责人或者该法人、组织负责收件的人签收。

本案中，采购处虽然事实上已经将处理决定书送达甲公司，但由于处理决定书中的内容与投诉处理办法未能一致，且没有履行送达时的签收手续，这些瑕疵虽然不足以证明采购处所作出的处理决定程序违法、适用法律有误，但仍给甲公司以把柄，造成工作中的被动。

**反思七：投诉期间政府采购活动能正常进行吗？**

该项目打官司花费了将近1年的时间，用户也需要花费1年的时间去等待结果吗？这显然是不现实的。在结果没有明确之前，采购人该何去何从？政府采购活动能正常进行吗？

投诉处理办法规定：财政部门在处理投诉事项期间，可以视具体情况书面通知被投诉人暂停采购活动，但暂停时间最长不得超过30日。是否可以这样理解：如果招标采购单位没有接到财政部门暂停采购的书面通知，采购活动就应该继续进行，就像没有发生这件事一样。事实如此吗？肯定不是。既然财政部门受理了投诉，说明供应商已经向招标采购单位进行过质疑，且对质疑的回复不满意，在投诉处理期间，招标采购单位还要以书面形式向财政部门作出说明，并提交相关证据、依据和其他有关材料，同时，还可能需要与投诉供应商当面质证，在此情况下，招标采购单位还能像没事人一样将该项目继续进行下去？

笔者的建议：为了保证采购人的合法权益，在招标采购单位认为质疑处理没有问题，政府采购监管部门没有要求招标采购单位暂停采购活动的情况下，招标采购单位应及时向中标供应商发出中标通知书，并组织供应商与采购人签订合同。如事后确实证明招标采购单位采购过程中有问题的，由招标采购单位承担赔偿责任。但需有一个前提，即集中采购机构是非营利性质事业单位，没有赔偿资金来源，应事先为其准备一笔赔偿准备金，否则，上述办法仍难实行。

**反思八：应该由谁举证。**

本案审理过程中，辩论的焦点之一为省财政厅作出的处理决定书中认定丙公司的公章合法有效的依据。在本案中，采购中心承担了举证的责任，并承担了不少费用，是否应该，笔者认为值得商榷。

按照举证责任分配的一般理论，主张者应当对其主张的事实承担举证责任，否认者对被否认的事实不承担举证责任，而抗辩者则须对抗辩事实承担举证责任。据此，原告应当对其所主张的事实进行举证，被告则应当对其抗辩所依据的事实进行举证，如果原告或被告提出了再抗辩或再再抗辩，则应当分别对其再抗辩或再再抗辩予以举证。

但行政诉讼法又规定：被告对作出的具体行政行为负有举证责任，应当提供作出该具体行政行为的证据和所依据的规范性文件。

在本案中，笔者认为，在甲公司质疑时，应由甲公司承担举证责任；在处理投诉时，采购处应当要求甲公司提交相关证据；在行政诉讼时，则应由采购处负责举证。由于采购中心在投诉调查取证期间所做的司法鉴定，具有法律效力，采购处采用其作为证据也未尝不可。

（本文发表于2007年6月22日《政府采购信息报》第7、8版，第7版标题为《解读家具采购投诉第一案（家具企业状告财政厅何以败诉）》第8版标题为《家具采购诉讼案引发八大反思》）

# 创下五个"第一"的政府采购项目

## ——某单位办公家具项目采购案例评析

案例篇

这是一个"烂尾"项目。采购人在委托采购中心采购前,已经委托另一家集中采购机构公开招标,由于中标候选人弄虚作假被取消中标资格,在处理期间,采购人对该集中采购机构不是很满意,遂想委托采购中心重新招标。采购中心顾岳良主任知道采购人难缠,不愿受理该项目,采购人遂找到时任分管副厅长,要求采购中心帮助其完成采购任务。顾岳良主任只能同意,遂指派笔者和时任采购一科科长李进负责本项目。考虑到项目的特殊性,为了防止出现供应商质疑、投诉事件,笔者和李进对每一个采购环节都做了认真地分析,并对可能出现的相关风险做了应急预案。但人算不如天算,在采购过程中还是出现了一些意外的事件,才导致本项目五个"第一"的出现。吃一堑,长一智,本项目也为采购中心以后规范内部管理进行了有益探索,现场全程录像、签订回避责任书等举措被财政部所采用,在《关于进一步规范政府采购评审工作有关问题的通知》中均有相应的规定。

## 一、案例回放

### 1. 招标

2008年9月28日,某采购中心就某单位(以下简称"采购人")总预算为630万元的办公家具项目组织了公开招标,经公开开标、唱标,评标委员会对实物样品评审和对投标文件综合打分，于10月6日发布了中标公告，确定广东某公司为中标候选人，中标金额为617.9869万元。正常情况下，一个采购项目到此阶段，基本可以告一段落，只需采购人和中标供应商签订合同，整个采购项目宣告结束。但随后发生的事情，却让最终该项目的采购充满了波折。

2. 废标

中标公告发布后，有人反映该中标候选人提供的投标文件中，部分资格证明材料存在弄虚作假，经核查，确实发现该中标候选人的投标文件中有造假行为，采购中心最终取消了该中标候选人的中标资格，宣布该招标项目作为废标处理，并向同级政府采购监管部门建议，对该供应商进行处罚。

3. 一改采购方式

该办公家具项目是采购人对办公楼重新装修而进行的采购，根据工期安排，原计划于该年度12月底前，所有办公家具必须安装到位。经核查、论证，到确认该项目作为废标处理，时间已经进入了11月初。再重新组织公开招标，时间上已经不允许，同时，采购人由于办公楼装修，在外零时租赁办公场所，每月仅租赁费就高达70多万元，因此，采购人向采购中心申请采用竞争性谈判方式进行采购。经同级监管部门批准同意，采购中心开始按照竞争性谈判方式重新组织采购。

4. 分歧

从公开招标改为竞争性谈判，并不是简单地换个采购方式名称，采购文件的制作、采购组织的流程、项目评审的规则都与公开招标不一样，关键是在本项目中，还涉及实物样品的制作和运输的时间问题。在采购文件制作过程中，采购中心与采购人产生了一定分歧，采购中心认为：一是由于采购人对项目实施的时间要求较紧，能否在采购文件中只提具体要求，不需要供应商提供实物样品；二是竞争性谈判方式的最终评审标准就是在符合采购需求、质量和服务相等的情况下，最终谈判总报价最低的供应商为成交候选人。而采购人一是坚持实物样品不可缺少，否则将无法保证产品质量；二是最低价者成交，不能达到好中选优的目的。

经采购中心与采购人反复协商，鉴于前期组织过公开招标，参加投标的十几家供应商已经提供过实物样品，并且采购人对这些样品基本表示认可，同时考虑到实物样品也是评审环节的重要组成部分，因此，对于提供实物样品问题，采购中心表示认可，主要原因是：即使因竞争性谈判时间紧，但有原来十几家能提供实物样品的供应商参加，也足以保证采购的竞争性。对于最终谈判总报价最低的供应商成交的分歧，采购中心则坚持不能让步，但对于如何认定符合采购需求、质量和服务相等的问题，双方商定首先对实物样品采用模糊式评审，如未出现"重大负偏离"的供应商，则将淘汰3名实物样品综合评分得分最低的谈判供应商。剩余的供应商则视同符合需求、质量和服务相等，最终谈判总报价最低的供应商成交。

基本原则确定后，又出现了新的分歧，采购人担心参加的供应商太多，最终谈判总报价最低的供应商成交，会让一些"名气"不大的供应商占"便宜"，新增加一些对参与谈判供应商的限制条件。采购中心认为，由于采购时间比较紧，能在规定时间内提供实物样品、参加采购的供应商已经为数有限，坚决不同意再增加任何条件，只能按照原先公开招标时提出的资质要求，经反复协调，最终采购人同意了该方案。

### 5. 评审

11月12日，采购中心正式发出该项目的竞争性谈判采购公告，截至11月21日上午9：30，没有供应商对采购文件中的内容提出质疑，共有七家供应商按采购文件要求提供了实物样品，向采购中心递交了竞争性谈判响应文件。随后，五名谈判小组成员首先对实物样品（要求不得具有任何商标、品牌或其他显示商品厂家名称的标志，评审前由公证人员对样品随机编号）进行评审。经谈判小组确认，七家供应商均未出现重大偏离。谈判小组按照采购文件事先确定的评分标准综合打分后，再按原先的编号和供应商一一对应，得分最低的三名供应商未能获得最终报价的资格。

### 6. 意外

根据采购文件事先确定的评审规则，谈判小组对剩下的四名供应商的竞争性谈判响应文件进行详细审核，发现有一家供应商响应文件中没能提供必需的产品注册商标证书，经该供应商授权代表确认，响应文件中确实没提供，但授权代表随身携带了证书的原件（采购文件要求谈判时带原件以备查验）；另外两家供应商提供的ISO14024（或ISO14025）认证证书已过期（公开招标时还处于有效期内），但都提供了某认证机构出具的正在重新办理的书面证明，经了解，重新办理该证确实有一个过渡期。经谈判小组与在场的工作人员、法律顾问商议，响应文件中未提供产品注册商标证书的供应商，虽然随身携带了证书原件，仍不能通过资格审查；虽然认证机构出具了书面证明，但仍不符合谈判文件中规定的出具认证证书的要求。因此，谈判小组最终决定，由于三家供应商未能通过资格审查，本次竞争性谈判仅有一家供应商符合要求，建议终止本次谈判活动。

## 7. 二改采购方式

此时已经是当天下午四点多钟，由于事关采购人所有干部职工的利益，采购人的有关领导一直在租借的办公室中等待采购的结果。得知这种意外后，电话中指示经办人，由于工期已经被延迟了两个月，损失高达一百万元以上，当天无论如何，必须要有采购结果，否则，无法向干部职工交代。鉴于采购人的实际情况，经在场的采购领导小组协商一致，采购中心决定当场向政府采购监管部门申请改为单一来源方式采购，监管部门批准同意按单一来源方式进行采购。

## 8. 变故

根据政府采购监管部门的批准，采购中心当场向四家供应商宣布了竞争性谈判的评审结果，决定终止谈判采购，采用单一来源方式进行采购。在谈判小组与浙江某公司就采购价格、产品质量等内容进行谈判时，未通过资格审查的两个供应商向采购中心工作人员反映，浙江某公司提供的实物样品存在明显的质量问题，且样品数量与采购文件要求的不一致，不应作为合格的供应商，建议本次采购不能确定成交人。原本进行的单一来源谈判被迫中断。

## 9. 成交

采购中心工作人员听取供应商意见后，及时组织评审专家，又重新对唯一通过资格审查的供应商提供的实物样品进行核查。经核查，谈判小组成员一致认为：供应商反映的情况确实存在，但鉴于在实物评审时，已经考虑到七家供应商提供的实物样品，与采购文件的要求都存在一定的差距，没有一家实物样品"完全"响应采购文件，对于出现的问题，都作为存在瑕疵，没有一家供应商作为存在"重大偏离"处理，对所有供应商而言，符合政府采购公平、公正的原则。因此，谈判小组建议，可以继续进行单一来源采购。经过三轮单一来源谈判，浙江某公司的报价从最初的六百多万元，降到了最后的5百多万元，并承诺完全满足采购文件的要求。当采购中心宣布成交结果时，已是半夜十一点多钟。天已经完全黑了，该项目的采购也终于落下了帷幕。

11月24日，采购中心发布了成交公告。在质疑期内，没有供应商进行质疑。12月初，采购人与成交人正式签订了政府采购合同。

## 二、案例特点

### 1. 第一个最终按单一来源方式成交的家具项目

家具项目的采购,历来是采购中心所有组织的项目中,比较头疼的一类。在笔者从事十年政府采购工作历程中,第一次被供应商提起行政诉讼的,就是家具项目采购;第一次有十二家供应商投标,最终因实质性响应招标文件要求的供应商不满足三家,而被宣布废标的,也是家具项目采购;第一次公开招标后,废标,再招标,再废标的,还是家具项目采购。但本案例中家具项目的采购,还是具有其鲜明的特点:一是时间跨度长,从招标文件准备开始,一直到签订政府采购合同,历时4个多月;二是涉及政府采购多种采购方式之间的转换,每种采购方式的采购文件制作、采购流程组织都不相同;三是评审过程中不仅涉及实物样品的打分,还有对响应文件的综合评审;四是尽管采购中心事先考虑到许多可能出现的情况,但最终按单一来源方式采购,却是始料不及,值得我们去分析。

### 2. 第一个在分段采购模式下主动变通的项目

采购中心在近两年的分段采购运行模式下,采购文件制作人和采购现场的组织者基本都按照项目类别相对固定。本次办公家具采购项目,为了保证其顺利实施,采购中心首次在分段采购运行模式的框架下,中心领导亲自挂帅,主动调整采购思路,跳出了两年来项目经办人基本固定的采购模式,临时在中心内抽调人员组成采购小组,原来专门负责开标现场组织的人员,由于其对家具项目的熟悉,负责制作采购文件,原来专门负责综合服务的人员,由于其对采购程序的熟悉,负责开标现场的组织。该采购中心共三位主任,两位参与了该项目的论证和现场组织,共四个科长,三个亲自负责采购的不同环节。临时的调整,使采购中心集中了优质资源,克服了职能式组织结构的缺点,即使在采购过程中发生了不少突发事件,最终还是顺利完成采购任务,避免了在家具项目采购中经常出现的质疑、投诉事件,使采购更见成效。

### 3. 第一个在评审过程中现场全程摄像的项目

一个预算100万元左右的家具项目,在家具行业中已经算是大项目,而600

多万元的项目,更会引起全国很多家具生产企业的关注。为了避免采购人出现明显的倾向性行为,保证政府采购的公平、公正,在该项目实施过程中,采购中心运用了多种监控手段:一是纪检监察部门和政府采购监管部门代表提前介入,从项目前期论证开始,采购方案制订、采购文件制作、评审标准拟订和评审现场组织,一直到成交结果确定,整个采购过程全程参与;二是评审现场除公证机构外,首次邀请法律顾问,全程提供法律咨询;三是首次邀请省级电视台记者,从实物样品评审开始,到对每个供应商的详细评价和整个项目的讨论过程,用两部高清摄像机,从不同角度全程实况摄像。通过采取以上措施,有效地保证了无论出现任何意外,项目都在可控范围内运行。

### 4. 第一个要求评审专家签订回避责任书的项目

鉴于前不久该采购中心刚发生一起由于评审专家应该回避,而没有主动回避,造成采购结果作废的事件。为了防止出现同样的差错,强化评审专家的责任意识,在该项目正式评审前,采购中心首次引进了签订回避责任书的环节,事先告之评审专家在评审过程中的权利和义务,以及需要回避的几种情形,如评审专家符合回避的情形,则请其自行申请回避,否则,一旦出现应回避而未回避的问题,由评审专家承担相应的法律责任。

### 5. 第一个在评审前解读评审程序和标准的项目

为了避免重大项目在评审过程中,由于评审时间有限,评审专家对采购文件和评审标准吃不透,造成误审、错审、漏审的现象发生,采购中心在本项目实施过程中,首次引进了帮评审专家解读评审程序和标准的环节,即在正式评审前,由采购文件制作人向评审专家解读采购文件中的重要内容、评审程序和标准,评审专家掌握相关内容后,采购文件制作人退出评审现场,由评审专家独立评审。通过引进解读评审程序和标准环节,使评审专家在较短时间内能够掌握评审的要点,统一评审尺度,节约评审时间,提高了评审效率。

## 三、案例评析

该项目在采购过程中,尽管经过了许多周折,采购人对最终结果也比较满意,但回顾整个采购过程,还是有些经验值得总结:

## 1. 资质要求宜宽不宜严

采购人代表在采购时，会受到来自单位领导、同事们的压力，经常担心一些不熟悉的供应商中标或成交，会影响单位的正常需要，在制定采购方案时，对于供应商的资质要求提得很高，限制了参与政府采购的供应商数量，违背了政府采购公平竞争的基本原则。本项目在竞争性谈判采购时，由于担心最终谈判总报价最低的供应商不能满足需求，采购人就曾想提出比公开招标时更加严格的资质要求，如果当时采购中心同意采购人的要求，能参加竞争性谈判的供应商将更少，可能会导致采购再次失败，最终损失的还是采购人自己。因此，采购人代表的心情可以理解，但资质要求是面双刃剑，过高的要求，不仅会影响供应商的积极性，而且容易造成采购失败，采购人自身的利益也会遭受损失。

## 2. 前期方案要重新论证

许多人认为，采购中心在组织政府采购过程中，仅需要保证程序的合法、公正即可，具体需求应完全由采购人决定。笔者认为，这是一种完全错误的观念，在笔者从事政府采购十年过程中，真正对采购项目的具体需求清楚明了的采购人少之又少，原因是相当多的采购项目，一个采购人多年才能遇到一次。如本项目的办公家具，采购人最起码十几年才会大规模更换一次，采购人代表也是临时抽调负责家具的采购，虽然在全国考察了很多家具生产企业，征求了一些专家的意见，但最终报给采购中心的采购方案，还是与政府采购的有关要求不符。而采购中心每年组织的家具项目少说也有近十起，遇到的问题比采购人想到的都多。因此，采购中心在制订采购方案时，不能完全依据采购人的要求，要重新对采购人提供的采购方案进行论证，发挥采购中心的专业优势，不仅要当好政府采购活动的组织者，更要做采购人的好参谋，这样才能体现出集中采购的优势。

## 3. 实物样品要留有余地

对于需供应商提供实物样品的采购项目，在采购文件中明确实物样品的要求时，切记要留有一定的余地，如在尺寸上设定一个可以接受的误差量，在材质要求上可以设定多个选择，在一些不重要的小零部件上允许供应商自行选择，充分发挥供应商自身的优势，才能提高供应商参与政府采购的积极性。否则，在采购过程中将出现两种极端：一是按图索骥，只有一家供应商能满足，有直接指定供应商的嫌疑，容易被供应商质疑；二是空中楼阁，没有一家供应商提供的实物样品能够完全满足采购人的要求。笔者所了解的多个需提供实物样品的采购项目，经常以废标而告终，主要原因就是实物样品要求得过于具体、过于详细。

### 4. 办公家具最关注环保

现在全社会都在关注环保，采购人也不例外，尤其是与自己朝夕相处的办公家具。在本案例中，不仅要求参与采购的供应商必须具有 ISO14001 环境管理体系认证证书、ISO14024（环境管理　环境标志与声明　Ⅰ型环境标志　原则与程序）认证证书，而且对所有办公家具的主材、油漆、辅材的甲醛含量都提出了明确要求。在现场评审时，评审专家对实物样品挥发的气味特别敏感，个别甲醛味道比较明显的实物样品，在综合评分时，得分相对都比较低。因此，供应商在参加办公家具的政府采购时，牢记环保特别关键。

### 5. 响应文件不能靠外观

现在供应商参与政府采购活动，响应文件制作得越来越厚，装帧越来越漂亮，以为这样能表示对采购项目的重视，获取评审专家的好感，在评审时获得更高的评价。其实，评审方法和标准在采购文件中早已明确，需要供应商提供哪些资料，也会在采购文件中列明，供应商只需按照采购文件的要求，依次提供相关证明材料，该盖章的盖章，该签字的签字即可。采购文件不需要提供的资料，供应商即使放入响应文件中，在评审时也不会给供应商增加半点分值，因为评分标准中没有相关的评分项。对于必须实质性响应的关键内容，响应文件中必须做到一个不能少，否则，响应文件再厚、装帧再漂亮，照样可能无法通过资格性或符合性审查，即使通过了审查，综合评审时也会受到负面影响。

### 6. 采购程序须严格规范

在该项目的采购过程中，尽管采购中心经办人考虑到了许多可能出现的问题，在采购过程中还是出现了各种意外事件，最终只能按单一来源方式采购，可谓是人算不如天算。但正因为出现了许多意外，对采购中心的综合组织能力也是一种考验，这就要求采购中心人员不仅需要较高的综合素质，能够灵活运用各种采购方式，并且每种采购方式都要严格按照规定的程序规范组织，不同采购方式之间的转换也必须做到合法合理。任何一个环节出现问题，都可能导致采购失败，从而验证"细节决定成败。"

### 7. 借助外力其实很关键

政府采购活动是项综合性工作，在当前政府采购法制环境还不是很完善的阶段，采购中心组织采购的过程实际上就是与采购人、供应商斗智斗勇的过程，采购人手中有权，供应商背后有利，仅靠采购中心一家的力量非常有限，必须借助外力，才能实现政府采购"规范行为，提高资金使用效益，维护国家利益和社会公共利益，保护当事人合法权益，促进廉政建设"的宗旨。纪检监察和政府采购监管部门的提前参与是防范采购人滥用职权的重要手段，公证部门、新闻媒体的适时介入是平衡采购人、供应商权利的有效方法，法律专家和评审专家能对成交结果的合法性和合理性进行把关。只有依靠这些"外力"的帮助，才能使采购中心在采购过程中，始终把握采购的主动权，让政府采购始终在正确的轨道上运行。

(本文刊登于2009年2月11日《中国财经报》第3版)

# 江苏省省级机关、事业单位因公出国定点采购国际机票项目案例分析

采购方式：公开招标
项目实施时间：2006 年 4~5 月
项目实施人：江苏省政府采购中心

## 一、选编本案例的目的

近几年来，随着我国政府对外交流日益增多，每年因公出国的人数、批次、费用都在不断增加，而购买国际机票的费用占整个出国费用的比例较高、费用较大，仅江苏省省级机关、事业单位 2005 年因公出国购买国际机票的费用即达到了三千多万元，因此，有必要对因公出国采购国际机票的行为进行规范。从因公出国定点采购国际机票项目的性质看，应属于服务类采购项目，但与公务用车定点维修等服务类采购项目相比，因公出国定点采购国际机票项目具有一定的特殊性，是一种纯服务性的采购项目，对定点供应商的选择，更注重对供应商的经营资质和人员素质的比较，其经营场所的大小和公司的性质并不重要。本案例自 1999 年开始组织实施，经过几年来在实践中不断探索、尝试、运用和总结，在招标文件制作方面已日趋完善，对定点供应商的日常管理也逐渐规范。选编本案例，一是对如何制作纯服务类采购项目的招标文件和评分办法，给大家提供一些参考；二是对定点供应商如何加强管理，给大家一些合理的建议；三是对如何正确处理供应商的质疑，为大家提供一个范例；四是

对招标活动中存在的问题进行探讨，以便大家对出现相关问题如何处理，提供一些有益的帮助。

## 二、本案例实施的背景

为了加强对因公出国购买国际机票的管理，减少购买国际机票的中间环节，纠正因公出国机票购销中的不正之风，节约财政开支，财政部、中国民用航空总局于1998年下发了《关于加强因公出国机票管理的通知》，要求因公出国人员均应乘坐中国民航班机，对机票实行定点购买。当时，江苏省尚未对因公出国购买国际机票实行定点采购，许多省级单位组织出国时，一是到不具备国际机票销售资质的销售点购买机票，经常发生纠纷；二是由于不同航空公司销售国际机票的价格相差很大，一些单位的经办人经常发生拿回扣的现象；三是由于外国航空公司的国际机票价格相对便宜，购买国外航空公司的国际机票的现象比较普遍，影响了国内航空公司国际航线的开发和运营。因此，根据以上出现的实际情况，江苏省财政厅专门针对因公出国购买国际机票制订了《江苏省省级机关事业单位因公出国机票管理办法》，要求因公出国人员在有中国航空公司运营的国际航线上乘机的，均应乘坐中国民航班机，确因没有中国民航班机的以及确有其他特殊情况的，可购买外国航空公司机票，但也应由定点售票单位代为办理；同时，明确规定因公出国国际机票定点售票单位由省财政厅定期通过公开招标确定，并在有关媒体上公示。受江苏省财政厅委托，江苏省政府采购中心（以下简称中心）自1999年开始，即对江苏省省级机关、事业单位因公出国定点采购国际机票项目实施公开招标，确定定点售票单位。目前，中心每两年组织一次公开招标，定点采购合同的有效期为两年。

## 三、本案例的事前准备

鉴于本次招标已不是首次对该项目进行招标，而是对原有采购项目的一个延续，既需要对原先定点售票单位的履约情况进行总结，对照合同条款兑现奖惩，还应根据两年来的市场变化情况，对招标方案进行调整和完善，因此，中心和政

法处在招标前做了大量的准备工作:

## (一) 对定点售票单位检查不走过场

为了体现本次检查对每个定点售票单位的公平、公正,中心和政法处想了很多有效的办法:

1. 检查前认真准备。4月6日,中心和政法处商定对现有五家定点售票单位进行全面检查。本次检查改变了以前仅凭检查人员的主观印象对定点售票单位评价的方法,对采购合同的执行情况等12项检查内容赋予相应的分值,实行量化打分;邀请省监察厅、财政厅财政监督局和采购人代表,组成六人检查小组,共同讨论检查的方案和内容,并提前通知相关定点售票单位做好检查的准备。

2. 检查中认真核对。4月13日-14日,检查小组主动上门,对五家定点售票单位进行了详细检查。首先,查看经营场所是否设有明显的专门为省级采购人服务的标识(原合同中有相关要求);其次,现场听取定点售票单位两年来为省级采购人提供因公出国采购国际机票服务的概况、经验和问题;再次,根据事先准备好的省级采购人的购票记录,查看定点售票单位的出票和付款凭证,重点核对是否按合同约定的加价比例收取服务费;最后,征询定点售票单位对该项目重新招标的合理化建议。根据检查结果,由检查小组按事先确定的标准,对每个定点售票单位进行综合打分。

3. 征集采购人意见。为多方面了解定点售票单位的实际履约情况,在上门检查的同时,政法处专门向省级采购人发放征求意见表,就航线设计、机票价格和服务质量三项内容,按满意、基本满意和不满意三个等次对定点售票单位进行测评,并对测评结果也予以量化打分。

4. 检查后兑现奖惩。中心和政法处根据检查小组检查和采购人反馈的综合打分结果,将检查考核的情况向五家定点售票单位进行了通报,总结了两年来因公出国定点采购国际机票合同执行的概况,指出定点售票单位存在的问题,并结合原定点采购合同的有关规定,对检查考核中得分前两名的定点采购单位直接续签下一轮定点采购合同,对其他定点售票单位则要求根据检查中发现的问题,认真提出书面整改意见,该意见作为这些单位参加下一轮投标时投标文件的组成部分,对未按照规定和要求进行整改或整改不到位的单位,将在评标时予以扣分处理。最后,对新一轮的招标工作进行了布置。

## （二）对定点采购招标方案完全公开

本次因公出国定点采购国际机票的特点，除了事先检查工作详细周密以外，就是首次将招标文件和评分标准完全向社会公布，公开征求供应商的意见，杜绝任何"暗箱操作"的可能性。

1. 检查时听取意见。采购中心和政法处根据采购人的反映和定点采购单位的建议，结合近两年来国际机票销售市场的实际情况，尤其是检查时发现的新的问题，如近年来越来越多的售票单位与航空公司直接以银行本票结算等现象，重新对招标文件和评标标准进行修订，特别是对评标标准予以细化，突出对供应商国际机票销售能力的考核，并首次在招标文件中将详细的评标标准向供应商公布。

2. 网站上征求意见。中心将拟订的招标文件（征求意见稿）和评标标准在江苏政府采购网上予以公布，并电话通知所有在宁具有国际机票销售资格的供应商及时下载、审核，请相关供应商提修改意见。

3. 座谈会统一意见。4月27日，中心和政法处专门召开供应商座谈会，听取每个供应商对招标文件和评标标准的修改意见。结合供应商的合理化建议，中心重新对招标文件和评标标准进行完善。

通过采取以上一系列的措施，所有准备参加本轮因公出国定点采购国际机票项目招标的供应商一致认为，本次招标文件制作严谨、规范，评分标准明晰、公平，招标的前期准备工作真正做到了公开、公平、公正，能不能中标，关键在于自身的实力。4月29日，中心正式发布招标公告，向供应商发出招标文件。

## 四、招标文件内容点评

### （一）招标方式

本次采购采用公开招标方式。

点评：《政府采购法》第二十六条规定了六种法定采购方式，但要求公开招标应作为政府采购的主要采购方式，同时，《政府采购货物和服务招标投标管理办法》第八十五条规定，政府采购货物服务可以实行协议供货采购和定点采购，但协议供货采购或定点供应商必须通过公开招标方式确定，因此，尽管南京地区具备国际机票销售资格的供应商数量有限，符合邀请招标方式的适用范围，但为了体现本次招标的公开性，最终还是采用了公开招标方式。

## （二）对合格投标人的资质要求

（1）在中国注册的具有法人资格的单位，在南京市内有固定的营业场所；

（2）持有中国国家民航总局颁发的一类《航空运输销售代理业务经营批准证书》、持有国际航空协会［IATA］下发的《国际航协国际客运代理人认可证书》；

（3）具备《中华人民共和国政府采购法》规定的条件。

点评：《政府采购法》第二十二条规定了供应商参加政府采购活动的基本条件，并明确采购人可以根据采购项目的特殊要求，规定供应商的特定条件，但不得以不合理的条件对供应商实行差别待遇或歧视待遇。本次招标文件中要求供应商首先需满足《政府采购法》规定的基本条件，同时根据项目的特点，也相应提出了特殊要求：在南京市内有固定的营业场所，是考虑本项目主要为江苏省省级机关、事业单位服务，由于江苏省省级机关、事业单位大多集中在南京市内，同时在购票过程中要求供应商提供送票上门服务，有的机票还会遇到紧急购买的情况，要求供应商在南京市内有固定的营业场所，并不排斥注册地在外地的供应商不能投标，因此对供应商提出这样的要求是合理的，不存在地域的歧视性；要求供应商持有的证书，是国家民航总局的强制性规定，是证明供应商具备国际机票销售经营权的必要的资质证明文件，做这样的规定是符合国家有关行业管理规定，也不存在差别或歧视待遇。

## （三）中标供应商数额的确定

评标委员会向项目招投标领导小组（由省财政厅、省监察厅、省级有关单位、中心等部门负责人组成）推荐出四名中标候选人，少于四名的按实际中标候选人数推荐。评委会对中标候选人在南京市区内的营业场所进行实地考察，重新排列后向项目招投标领导小组推荐中标候选人。项目招投标领导小组根据评委会推荐的中标候选人名单确定三名中标人，少于三名的按实际中标人数确定。

点评：本次招标由项目招投标领导小组授权评标委员会推荐四名中标候选

人，结合实地考察最终由项目招投标领导小组按顺序确定三名中标人，加上直接续签合同的两名原定点售票单位，合计为五名定点售票单位。据了解，截止到招标文件发出前，南京地区具备国际机票销售资格的供应商共有12家，确定五家供应商为定点售票单位，主要有以下几方面考虑：一是不同的供应商有各自的竞争优势，从12家中择优选择5家，具备了一定的竞争性，也能发挥不同供应商的竞争优势；二是从原有定点售票单位的销售统计情况看，大多数采购人购买国际机票相对集中在3家左右的定点售票单位，确定5家定点售票单位，既能让采购人有一定的选择余地，保证原有采购渠道的稳定性，也能让新的供应商有机会参与竞争，保持了供应商之间正常的竞争局面，有利于保护采购人的利益，节约财政资金；三是确定的定点售票单位过多，一方面不利于日常管理，另一方面采购量过于分散，不利于扩大定点售票单位的销售量，影响定点售票单位的积极性，获取不了航空公司最大的优惠，最终增加采购人的购票成本。

### （四）评标方法的选用

本次评标采用综合评分法。

点评：《政府采购货物和服务招标投标管理办法》第五十条规定：评标方法分为最低评标价法、综合评分法和性价比法。由于本采购项目不以价格为主要因素确定中标候选供应商，因此不能采用最低评标价法，同时本次招标是一段时间内的定点采购，供应商无法报出具体的投标价格，因此，也不适用性价比法。但可以将相关因素进行量化评分，因此，选用综合评分法比较合适。

### （五）评分标准

1. 资格预审

（1）审核服务要求第6条，不承诺的，按照无效投标处理；

（2）审核投标文件中资格证明文件一、二、三、五、六，缺一项将按照无效投标处理；

（3）审核资格证明文件四，如果标书签署人不是法定代表人，而没有提供的，按照无效投标处理；

（4）投标文件属于《政府采购货物和服务招标投标管理办法》第五十六条规定情况的，按照无效投标处理。

点评：《政府采购货物和服务招标投标管理办法》第五十四条对评标应遵循的程序作出了详细的规定，服务类定点采购项目的初审重点是资格性审查，因此，本次招标的初审主要是审查投标文件中的资格证明文件，服务要求第六条是"保证在与购票单位的经济往来中实行支票结算，不以任何形式向购票单位经办人提供回扣，维护购票过程中的公正廉洁"，要求必须承诺，实际上就是要求供应商作出反商业贿赂的承诺。

## 2. 投标报价（30分）

根据每个投标人提供的基于国际航空协会中国委员会出具的银行开账计划（BSP）或向航空公司出具本票基础上的加价比例，加价比例≤2%的，得30分；加价比例与2%相比，每高于0.1个百分点，在30分的基础上减0.5分，最低得0分。

点评：目前，具备国际机票销售资质的供应商销售国际机票主要是通过国际航空协会的结算系统与各航空公司结算，国际航空协会中国委员会定期向各售票单位开具银行开账计划（BSP），银行开账计划就是各售票单位的实际销售成本（不考虑航空公司的销售奖励），但由于近期各航空公司认为通过银行开账计划结算的周期过长，对于大型的出国团队要求各售票单位以本票方式直接与其结算，以提高资金的周转效率，因此，本次招标充分考虑最新的国际机票销售动态，允许加价的基础既可以是银行开账计划，也可以是本票。

根据《政府采购货物和服务招标投标管理办法》第五十二条规定：采用综合评分法的，服务项目的价格分值占总分值的比重为10%~30%，本次招标项目是服务类项目，投标报价30分，占总分值的30%，符合以上规定。据统计，2005年，江苏省省级机关、事业单位出国、出境平均每人次单程的机票价格约为1000元人民币，加价比例≤2%的，得满分，是考虑到不能让投标供应商恶性竞争，每张机票加价2%的，实际上就是送票费。售票单位真正的利润来源是航空公司的销售奖励，据了解，各航空公司的销售奖励一般在5%~9%之间，主要根据售票单位的销售额来确定，让售票单位有一定的利润，但利润的多少需靠自身的努力，既能让售票单位有生存的空间，又能促进相互之间的适度竞争，因此，综合几年来的招标结果和实际情况，定2%的加价比例得到了采购人和售票单位的广泛认同。

## 3. 服务方案（3分）

根据服务要求第1条的内容，对投标人的响应方案进行综合评审，主要考虑其投标人对本项目的重视程度、综合业务开展情况、与同行相比的优势之处、服务设想和实现手段，由评委根据方案确定得分，最高不超过 3 分。

点评：由于本项目两年组织公开招标一次，机票销售市场在此期间会发生一些变化，售票单位的业务开展情况也会有所不同，因此，允许投标人做一些自我介绍，让评委了解每个投标人的优势和特点，有助于评委对投标人更客观公正地做出评价。但由于是给评委自由评分，因此分值不能设定太多。

### 4. 服务承诺（8 分）

（1）根据服务要求第 2 条，承诺的得 1 分；

（2）根据服务要求第 3 条，设有相对独立的服务热线电话和服务质量投诉电话的，得 1 分，没有的不得分；根据专门负责省级机关国际机票销售人员名单，最好的得 1 分，其他的相应得分，不得超过 1 分；

（3）根据服务要求第 4 条，承诺的得 1 分，不承诺不得分；

（4）对服务要求第 5 条承诺的，得 1 分，不承诺的，不得分；

（5）对服务要求第 7 条承诺的，得 1 分，不承诺的，不得分；

（6）根据投标人提供的其他服务，最好的得 2 分，其余投标人参照最好的相应得分，不得超过 2 分。

点评：招标文件中明确的服务要求是对投标人的一些基本要求，是对投标人做好服务工作的一些建议，投标人可以根据这些要求，规范自己的服务行为，但一旦做出了承诺，就要求必须在履约过程中兑现。

### 5. 投标人的综合评价（59 分）

**（1）国际机票销售额（15 分）**

根据各航空公司提供的 2005 年度国际机票销售证明合计数：

销售额≥5000 万元的，得 15 分；

销售额在 4000 万～5000 万元的，得 12 分；

销售额在 3000 万～4000 万元的，得 10 分；

销售额在 2500 万～3000 万元的，得 8 分；

销售额在 2000 万～2500 万元的，得 6 分；

销售额在 1500 万～2000 万元的，得 4 分；

销售额在 1000 万～1500 万元的，得 2 分；

销售额在 500 万～1000 万元的，得 1 分；

低于 500 万元的，得 0 分。

点评：国际机票定点采购最重要的是考察售票单位的国际机票销售能力，销售额越高，其与各航空公司的合作越密切，为省级机关、事业单位提供服务的能力就越强、价格也更优惠。鉴于有些售票单位国内机票的销售额较高，而国际机票销售额很少的情况，本次评分标准中特别明确评审的内容是国际机票销售额。但由于大多售票单位不仅销售国际机票，而且销售国内机票，同时有的还经营境内外旅游业务，从各售票单位的财务报表上很难区分其国际机票的具体销售额，因此，本次招标特别要求由各航空公司提供上一年度的国际机票销售证明，以提高数据的准确性。分值确定为 15 分，占总分值的比例较高，一方面说明本次招标对售票单位国际机票销售能力的重视程度，另一方面是根据了解的信息，南京地区国际机票年销售额在 5000 万元以上的供应商很少，大多供应商的销售额在 2000－3000 万元之间，以上分值的设定基本符合正态分布原理，因此是比较合理的。

(2) 国内航空公司授予的直接出票权证明 (5 分)

根据投标人提供的资格证明文件七，拥有中国国际航空公司、东方航空公司、南方航空公司授予的直接出票权证明，每个给 1 分；拥有国内其他航空公司授予的直接出票权证明，每个给 0.5 分，该项最多得 5 分（以提供电脑出票单为准）。

点评：目前，在华东地区，国内拥有国际航线的航空公司主要是国航、东航和南航，虽然海南航空公司近几年的销售规模上升很快，但在华东地区影响还较小，因此，本次招标设定拥有国航、东航、南航出票权证明的给 1 分，其他航空公司给 0.5 分，但与国外航空公司的 0.2 分比，还是体现了国内航空公司优先的原则。同时，随着国际机票销售市场的变化，不排除在以后招标时对有关分值重新调整的可能。

(3) 国外航空公司授予的直接出票权证明 (8 分)

根据投标人提供的资格证明文件七，拥有国外航空公司授予的直接出票权证明 10 个及以下的，不得分；每比 10 个多 1 个，给 0.2 分；该项最多得 8 分。（以提供的电脑出票单为准）

点评：国外航空公司授予的直接出票权证明也是体现售票单位能力的一项重要依据，得到的直接出票权证明越多，说明国外航空公司对该单位越信任，该单位在出国航线的设计上越从容，能为省级机关、事业单位出国提供更多的航线选择。据了解，南京地区国际机票售票单位获得的国外航空公司授予的直接出票权证明一般在 30~40 个之间，因此，设定获得 50 个直接出票权证明得满分，也是能拉开不同售票单位的得分，充分体现竞争的原则。

**（4）计算机订座系统终端（含打票机）（8 分）**

根据投标人提供的资格证明文件八，计算机订座系统终端（含打票机）≤10 个的，每个给 0.5 分；超过 10 个的，每超 1 个给 1 分，该项最多得 8 分。（以提供的合同书复印件为准）

点评：计算机订座系统终端（含打票机）是售票单位能够直接在系统上查询各航空公司每个航班的具体销售情况，并可以直接与航空公司确认订座，打印航空机票的专用售票系统终端。目前，国家民航总局开发的该订座系统是国内唯一合法的订座系统，不通过该系统，售票单位将无法销售国际机票，因此，该系统的终端数也是衡量售票单位实力的重要依据。但每个售票单位拥有的终端数越多，向民航系统有关单位支付的维护费就越高，可能造成不必要的浪费，因此，本次招标对终端数设定了限额，不鼓励售票单位盲目扩大终端数，但太少也会影响售票单位业务的开展，设定 13 个得满分，基本能满足正常的订票需要，又不会造成太大的浪费。

**（5）中国国家民航总局颁发的国际机票销售上岗证书（8 分）**

根据投标人提供的资格证明文件十，有一份证书给 1 分，该项最多得 8 分。（以提供的复印件为准）

点评：国家民航总局要求国际机票销售人员必须拥有国际机票销售上岗证书，否则，不允许销售国际机票。由于民航系统经常组织相关的培训，售票人员获得此上岗证书不是很难，因此，对该证书设定分值为 1 分，同时，经论证，一个售票单位有 8 个人员拥有这样的上岗证书，完全能够满足正常的国际机票销售的业务需要，因此，本次招标设定有 8 个证书得满分。

**（6）国际航空协会颁发或认可的国际机票销售资格证书（8 分）**

根据投标人提供的资格证明文件十，有一份证书给 2 分，该项最多得 8 分。（以提供的复印件为准）

一人持有两个证书的，5、6 两项都给分。

点评：售票单位想成为国际航空协会会员，必须至少有一个员工获得国际航空协会颁发或认可的国际机票销售资格证书，获得该资格证书的人员必须参加国际航空协会组织的培训和考试，培训和考试费用不菲，同时考试是在全英文状态下进行，因此，能获得该资格证书的人员很少。据了解，整个南京地区拥有该资格证书的人员不超过20个，一般具备国际机票销售资格的售票单位拥有该资格证书的员工人数在1~3人，设定每个证书2分，一人持有两个证书都给分，主要是该证书来之不易，含金量高；4个人得满分，一方面是根据南京地区的实际情况，另一方面是考虑一个单位拥有该证书的人数过多，也是对人才的一种浪费。

**（7）荣誉证明（5分）**

根据投标人提供的资格证明文件十三、十四，凡五年内获得国家与经营服务有关的表彰或奖励，每获得一次得2分，获得江苏省与经营服务有关的表彰或奖励的，每获得一次得1分；五年内获得航空公司表彰的，每获得一次得0.5分；该项合计最多得5分。

点评：设定荣誉证明这项分值，主要是鼓励售票单位诚信经营，提高服务质量，同时，不同级别的荣誉对应不同的分值，也体现了分值设定的合理性。

**（8）质量认证体系（1分）**

投标人通过ISO9000质量体系认证，证书有效的，得1分；没有的，不得分。（参考资格证明文件十五）

点评：ISO9000质量认证体系是现时全球认可性最高的质量管理体系，它为机构提供一个有系统性的架构，以体系化模式来管理业务过程，使产品及业务均可持续地符合客户的要求及期望。通过ISO9000质量体系认证，证明该单位建立有相对完善的内部质量管理体系，因此，对于通过该质量体系认证的单位给予适当加分，是鼓励单位加强内部管理，为省级机关、事业单位提供长期、稳定的服务奠定基础。

**（9）投标文件的制作（1分）**

根据投标人投标文件的内容是否完整、签署是否规范、制作是否美观、是否按招标文件要求顺序排列，综合得分，最高不超过1分。

点评：由于在以前的招标过程中，有些投标人制作的投标文件很不规范，不仅影响到评委对其中内容的评审，而且反映出该投标人对本项目的重视程度不够，通过设定分值的方法，主要是引起投标人对投标文件制作的重视。

### 6. 与合同履约情况有关的评分内容

2004~2005年度的江苏省省级机关、事业单位国际机票定点采购单位，参加本次投标的，须根据江苏省财政厅对国际机票定点采购单位检查考核结果的通报要求，在招标文件中提供相应的整改方案和措施，由评委根据整改方案的可行性和整改措施的力度进行评分，可行性强、力度大的不予扣分，否则将在以上得分的基础上扣减1~5分。

点评：这部分评分内容是服务类定点采购项目与一般采购项目的重大区别之处，把原定点采购单位的履约行为同本次招标有机结合起来，既对原定点采购单位是一种督促，也对新定点采购单位发出一个信息，即定点采购单位不能仅占据一个定点的名额，而且要有所作为，想方设法为省级机关、事业单位提供更优质的服务，否则在下一次的招标中将处于不利的地位。通过这种方式，可以鼓励新的供应商加入到政府采购定点单位中来，给定点采购带来新鲜血液，促进定点采购的服务水平不断提高。这部分内容也是本次招标新增加的内容，在招标文件征求意见的过程中，得到了大多数供应商的认同，认为通过这种方式，可以使原定点采购单位和新参加投标的单位处于更公平的竞争状态。

## （六）服务程序

1. 购票单位出国人员在取得出国任务批件后，可以电话或直接上门与乙方联系国际机票的购买事宜。

2. 乙方应按购票单位的需要，本着"经济合理"的原则，根据出国任务批件规定的线路，免费为购票单位设计航线、办理订票、出票等手续，在正式出票前乙方应将最后的订票情况通知购票单位（购票人），经购票单位（购票人）书面确认同意后，方可出票。

3. 在有国内航空公司运营的国际航线上，乙方应优先销售国内航空公司的国际机票。

4. 乙方出票后，如购票单位对机票有变更的要求，乙方应及时帮助购票单位处理。

5. 乙方应完整、准确填写"因公出国机票购票单"，航线要另以中文注明，出票人要签字，购票单上要加盖乙方单位公章；电子订票单亦须同样办理。

6. 乙方必须准确、规范填写"国际航空旅客运输专用发票"，包括付款单位（旅客姓名及人数）、付款时间、航程、票证号码、记录编号、付款方式及开票人姓名；如有免票情况的，必须在专用发票上注明免票人数及减免金额。

点评：服务程序是整个服务类定点采购项目招标文件中合同条款的重要组成部分，它约定了定点采购单位与采购人具体履约行为的过程，为以后对定点采购单位的管理提供了基础。本服务程序不仅对采购人购买国际机票的过程进行了约定，而且对定点采购单位的出票过程予以明确，其中优先销售国内航空公司的国际机票体现了优先购买国货的原则，对新出现的电子机票这种形式如何处理也提前进行了约定，同时，对一些可能出现的特殊情况也作出了明确规定，保证了合同条款的完整性和严肃性。

## 五、

## 本案例的事中控制

由于因公出国定点采购国际机票项目一定两年，对相关行业供应商的业务开展将产生一定影响，因此，在招标公告发布后，个别供应商还是通过各种关系，向中心和政法处施加影响。为了保证评审环节不出差错，中心对评委名单严格保密，还主动邀请政府采购监管部门、纪检部门、行业主管部门派代表到评审现场监督，保证评审环节不出任何差错。

1. 评委名单严格保密

鉴于本次招标项目比较特殊，政府采购监管部门设立的专家库中无此类专家，社会上了解国际机票销售的人很少，通过随机方式很难确定合适评标专家，因此，经中心和政法处协商，决定邀请几家经常购买国际机票的省级单位代表和高校中与国际机票销售相近的旅游专业教授，共同组建评标委员会，为了体现公正，中心和政法处都不派代表参与评标。经向政府采购监管部门申请，最终采取选择性方式确定评标专家，所有专家都提前一天才通知确认。评审当天，评委事先不与供应商见面，直接进入评审现场，征询专家是否需回避的意见后，要求评委关闭所有通信工具。因此，尽管在评审过程中，要求供应商澄清时，供应商有机会与评委见面，但直到评标结束、公布评标结果时，供应商对大多数评委仍不知来历，直到中心发布中标公告时，供应商才知道几位评委的名字，想做手脚已为时过晚。

2. 纪检部门亲临监督

中心组织的一般采购项目的评标现场，通常由政府采购监管部门和纪检部门的派驻机构代表到场监督即可，由于本次采购的影响面较大，不仅财政厅监察室派出代表，政府采购监管部门还专门邀请了省纪委执法监督处的领导亲临评标现场，对整个评标过程进行严格监督。

### 3. 行管部门保驾护航

为了防止供应商在投标过程中有不正当竞争行为的发生，中心专门邀请江苏地区机票销售的行业管理部门——民航江苏安全监督管理办公室的负责同志，到采购现场进行监督。由于行业管理部门对所有供应商的基本情况都非常熟悉，但参与评标又可能出现倾向性，因此，邀请其参与评标的监督工作，对供应商投标文件中有关专业问题能够解释清楚，但又不影响评委的独立评标工作。事实证明，行业管理部门的积极参与，对整个招标活动的有效组织起到了关键的指导作用。

### 4. 公证人员全程公证

为了保证整个评标过程的公正性，中心还特地邀请公证处公证人员，从审查招标文件的密封情况开始，开标、唱标、评标、推荐中标候选人等活动都在公证人员的监督下进行。评审现场，如评委对政府采购有关规定不清楚的，一律由公证人员根据相关法律和招标文件的规定进行解释，为评委的评标活动提供法律咨询，确保整个评标过程在合法、合理的范围内运行。

5月19日，经采取多种防范措施，整个评标过程进展顺利，所有参与投标的供应商对整个评审过程没有任何异议，中心根据招标文件的约定，确定了综合得分最高的四名供应商为本次招标项目的中标候选人，并当场按顺序公布了中标候选人名单。

## 六、本案例的事后处理

评标环节的结束，不代表整个招标过程的结束。由于本次招标事先已将详细的评标标准对供应商公布，为了获得中标资格，供应商在投标时针对评标标准，铤而走险，提供虚假证明材料的可能性很大。在公开唱标时，有心人已经发现投标人提供的拥有国际航空协会颁发的国际机票销售资格证书人数合计明显比当地供应商实际拥有数多，但根据招标文件规定，在评标环节，评标的依据仅是招标文件、投标文件以及其有效的补充文件，而不寻求其外在依据。中标候选人名单公布后，中心已经意识到，中标候选人中可能存在提供虚假材料的情况，因此，当场就要求中标候选人作好现场检查的准备。

5月22日，中心接到一家供应商的书面质疑。对于供应商的质疑，中心按照以下程序进行了处理：

1. 核查质疑的有效性，以确认是否接受供应商的质疑

（1）核查质疑的内容是否符合《政府采购法》的规定。《政府采购法》规定：供应商认为采购文件、采购过程和中标、成交结果使自己的权益受到损害的，可以向招标采购单位提出质疑。本次供应商质疑的主要内容是怀疑中标候选人存在提供虚假国际机票销售资格证书行为，使自己的权益受到损害，因此，质疑内容符合法律规定。

（2）核查质疑的时间是否符合《政府采购法》的规定。《政府采购法》规定：供应商可以在知道或应知其权益受到损害之日起7个工作日内质疑，本项目5月19日公布中标候选人名单，5月22日应在质疑有效期内。

（3）核查质疑的形式是否符合《政府采购法》的规定。《政府采购法》规定：供应商应以书面形式质疑，本次供应商向中心出具了书面质疑函，形式有效。

综合以上三个方面，中心认为该供应商的质疑有效，因此，接受了该供应商的质疑。

2. 对质疑函编号存档，确定处理质疑的责任人和拟订回复的时间

中心接受供应商质疑后，将该质疑复印后，分别编号归入收文档案和供应商质疑专档，同时送中心领导，由其确定质疑处理责任人。由于该质疑内容主要是针对其他投标人的投标内容，不涉及招标文件的内容和采购过程，因此，中心确定该项目经办人为处理质疑的责任人，在5个工作日内拟订出质疑回复的初稿。

3. 组织相关人员对质疑事项进行调查、论证，商定处理意见

5月23日，中心组织评标委员会和监督委员会代表，先后到四名中标候选人经营场所，现场核对投标文件中相关资料的真实性，重点检查国际航空协会颁发的国际机票销售资格证书的有效性。经现场核查，发现个别中标候选人虽然提供了证书的原件，但存在有从外单位借用的可能性，中心立即向有关公司发出协助调查函，并组织核查组上门核对，发现个别人员的证书确实属于外借，因此，检查人员经论证，认为应取消该供应商的中标候选资格。

### 4. 向有关领导汇报，并在七个工作日向质疑供应商正式答复

中心、政法处、采购处联合将有关检查结果及时向厅领导做了汇报，并根据检查人员的意见，取消了有虚假投标行为的中标候选人的中标候选资格，确定其他三家中标候选人为最终中标人。5月31日，中心以书面形式正式向质疑供应商作出答复，告之核查结果，同时将处理结果报采购处备案，质疑供应商表示对答复表示满意。

6月8日，中心正式向中标人发出中标通知书，并邀请新的五家定点采购单位召开座谈会，就共同做好江苏省省级机关、事业单位因公出国定点采购国际机票进行讨论。座谈会上，中心和政法处同志对定点采购单位提出了四点要求：一是对获得定点采购资格要有正确的认识。获得资格不仅是一种荣誉，更是一种责任，需要五家定点采购单位的全体员工共同努力，为省级采购人提供更优质的服务；二是对投标时做出的承诺必须严格兑现。自觉信守合同，严格按照与中心签订的合同内容完整履约；三是五家单位应充分利用本次获得定点采购资格的机会，以国际机票销售为契机，挖掘自身优势，为省级采购人提供更广泛的服务；四是特别强调了定点采购单位应自觉配合有关部门做好省级采购人的反腐倡廉工作，坚决杜绝商业贿赂行为的发生。五家定点采购单位与会代表纷纷发言，对本次招标为所有供应商提供了一次公平竞争的机会表示感谢，表示将认真履行合同规定的各项义务，自觉接受财政厅的各项检查，并要求全体员工继续努力工作，为省级采购人提供更优质的服务。会后，江苏省财政厅和中心向五家定点采购单位颁发了印有"江苏省省级机关事业单位因公出国国际机票定点采购单位"的铜牌。

6月28日，江苏省财政厅向省级各单位印发了《关于省级机关、事业单位因公出国国际机票定点采购有关事项的通知》，标志着本次定点采购的整个招标环节圆满结束。

## 七、本案例的反思之处

### 1. 项目充分规划是成功的前提，项目推迟实施谁应承担责任？

该项目虽然在前几年积累了一些经验，但为了保证项目的顺利实施，对项目提前规划、充分准备还是必不可少。该项目提前近两个月，对项目的前期检查考

核、采购方案论证、公开招标程序进行了详细的安排，保证了项目顺利实施，对于大型采购项目，尤其是服务类定点采购项目，由于采购过程涉及面广，社会影响面大，对项目提前进行周密、详细、合理的规划必不可少。

反思：尽管该项目已经实施成功，但由于供应商的质疑，以及中心对质疑的调查和回复，使原本定于五月底前确定新一轮的定点采购单位，推迟到了六月，有关通知文件更是被推迟了近一个月。《政府采购法》规定，供应商有权在七个工作日内向招标采购单位提出质疑，同时，质疑供应商对招标采购单位答复不满意或招标采购单位未在规定时间内作出答复的，还可以向同级政府采购监管部门投诉，监管部门在处理投诉事项期间，可以视情况暂停采购活动。根据谨慎性原则，招标采购单位在接到供应商质疑后，一般都会暂时停止向中标候选人发出中标通知书，直接影响后续的合同签订和履行时间，对一些时间要求紧急的项目，如给采购人造成了损失应由谁来承担？由于该项目供应商的质疑经核查，部分属实，采购中心也取消了相关供应商的中标资格，但由于质疑造成项目实施的推迟责任应由承担呢？

## 2. 部门相互配合是成功的关键，直接续签合同依据是否合法？

该项目无论在采购前对供应商履约情况检查，还是在招标时各项具体工作的落实，中心、政法处和监管部门都能按照各自分工，密切配合，政法处将平时日常管理中定点售票单位出现的问题，以及定点售票单位履约情况向中心反映，中心将政府采购有关规定、程序及时与政法处沟通，监管部门对评审现场全程跟踪、对质疑情况认真参与论证。正是有关部门的相互配合，才保证了该项目的顺利实施。

反思：该项目经中心、政法处和有关部门代表对原定点售票单位进行详细核查，根据原定点采购合同的约定，对两家履行合同表现突出的定点售票单位，不需要参加招标，直接授予本项目的定点采购合同。对企业采购而言，保持上游供应商的相对稳定性非常必要，但对于政府采购而言，行政机关、集中采购机构是否有权力在合同条款中约定相关条款？直接续签合同是否符合政府采购相关法律的规定？虽然目前我国许多地方的定点采购都有相似的情形出现，但这一情形的出现是否合理？合法？值得大家从法律层面去反思。

## 3. 公开评分标准是成功的基础，是否公开程度越彻底越公平？

该项目的评分标准在正式招标前，就公开征集供应商的意见，并根据供应商的意见对评标标准进行完善，尽量做到标准面前，人人平等。在公开招标时，也在招标文件中将评分标准完全、彻底向供应商公开，评标委员会的评审标准与招标文件中的评分标准一字不差,杜绝了供应商反映的"暗箱操作"的可能性,得到了供应商的一致认可。

反思:在本项目以前招标过程中,仅在招标文件中公布大致的评标标准和分值,未发现供应商有弄虚作假行为。本次招标将详细的评标标准公布后,反而造成供应商针对评分标准弄虚作假,为了核实投标资料的真实性,中心花费了大量的时间和精力,深深体会到了造假容易打假难的滋味。有人可能认为,为什么不能对供应商提供的资料事先进行审核?但《政府采购法》明确规定,公开招标是邀请不特定的供应商投标,是一种对供应商的投标资格后审的方式,如事先对供应商的资格进行审核,只能按照邀请招标或竞争性谈判方式进行,不仅与政府采购的要求不一致,而且需要政府采购监管部门批准。因此,公开招标方式公开评标标准,到底应公开到什么程度合适,也是所有政府采购从业人员值得反思之处。

### 4. 加强监督检查是成功的保障,集中采购机构扮演什么角色?

该项目在正式招标前和确定中标候选人后,都组织有关专家和代表对供应商的履约情况和资质条件进行了详细核查。对供应商的履约情况核查,为了解供应商的服务水平、提高供应商的服务质量、完善招标采购方案,提供了很大帮助;对中标候选人的资质核查,更是直接将弄虚作假的供应商取消中标资格,维护了政府采购的严肃性,因此,加强监督检查为项目成功实施提供了保障作用。

反思:在该项目的两次核查过程中,中心都派人直接参与、组织了核查活动,并根据核查结果,和有关部门一起按照合同约定对供应商进行了处理。对中标候选人的资质条件进行核查,可以说是根据其他供应商的质疑,按照《政府采购法》的要求进行组织的。对原定点售票单位的检查,中心是否有相关的权力?是谁授予了中心相关的权力?《政府采购法》仅在第四十一条规定:采购人或者其委托的采购代理机构应当组织对供应商履约的验收。如果中心是接受委托组织的验收,那服务类定点采购项目的合法委托人又应该是谁?

## 八、本案例需完善之处

### 1. 对相关资质证明材料应进一步明细

由于这次招标的评分标准完全向供应商公开,供应商对每一个得分点都完全了解，虽然从正面看是增加了招标工作的透明度，但从负面看也为供应商迎合投标做出一些投机行为提供了针对性。如这次招标要求各航空公司为各投标人提供出售国际机票销售额的证明，由于销售额对应的分值很明了，因此，各投标人都想尽一切办法，争取将各航空公司出具的销售额证明的汇总额提高到 5000 万元以上，对应此项得分即可得到满分，由于中心无法对每一家航空公司出具证明的真实性进行核实，可能会被部分供应商钻了空子，对招标结果的公正性产生一定的影响。为了弥补评分标准完全公开可能出现的问题，就要求招标采购单位在制作招标文件时，必须保证招标文件内容的严密、完整，尤其对涉及评分的内容，需更加严格进行把关，防止供应商利用评分标准中存在的漏洞为自己牟利。

2. 国际机票与因公出国应进一步衔接

因公出国的费用主要由国际机票费用和差旅费用两部门组成，从近几年因公出国定点采购国际机票项目的中标供应商基本情况来看，单纯做机票销售的供应商成为中标人的比例越来越少，即使中标，每年因公出国国际机票的销售额也很少。原先 5 家定点售票单位中有 3 家公司不仅销售国际机票，同时还经营境外旅游项目，可以为因公出国人员提供"一条龙"服务，得到了因公出国人员的认可，3 家公司的因公出国国际机票的销售额占 5 家定点售票单位总销售额的比例超过了 95%。这次中标的 5 家定点售票单位中有 4 家具备经营境外旅游业务的资格，说明具备境外旅游资格的供应商在国际机票的销售中占有比例越来越多。仅考虑国际机票的定点采购问题，对境外差旅费用不加强管理，因公出国的费用管理仍会出现较大的漏洞。目前，国外许多国家的外出公务活动一般都承包给旅行社来安排，不仅省时、省事，还能节约开支，我国部分省市也正在酝酿相关的办法。因此，在以后组织因公出国定点采购国际机票招标时，应尽量一并考虑境外旅游费用管理的问题，堵住因公出国活动中存在的黑洞。

（本文发表于《中国政府采购》杂志 2006 年第 10 期，后被《2007 中国政府采购年鉴》（中国财政经济出版社 2007 年 12 月第 1 版）录用，因篇幅原因，有所删减。此为完整版本）

# ××省公共卫生体系建设项目疾病预防控制和应急医疗救治设备采购项目案例分析

案例篇

采购人：××省卫生厅
集中采购机构：×××政府采购中心
时间：200×年×月×日

## 一、选编本案例的目的

　　随着近年来政府采购工作的逐步深入，政府采购的范围也由刚开始的汽车、计算机等通用类项目，逐步向医疗设备、科研仪器等专用类项目拓展，专用类项目的采购不同于一般通用设备的采购，具体表现在：一是其单位价格普遍较高；二是其对技术性能的专业性要求较强；三是其种类繁多、单批次采购量较少。每次为一、两项设备组织一次采购，不仅需花费采购代理机构大量的时间和精力，也不符合政府采购节约财政资金的宗旨。选编本案例，一是给采购代理机构如何组织大规模采购活动提供一些借鉴；二是给采购代理机构具体承办专用类设备的采购提供一些参考；三是为如何组织实物展示与现场评审相结合的采购项目提供一个示范；四是有助于加深对竞争性谈判方式采购程序的理解；五是也为采购代理机构在实际采购工作中如何做好复杂项目的分包和分组评审工作提供有益的帮助。

## 二、本案例实施的背景

2005年，卫生部投入8.34亿元的财政资金，重点加强全国疾病控制中心、传染病医院等应急救治体系建设，××省积极响应中央号召，下决心加大投入，重新规划建设传染病医院和病区，提高救治水平，特别是改善农村的卫生基础设施条件，为此，该省财政安排预算资金1.7亿元，用于全省公共卫生体系建设，共分两期完成，本案例是整个工程的第一期，涉及该省北部的5个市、32个县的4000万老百姓的生命健康。2005年3月底，该省政府采购中心（以下简称"中心"）接到该省卫生厅的委托，立即组织中心的精兵强将，全身心投入到本项目的采购中来。

## 三、采购方案的拟订

本批设备合计72项，2059台（件），预算金额9700多万元，大部分为医疗设备和检测用的科研仪器，同时兼有监护车辆、计算机和网络设备等，项目不仅复杂，各项目的金额、数量差别也很大。许多采购代理机构接到类似的采购项目，为了节约采购成本，经常采用大杂烩的方式，一锅煮，一份采购文件包括所有内容。在实际采购工作中，这种采购方式带有明显的弊端：一是采购文件内容过多，无法作细，造成采购文件中内容不严谨；二是如果分包采购，则组织采购活动的工作量太大，如果不分包，则很难找到合适的供应商；三是评审专家难找，很难保证采购结果的公正性。因此，接到该项目的委托后，为了把该项目真正做成利民工程，不出任何差错，中心非常慎重，就该把项目做出了如下部署：

1. 统筹人员安排，及时调整采购思路

鉴于该项目涉及面广，意义重大，内容复杂，该中心内部专门成立了项目领导小组，由中心负责人亲自担任组长，统筹调度、协调，从综合、业务部门抽调相关业务骨干，在处理各自手中事务的同时，以该项目为重点，分头及时与该省卫生厅的经办人员联系、沟通，保证项目按期进行。

## 2. 根据项目特点，合理划分采购类别

中心对接受委托的项目内容进行了详细分析，经与该省卫生厅反复协商，将本项目划分成三大块：即医疗和科研设备、监护车辆、计算机和网络设备，分别由三个采购小组分头落实具体采购文件的制订，既保证了项目的专业性，提高了采购效率，也缩短了采购的准备时间。

## 3. 区分采购内容，合法运用采购方式

鉴于本项目内容较多、金额较大、技术复杂，全部采用公开招标的方式进行采购，前期准备时间已不允许，因此，中心对采购项目继续进行分类，经反复与采购人和政府采购监督管理部门沟通协调，决定对计算机和网络设备、金额较大的22项医疗和科研设备采用公开招标方式进行；监护车辆由于技术复杂，采用现场看样车、竞争性谈判方式采购；对时间要求较紧、采购金额较小、技术参数比较明确的22项医疗和科研设备采用现场看样、竞争性谈判方式采购，其余25项对整个系统建设影响不大的设备，等具体的技术参数核定后，另行组织采购。这样既突出了工作重点，又保证了整个项目的及时、协调开展，为日后该项目的顺利实施奠定了基础。

## 四、采购文件的制定

为了节约本案例的篇幅，本案例仅以医疗和科研设备的采购文件为例，与大家共同探讨专用设备项目采购文件的制作。

专用设备项目采购文件制作的难点主要是其中技术方案的制定，通过本次医疗和科研设备采购文件的制作过程，笔者认为采购代理机构对技术方案制定的关键在于前期的论证，论证过程主要应抓住以下四点：

首先，应充分发挥采购人的主动性，让他们将对专用设备技术上要求的特殊性以文字形式表现出来，因为采购人长期从事专用设备的应用，对需要采购的设备了解最直接。其次，充分发挥相关专业方面专家的积极性，专家不仅专业知识丰富，同时对相关设备的接触更广泛，邀请严谨、负责的专家对采购人提出的技术要求进行论证，可以避免采购人提出技术要求的局限性和倾向性，同时还可以给采购人提出更客观、更公正的意见；对方案论证专家的邀请，如果采购代理机

构对相关设备不熟悉，最好与采购人共同邀请，熟悉后则可以由采购代理机构单独邀请。最后，可以适当征求相关设备供应商的意见，供应商的意见对避免技术方案的歧视性很有帮助，同时通过与相关供应商的交谈，可以了解到专用设备所处特殊行业的大致情况、不同产品之间的区别，以及供应商对采购人的需求了解情况。只需征求在相关行业中有代表性的供应商意见即可，不需所有供应商都提意见，否则在时间和精力上不允许。

在本次制订采购文件过程中，有两个内容是大家一致探讨的焦点：

一是供应商准入资格问题。对于医疗和科研设备等专用设备采购而言，对供应商的准入资格条件一般不会在招标公告中设定太严，只要符合国家强制规定的条件都可以参加，采购代理机构通常用采购文件中的技术指标来限制一些不符合采购人要求的供应商，不同的技术指标对应着不同档次的产品，技术指标定得越高，产品质量能得到保证，但能参加采购活动的供应商就越少，成交的价格也越高；技术指标定的越低，参加采购活动的供应商就越多，成交的价格会很低，但质量会有风险。鉴于本次采购主要是为市、县二级医疗机构配置的设备，数量也较大，为了鼓励供应商积极参加政府采购，采购人和专家都认为技术指标不宜过严，仅在采购文件中列明最关键的指标，大多数指标均作为可选项，不满足的予以扣分处理，总体把握上是"从宽未从严"。

二是中标供应商名额问题。在本次采购文件中明确了中标供应商为1－2名，在是一还是二的问题上，采购人、中心和专家也专门进行了讨论，讨论的问题就是每个标的"为什么不直接选定一家，或选定两家"。由于本次采购的设备从名目上看数量、金额都相差很大，有的设备还要分市和县两级医疗机构使用，同时还要兼顾本项目的总预算，既想用足，又怕采购结果超出总预算，因此，专家和中心同意在采购文件明确中标人为1－2名，最终根据采购结果来确定。从实际最后确定的中标人来看，数量少的设备基本由一家供应商中标，数量多的由两家供应商中标，与原先商定的中标原则基本一致。

## 五、

## 采购文件的成功之处

### 1. 分包方式恰当

鉴于本次采购涉及医疗和科研设备有66个项目，有的项目对市和县两级医疗机构还需分出不同的需求，为保证采购到的设备物尽其用，本次采购共分两个阶段采购，一次是金额较大项目的公开招标，一次是小金额项目的竞争性谈判，以分包的形式一共分成了44个标的，允许供应商选择其中任意一个或几个标的投标，既便于供应商最大限度地发挥自身的优势，同时又为日后评审时的分组打下了基础。

2. 条件设置合理

本次采购文件仅列明最关键的指标，在评审时对供应商提供产品的不同质量、性能和配置情况赋予相应的分值，避免了采购文件中歧视性条款的出现，提高了供应商参与本次采购活动的热情，两个医疗和科研设备采购项目共发售采购文件258份，收到供应商递交的投标和谈判文件共有220多份，超过了平时中心组织其他采购活动的参与率，可以看出供应商参与本次采购活动的积极性，也从侧面证明了本次采购文件条件设置的合理性。

3. 评审办法公正

由于本次采购项目的涉及面很广，采购文件中不可能针对每个标的都作出相应的评审办法，因此，本次采购的评审办法总体而言制定的比较原则，能够量化的因素基本上都予以量化，不好量化的因素授予评委一定的权利进行打分，符合实际采购情况，并未就某一个品牌予以过多的关照或歧视，相对而言比较公正。

4. 要求实物展示

由于本次医疗和科研设备的采购，无论是公开招标，还是竞争性谈判，事前都未对供应商的资格条件进行审查，为了防止供应商出现投标文件做的好、设备的实际情况却很差的现象发生，中心在采购文件中特地明确要求对部分设备进行实物展示，并做现场演示，尤其是对一些小规格、技术指标在采购文件中不太好提的设备，以避免投标文件与实物差距较大的情形出现。

## 六、采购活动的组织安排

1. 采购活动的大致安排

由于该项目要求实施的时间较紧，前期方案论证也花费了一定时间，经与采购人协商，中心决定将医疗和科研设备、监护车辆集中起来，用三天、分三个标段采购完毕，由于这些项目都涉及实物展示问题，以中心现有的采购场所无法满足其要求，采购人建议中心可以借用其下属某学校的场地进行实物展示和评审活动，既可以节约采购成本，又不影响中心其他采购活动的正常开展，因此，中心决定采纳采购人的建议，将采购现场设在非所在市的学校内进行。

2. 采购活动的前期方案

鉴于该项目的特点：一是项目意义重大，社会影响面广；二是项目实施相对集中，每天一个标段；三是实物展示与评审活动同时展开，工作量大；四是在异地组织采购活动，协调组织需更加严密，中心在采购活动实施前，与采购人一起，制订了具体的实施方案：

### 关于全省公共卫生体系建设项目首批疾病预防控制和应急医疗救治设备集中采购的实施方案

根据省卫生厅委托的采购清单，本批设备采购共计72项，2059台（件），预算金额为9700多万元。为尽快组织实施，经与省卫生厅多次协商，制订实施方案如下：

1. 采购方式

鉴于本批设备项目复杂，各项目的金额、数量差别很大，经详细分类，对金额较大的22项采用公开招标方式进行，对监护车辆由于技术复杂，拟采用现场看样车、竞争性谈判方式采购，对其余金额较小的项目全部采用竞争性谈判方式采购。

2. 时间安排

4月26日，涉及公开招标项目的相关设备进场展示；

4月27日，对公开招标项目分五个评审组同时进行，当天全部结束；

4月28日，涉及竞争性谈判项目的相关设备进场展示，同时对监护车辆进行采购；

4月29日，对竞争性谈判项目分七个评审组同时进行，当天全部谈判结束；

4月30日，会议代表和专家返回。

3. 场地安排

本次采购的现场拟安排在××市卫生学校；住宿安排在××市××宾馆。

4. 组织安排

本次采购现场组织以××市卫生局为主，中心和省卫生厅派人参与全过程，并负责领导、协调和审核工作。

5. 人员组成

参加本次采购会议的人员大致由以下部分组成：

(1) 项目领导小组和监督委员会约××人。其中财政厅社保处、采购处、监察室共约××人；卫生厅规财处、医政处、疾控处共约××人；装备单位代表约×人；省公证处×人。

(2) 中心工作人员约×人。其中中心领导×人、开标现场×人、后勤服务×人。

(3) 专家评审组约51人次。其中27日为25人、28日5人、29日21人。

6. 采购成本

本次采购预计需各项资金约××万元，包括：

(1) 会场费××××元

(2) 住宿费×××××元

(3) 伙食费×××××元

(4) 专家评审费×××××元

(5) 专家交通补助费×××××元

(6) 车辆租赁费×××××元

### 3. 采购活动的具体组织

为了确保采购活动的如期、顺利实施，中心专门召开会议，研究讨论参与采购活动的具体人员和职责分工，并形成书面材料（略），把每项工作落实到具体人员，让每个工作人员知道自己应该干什么，避免采购现场人浮于事。每个采购环节都要有人负责，每个环节环环相扣，最终保证了整个项目的顺利实施。

### 4. 竞争性谈判采购方式的组织

本次医疗和科研设备的采购分公开招标和竞争性谈判两种方式分别组织实施，在其他案例中已对公开招标方式的采购程序做了介绍，因此，本案例仅对竞争性谈判方式的采购程序进行介绍。

**(1) 采购方式审批**

鉴于本次竞争性谈判采购的预算金额已超过了该省公布的公开招标数额标准，因此，在采购前，中心向该省政府采购监管部门申请采用竞争性谈判方式采购，并获得了监管部门的批准。

### （2）发布采购公告

为了尽量扩大信息的覆盖面，鼓励供应商积极参与本次采购活动，中心特地在财政部指定媒体上发布了采购公告，在采购公告有效期内，共发售采购文件120份。

### （3）接收展示实物

到4月29日谈判截止时间，共有56家供应商参加了谈判，收到谈判文件116份。在递交谈判文件的同时，相关供应商都按照采购文件的要求，将参加谈判的医疗和科研设备的实物运至指定地点展示，中心委托学校接受实物，并对所在展位和所参加的包号进行登记，以便中心工作人员和评审专家查询。

### （4）抽取评审专家

在正式评审前一天，中心开始抽取评审专家，由于该项目的分包达到了22个，平均每个分包有5名以上供应商参加，且分包之间的内容相差很大，为了提高评审效率和公正性，中心决定将本次评审专家分成7个小组，每组由3人组成谈判小组进行评审，所有专家均由随机抽取产生。当时该省的政府采购评审专家库尚未建成，由中心列出了57名专家组成的大名单，在政府采购监管部门的监督下，现场随机抽取出24名专家名单，按照抽取的顺序逐一与相关专家联系、落实，最后确定21名评审专家。

### （5）制订评分标准

由于本次采购对产品的技术要求设定的门槛较低，完全按照最低价成交的原则，可能会选择到价格低、产品质量很差的供应商，为了选择到性价比高的产品，采购文件中明确本次采购采用综合评分法。在谈判截止时间前一天的预备会上，评审专家集中对评分细则进行讨论，并确定了最终的评分细则。

### （6）宣布谈判议程

在谈判文件递交的截止时间前，所有参加本项目采购活动的项目领导小组成员、监督委员会成员、公证人员、评审专家和供应商代表都分别在签到表上签字确认，工作人员接收供应商的谈判文件和保证金，准备谈判前的相关资料。谈判文件递交的截止时间一到，主持人立即要求工作人员停止接收谈判文件，并宣布竞争性谈判采购正式开始，宣读谈判议程。宣读完议程后，中心开始组织评审专家按每个分包分别进行评审。

**(7) 组织现场评审**

① 初审谈判文件。中心工作人员根据谈判小组的分工不同,将相关的谈判文件分送至对应的谈判小组,评审专家按照分包号逐一对供应商递交的谈判文件进行初审,初审的内容包括资格性审查和符合性审查两部分。资格性审查主要审查供应商的资质条件和谈判文件中提交的内容是否符合采购文件的要求,符合性审查主要审查参加谈判的产品是否满足采购文件的基本要求。经过审查,谈判小组确认了有资格参加后续谈判的供应商名单。在审查过程中,谈判小组发现个别分包参加谈判的供应商只有一家,由于采购人要求的采购时间较急,每个分包的采购预算较小,未达到该省确定的公开招标数额标准,经谈判小组确认,供应商提交的报价低于采购预算和市场平均价,中心决定采用单一来源方式进行采购,并在中心内部重新对采购方式进行审批。

② 现场查看实物。对通过资格初审的供应商,谈判小组分别到其展位逐一查看实物,主要是查看其外观是否美观、尺寸是否合理、结构是否协调、性能是否与谈判文件中的描述一致,使谈判小组对产品有个整体的印象和比较,以便随后的谈判和评审。

③ 要求二次报价。根据采购文件的规定,谈判报价共分两次进行,即谈判开始前报价(供应商递交的谈判文件中的报价),和谈判结束后最终报价。为了提高谈判的效率,中心设计了统一的最终报价承诺单,谈判结束后,由供应商直接填制承诺单,并在规定时间内交给谈判小组,承诺单中报价作为最终评审的依据。

④ 进行综合评审。供应商做出最终报价后,中心工作人员对最初的报价和最终报价做谈判记录,作为谈判工作底稿,同时,评审专家开始按照事先确定的评审标准对每个分包分别进行独立打分,随后中心工作人员将每个专家的打分情况汇总到得分汇总表中,按照总分的高低顺序确定每个分包供应商的成交候选顺序。

⑤ 确认评审结果。成交候选的供应商名单确定后,中心工作人员请谈判小组编写评审报告,将无效谈判文件及理由、每个分包的成交候选情况详细填列在评审报告中,分别由谈判小组、项目领导小组成员、监督委员会成员、公证人员和采购人代表在报告上签字,对最终的成交结果进行确认。

**(8) 公布采购结果,接收供应商质疑**

成交候选供应商确定后,中心工作人员立即召集所有参加本谈判项目的供应商，当场宣布评审结果。同时，在财政部门指定媒体上公布了采购结果，并开始接受供应商的书面质疑。

**(9) 确定成交供应商，签订采购合同**

由于本次采购准备充分，现场评审结果公正，因此，采购结束后未收到相关采购当事人的质疑，在质疑期过后，中心向相关成交供应商发出了成交通知书，并在通知书约定的时间内，组织该省卫生厅与成交供应商签订了政府采购合同。

至此，整个竞争性谈判采购过程结束。

## 七、采购过程中供应商出现的主要问题

### 1. 实质要求未吃透

本次采购文件中明确规定，对某些设备必须现场提供实物样品，没有实物样品的投标文件将不予评审，如监护车辆的采购就明确要求必须根据所投的分包提供相应的样车，而有些供应商却忽视或无视这一规定，以为可以蒙混过关，11家车辆改装企业参与了投标，只有9家提供了样车，没提供样车的2家供应商当场就作为无效投标处理。还有一家供应商只提供了一辆样车，却想参加三个不同功能车辆分包的投标，结果被评审专家明确要求其自行选择其中一个分包作为其有效投标，其余两个分包则作为无效投标处理，丧失了参与投标的大好机会。

### 2. 投标细节缺把关

本次采购过程中，许多供应商由于不注重投标细节问题，造成了自己的投标被作为无效投标处理，很是可惜。一是有的供应商投标文件的封袋竟然不密封，仅用普通的档案袋，以袋上的线绳封口，根本不能达到密封的目的，结果在开标现场就被负责检验标书密封情况的公证人员所拒绝；二是由于本次采购分包很多，允许供应商选择任何一个或多个分包进行投标，但必须按分包号分别制订投标文件，许多供应商在投标时所投分包都不止一个。在评审过程中，竟然发现有的供应商在封装投标文件时，弄错分包，投标文件袋的封面与里面的内容根本无关，结果造成该供应商所投的几个分包都被作为无效投标处理；三是有的投标文件缺少必要的资质证书，而投标的供应商应该有，只是忘了提供，如医疗器械注

册证，结果也被作为无效投标处理。

### 3. 实物样品无针对

鉴于本次采购要求供应商展示实物样品，许多参加投标的供应商都非常重视这次实物展示的机会，按时将投标的相应设备运到指定地点展示，但也有一些供应商不注重实物展示，有的展示的实物与投标文件不符，结果被作为未提供实物样品处理；有的实物与其宣传资料中的外观、技术参数有较大差距，给人以弄虚作假的嫌疑；有的临时从附近医疗机构借用已使用一段时间的设备，外观陈旧，给评委留下了不好印象；有的未能把设备调整到最佳性能状态，造成评委认为投标文件有不实之处，影响了最终评审结果。

### 4. 投标准备不充分

通过本次采购的现场观察，发现部分供应商在投标前准备很不充分，有些行为直接影响到其能否中标，如有的供应商不提前制作投标文件，在投标截止时间的前一晚，通宵赶制标书，造成标书中出现不必要的错漏；有的供应商授权代表参加投标时忘带有关身份证件；有的供应商授权代表与投标文件制作人不是一人，在答疑时竟然对投标文件中的内容不甚了解；有的供应商授权代表衣着不整，或在答疑时精神过于紧张，答非所问或口齿不清。

以上这些四种情形都与投标供应商的实力和投标策略无关，但又确实对一个企业能否中标产生了一定的影响，都是供应商在投标过程中应重点加以关注的问题。

## 八、项目实施的成效

### 1. 采购效率明显提高

本次采购预算总金额大，涉及的品种多，三个项目分包达到了 47 个，许多设备在专业上相差很远，但中心仅用了三天时间，打了三个攻坚战，基本完成了该省公共卫生体系建设设备政府采购项目第一期的采购任务。从该中心 4 月初接受委托开始，到制作采购文件、组织评审活动、确定中标供应商，都是在短短不到一个月的时间内完成，为该省公共卫生体系建设的顺利实施奠定了基础，得到了该省卫生部门与会评审专家的一致好评。主要原因在于：一是组织、安排、分工有序，人人各尽其责；二是充分发挥采购代理机构专业人才的作用；三是采购全过程严格按照法定程序进行；四是离不开采购人和政府采购监督管理部门的全力配合和支持。

### 2. 资金节约效果显著

本次采购将涉及该省经济欠发达地区5个市、32个县医疗机构配备的基本医疗和科研设备、监护车辆集中起来，统一由采购代理机构采购，不仅金额大，而且数量多，充分发挥了集中采购的优势。从采购中标和成交的结果来看，本次医疗和科研设备采购中标和成交项目的总预算为6820.5万元，合同总金额为4625.12万元（所有美元报价均按1:8.5汇率折算，实际代理进口汇率比该比例还低），节约财政资金2195.38万元，与采购预算相比，资金节约率达到了32.19%，节约效果相当可观。据中心专门负责医疗设备采购的工作人员介绍，本次采购的结果，比平时为省级一些大医院采购的相同的设备，又便宜了很多，有的便宜高达50%以上，有些产品截至目前，在国内其他省市还尚未出现过如此低的价格，一方面说明医疗和科研设备的利润空间非常大，另一方面也证明了集中采购的优势非常明显，值得各级政府采购机构在工作中予以研究、推广。

### 3. 质量服务更有保障

由于本次采购影响面广，涉及该省5个项目实施市4000万老百姓的生命安全，中标产品在实际使用中的情况将直接影响到以后该类产品在该省范围内的采购，同时，该省卫生厅领导在采购前明确表示，将对中标产品在各级医疗机构中的使用情况进行调查，一旦发现不合格产品和弄虚作假行为，将与政府采购监管部门一起对违约供应商进行查处，并拒绝该产品和供应商进入该省政府采购市场，因此，参与投标的供应商对产品的质量都非常重视。同时，由于本次采购量大，一旦哪家公司中标，相当于占领了该省三分之一的市场份额，这些中标产品的维修备件和平均维护成本也将相应降低，便于供应商提供更优质、及时的服务。

### 4. 现场评审更加公正

本次采购大多数设备都要求供应商提供实物，同样的产品可以现场比较，对所有供应商都公平，评审专家通过与投标产品的"零距离"接触，可以使专家更直观地了解产品，改变了以前评审专家仅凭投标文件和各自使用过、主观印象中的产品进行评审。同时，在评审过程中，对投标文件有疑问的地方，评审专家还可以现场与供应商交流，并做现场演示，供应商也可以边演示边及时解答，使评审专家对产品的质量和临床应用价值更加心里有底，也促进了最终评审结果更加公正。

## 九、对其他项目的借鉴

### 1. 实施大型采购项目要有组织有纪律

本次采购活动的成功实施，关键是组织有力，责任明确。无论是采购前的采购方案论证、采购文件制作、采购活动安排，还是采购过程中的人员分工、工作职责、后勤保障，都是按照事先的布置，逐项、按期进行。为了保证采购现场的秩序，中心专门定制了工作牌，所有参与采购活动的评审专家、工作人员、项目领导小组和监督委员会成员、公证人员，都要求挂牌才能出入评审现场；所有评审专家一律不预先通知其评审的项目，直到评审现场才告之具体的评审项目，不同评审小组之间一律不准相互走动、交谈，确保了该项目按计划进度进行，并且未出现一例针对专家评审问题的质疑。

### 2. 应合理合法灵活运行各种采购方式

本次采购共计47个分包，一个大的分包采购预算能达到数百万元人民币，而一个小的分包采购预算只有几十万元人民币，针对采购时间比较紧迫的现状，全部采用公开招标方式进行采购，不仅采购文件的前期准备时间将延长，影响整个项目的采购周期，而且有些专用设备的技术复杂，不能在招标文件中确定详细的规格，会直接影响到相关产品的采购质量，因此，中心在采购实施前期，经与采购人和监督管理部门商议，采取"招大谈小"和"招易谈难"的方式，对整个采购项目进行分解，即对采购预算金额大、技术方案容易制订的项目采用公开招标方式进行，对预算金额小、技术方案不能确定的项目采用竞争性谈判方式进行采购，既不违法，又满足了采购人的各项合理要求。

### 3. 合理分包和分组评审能够提高效率

本次采购尽管项目繁多，中心工作人员的工作量和压力很大，但为了最大限度地采购到质优价廉的产品，也为了给供应商更加公平竞争的机会，中心对能够分包的项目，尽量按照技术参数的不同予以合理分包，吸引最有竞争力的供应商参与采购，也使供应商的投标更有针对性，让不同档次的产品在相应的分包内公平竞争。

同时，由于采购项目涉及多个专业方面的评审专家，请一组多人的专家评审所有的项目，既不能发挥专家的作用，影响评审结果的公正性，也会拖延整个评审时间，给不法供应商以可乘之机，因此，中心经请示同级政府采购监管部门，果断地采取分组评审的办法，即将所有评审专家分成几个小组，每个小组负责评审几个分包，如采用公开招标方式采购的 22 个分包，按专业被分成了 5 个小组评审，每个小组 5 个专家，其中 4 个在省级政府采购专家库中随机抽取，1 个由该省卫生厅按相关专业推荐，既符合《政府采购评审专家管理办法》的规定，又满足了提高评审质量和效率的需要。

### 4. 结合实物展示进行评审有推广价值

本次采购采用结合实物展示的方法进行评审，既给供应商和供应商之间、供应商和采购人之间提供了一次交流的机会，也给评审专家提供了一个最直接的评审依据，成效非常显著。在许多政府采购项目中，如家具、制装、投影机、乐器等项目，运行结合实物展示的方法进行评审，可以弥补投标文件中一些不易用文字描述的内容，如款型、色泽、手感、亮度、光滑度、清晰度、乐感等，适当发挥评审专家的主观能动性，再结合投标文件中的内容，能够使评审结果更趋于公平合理。

### 5. 采购活动的关键环节需有应急方案

本次采购连续进行了三天，项目一个接一个，每个环节都不能出一点差错，尤其是一些关键环节。对于计划性较强的政府采购工作而言，评审专家这一环节必须要有应急方案。本次采购三个大的标的，共邀请了 51 名评审专家（5 * 5 + 5 + 7 * 3），为了避免供应商提前找当地的专家做工作，影响评审工作的公正性，绝大多数专家均从省内其他市县邀请，并且都是提前 1-2 天才通知，很难保证所有的专家都能按时赶到评审现场。为了保证评审活动的正常开展，中心与省卫生厅和政府采购监管部门商定，事先与当地的专家联系，做好应急的准备，一旦出现个别专家不能及时赶到评审现场的情况，随时请相应的备选专家补充。在实际评审过程中，也确实发生了个别专家由于种种原因，未能赶到评审现场的情况，但由于事先有应急方案，未对整个评审环节造成太大的影响，确保了评审活动的顺利进行。

### 6. 召开采购前的专家预备会很有必要

在开标前一天的晚上，召开第二天评审专家的预备会，也是本次采购活动值得借鉴的一个地方。尤其是大规模的采购活动，涉及的评审专家较多，一些专家可能对政府采购常识和规定知之甚少，或者把政府采购与社会上的招标行为混为一谈。召开专家预备会，一是可以让专家对政府采购的评审程序和工作纪律有一定的认识；二是可以让专家对整个采购项目有一个大致的了解；三是可以让专家提前熟悉采购文件中的内容和评审规则；四是可以提前对采购过程中可能出现的问题进行探讨，研究处理方案，提高现场评审的效率。因此，在组织大型采购活动前，召开专家预备会很有必要。

### 7. 采购代理机构应注重专业人才培养

采购代理机构作为政府采购的专业执行机构，必须要树立专业采购品牌，才能赢得采购人的信赖，通过政府采购监管部门的考核，其关键就是要培养专业技术人才。本案例中，中心前后仅用了不到20天的时间，就完成了涉及47个分包采购文件的制作，吸引了230多家供应商参与投标，采购文件发出后，未收到一件关于采购文件存在歧视性条款的质疑，一方面得益于前期与采购人的深入沟通，关键还是中心工作人员的专业技术水平较高，减少了大量的前期方案论证时间。同时，中心有条不紊、忙而不乱的逐项实施采购，也体现了中心工作人员较高的组织协调能力。时任分管政府采购工作的财政部副部长肖捷曾经说过，采购代理机构能否发展壮大主要取决于是否有过硬的工作作风和高水平的优质服务，而编者认为，过硬的工作作风和高水平的优质服务都离不开一支高素质、专业的政府采购队伍。

## 十、需进一步完善之处

### 1. 制作采购文件应有提前期

由于本次采购时间要求紧，涉及的项目多，采购人在采购前的准备也不太充分，许多技术指标和预算的编制都比较仓促，应该给市、县配备什么样的医疗和科研设备，本系统内都没能统一，因此一些设备的技术指标设置的不很合理，中心虽然在采购文件的制作过程中做了大量的工作，但由于项目太多，未能组织详细的论证，造成在公开招标的二十二个分包中有3个分包被作为废标处理，另有3个分包经政府采购监管部门批准，变更成竞争性谈判方式采购。

2. 评审标准应尽量予以公开

本次采购采用的都是综合评审法，在竞争性谈判采购文件中，虽然列出了评审主要考虑的因素，但没有列明具体的分值。尽管《政府采购法》以及相关规定，对竞争性谈判方式中采用综合评审法，没有明确规定是否必须列明具体的分值，但编者认为，既然采用了综合评审法，应该参照公开招标方式，在采购文件中明确具体的评审细则，使供应商参加谈判时更有针对性，也符合《政府采购法》的公开性原则。

3. 需加强对评审结果的复核

在本次评审过程中，经中心工作人员对评审专家的打分情况进行复审，发现同样的技术性能，不同的供应商得分情况差距很大，个别评审专家对供应商的投标文件审核不细，出现了一些明显的误差，虽经工作人员发现，未对采购结果产生重大影响，但也足以引起采购代理机构的重视，对评审专家的评审结果，采购代理机构不能听之任之，应有义务、有责任进行复核，这不是干涉评审专家的独立评审权，而是维护评审结果的公正性，避免以后不必要的质疑情形出现。

4. 注意与采购当事人的协调

本次采购过程中，由于采购代理机构和采购人之间对采购过程的一些细节看法不一致，出现了一些不和谐的情况，对整个采购活动的顺利开展，带来了一定的负面影响。组织大型采购活动，涉及多系统、多部门、多层次的人员，每个系统、每个部门立足自身的利益，都有对采购情况的一些看法，采购代理机构作为大型采购活动的组织者，在不违背《政府采购法》有关规定的前提下，应尽量从大局出发，协调好各方面的关系，才能保证采购活动的顺利实施。

5. 未能发挥政府采购的政策功能

从本次采购公布的结果看，中标和成交的设备中相当一部分都是进口产品，虽然在我国，中高档医疗和科研设备被国外产品垄断是一个不争的事实，但在本次采购文件中未体现出对国产设备的优先，如此大的采购项目，却未能发挥出政府采购应有的一些政策功能，如优先采购国货、保护中小企业等，也是值得我们思考的一个问题。

（本文刊登于2007年3月21日中国财经报第四版，有删减，此文为完整版）

# 后　记

　　我不是一个写手，更不是高产作家，思路清晰时平均一天最多也只能写千余字，经常是在写了数百字后，发现有了新的想法，就停笔重新理思路，有时思路还没理清，就又到了睡觉时间。我算不上一个专家，充其量就是半个政府采购理论研究者，大半的时间都用在政府采购项目的采购文件制作、评审现场组织等具体事务性工作上了。本文集中收录的文章，基本上是在业余时间完成的，其中部分还是由于媒体记者的约稿，造成系统性有所欠缺。

　　2011年，我被确认为江苏省第四期"333工程"中青年科学技术带头人，第二年有资格申报研究课题，当时即想对政府采购的操作行为进行一次系统性的研究，这种想法推动我完成了非招标采购方式的三篇论文，其他章节也在准备过程中。2013年，我被组织选派到泰州市海陵区担任科技镇长团团长、副区长，全新的工作虽然分散了我更多的时间和精力，但对研究工作更大的影响却来自于我的眼疾。由于未明的原因，右眼患上了白内障，基本在一年多的时间内，我都深切感受到了眼睛对一个人的重要性，直到今年初动过手术后才有所好转，然而两只眼睛的协调性还是不好。白岩松曾写过《痛并快乐着》，我在写作时是快乐的，并没痛的感觉；但当我眼睛痛时，连写作的想法都没有，更谈不上什么快乐。系统性的研究只能暂时延后，但将自己撰写的文章汇编成一本文集的想法日益在我头脑中形成。

　　2014年8月，我离开工作了十六年之久的政府采购岗位，被轮岗到省产权交易所工作，对政府采购工作的热爱促使我决定尽快出版本文集，在挂职结束、到新岗位工作前，完成本文集的整理、编辑、出版和发行工作，以全新的面貌投入到新的工作中。本文集的编辑基本是由我的左眼完成的，以至于现在这只眼睛也出现了较严重的"飞蚊症"。三天打鱼两天晒网的节奏，一天最多数百字的速度，本文集的编辑时间接近半年，以至于自己都感到羞愧！为保持写作或发表时的原貌，我基本未对原作进行更改，一些观点和做法可能与现行规定不一致或已过时，只能请读者自行甄别。

　　感谢财政部财政科学研究所原所长贾康老师在百忙之中抽空为本书作序，感谢江苏省政府采购中心成立以来分管过的各位厅领导：李小平、黄晓平、王正喜、王汉增、宋义武、李建平、沈益锋，在你们的关心和爱护下，采购中心和我逐渐成长；感谢采购中心和采购处历任领导：秦春生、王卫星、顾岳良、吴继勇、蒋华中、张作雄、吴小明、戴民辉，在你们的指导和帮助下，我才能不断取得进步；感谢颜晓岩、范春荣、刘亚利、殷亚红等媒体领导的鼎力支持，是你们鼓励我一直保持对政府采购理论研究的激情；感谢政府采购工作中对我关心和爱护的各位领导和同行们，特别感谢默默无私奉献和支持我的家人，没有你们，就不会有此书的存在。

谨以此书献给我离世不久我亲爱的父亲龚圣发，和我一直热爱着的政府采购事业！